Mit allen guten Wünschen

Josef Huber

D1719302

Josef Huber
Was Großvater erlebte
1927–2002

Josef Huber

# Was Großvater erlebte
## 1927–2002

Umschlag
Oberdischingen. Hubers Weizenfeld im Gewann Manzengries,
im Hintergrund der Turm der Pfarrkirche
zum Heiligsten Namen Jesu

© Dritte Auflage 2004
Eigenverlag:
Josef Huber, Beethovenstraße 11, 89610 Oberdischingen
Telefon 07305/6373
eMail: huber-oberdischingen@t-online.de

ISBN  3-00-013683-5

# INHALT

# Vorwort

Mit diesem Büchlein will ich meinen Lebensweg schildern, der in Gutmadingen, einem kleinen Dorf an der Donau, begann. Ich erlebte dort meine Kindheit in einer großen Familie. Wir waren neun Geschwister, eine Tochter und acht Söhne. Meine Eltern betrieben eine Landwirtschaft. Der Zweite Weltkrieg forderte große Opfer von unserer Familie: Fünf Söhne blieben in Rußland.

Da ich naturverbunden bin, entschied ich mich für eine landwirtschaftliche Ausbildung und schloß sie mit dem Examen zum Agraringenieur ab. Durch Einheirat auf einen Hof konnte ich meine Kenntnisse auf eigener Scholle verwerten und als Lehrbetrieb junge Menschen ausbilden. Ich durchlebte den Weg von der Handmahd bis zum Mähdrescher, vom Kuh-, Ochsen- und Pferdegespann bis zum großen Allradschlepper, eine Umstellung wie sie die Landwirtschaft noch nie erlebt hatte.

Höhepunkte in meinem Leben wechselten mit tiefem Leid, zwei Ehefrauen mußte ich vorzeitig ins Grab sehen. Freude und Sorgen bereiteten mir meine sechs Kinder.

Ich war bisher nicht schriftstellerisch tätig. Erst mit 74 Jahren faßte ich den Entschluß, mein bisheriges Leben mit eigenen Worten niederzuschreiben. Da ich den Umgang mit dem Computer nicht mehr erlernte, schrieb ich in Handarbeit Zeile um Zeile auf. Als Gedächtnisstütze dienten mir 55 Tagebücher, die ich seit 1947 führe. Ich sprach meine Aufzeichnungen auf 41 Bänder eines ausgedienten Diktiergerätes. Meine Schwiegertochter Heike mit meinem Sohn Reinhold und Heikes Mutter, Charlotte Ott, übertrugen meine Worte auf den Bildschirm. Werner Kreitmeier stand mir bei der Gestaltung des Büchleins zur Seite. Diesen vier liebenswürdigen Menschen möchte ich für ihre Arbeit ganz herzlich danken. Auch allen Informanten, die meine Aufzeichnungen ergänzten, sei Dank gesagt.

Ich widme dieses Büchlein meinen Enkeln. Auch möchte ich mit ihm die Erinnerung an meine gefallenen Brüder wachhalten.

Im Herbst 2002

# HEIMAT

Gutmadingen, mein Heimatort, liegt an der jungen, blauen Donau, nur elf Kilometer von der Quelle in Donaueschingen entfernt. Diese schlängelt sich in vielen Windungen vom Nachbarort Neudingen durch saftige Wiesen unserem Ort zu. Hier wird sie etwas eingeengt. Der Wartenberg und die Länge, ein Ausläufer des Juras, kommen nahe an ihre Ufer. Zwischen Gutmadingen und Geisingen wird sie durch ein Wehr in ihrem Lauf aufgehalten. Eine Mühle nutzt die Kraft des Wassers, bevor die Donau den weiten Weg Richtung Schwarzes Meer dahineilt. Unser Dorf hat sich in respektvollem Abstand von ihr angesiedelt. Wenn der Schnee im Schwarzwald schnell schmilzt, gibt es oft Hochwasser in den Donauniederungen. Unsere Vorfahren, die das Land in Besitz nahmen, hatten einen guten Blick für das Gelände und dessen Eignung für eine Besiedlung. Sie wählten für ihre Niederlassungen mit Vorliebe Hanglagen, da konnte man das Wasser von oben zuleiten und nach unten lief es weg. Das Wasser kam von den Hängelen und vom Kreyenloch. Diese beiden Bäche vereinigen sich in der heutigen Dorfmitte und fließen gemeinsam der Donau zu. Gutmadingen ist wahrscheinlich eine alemannische Siedlung. Ortsnamen mit der Endung »-ingen« gibt es sehr viele auf der Baar, zu deren Hochebene unser Dorf zählt. Es liegt 650 Meter hoch, die Felder bis 740 m ansteigend. Der Wartenberg, ein Vulkankegel, hat eine Höhe von 823 m. Auch der gegenüberliegende Höhenzug, der bewaldet ist, erreicht ähnliche Höhenlinien.
Den Mittelpunkt meiner Heimatgemeinde bildet die schöne neugotische Kirche, umgeben von einem großen Platz, der früher Kirchhof (Friedhof) war. Der schlanke Kirchturm mit 42 m Höhe ist weithin sichtbar. Die Kirche wurde 1884 erbaut und dem heiligen Konrad geweiht. An ihrem 100. Geburtstag strahlte sie nach gründlicher Renovation im neuen Glanz. Eine spätbarocke Kapelle steht ebenfalls auf dem Kirchplatz. Sie ist der Bruderschaft »Maria Trost« gewidmet. Das Altarbild zeigt die schwarze Madonna von Einsiedeln. Ein stattliches Pfarr-

haus rundet den großen Platz ab. Unser schöner Röhrenbrunnen in der Dorfmitte trägt die Jahreszahl 1838, Gutmandingen nannte sich damals unser Ort. Mehrere alte Bauernhäuser mit Zinnen oder Treppengiebeln zieren unser Dorf. An Reichles Haus steht die Jahreszahl 1585, am Wohnhaus von Alte Vogts die Zahl 1568. Der Meierhof (Hausname »Pächters«) überragt die übrigen Gebäude. Auf der obersten Zinne thront ein Storchennest. Dieser Hof beherrscht durch seine wuchtigen Ausmaße das Unterdorf. Er wurde schon um 1480 erwähnt und war bis ins 18. Jahrhundert hinein befestigt. Um ihn herum gruppierten sich später die großen und kleinen Bauernhäuser. Gutmadingen hatte in meiner Kindheit ca. 420 Einwohner, vor dem Zweiten Weltkrieg ca. 600. Der größte Teil war in der Landwirtschaft tätig, es gab etwa fünfundfünfzig Hofstellen im Dorf. Die großen Bauern, neun an der Zahl, hatten zwei Pferde als Gespann, die mittleren fuhren mit Ochsen, die Landwirte mit kleinerer Fläche mit Kühen. Die Nichtselbstversorger wie Pfarrer und Lehrer konnte man an fünf Fingern abzählen. Handwerker, die drei Gastwirte und Arbeiter, die bei der Firma Kramer oder im Bergwerk ihr Brot verdienten, trieben nebenbei eine Landwirtschaft um, mal größer, mal nur für den Eigenbedarf. Gutmadingen liegt direkt an der Schwarzwaldbahn Konstanz–Offenburg. Wir hatten einen eigenen Bahnhof. Auch drei Lebensmittelgeschäfte, die damals den täglichen Bedarf deckten, waren im Ort. Arzt, Zahnarzt, Apotheker, Metzger und Bäcker fehlten. Im Nachbarort Geisingen, drei Kilometer entfernt, mußten wir diese bei Bedarf aufsuchen. In unsere Kreisstadt Donaueschingen sind es elf Kilometer. Dort gab es alles, was wir zum Leben brauchten.

# FAMILIE

Am 2. Januar 1927 wurde ich als achter Sohn der Eheleute Karl Huber und Katharina geb. Wehinger geboren. Wahrscheinlich waren meine Eltern enttäuscht, ein Mädchen hatten sie endlich erwartet. Es kam dann dreieinhalb Jahre später zur Welt. Jetzt war es auch höchste Zeit, die Mutter zählte schon vierundvierzig Jahre.

Meine Eltern betrieben eine Landwirtschaft mit ca. zehn Hektar Äcker und Wiesen. Im Stall standen zwei Ochsen, fünf Kühe und ca. zehn Stück Jungvieh. Schweine, Hühner und Bienen gehörten auch zum Tierbestand. Es war damals ein mittelgroßes Höfle in unserem Ort. Unser Hausname war Meiers, ich war also »de Meier Seppele«.

Woher kam dieser Name? Mein Urgroßvater, auch ein Josef Huber (1817–1898), war Pächter oder Meier des größten Hofes in unserem Dorf. Er gehörte dem Fürsten von Fürstenberg in Donaueschingen. Doch mein Vorfahre und Namensträger war nicht immer der erste Mann auf dem Hof, oft ließ er seine Angestellten allein, ohne Aufsicht. Es ging bergab, der Hof wurde 1858 vergantet, zwangs-versteigert. Für ein kleines Häuschen im Dorf (Birkes) reichte noch das Geld. Aus war der Traum vom schönen Leben, ein armseliges folgte. Der Sohn Theodor, mein Großvater (1845–1913), mußte für andere Leute Gänse hüten. Er wäre froh gewesen, wenn ihm jemand eine warme Kartoffel gegeben hätte.

Großvater kaufte um 1890 die Zehntscheuer des Dorfes. Christelis, einer der größten Bauern im Dorf, war ihm Gott sei Dank Bürge. Erst wollte er in die 1678 erbaute große Scheune mit Zinnengiebeln eine Wohnung einbauen. Er hatte ja nur den Allmend, Gemeindeland, das jedem Bürger zustand. Doch dann baute er 1893 ein kleines Häuschen an das große Ökonomiegebäude an. Im Dorf ging das Gerücht um »der baut auch für einen anderen«. Doch mein Großvater war als Weber fleißig und sparsam, er konnte mein Elternhaus erhalten. Schmalhans war Küchenmeister. So erzählte mein Vater, daß für seinen fünf Jahre älteren Bruder ein etwas größeres Stück Speck zum Vesper in der Schublade reserviert war. Kam mein Vater zuerst nach Hause, so konnte er der Versuchung nicht widerstehen, er organisierte es für sich.

Im Jahr 1913 übernahm mein Vater mit seiner Frau das elterliche Erbe. Im selben Jahr verunglückte mein Großvater im Wald und starb an inneren Verblutungen. Seine Frau verlor er fünf Jahre zuvor, so hatten wir leider keine Oma und keinen Opa, auch nicht von Mutters Seite her. Wie schon erwähnt, hatte mein Vater einen älteren Bruder. Dieser heiratete in Mistelbrunn in einen 26 ha großen Hof ein, 23 km von uns entfernt. Die Ehe blieb kinderlos. Er war uns allen Götti (Taufpate). Seine Frau und er baten meine Eltern, sie sollten ihnen einen Sohn überlassen, der später den Hof übernehmen soll. Meine sieben Brüder wurden zwischen 1914 und 1923 geboren. Den Bruder Franz traf das Schicksal. Mit fünfeinhalb Jahren, kurz vor Beginn der Volksschulzeit, mußte er schon das Elternhaus verlassen. Damit Franz nicht allein war, traf das »Glück« auch den jüngeren Bruder Fritz zu ›Kruppbure‹ (Hofname) zu gehen. Früher waren es zwei Höfe, man könnte jedem die Hälfte geben. Damals war diese Größe noch eine Existenzgrundlage. So waren wir also noch sieben Kinder auf der Heimat.

*Berufswege einiger Geschwister*

Theodor, der Älteste, fand nach der Schule Arbeit bei der Firma Gebrüder Kramer; diese Brüder stammten von Milch-Kramers. Einer der Brüder bewirtschaftete den elterlichen Bauernhof. Er konnte dort die neue Entwicklungen der Brüder gleich ausprobieren. Die Gebrüder Kramer firmierten damals: »Älteste deutsche Spezialfabrik für Kleinschlepper und Motormäher«. Der Betrieb wurde um 1925 gegründet. Erst wurden Motoren auf Mähmaschinen aufgebaut, später selbständig fahrende mit Eisenrädern. In der Wirtschaftskrise wurde Theodor entlassen. Ab 1933 ging es wieder aufwärts in der Firma. Mit Beginn der Hitlerzeit wurden die Bauern gefördert. Sicherung der Ernährung aus eigener Kraft war das Ziel. Bald wurden Kleinschlepper mit Rahmen von neun bis zwanzig PS gebaut. Sie waren einfach und robust konstruiert, nichts verbaut. Mein Bruder Markus fand dort als

Schweißer Arbeit. Der Betrieb vergrößerte sich rasch zwischen Bahnlinie und Donau. Bis zu 250 Arbeitnehmer waren vor dem Zweiten Weltkrieg dort beschäftigt. Auch mein jüngster Bruder Alfons fand dort eine Lehrstelle als Mechaniker. Diese Firma brachte einen Riesenaufschwung für unseren Ort und war ein Segen für die Umgebung. Obwohl wir ein kleines Haus hatten, nahm meine Mutter bis zu vier Kostgänger auf mit Frühstück und Abendessen. Zwei davon schliefen im Webgaden (Webkammer – vom Großvater her), zwei im 1932 ausgebauten Dachgeschoß. Am Sonntag fuhren manche heim, am Samstag wurde noch voll gearbeitet. Mein Bruder Bernhard erlernte das Schreinerhandwerk. In Meßstetten war er tätig, er wollte noch Möbelzeichner werden. Konrad sollte den elterlichen Hof übernehmen.

### *Ein Blick zurück in mein Geburtsjahr 1927*

Lindberg startet erstmals im Alleinflug von Amerika über den Atlantik nach Paris. Mit einem Motor, ohne Funkgerät, legte er ca. 6000 km in 33 Stunden und 29 Minuten zurück.
Erstmals wurde in unserem Land der Bau von Autobahnen diskutiert.
Weltweit gab es damals 23,5 Millionen Pkw. In Deutschland 218.000, also im Durchschnitt auf 289 Einwohner ein Auto.
Die Arbeitslosenversicherung wurde in Deutschland eingeführt, sie zählte zu den ersten auf der Welt.
Die Damenmode zeigte erstmals ein kniefreies Modell.

# WIE LEBTEN WIR DAMALS IN UNSERER KINDHEIT?

Wir hatten fünf Betten (keine Stockbetten) in der unteren Stube, ein Kleiderschrank und ein Glaskasten (Buffet) zählten zur Einrichtung. Ein Ofen war auch vorhanden, aber er wurde nur selten beheizt. Unsere Unterbetten waren mit Buchenlaub oder Dinkelspreu gefüllt. Man konnte sich so richtig einigeln, eine Mulde schaffen. War das Unterbett nicht ganz dicht, sah man gleich die Ursache. Im Frühjahr, wenn das Buchenlaub schön trocken war, wurde der Inhalt gewechselt. Dinkelspreu ist heute wieder aktuell, so verkehrt lagen wir gar nicht. Meine Schwester hatte ein kleines Zimmer im oberen Stock neben dem elterlichen Schlafzimmer. In diesem Stock waren noch die gute Stube, die Küche und der Abort. »Abtritt« nannte man das stille Örtchen, das sehr primitiv war. Es war, wie fast überall in jener Zeit, ein Plumpsklo. Das Umfeld wurde von der Mutter immer sauber gehalten. Wir hatten noch kein Rohr als Abgang. Wenn man den Deckel öffnete und durch die Klobrille runter schaute, hatte ich als Kind noch Angst. Es ging etwa vier Meter hinunter, ein viereckiger Schacht von etwa 1 m Durchmesser begrenzte den Blick in die Tiefe. So saß man als Kind nur auf dem vorderen Rand der Brille, um nicht abzustürzen. Papier besorgte der Vater, er zerschnitt Zeitungen auf Vorrat, im richtigen Format. Wasser für die Spülung benötigte man auch nicht, der große Schacht ist im strengsten Winter nicht eingefroren. Ein Fenster erhellte den Raum, elektrisches Licht gab es nicht. Da es auch keine Heizung gab, blieb das Klo im Winter nicht lange besetzt. Umweltfreundlich in jeder Hinsicht. Einmal im Jahr leerten wir die Grube und verteilten den Inhalt auf dem Acker, wie Jahrhunderte zuvor. Der Kreislauf war geschlossen. Doch ich hatte später kein Verlangen mehr nach diesem ungeliebten Örtchen.
Warum man im oberen Stock gewohnt hat, auch in den Nachbarhäusern, hatte wahrscheinlich verschiedene Gründe. Da viele Großeltern kein eigenes Häuschen hatten, Altenheime gab es auf dem Dorf nicht, wohnten die-

se im Untergeschoß, so mußten sie keine Treppen steigen. Wenn diese dann verstorben waren, zogen die Kinder unten ein. Vielleicht fühlte man sich oben auch sicherer vor Einbrechern und neugierigen Blicken und Ohren. Doch wenn ich bedenke, wie oft am Tag Mutter die Treppe rauf und runter ging, denn Lebensmittel, Most, Milch, Schrot für die Schweine, Brennholz und vieles andere mußte hinauf und herunter getragen werden, dann tut sie mir heute noch leid.

*Wie lief in meiner Kindheit so ein normaler Tag ab?*

Mutter und Vater standen früh auf, je nach Jahreszeit. Vater fütterte das Vieh, brachte den Mist auf die Dunglege, tränkte die Tiere im Freien am Brunnentrog, im Winter im Stalltrog. Fast täglich putzte er das Vieh. Mutter war für das Melken zuständig und das Tränken der Kälber. Auch das Füttern der Schweine und Hühner gehörte zu ihrem Arbeitsbereich. Nebenbei weckte sie morgens die Kinder zur Arbeit oder Schule. In der Stube standen zwei Eimer mit Wasser, dort wurden wir Kleinen von ihr gewaschen. Nebenbei betete sie mit jedem Kind das Morgengebet. Zum Frühstück gab es heiße Milch mit etwas Malzkaffee in der Tasse, darin Brot aufgeweicht. Wenn es Mutter irgendwie reichte, ging sie morgens noch in die heilige Messe in die nahe Kirche. Mutter konnte gut kochen, sie lernte es bei katholischen Schwestern in der Schweiz. Natürlich war das Essen oft einfach, zum Beispiel Suppe, nachher Malzkaffee mit Dünnete, wenn man gerade Brot gebacken hatte oder Grießbrei mit Apfelkompott. Das Freitagsgebot (ohne Fleisch) wurde streng eingehalten. Fleisch gab es nicht oft, es wurde uns in Portionen zugeteilt. Am Sonntag gab es zum Frühstück Kranzbrot, zu Mittag Nudelsuppe, Fleisch mit Beilagen. Hungern mußten wir nicht. Vor und nach dem Essen wurde stehend gebetet, Vaterunser war eingeschlossen. Um siebzehn Uhr wurde zu Abend gegessen. Nachher ging es in den Stall zum Füttern und Melken. Sehr gerne brachten wir Kinder die Milch in die Sammelstelle. Bei meinem Freund Otto, bei Reichles, gaben wir täglich zweimal die

Milch ab. Die Schwester Elis war zuständig für das Messen und Aufschreiben der Milchmenge. Täglich ging die Milch in Kannen per Bahn nach Villingen. Vor dem Zweiten Weltkrieg wurde eine Rahmstation eingebaut, so daß nur der Rahm weggeschickt wurde. Die Sammelstelle war Treffpunkt am Abend für Kinder und Jugendliche, auch für diejenigen, die keine Landwirtschaft zu Hause hatten. Ältere Frauen und Männer, die die Milch abgaben, standen beisammen und erzählten sich die Dorfneuigkeiten. Die Magermilch mußte man wieder zurücknehmen, daheim wartete schon die Mutter. Sie wollte nämlich die frische Magermilch den Schweinen geben, die Kannen spülen, dann hatte sie erst Feierabend im Stall. Abends war alles in der Stube versammelt. Wenn wir die Eltern etwas fragten oder ihnen etwas erzählten, redeten wir sie mit »Ihr« an, das war uns so geläufig, wie das heutige »Du« meiner Kinder. Da es weder Radio noch Fernseher gab, wurde Cego (Kartenspiel) oder etwas anderes gespielt. Die Kostgänger machten da auch mit. Manchmal las Vater Mutter etwas vor, die nebenbei meistens am Flicken war. Wir Kinder spielten auf dem Boden der Stube. Vier Spielzeuge waren mein Eigentum, ein Baukasten, eine Straßenkehrmaschine, ein Panzer, der Feuer versprühen konnte und als Höhepunkt ein Triebwagen mit Gleisen. Die mechanischen Spielsachen waren durch das Aufziehen einer Feder fahrbereit. Manchmal kamen auch Nachbarn »zogarte« (auf Besuch). Sie saßen auf der »Kuscht« (beheizte Ofenbank) und erzählten Altes und Neues vom Dorf und den vielen Verwandten und Bekannten. Bevor es in die Betten ging, wurde gemeinsam gebetet. Kleider und Schuhe legten wir in der Nähe der Kuscht ab, nur im Hemd ging es barfuß einen Stock tiefer ins Bett. Unterhemd, Schlafanzug und Hausschuhe hatten wir noch nicht. Wenn es recht kalt war, nahmen wir ein Bohnensäckchen mit, das mit Ackerbohnen gefüllt war. Es wurde vorher in der Röhre des Kachelofens aufgeheizt. Später kam die Bettflasche (Wärmflasche) auf. Wenn alle in ihrem Himmelbett waren, löschte Vater oder Mutter das Licht aus. Aus für die ganze Nacht, kein Lesen im Bett, Strom wurde sehr gespart. In der guten Stube brannte nur eine Glühbirne mit fünfzehn Watt. Die Eltern

1  Gutmadingen. Blick vom Elternhaus auf unsere Dorfkirche St. Konrad.
   Im Nachbarhaus (Henkel) wohnt mein Neffe Hubert Huber mit Familie
   Folgende Doppelseite
2  Gutmadingen am Fuße des Wartenbergs, der durch einen Vulkan
   entstanden ist. Ölbild von Pokorny, 1972

3　*Gutmadingen, Maria-Trost-Kapelle neben der Kirche*

gingen ohne Licht zu Bett. Es wurde nur die Stubentür nebenan geöffnet. Mir geht dieses übertriebene Sparen heute noch nach, ich lösche immer wieder Lichter aus.

Für uns Kinder war es hochinteressant zuzuschauen, wenn Feuerwehrübung war. Mit zwei Pferden wurde die Spritze, die neben dem Farrenstall ihren Platz hatte, zum Brandobjekt gezogen. Wenn kein Wasser aus dem Hydranten zur Verfügung stand, mußten Frauen mit Eimern eine Kette bilden und Wasser aus dem Bach oder Röhrenbrunnen in die Spritze gießen. Links und rechts der Spritze standen Männer, die durch Auf- und Abwärtsbewegung von Holmen mit den Armen den Pumpendruck aufbauten. So floß das Wasser durch die Schläuche bis zum Feuerwehrmann auf der Dachleiter. In der Chronik im Nachbarort Ringingen steht, daß jedes Brautpaar vor der Heirat den Besitz von zwei ledernen Löscheimern nachweisen mußte.

So gingen die Tage der Kindheit, ausgefüllt mit vielen Erlebnissen, die es in einer kinderreichen Familie, auf einem Bauernhof und in einer kleinen Dorfgemeinschaft gab, schnell vorbei. Obwohl es für uns Kinder keinen Kindergarten gab, kam niemals Langeweile auf.

# WIE VERBRACHTE ICH MEINE VOLKSSCHULZEIT VON 1933–1941?

In jener Zeit gab es noch keine Grund- und Hauptschule und kein neuntes Schuljahr. An Ostern begann und endete das Schuljahr. Es gab die Volksschule mit den Klassen Eins bis Acht. Die Mittagsschüler bildeten die Klassen Eins bis Vier, die Morgenschüler die Klassen Fünf bis Acht. Die Unterrichtszeiten waren für die Morgenschüler montags bis samstags im Sommer von sieben bis elf und im Winter von acht bis zwölf Uhr. Die Mittagsschüler hatten es komplizierter. Montag, Dienstag, Donnerstag und Freitag von dreizehn bis sechzehn Uhr, am Mittwoch und Samstag im Sommer von neun bis elf und im Winter von zehn bis zwölf Uhr. An diesen Vormittagen waren alle acht Klassen in einem Raum mit einem Lehrer. Wir waren etwa fünfzig bis sechzig Kinder. Mal hatte ein Jahrgang neun, mal sechs oder mal nur zwei Kinder. Wie schon erwähnt, hatte unsere Dorfschule nur einen großen Raum. Wenn man die Schule betrat, war im Hausflur Platz für unsere dürftige Garderobe. Auf gleicher Ebene im Untergeschoß ging es in das Schulzimmer. Links war ein Waschbecken, rechts ein gußeiserner Ofen, weiter vorne Lehrmittel und ein Schrank. Dieser war stets verschlossen. In ihm wurden nämlich unsere Aufsatz-, Diktat- und Schönschreibhefte aufbewahrt. An der vorderen Wand stand in der Mitte das Lehrerpult, rechts davon eine kleine, links eine größere Tafel, die man drehen konnte. Unten an den Tafeln war ein Gefäß mit Wasser und Schwamm und außerdem ein großer Lappen. Wir Schüler durften oft die Tafeln abwischen und trocknen. Im Raum standen drei Reihen Schulbänke, nur ein schmaler Kontrollgang für den Lehrer blieb übrig. Die Zweierbänke waren stabil, für jeden Schüler war ein kleines Tintenfaß eingebaut, das man mit einem Schieber schließen konnte. Unter der Bank konnten wir den Schulranzen verstauen, er war aus Leder, nicht so groß wie heute. Man konnte ihn nur auf dem Rücken tragen. Eine große Schreibfläche erreichten wir durch Runterklappen der geteilten Bankoberfläche (Klapptische). Waren die Klappen oben, konnte man die Ellenbogen auflegen, ich fand diese Erfindung gut. Da es keine Lüftung gab, wurden die Fenster in der Pause geöffnet. Die Pause dauerte bei vier Stunden Schulzeit nur eine Viertelstunde. Mädchen und Jungen saßen in der Regel getrennt, aber nur durch den schmalen Gang. Im Obergeschoß des Schulhauses wohnte unser Hauptlehrer, Otto Heizmann, mit seiner Familie. Er war acht Jahre lang fast unser alleiniger Erzieher. Acht Klassen mit sechsunddreißig Unterrichtsstunden pro Woche und fünfzig bis sechzig Kinder, das war eine Vollzeitaufgabe. Gut war er, aber streng. Er kam von Hüfingen, dort leitete er eine Knaben-Sonderschule. So war es zu verstehen, daß besonders wir Jungen viele Tatzen und Hosenspanner bekamen. Ich war gesegnet von seinen gezielten Hieben. Einmal bekam ich sechs Tatzen an einem Tag, auch meine Schwester schaffte diesen Rekord. Bei den ersten vier heulte ich nicht, wie es sich für einen rechten Jungen gehörte. Ludwig war der schlauere, er heulte schon vorher und rief: »Ich sag es meinem Vater«. Hosenspanner war natürlich das Schlimmste. Man mußte sich gebückt über die vordere Bank legen. Die Stockhiebe kamen so schnell, daß man sie gar nicht zählen konnte. Die Mädchen hatten Glück, alle trugen Röcke, sie wurden verschont. Wir Jungen hätten uns über die Gleichberechtigung gefreut. Ich bekam die Züchtigungen weniger für schlechte Leistungen, sondern für Streiche aller Art. Einmal ging es mir ganz übel, ich empfinde heute noch die gezielten Schläge auf meinem Hinterteil. Was hatte ich angestellt? Hinter mir saß Alfred. Als kleines Kind war er im Elternhaus in eine betonierte Grube gestürzt und am Kopf verletzt worden. Seither trug er halbseitig einen Lederschutz über dem Kopf. Alfred wußte seinen Vorteil zu nutzen andere zu reizen, ihm durfte ja niemand etwas zuleide tun. An jenem Tag war ich sein Opfer. Ich fuhr während des Unterrichts mit meinem Ellenbogen nach hinten und traf Alfred auf die Nase. Das Blut floß in Strömen, ich sah ein Donnerwetter auf mich zukommen. Überlebt habe ich es, aber vergessen kann ich es nicht. Manchmal fühlte ich mich als Kind mit diesen Prügelstrafen ungerecht behandelt. Oft wünschte ich meinen Leidensgenossen und mir einen anderen Lehrer, aber das war nur ein frommer

Wunsch. Wir lebten damals im tausendjährigen Reich, da waren Zucht und Ordnung oberstes Gebot. Ein Protest der Eltern hätte wahrscheinlich auch nichts genützt, da unser Lehrer Parteimitglied war.

Schön war immer die Pause auf dem nahen Schulhof, er war eingezäunt und gehörte der Kirchengemeinde. Hier spielten wir Fangen, um drei alte Lindenbäume verfolgten wir uns gegenseitig wie die Polizei die Räuber. Im Winter, wenn Schnee auf dem Platz lag, stampften wir kreuz und quer Pfade, Weglefangis hieß dann unser Spiel. Barlauf war immer ein schönes Wettspiel, ich hatte die Gabe sehr schnell und erfolgreich zu sein. Immer zu früh ertönte die Glocke zum Pausenschluß. Ich mußte ja zuerst noch heimspringen und das große »Gsälzbrot« (Marmeladebrot) bei der Mutter abholen. Es landete manchmal beim Spiel auf dem Boden, doch es wurde auch mit »Zutaten« gegessen. In der Mittagsschule übten wir auf der Schiefertafel rechnen und schreiben. Die Griffel mußten täglich daheim gespitzt werden. Ich hatte beim Schreiben schon immer eine schwere Hand. So kratzte ich mit dem Griffel das Plus- und Minuszeichen so tief in dasselbe Karo der Tafel ein, daß sie fast auf der anderen Seite sichtbar wurden. Wir lernten damals noch die Sütterlinschrift. An der Schiefertafel hingen zwei ca. 50 cm lange Schnüre mit Schwamm und Lappen. Die baumelten zum Schulranzen hinaus, da der Schwamm naß sein mußte. Auf die Tafel mußte man gut aufpassen, daß sie nicht zu Bruch ging. Doch auf dem Schulheimweg lief man nicht wie die Schäflein, sondern es gab Verfolgungen über große Umwege. So wurde mancher Lappen und Schwamm abgerissen, auch Tafeln gingen zu Bruch. In der Morgenschule war es schon besser. Hier legten wir unsere Leistungen in Heften nieder. Ich kann sie heute noch meinen Enkeln vorlegen. Mit Federhalter, Feder, Tinte und Löschblatt umgehen, mußte erst erlernt werden. Mancher Dolgen (Klecks) landete im Heft oder die Finger waren voller Tinte. Hausaufgaben waren damals schon ein Problem. In der Regel wurden sie täglich nachgeschaut. Waren sie schlampig gemacht, bekam man gleich seine Strafe. Fast alle Kinder hatten daheim eine Landwirtschaft und mußten dort mithelfen. So blieb für Hausaufgaben oft wenig

*Seite aus dem Diktatheft des 3. Schuljahres vom 18. Januar 1936*

Die Mutter arbeitet in der / Küche. Im Hof liegt un-/ser Hund. Der
Vater hat / ihn vor vier Wochen ge-/kauft. Er liegt in seiner / Hütte.
Zweimal am Ta-/ge bringe ich ihm zu fressen. / Das freut ihn.
Manchmal / gehe ich mit ihm spazieren / in den Wald.
R: 2 [Rechtschreiben]                    Sch: 2 [Schönschreiben]

21

Zeit. Die Eltern hatten abends auch keine Lust mehr, sie nachzuschauen. Ihre Arbeitszeit, besonders im Sommer war lang.

Auf dem Schulhof hatten wir bei schönem Wetter Geographieunterricht. Wir mußten von zu Hause etwa zehn Meter lange und vier Zentimeter dicke Wagenseile aus Hanf mitbringen. Mit den Seilen wurde der Vater Rhein ausgelegt, der Neckar und alle Nebenflüsse, die den beiden zueilen. Das ist mir sehr in Erinnerung geblieben. In den oberen Klassen ging es mir besser. Tatzen und Hosenspanner gab es seltener. Ohrfeigen oder an den Ohren ziehen zählte nicht, diese Strafe erhielten wir am Platz. Man brauchte nicht vor die Klasse treten und die Streiche abholen. Gott sei Dank wurde die Prügelstrafe an den Schulen nach dem Kriege abgeschafft. Ich hatte als Kind sehr darunter gelitten.

Ein Auszug aus der »Schulordnung für die Schulkinder« der Jahre 1927–1941 soll die damalige Situation dokumentieren:

*Schulstrafen*
*§ 25. Als Schulstrafen dürfen zur Anwendung kommen: Verweise durch den Lehrer, den ersten Lehrer, den Schulleiter (Rektor), durch den Vorsitzenden der Ortsschulbehörde und vor versammelter Ortsschulbehörde: Setzen oder Stellen auf einen besonderen Platz des Schulzimmers; Aufgaben belehrender Arbeiten in mäßigem Umfang; Zurückbehalten in der Schule (Nachsitzen) oder Kommenlassen in die Schule zu einer für den Schüler an sich schulfreien Zeit; Einsperrung bis zu sechs Stunden und körperliche Züchtigung durch den Lehrer.*
*§ 26. Auch solche Vergehen und grobe Ungehörigkeiten, die sich Schüler außerhalb der Schule (in der Kirche, auf der Straße usw.) zuschulden kommen lassen, und die sich als Übertretungen von den Schülern in den Schulsatzungen auferlegten Pflichten darstellen, können von dem Schulleiter (Rektor), dem (ersten) Lehrer, der Ortsschulbehörde und deren Vorsitzenden mit Strafe belegt werden.*
*Vorstehende Schulsatzungen sind den Schülern zu Beginn jeden Schulhalbjahres vorzulesen...*

Die Heu- und Kartoffelernteferien wurden so festgelegt, daß wir daheim helfen konnten. Es gab also keinen vorher festgelegten Ferienplan wie heute. Die Ernte verschob sich etwas von Jahr zu Jahr. Der Lehrer hatte mit den Eltern entschieden, wann die freien Tage begannen. Regnete es während der Ferien, war wieder Schule. Bei schönem Wetter war wieder frei, bis die Ferientage voll waren. In Urlaub ging niemand, es entstand kein Neid. Selbst der Lehrer und die wenigen Dorfbewohner ohne Landwirtschaft halfen bei der Ernte mit. Bei den Weihnachtsferien gab es keine Unterbrechung.

Von den über fünfzig Kindern gingen nur ein paar wenige in weiterführende Schulen, die anderen blieben acht Jahre beisammen. Was auffällt gegenüber heute, wir hatten nur eine Brillenträgerin zwischen sechs und vierzehn Jahren. Für die Sauberkeit der Schule und das Anheizen des Ofens war Fräulein Elis Scherzinger zuständig. Sie hielt den Holzfußboden sauber, was sicherlich kein Luxus war. In der Regel hatten wir nur ein Paar Schuhe, meist noch von älteren Geschwistern. Oft waren sie auf den Sohlen mit Nägeln besetzt, hinten und vorne ein Stoßeisen, damit die Ledersohle geschont wurde. Gummi- oder Plastikstiefel gab es nicht im Winter. Im Sommer gingen wir barfuß, während des Krieges war es Pflicht, um Schuhe zu sparen. Ja, das Fräulein Elis, das war eine gute Seele. Damals sagte man zu allen unverheirateten Frauen bis zum Tode »Fräulein«. Sie mußte auch das Holz vom Schuppen nebenan in die Schule tragen, damit wir während des Unterrichts heizen konnten. Übrigens, das gespaltene, trockene Buchenholz mußten wir Schüler im Spätsommer in den Schuppen befördern. Auch dem Lehrer durften wir das Holz auf die Bühne hochziehen.

Schulsport machte ich sehr gerne, bei den Wettkämpfen war ich oft vorne. Schön waren die Schulausflüge, mal in die Nähe, mal in die Ferne. Ein unvergeßliches Erlebnis war die Zugfahrt an den Rhein. Eine Schiffahrt auf Deutschlands schönstem Fluß war die Krönung dieses Schulausfluges. Für Lydia war sie weniger interessant, sie wurde seekrank und fütterte die Fische. In guter Erinnerung blieb mir die Vorstellung des Circus Krone in Donaueschingen. Morgens um vier Uhr fuhr der Zug bei uns vorbei, mit 400 Menschen und 400 Tieren. Wir konnten vom Küchenfenster aus alle Züge der Schwarzwaldbahn sehen. In der Vorstellung sehe ich heute noch die Affen auf Motorrädern, die einen furchtbaren Krach machten. Oder wie die Seelöwen einander mit der Nasenspitze die Bälle zuschubsten. Nicht so begeistert waren wir vom Aufsatz, den wir danach schreiben mußten. Meiner Schwester Anneliese ist noch in Erinnerung, daß ich ihr damals das erste Eis gekauft habe. Kaum zu glauben, aber wahr.

Meine letzten drei Schuljahre fielen in die Kriegszeit, neue Aufgaben kamen auf die Schule zu. Ein Betätigungsfeld war das Betreuen des Flachsfeldes am Suppenrain oben. War der Flachs reif, mußten wir ihn von Hand ausreißen, binden und aufstellen. Wenn er durch Regen und Sonne ausgebleicht war, kam er in die stillgelegte Scheune des ehemaligen Meierhofes (Pächters). Dort wurde der Flachs geriffelt, das heißt von den Körnern befreit. Leinsamen war die Ernte. Bei diesen Arbeiten waren wir Bauernkinder voll im Element, das war schöner als die Schulbank zu drücken.

Auch einen Schulgarten hinter dem Farrenstall haben wir betreut. Im Herbst mußten wir den Mist von den Gemeindebullen in den Garten transportieren und mit dem Spaten eingraben. Im Sommer war Unkrautjäten und Hacken im Programm. Viel Arbeit machte das Sammeln von Blüten und Blättern für Tees, z. B. von Huflattich, Haselnuß, Himbeere, Brombeere, Taubnessel und vielen anderen Pflanzen.

Auch Alteisen, Lumpen und Knochen sammelten wir, letztere zur Seifenherstellung. Bis die abgeholt wurden, verbreiteten sie keine feinen Duftstoffe.

Da der Kartoffelkäfer vereinzelt auftrat, mußten wir jede Woche einen halben Tag Kartoffelkäfer suchen. So zogen wir Kinder im Sommer unter Aufsicht von Kartoffelfeld zu Kartoffelfeld, die auf der großen Gemarkung verstreut lagen. Jeder Landwirt mußte eine Person stellen. So ging meine Schwester für den Nachbarn, fünf Pfennig war ihr Lohn. In der Schule wurde der gelbe Käfer mit den schwarzen Streifen uns bildhaft vorgestellt, ebenso die gefräßigen roten Larven. Diese fressen die Blätter ab, so daß von der Staude nur die Stengel übrig bleiben. Kartoffeln waren im Kriege für die Ernährung sehr wichtig. Auch im Unterricht spürte man die Kriegszeit. So lautete ein Thema von mir: »U-Boot auf Feindfahrt«. Viele Worte mit i und ie mußten in den Text rein. Die ganze Klasse mußte meinen Aufsatz schreiben. Hoffentlich plazierten meine Mitschüler die richtigen Buchstaben in die fraglichen Wörter.

Dekan Stehle, unser Dorfpfarrer, war schon ein älterer Herr. Er wohnte in unserem großen Pfarrhaus mit seiner Haushälterin Anna. Zwischen Pfarrhaus, Kirche und Schule lag der große Kirchhof. Bis der Dekan dort gesichtet wurde, konnten wir in der Schule noch umtreiben. In der Regel war Religion zwischen den Unterrichtsstunden des Lehrers. Unser Pfarrer war ein frommer Mann. Wenn wir gut lernten, bekamen wir ein Fleißbildchen. Doch er war für uns einfach zu alt. Wir brachten ihn manchmal zur Weißglut, so daß er uns vorzeitig verließ und heimwärts zog. Wir waren dann still im Unterrichtssaal bis zum Ende der Religionsstunde, damit der Lehrer, der über uns wohnte, nichts merkte. Wenn der Lehrer natürlich den Pfarrer über den Kirchplatz heimgehen sah, war unser Schweigen für die Katz, dann kam er vorzeitig herunter.

Bei unserem Dekan war ich Ministrant, meine Freunde Otto und Franz waren auch dabei. Sechs Jungen war die Höchstzahl, Mädchen waren damals nicht zugelassen. Da jeden Tag vor der Schule Messe war, mußten wir im Wechsel früh aufstehen. Damals war die Kirche ohne Heizung und die Winter waren im Schnitt noch kälter als heute. Vor und nach der Messe wurde noch das Weihwasser ausgeteilt, also der Dekan lief durch die ganze Kirche und besprengte die Kirchenbesucher mit Weihwasser. Wir Ministranten trotteten hinterher mit dem Weihwasserkübel. Er hätte alleine gehen können, denn er tankte den Bemsel am Altar auf, das reichte gut bei seinem schwachen Schwung bis hinten zum letzten Gast. Am Sonntag während der Predigt durften wir in die Sakristei, da sorgte im Winter ein Ofen für angenehme Wärme. Der Mesner war draußen bei den Zuhörern. Waren wir zu laut, dann ging gleich die Türe auf. Dieses Privileg haben die heutigen Ministranten nicht mehr. Hoch ging es her an Vierfesten. Da wurde der Flügelaltar geöffnet und die Heiligenschar blickte auf uns hernieder. Da haben wir zünftig Weihrauch aufgelegt, daß es manchem Kirchenbesucher zuviel wurde. Uns Ministranten freute es, wenn bei jedem Schwung eine kleine Wolke gegen den Himmel stieg. Ganz schön durcheinander ging es in der Karwoche, besonders am Karfreitag zu. Glocken, Orgel und unsere Schellen waren zum Schweigen verurteilt. Mit Rätschen mußten wir die Wandlung ansagen. Und dann die Klagerufe der einzelnen Kirchenchormitglieder, da konnten wir Ministranten nicht folgen. Am Karfreitag war die ganze Gemeinde eingeteilt wenigstens eine Stunde lang den Rosenkranz zu beten. Unser Haus war zwischen zwölf und dreizehn Uhr an der Reihe. Auch wir Ministranten waren dabei. Wir mußten knien bis es endlich im glorreichen Rosenkranz hieß: »Der von den Toten auferstanden ist«. Dann war zum Glück zwei Drittel der Stunde vorbei. In der Kapelle neben der Kirche war auch ab und zu eine Messe. Da ging es für den Dekan und den Ministranten sehr eng zu. Das Seil für die Glocke hing mitten in der Kapelle herunter. Diese Glocke durfte nur der Mesner läuten. Ein bestimmter Rhythmus mußte beim Ziehen beachtet werden.

Viel Raum, um unser Rauchfaß zu schwingen, hatten wir Ministranten beim Gang zum Kirchhof (Friedhof). Der Name Kirchhof blieb bis heute erhalten, obwohl der Friedhof schon seit meiner Kindheit außerhalb des Dorfes auf einer leichten Anhöhe angelegt ist. Bei Beerdigungen wurde der Tote am Trauerhaus mit dem Leichenwagen abgeholt, zwei Pferde waren vorgespannt. Ich habe ministriert, als beim alten Eingang auf der linken Seite die erste Tote beigesetzt wurde. Heute ist das Feld schon wieder abgeräumt. Viele Menschen kommen und gehen während der Zeit eines Menschenlebens.

Mit unserem Mesner Johann Münzer kamen wir gut zurecht. Gern halfen wir ihm beim Glockenläuten. Vier Glocken galt es beim Zusammenläuten gleichzeitig mit den Glockenseilen zum Schwingen zu bringen. War man nur zu zweit, so sprang man von Seil zu Seil und zog mit Leibeskräften, um das Geläute in Schwung zu halten.

Wenn das Läuten beendet war, hielten wir uns am Glockenseil fest, der Schwung, besonders der großen Glocke, zog uns immer wieder in die Höhe, das war toll. Ab und zu durften wir Ministranten mit dem Mesner die Turmtreppen hochsteigen, um die Kirchenuhr aufzuziehen. Nicht einen kleinen Schlüssel, wie ihn daheim der Vater benutzte, nein, eine große breite Kurbel mußten wir mit beiden Händen drehen.

Daß man in einer Familie mit vielen Kindern kein Taschengeld hatte, war ganz normal, wir kannten das Wort gar nicht. Natürlich versuchten wir auf vielerlei Art Pfennige zu verdienen. Sitte war bei uns zu jener Zeit, daß wir für einen Verstorbenen an vier Sonntagen mittags um zwölf Uhr einen Rosenkranz beteten. Jedes Kind, das am Rosenkranz teilnahm, bekam von einem Angehörigen des Verstorbenen fünf Pfennig. Ich las auch noch die Litanei, so bekam ich zwanzig Pfennig. Für fünf Pfennig bekam man fünf schöne Himbeerbonbons, ein Napo, einen Bärendreck, ein Rippchen Reisschokolade oder eine Schnecke, ein Hörnchen. Eine Brezel kostete vier Pfennig, ein Wecken drei Pfennig, doch wir hatten keinen Bäcker im Dorf. Ob man heute mit einem solchen Gegenwert ein Kind für eine halbe Stunde in die Kirche locken könnte?

Auch das Blasebalg-Treten übernahm ich im Wechsel mit anderen. Unser Organist und Kirchenchorleiter war der Ratschreiber Friedrich Hirt. Für die Orgel mußte ich ständig Luft bereit halten. Ein Zeiger, der mit dem Blasebalg verbunden war, gab den Luftinhalt an, oben voll und unten leer. Meine Arbeitsstelle lag direkt neben der Männerempore, ein dunkler Raum, nur einen Türspalt breit kam Licht herein. Wenn ich in diesem Halbdunkel geträumt habe und der Blasbalg zusammenfiel, weckte mich schnell die Glocke, die der Organist zog. Undenkbar, wenn beim Gloria zur Unterstützung des Chores die Orgel verstummt wäre. Übrigens, Herr Hirt war Nachfolger unseres Lehrers, als Parteimitglied durfte dieser keinen kirchlichen Dienst mehr verrichten. So war es auch Vorschrift zum Lehrer »Heil Hitler« zu sagen, zum Dekan »Gelobt sei Jesus Christus«. Dem Pfarrer mußten wir zu diesem Gruß als Kind noch die Hand reichen, die Mädchen einen Knicks machen. Wenn es irgendwie noch reichte, verdrückten wir uns vor den beiden Herren. Ja mit der Kirche hatten wir Kinder auch schon unsere Probleme, zum Beispiel mit der Sonntagsarbeit. Ging der Bürgermeister vor der Sonntagsmesse in die Sakristei, so wußten wir, heute müssen wir daheim auf dem Feld mithelfen. Der Dekan verkündete die Erlaubnis zur Sonntagsarbeit nicht gerne von der Kanzel. So waren seine Worte etwa »wem es geboten erscheint zu arbeiten, möge dies tun«. Für uns Buben war ein Sonntagsplan am Boden zerstört. Wir hätten als Ersatz lieber eine halbe Stunde lang einen Rosenkranz um gutes Wetter gebetet.

Wenn wir nicht am Altar dienten, waren wir bei den anderen Jungen in den Kirchenbänken. Die Kirchenbänke bildeten vier Viertel im Kirchenraum. Es wurden die Plätze genau eingehalten, die Buben, Jungen und Ledigen rechts vorne, dahinter die verheirateten und altledigen Männer. Die linke Seite war genauso für die weiblichen Wesen bestimmt. In der hintersten Bank unseres Viertels saß der Steckli-Vogt. Er paßte auf, daß wir uns ordentlich aufführten. Wenn er während der Messe vorging und einen oder zwei zurechtwies, war das nur der erste Teil, der andere folgte zu Hause. Auf der Mädchenseite gab es so etwas nicht, sie hatten immer Vorteile: »... die hend doch au gschwätzt« (geredet).

Wir waren zum Teil kleine Schulklassen, daher gab es bei uns Erst- und Zweitkommunikanten. Also die letztjährigen Kinder durften nochmals im Festkleid dabei sein. Uns hat hauptsächlich der Dekan vorbereitet. Aber ich weiß noch gut, wir waren voll dabei. So beteten wir immer nach der Schule den Kreuzweg in der Kirche. Das Beichten war damals schon ein Problem, wir konnten unsere Fehler und Schwächen auch aufschreiben.

Wenn der ersehnte Tag kam, war die Aufregung groß, bis der ›Bleyle‹-Kommunionanzug richtig saß. Ich weiß nicht mehr, ob er neu war oder ob ich ihn von meinem älteren Bruder übernehmen mußte. Mein ältester Bruder Theodor trug noch einen schwarzen Hut, der war inzwischen nicht mehr üblich. Unsere Mädchen hatten weiße Kleider an und trugen weiße Kränzchen auf ihren schönen Haaren. In der Kirche mußten wir auf die Kerze aufpassen, daß die Wachstropfen unsere Anzüge nicht »versauten« (beschmutzten). Kinder und Eltern waren froh, wenn alles ohne Zwischenfällem, wie einstudiert, klappte.

Nach der Kirche gingen wir, begleitet von der Musikkapelle, zum Pfarrhaus. Dort erhielt jedes Kind ein gerahmtes Bild mit Namen zur Erinnerung an diesen großen Tag.

Zum Mittagessen ging es nicht in die Wirtschaft, sondern es wurde daheim gefestet. Gotte (Taufpatin) und Götte waren in der Runde, so viele Gäste und Geschenke wie heute gab es nicht. Sehr schön war mittags der Marsch auf den Wartenberg. Alle, die gut zu Fuß waren, gingen zur Schloßgaststätte auf den höchsten Punkt unseres Hausberges. Die Fürsten zu Fürstenberg erbauten dieses schöne Schloß. Von hier oben hat man eine herrliche Aussicht auf die Donau, viele Dörfer und Städte der Baar und des angrenzenden Schwarzwaldes. Folgender Vers fällt mir hierzu ein:

> Gisinge [Geisingen] isch e schöne Stadt,
> Huse [Hausen] isch e Bettelsack,
> Gumedige [Gutmadingen] isch e Lierekübel
> und de Warteberg isch de Deckel drüber.

In dieser fürstlichen Gaststätte nahmen wir Kaffee, Kuchen und Sprudel zu uns. Gastraum und Saal waren mit einer Tür verbunden. An dieser Stelle mußten wir auf einen Hocker steigen und ein Gedicht aufsagen. Nach dieser kleinen Aufregung schmeckte der Kuchen noch besser, zumal der Dekan ihn bezahlte. Dann ging es den Berg hinunter. Der Bleyle-Anzug war am Abend nicht mehr so rein wie am Vormittag. Nochmals gingen wir abends zum Dank in die geschmückte Kirche.

Meine Volksschulzeit bestand ja nicht nur aus Kirche und Schule. In den Ferien, und während der Schulzeit mußten wir fast täglich in der Landwirtschaft der Eltern mithelfen. Sehr ungern war ich in der Küche tätig. Viele Arbeiten hatte Mutter für uns Kinder parat. Unsere Küche hatte einen großen Holzherd mit vier Töpfen. Die zwei rechten Töpfe, die direkt über der Feuerstelle waren, wurden versenkt, so daß sich die Flammen um die untere Hälfte des Kochtopfes schlängeln konnten. Die Höhe oder Tiefe der Versenkung wurde mit Ringen geregelt, von denen ein ganzes Dutzend an der Wand hing. Die Töpfe links standen gewöhnlich auf der Herdplatte, waren also nicht rußig. Darunter war der Backofen, der hauptsächlich zum Rösten von Gerste für Kaffee und zum Trocknen von Früchten verwendet wurde. Ganz links war das Schiff, ein länglicher, großer Wasserbehälter, den der warme Rauch umrundete, bevor er in den Kamin entwich. Immer wieder mußten wir Kinder Brennholz vom Schuppen die steile Treppe in den oberen Stock hochtragen und in der Küche schön aufsetzen. Die Asche wurde im Sommer in den Garten und im Winter auf die Dunglege gebracht. Als wir größer waren, mußten wir Feuer machen und die Töpfe und das Schiff mit Wasser füllen von dem einzigen Wasserhahn über dem Spülbecken. Im Keller holten wir Brot, Kartoffeln, Gemüse, Most, Eindünstgläser, Kalkeier etc. Der Tisch mußte gerichtet und abgeräumt werden. Wenn Mutter spülte, waren wir sehr froh, dann konnten wir unsere Hausaufgaben machen. Abends vor dem Vesper räumten wir den Herd ab. Mutter hatte nämlich das Geschirr, das sie in einer großen, weiten Schüssel auf dem Herd spülte, dort verteilt, damit es trocknete. Es war vieles aus Email, wenn es runterfiel, war zwar ein Stück Email weg, aber es gab keine Scherben.

Bevor wir eine Milchsammelstelle hatten, wurde die Milch in der Küche zentrifugiert, also der Rahm von der Milch getrennt. Da mußten wir zuerst die Trommel mit den vielen kleinen Metalltellern zusammenbauen und die restlichen Teile darauf setzen. Mit einer Handkurbel wurde die Trommel in eine hohe Drehzahl gebracht, dann konnte der Milchhahn geöffnet werden. Wenn genügend Rahm beisammen war, kam dieser in das Butterfaß, da ging das Drehen von neuem los. Beim Milchzentrifugen sah man das Ende der Arbeit, bis Rahm Butter wurde, ging es oft eine halbe Ewigkeit. War die große Malzkaffeedose leer, mußten wir die selbst geröstete Gerste mahlen. Wir drückten die Kaffeemühle in ein Treppeneck und drehten diese wieder von Hand so lange, bis der Behälter gefüllt war. Einkaufen gehen, das war wieder Spitze, doch zu selten. Im Dorf hatten wir drei Läden. Einer davon hatte nur ein kleines Sortiment. Hepf (Hefe) brauchten wir immer wieder, die haben wir auf dem Heimweg angeknabbert. Zichorie für den Malzkaffee, Backmittel, mal eine Erbsenwurst, Waschmittel, Kernseife, Faden, Hosengummi und anderes mußte eingekauft werden. Senf, Zucker, Essig und Öl wurde im Laden offen angeboten. Am Schluß gab es oft ein Bonbon aus der Glasdose, Wert ein Pfennig. Einmal verlor ich im Winter auf dem Heimweg fünfzig Pfennig. Ich konnte die Münze nicht finden, obwohl ich alles ablief. Im Frühjahr, als der Schnee wegschmolz und nur noch Eis auf der Straße war, fand ich die wertvolle Münze, schön eingelassen durch die Wärme. Sehr gern ging ich zu Käses. Dort durfte ich Serbele (Schiebling) holen, diese schmeckten prima mit Kartoffelsalat. Jedes Jahr kam der Salzmann mit dem Pferdefuhrwerk aus dem nahen Bad Dürrheim. Im Hausflur standen zwei geschlossene Holzbehälter, der eine wurde mit weißem Speisesalz, der andere mit rotem Viehsalz gefüllt. Auch ein Seiler kam jährlich ins Dorf. Neue Stricke brauchte Vater immer wieder, für das Zuggeschirr, im Stall und im Hof. Kleidung und Eisenwaren kauften wir in der Kreisstadt Donaueschingen. Einkaufsmärkte gab es damals noch nicht.

Ja es gab so viele zumutbare Kinderarbeiten je nach Alter und Fähigkeiten. Kartoffeln abrupfen (Keime abstreifen) war im Frühjahr und Sommer unsere Aufgabe. Jeden Tag wurden zwei große Körbe voll im Keller Stück für Stück entkeimt. War der Kartoffeldämpfer gefüllt, mußte Feuer gemacht und geschürt werden, bis der Dampf zum Ventil heraus kam. Dann kamen die Kartoffeln in die Quetsche, auch wieder Handbetrieb für uns. Mutter fütterte damit die Schweine. Das eigene Getreideschrot wurde vorher in der Küche mit heißem Wasser aufgebrüht. Es wurde kein Futter zugekauft, ökologische Landwirtschaft würde man es heute nennen. Als Beigabe erhielten sie Mager- oder Buttermilch und die Küchenabfälle. Auch beim Füttern durften wir helfen. Eimer tragen, Tiere vom Trog zurück sperren, nach dem Einfüllen des Futters den Trog wieder freigeben. Dann war Ruhe im Stall, das Geschmatze ging los.

Im Kuhstall gab es für uns Kinder ebenfalls Arbeit. Mal half eines dem Vater, mal der Mutter oder den älteren Brüdern. Während der Futterzeit am Abend waren meist alle im Einsatz. Da mußten zum Beispiel die Runkelrüben klein gehackt werden, Stroh für die Einstreu geschnitten werden, den Kälbern beim Tränken die Kübel gehalten, ihnen Heu und Einstreu gegeben werden. Beim Melken den Kuhschwanz halten, damit dieser nicht ständig Mutters Kopf traf, die Milch mußte geseiht werden. Wurden die Tiere am Brunnentrog im Freien getränkt, paßten wir auf, daß sie nicht zum Nachbarn hinübersprangen. Manchmal durften wir mit einem kleinen Kälbchen am Strick durch die Straßen springen, das war super, würde man heute sagen. Vorher wurde es gestriegelt und gebürstet, so wie Vater die großen Tiere fast täglich geputzt hat. Tränen gab es, wenn das Kälbchen schneller war als wir. Auch im Feld waren wir Kinder dabei, erst im Kinderwagen, später beim Mithelfen. Im Frühjahr wurden die Wiesen von Holz und anderem Unrat gesäubert, das das Hochwasser hinterlassen hat. Manchmal fanden wir eine Flaschenpost, kaum zu glauben, wie viele Kilometer eine solche Flasche auf dem Wasser unterwegs war. Maulwurfshügel wurden eingeebnet, beim Misteineggen auf den Wiesen gab es Strohrollen, die ver-

4  Gutmadingen. Mein Elternhaus, das der Großvater an die ehemalige
   Zehntscheuer des Fürsten von Fürstenberg anbaute
5  Gutmadingen, wie es in meiner Erinnerung lebt. Foto um 1930
   Folgende Doppelseite
6  Gutmadingen um 1980. Rechts der zweigleisigen Schwarzwaldbahn
   liegt die Firma Kramer. Die »junge Donau«, von Donaueschingen
   (im Hintergrund) kommend, schlängelt sich durch die Hochebene
   der Baar. Ausläufer des Wartenbergs grenzen an die B 31, die nach
   Freiburg führt

7 Mein Urgroßvater Josef Huber mußte als Meier (Pächter) den
größten Hof im Dorf, der im Besitz des Fürsten von Fürstenberg
war, verlassen

8 Gutmadingen. Bergleute mit Karbidlampen vor dem Stollen des
Bergwerks Gute Hoffnungshütte, in dem bis zum Zweiten Weltkrieg
Eisenerz abgebaut wurde

teilt werden mußten. Später wurde das ausgewaschene Stroh wieder zusammengerecht und heimgefahren zum Einstreuen. Wurde ein Acker mit Klee oder Luzerne eingesät, dann sammelten wir mit Mutter die oben liegenden Steine auf, damit mit der Maschine gemäht werden konnte. Eine mühselige Arbeit, die Steine waren so zahlreich und weit unten. Klee und Luzerne wurden zum Trocknen auf Heinzen (Dreiböcke) aufgeschichtet. Wir Kinder stellten die Böcke mit den Querstangen auf. Wurden wir im Feld von einem Gewitter überrascht und waren Heinzen in der Nähe, schlüpften wir darunter und blieben trocken.

## Brot backen

Wenn nur noch zwei Brotlaibe im Keller waren, mußte Mutter wieder Brot backen. Das war fast jede Woche der Fall. In eine längliche Holzwanne wurde Mehl gefüllt. Nun wurde in die Mitte dieser Mehlfüllung mit Hefe und wenig Wasser ein kleiner Teig gemacht. Am anderen Morgen versuchte nun Mutter mit beiden Händen, Wasser, Salz, Mehl und den Hefezusatz durchzukneten zu einem glatten Teig, das war Schwerstarbeit. Da an Mutters Händen der Teig klebte, mußte eines von uns Kindern immer wieder vorsichtig Wasser nachgießen. Der Teig sollte ja fest bleiben. Die Feuerstelle des Kachelofens in der Küche diente zugleich als Backofen. Eine Reisigwelle und extra langes Buchenholz sorgten für die nötige Hitze im Ofen. Die Glut wurde gleichmäßig verteilt und vor dem Einschießen des Brotes nach vorne gezogen. Der Boden wurde mit einem feuchten Tuch an der Stange gereinigt. Inzwischen war der Teig aufgegangen. Auf den Schießer wurde Mehl gestreut, ein runder Laib darauf geformt, und ab ging es in den Ofen. Acht Laibe fanden Platz. Nach dem Backen wurden sie mit kaltem Wasser abgepinselt, daß sie schön glänzten. Mutter hatte schon Teig für die Dünnete (Art Pizza) vorbereitet, die nun in den Ofen kam. Sie schmeckte ofenwarm sehr gut, ebenso der Knuse (Knauze) mit Butter. Sonst aber galt der Grundsatz »Ofenwarm macht Bauern arm«. Erst mußte alles alte Brot aufgegessen werden.

# Schlachttag

Der Schlachttag war für uns Kinder auch unvergeßlich. Am Tag zuvor mußten schon Zwiebeln geschält werden. Dem Zweihundert-Kilo-Schwein wurde gut eingestreut, daß es am Schlachttag blütenweiß aus dem Stall kam. Der Schragen (Lattentisch) und der Galgen mußten geholt werden. Harz hatte man an verletzten Tannenbäumen im Wald gesammelt und klein geklopft. Wenn der Dorfmetzger kam, mußte das Brühwasser im Kessel kochen. Dann wurde dem armen Schwein vorsichtig ein Strick am Fuß angebracht, daß es nicht wegspringen konnte. Das Tier sollte sich nicht aufregen, guter Zuspruch war nötig. Beim Schießen und Stechen des Schweines durften wir Kinder nicht zuschauen. Dann kam das Schwein in den Brühzuber. Harz wurde darüber gestreut und heißes Wasser beigegeben. Mit einer Kette hatte der Metzger das Schwein nun gewalkt und gewendet, um die Borsten abzulösen. Dann wurde es auf den Schragen gehoben und abgespritzt. Nun bekam jeder ein scharfes Messer, das Schaben und Rasieren ging los. Der Metzger nahm den Kopf vor, der Vater die Füße und das Hinterteil, wir machten die glatten Teile borstenfrei. Nun wurde das Schwein mit den Hinterfüßen an den Galgen gehängt und geöffnet. Inzwischen kam Karl Huber II, der Fleischbeschauer mit seinem gelben Holzköfferchen. Unter dem Mikroskop suchte er in Fleischscheibchen nach Trichinen, immer ohne Erfolg. Die Fleischseiten wurden gestempelt, also für den Verzehr freigegeben. Einzelne Innereien und Fleischstücke kamen in den Kessel, die großen Teile zum Einsalzen in den Keller. Der Metzger putzte noch die Därme im frostigen Hof, dann kam auch er in die warme, gute Stube. Die Küche war zu klein und einen anderen Raum gab es nicht.

Nun kam das Schönste vom Schlachttag. Es gab Kesselfleisch, Kartoffelbrei und Sauerkraut. Alles aß am runden Tisch, jeder konnte essen soviel er wollte oder konnte. Nun mußte der Speck für die Schwarzwurst in kleine Würfel geschnitten werden, Schwarten und Ohren durch den Fleischwolf gedreht werden. Der Metzger würzte und versuchte das Brät. Dann ging die Wursterei los. Blut- und

Leberwürste, Brat- und Schwarzwürste purzelten aus dem Wurstrohr in den Eimer. Immer wieder wurde es gefüllt und der Inhalt mit einem Holzstöpsel in die Därme gepreßt. Blut- und Leberwürste kamen in den Kessel, wir Kinder mußten aufpassen, daß das Wasser nicht kochte, sonst platzten die Därme. Bratwürste kamen in den Rauch. Wenn der Dorfmetzger das Haus verließ, gab es für Mutter noch viel Arbeit. Die gute Stube, der Tisch, die Bank und der Boden mußten wieder vom Fett befreit werden. In der Küche mußte das Fett ausgelassen werden, Sulzen wurden gemacht. Im Kessel, in dem die Würste langsam gekocht wurden, gab es eine fettige Brühe, die Wurstsuppe. Sie schmeckte besser, wenn ab und zu eine Wurst geplatzt ist. Von dieser Suppe brachte ich meinem Freund Otto eine Kanne voll. War sie dünn, gab Mutter eine Blut- und Leberwurst dazu. Wenn Reichles geschlachtet haben, brachte Otto uns eine Wurstsuppe.

Die großen Teile, die im Keller eingesalzen wurden, mußten täglich mit dem wenigen Salzwasser, das sich allmählich gebildet hat, übergossen werden. Das war eine Arbeit für uns Kinder. Nach ein paar Wochen kamen die Seiten, Schinken, Schäufele, Kinnbacken und andere Teile in das Rauchhäusle, wo sie langsam geräuchert wurden. Wenn Mutter Brot backte, mußten wir Kinder den Zug auf der Bühne im Raucherhäusle schließen, sonst wäre es drinnen zu heiß geworden. Nachher öffneten wir ihn wieder und sorgten für einen kalten Rauch.

In den warmen Sommermonaten konnte man nicht schlachten. So war in dieser Zeit das Rauchfleisch sehr begehrt. Wir hatten noch keinen Kühlschrank und keine Gefriertruhe. Erst später kamen Dosen auf und wir kochten Fleisch in Weckgläsern ein.

### Schlachthaus – Ausschellen

Im Zentrum der Gemeinde lag das Schlachthüsli. Wenn ein Stück Großvieh durch Unfall oder Krankheit geschlachtet werden mußte, so mußte jeder Haushalt mit Landwirtschaft eine bestimmte Menge Fleisch abnehmen. Dies regelte der Viehversicherungsverein, um das Risiko für den einzelnen Viehhalter zu verringern. War das

Fleisch von einem jungen Tier, wurde es gern abgeholt, stammte es aber von einer alten Kuh, war die Begeisterung nicht groß. Um alle Haushalte zu informieren, ging der Dorfpolizist Friedrich Schmid mit Amtsmütze zu Fuß durch das Dorf zum Ausschellen. Mit einer großen Schelle rief er an bestimmten Stellen die Nachbarn zusammen und verkündete lautstark die neuesten Bekanntmachungen, z. B. wann Fleisch im Schlachthaus abgegeben wird oder Termine von Versteigerungen. Folgende Lose und Arbeiten, die mein Vater ersteigert hat, sind mir noch im Gedächtnis: Der Verkauf von Reisigschlägen im Gemeindewald und das Mähen von Gras an den Feldwegen entlang gegen das höchste Gebot; das Einbringen von Heu für den Farrenstall; das Kleinklopfen von großen Kalksteinen mit Muskelkraft zu Schotter am Kreyenlochweg, und das Öffnen von Wassergräben im Gewann Lachen zum Mindestgebot. Neben dem Rathaus, hatte die Genossenschaft und der Handel Aktuelles zum Ausschellen. Viele dieser damals wichtigen Themen sind heute überholt, sie verschwanden genauso wie der Amtsbote mit der Glocke. Nur die Erinnerung ist geblieben.

## Waschtag

Gewaschen wurde etwa alle drei Wochen. Die Wäsche wurde tags zuvor in Zubern (ovalen Holzbottichen) eingeweicht. Zum Glück hatten wir eine Waschmaschine der Marke MIELE, aber noch ohne Knöpfe oder Tasten. Das heiße Wasser machten wir nebenan im Waschkessel, wo sonst Kartoffeln gedämpft wurden. Nun wurde die Maschine mit Wäsche, heißem Wasser und Waschmittel (Persil gab es schon) gefüllt, der Deckel verschlossen, der Motor eingeschaltet, der die Maschine über Keilriemen in Betrieb setzte. Ein Haspel drehte die Wäsche in dem gerillten runden Holzbottich hin und her. Wenn der Waschvorgang fertig war, drehten wir von Hand die Walzen der Wringe, die das Wasser aus der Wäsche drückte, Mutter schob die Wäsche hinein. Beim Aufhängen im Garten waren wir wieder dabei, um die Wäscheklammern zu reichen. War die Wäsche trocken, nahmen wir sie ab.

Taschentücher durften wir bügeln und zusammenlegen. Leintücher mußten gezogen werden, bald war ich so stark, daß ich Mutter durch die Stube ziehen konnte. Endlich für ein paar Wochen keine Wäsche mehr!

### Erntezeit

*Wie lief ein Tag in der Heu- oder Öhmdernte ab?*

Als Schüler in der Morgenschule durfte ich in den Ferien frühmorgens auf die Mähmaschine sitzen. Vater führte die Ochsen über die Wiese, ich mußte meine Augen auf den Mähbalken richten, daß er nicht stopfte. Wenn es dort eine Störung gab, schrie ich laut »o-ha«, die Ochsen blieben sofort stehen. War die Ursache behoben, ging es mit »hü« wieder weiter. Man ging sehr früh zum Mähen, weil es dann für die Tiere noch nicht so warm war und das Ungeziefer sie nicht so plagte. Heimwärts durfte ich alleine fahren, die Ochsen wußten den Weg und waren froh, wenn sie in den schützenden Stall kamen. Vater verteilte das Gras gleichmäßig auf der Wiese. Anschließend wurde Znüni (neun Uhr) gegessen. Wenn der Boden trocken war, gingen wir hinaus um Schöchle (runde, kleine Heuhaufen) zu verteilen. Unsere Felder lagen verstreut in zwei Kilometern Umkreis um den Ort. Die Parzellen waren klein, wir hatten bei zehn Hektar vierundzwanzig Stück. Einen Teil konnten wir mit dem Fahrrad erreichen, andere nur zum Teil, den Rest den Berg hinauf zu Fuß. Gangschaltungen gab es noch nicht. War diese Arbeit beendet, kochte Mutter schnell ein einfaches Mittagessen. Wir fütterten noch die Tiere im Stall und stellten drei Heuwagen bereit.
Nach dem Essen mußte das Heu je nach Sonneneinstrahlung nochmals gewendet werden. War es rösch (trocken), wurden mit der Gabel Schwaden gemacht. Zwei Helfer fuhren heim und holten die drei Wagen mit zwei Ochsen und zwei Kühen. Letztere kamen auf der Wiese in Wartestellung. Sie wurden an einen Wagen gebunden. Die Getränke, Most, Kaffee mit Milch kamen in die nächste Quelle, in einen Wassergraben oder in die Donau zur Küh-

lung. Mit den zwei Ochsen und einem Wagen wurden nun an den Schwaden entlang gefahren. Ein Mann hat mit der Gabel aufgeladen, eine zweite Person war auf dem Wagen beim Laden, Mutter und ich beim Nachrechen. Meine kleine Schwester war bei den Ochsen und verjagte mit einem Wisch die großen und kleinen Bremsen. Obwohl die Tiere mit Bremsenöl eingepinselt wurden, das einen widerlichen Geruch verbreitete, stachen die Biester zu. Anneliese mußte immer wieder ein paar Meter vorfahren und den Ochsen etwas Futter geben, damit sie ruhig stehen blieben. War der Wagen endlich voll, wurde der Wissbaum (lange Stange) längs über den Wagen gelegt und dieser hinten und vorne mit einem Seil festgebunden. Nun wurde eine kleine Pause gemacht und der Durst gelöscht. Wurde der Wagen am Hang beladen, so mußten wir aufpassen, daß der volle Wagen nicht umkippte. Mit Gabeln stützte man den Wagen besonders dann, wenn es von der Wiese auf den Feldweg ging, der den Hang hinunter führte. Es kam auch vor, daß der Wagen schon beim Beladen umfiel und der Lader unter dem Heu befreit werden mußte. Meistens war der Fuhrmann schuld, er mußte sich dann manches anhören.

Kam ein Gewitter auf, so konnte der Fuhrmann mit den halbvollen oder leeren Wagen heimfahren. Bis die gemütlichen Ochsen daheim ankamen, war er patschnaß, oft stand das Wasser in den Schuhen. Dabei hörte Petrus keine Lobgesänge von unten. Es war auch ärgerlich, oft kam das Unwetter nur eine Stunde zu früh. Viel Arbeit mußte aufgewendet werden, um das schon fertige Heu wieder zu trocknen. Dazu kam noch der Qualitätsverlust durch das Auswaschen. Vorher angenehmer Heugeruch, nachher oft gelb wie Stroh. War das Wetter beständig, wurden alle drei vollen Wagen zusammengekoppelt, und wir fuhren stolz nach Hause. Ältere Leute, die schlecht zu Fuß waren, saßen bei der Heimfahrt auf der »Schnettere«. Dies war das verlängerte Bodenbrett, das am hinteren Wagenende ca. einen halben Meter heraus schaute. Wenn es über Steine und Löcher ging, war dies kein Logensitz. Wir Kinder fühlten uns wohler hoch oben auf dem Wagen. Nach dem Abendessen begann die Stallarbeit. Anschließend mußten die Wagen abgeladen werden. Wir hatten eine

Zange, die das Heu mit einer Motorwinde nach oben zog und über dem Heustock abwarf. Dort mußten zwei Personen das Heu verteilen und unter das schräge Dach hinunter stampfen. Der Platz wurde gebraucht. Das Abladen zog sich oft bis 22.00 Uhr hin. Wenn es zeitlich ging, fuhren die älteren Brüder noch zur Donau, um sich dort nach dem vielen Schwitzen durch ein kühles Bad zu erfrischen. Zum Nachtessen gab es dicksaure Milch, die die Mutter in tönernen Schalen im Keller aufgestellt hatte. In diese Milch wurde Brot eingebrockt. Die ganze Tischrunde bediente sich aus der Schüssel, die in der Mitte des runden Tisches stand. Dann sank man todmüde ins Bett und träumte vom herrlichen Landleben.

*Wie ging es in der Getreideernte zu?*

Die gesamte Ernte wurde von Hand gemäht. Damit die Sense gut schnitt, dengelte sie Vater jeden Abend auf dem Dengelstock. Dieser war in der Regel in einem Holzklotz befestigt, die Arbeit wurde sitzend ausgeführt. Mit dem Dengelhammer wurde der schneidende Teil der Sense dünn ausgeschlagen. Der Klang der vielen Dengelhämmer durchtönte oft den ganzen Ort, gewöhnlich war es abends die letzte Tätigkeit. Jeder Schnitter hatte im Hosenbund auf dem Rücken ein kleines Futteral, in der Regel aus einem Kuhhorn, stecken. Es war gefüllt mit Wasser, der Wetzstein steckte drin. Während dem Mähen wurde mit ihm die Sense immer wieder nachgeschärft. Gerste und Hafer wurde mit dem Reff (Sensenstiel mit Sense und Halterung mit langen Holzzinken) in Reihen ausgeworfen. Die Schnitter standen sehr früh auf, am Morgen war es nicht zu heiß und das Ungeziefer war noch nicht so aktiv. Diese Gersten- und Haferreihen wurden nach dem Trocknen zu kleinen Häufchen aufgerecht. Die Schwester oder ich mußten nun zwischen diesen Häufchen Garbenstricke legen. Mutter und Bruder legten dann mit großen Holzgabeln die Getreidehäufchen auf die Bänder. Vater band diese zu Garben, die mit extra Gabeln nachher auf den Wagen geladen wurden. Schwieriger war die Arbeit bei dem langen Weizen. Vater mähte mit dem Reff voran. Mutter nahm einen Arm voll Weizen auf und legte ihn zur Seite. Ich band ihn dann mit Weizenstroh zu einem kleinen Bündel zusammen. Schlimm war das Aufnehmen und Binden, wenn der stachelige Ackerhohlzahn oder Disteln dazwischen waren. Sie hinterließen an Armen und Händen ihre Spuren. Wenn das Getreide durch Stürme lagerte, war die Arbeit noch mühsamer. Am Abend wurden diese kleinen Bündel in Hocken zum Trocknen aufgestellt, kam ein Sturm auf, lagen am anderen Tag fast alle wieder auf dem Boden. Die Arbeit konnte von vorne beginnen. War der Weizen trocken, wurden die kleinen Bündel ebenfalls zu Garben gebunden und so auf den Wagen geladen. Das Abladen in der Scheune war schwieriger als beim Heu. Mit einem langen Seil, das über eine Rolle lief, mußte jede Garbe mit Muskelkraft hochgezogen und eingelagert werden. Eine große Erleichterung brachte der Ableger mit den Flügeln, den die größeren Betriebe einsetzten. Die Maschine mähte das Getreide und legte es in kleinen Häufchen ab. An die ersten »Kramer«-Schlepper wurden Vorrichtungen angebaut, um ähnliche Ziele zu erreichen. Die schwere und langsame Handmahd wollten die Betriebe mit größeren Flächen ersetzen. Unsere Familie mähte bis nach dem Zweiten Weltkrieg weiterhin von Hand.

## Die Kartoffel- und Rübenernte

Sie waren in meiner Kindheit reine Handarbeit. Morgens wurden die Kartoffeln mit dem Charst (dreizinkige Hacke) rausgehackt, über die Mittagszeit trockneten sie. Am Nachmittag wurden sie beim Auflesen in verschiedene Körbe geworfen, kleine und verletzte extra, mittelgroße für die Saat und große zum Einlagern. Die vollen Körbe wurden in Säcke geleert, die Sortierung beim Zubinden mit Kraut oder Gras gezeichnet. Bei der Kartoffelernte war es üblich, daß auch Verwandte und Bekannte beim Aufsammeln mithalfen. Wenn wir nicht auf die Kirchenuhr sahen, dann wußten wir von den Zügen, die vorbei fuhren, wie spät es war. Armbanduhren wurden noch nicht getragen. Oft war am Abend noch Eile geboten, um alle »Erdäpfel« einzusammeln. Zum Abschluß wurden die Säcke mit vereinten Kräften auf den Wagen geladen.

Jeder rechte Bauer freute sich, wenn er hoch geladen hatte. Nach der Stallarbeit wurden die Säcke ins Haus getragen und in den Keller geschüttet.

Als letzte Frucht wurden die Rüben geerntet. Das Kraut der Rüben wurde abgeschnitten und verfüttert. Die Rüben wurden ebenfalls von Hand auf den Wagen geworfen, uns Kindern wurden die kleinen vorbehalten. Zu Hause nach der Stallarbeit füllten wir Kinder auf dem Wagen die Körbe, die Erwachsenen trugen sie in den Keller. Auch damals höhlten wir die Rüben aus, schnitten ein Gesicht zurecht und stellten eine Kerze hinein, der Rübengeist war fertig.

### Das Ausfahren

Das Ausfahren (auf die Weide gehen) mit den Kühen im Herbst war für uns ältere Kinder eine Herausforderung. Jeder Junge oder auch jedes Mädel hatte zwei, drei, vier oder fünf Kühe, vielleicht noch eine Kalbin (trächtige Jungkuh) dabei. Nach dem Mittagessen band sie der Vater zusammen, drei hinten und zwei vorne. Mit einem langen Seil zog man die Leitkuh mit »wischt« nach links und schrie »hott«, wenn es nach rechts ging. Anfangs ging der Vater mit, band die Tier auf der eigenen Wiese auseinander und verließ mich. Ich mußte nun aufpassen, daß die Kühe nicht auf Nachbars Wiese, oder auf dem nächsten Rüben-, Klee- oder Luzerneacker weideten. Hatten sie einmal dort Appetit geholt, versuchten sie es immer aufs neue. Jeder Hirte hatte einen Sack zum Draufsitzen dabei, ein paar Äpfel waren auch drin. Gut hatten wir es ab der Kirchweih, jetzt durften wir auf allen Wiesen hüten. Die Rüben waren auch geerntet. Nun konnten wir Hirten zusammensitzen und zum Beispiel ein Feuer machen, um Kartoffeln zu braten. Die letzten Äpfel holten wir von den Bäumen. In den Setzfeldern (Gemüsefeldern) schauten wir nach gelben Rüben, die wir verzehrten. Auch das Rauchen wurde probiert. Drei Zigaretten kosteten zehn Pfennig. Einmal kam ein Gendarm von Geisingen, sah die jungen Schlote, stieg vom Fahrrad ab und schrieb unsere Namen auf. Diese brachte er dem Lehrer. Die Folge war,

daß wir einen Aufsatz schreiben mußten mit dem Thema:
»Warum Nikotin schädlich ist«.

Es war für uns Kinder oft schwer, die Kühe bis abends
fünf Uhr auf der Wiese zu halten. Die Schnellfresser, die
den Bauch voll hatten, wollten heim, während die anderen noch eingefallene Flanken hatten. Da wurden wir von
den Eltern nicht gelobt, wenn wir zu bald heimkamen,
alle Bäuche mußten voll sein. Tränen gab es bei uns,
wenn zwei Kühe von verschiedenen Ställen mit den Hör-
nern ihre Kräfte maßen und ein Horn dabei abbrach.
Einmal, als ich allein hütete, waren zwei Kühe zusammen gebunden, weil eine immer heim wollte. An unserer
Wiese entlang war die Donau durch das Mühlenwehr
gestaut. Da ich den Kühen den Heimweg versperrte, gingen sie in Richtung Donau. Sie versanken bis an den
Bauch im Schlamm und kamen weder vorwärts noch
rückwärts. Hilfe war keine in der Nähe, das Elternhaus
etwa zwei Kilometer entfernt. Guter Rat war teuer. Ich
robbte nun behutsam auf dem Rücken einer Kuh vor,
band die Tiere auseinander, ging mit dem Seil wieder »an
Land«. Nun zog ich mit ganzer Kraft den Kopf der Kuh
mit dem Seil Richtung Wiese. Sie sah eine Chance und
stampfte sich frei, bis sie wieder festen Grund unter den
Füßen fand. Mit der zweiten Kuh hatte ich dasselbe
Erfolgserlebnis.

### Pflügen und Säen

Im Herbst begann das Pflügen, da mußte ich die Ochsen
antreiben, manchmal auch mit der Peitsche drohen. Vater
führte den Pflug, damals noch mit einem Vorderwagen
aus Holzrädern. Der eiserne Pflugkörper war an einem
Grindel (Holzbalken) verschraubt. Beim Znüni-Essen
saßen wir beide drauf. Am Freitag beim Elf-Uhr-Läuten
hielten wir an, bis die Glocken verstummten. Mittags
hatten die Ochsen in der Regel frei, oder nur eine leichte-
re Arbeit, zum Beispiel eggen. Gesät hatte mein Vater
noch von Hand aus einem umgehängten Sätuch, wie man
den Sämann noch auf Bildern sieht. Vor dem Krieg kaufte
mein Vater mit dem Nachbarn eine Sämaschine. Dies war
eine große Erleichterung, zudem kam die Saat nun

gleichmäßig in den Boden. Die Saatmenge konnte genau eingestellt werden. Der Sämann, der Jahrhunderte den Samen der Erde anvertraute, schritt nicht mehr über den Acker.

## Dreschen

In der Scheune war als einzige Antriebsquelle des Hofs ein stationärer 3-PS-Elektromotor. Über eine Transmission wurden die Häckselmaschine, die Schrotmühle, der Heuaufzug und die Dreschmaschine angetrieben. Im November, wenn die Feldarbeit zu Ende ging, begann das Dreschen des Getreides. In der Scheune stand erhöht eine Stiftendreschmaschine, sie verlangte Teamarbeit. Vater stand vor der Maschine und schob das Getreide in die Trommel. Mutter gab es ihm laufend auf den ca. ein Meter hohen Tisch hinauf. Ich arbeitete der Mutter zu, machte die Garbenstricke auf, und durchschnitt die Strohbänder der kleinen Bündel. Mein Bruder band das ausgedroschene Stroh zusammen. Abends wurde dieses von Hand mit dem Seil hochgezogen und eingelagert. Am anderen Tag wurde in der Windfege die Spreu vom Korn getrennt. Vater drehte von Hand diese Maschine. Ich stand auf einem Hocker und rührte das Korn-Spreu-Gemisch, daß es die Windfege annahm. Mutter oder Bruder sorgten mit einer Wanne für den nötigen Nachschub. Die leichte Spreu wurde nach hinten weggeblasen, die Körner über zwei Siebe gereinigt. In Säcken wurde das Getreide auf die Bühne getragen, von der Scheune durch den Stall, anschließend noch drei Treppen hoch. Jedem Bub gab Vater etwa so viel Körner in den Sack, wie derjenige Körpergewicht hatte. Wir alle wollten stark sein und etwas mehr tragen, um schneller fertig zu sein. Ein Teil des Weizens wurde in schöne, lange Leinensäcke eingefüllt, in die der Name vom Großvater oder Vater eingewebt war. Diese Säcke kamen gleich in die benachbarte Mühle, der Müller lieferte dafür eine bestimmte Menge Mehl und Kleie.
Auf anderen Höfen im Ort wurde mit der großen Dreschmaschine gedroschen. Vom Nachbarort Kirchenhausen brachte ein Mann die schwere, mit Eisenrädern

versehene Maschine mit einem Lanz-Bulldog. Hier halfen sich die Nachbarn gegenseitig, da waren über zehn Personen nötig, daß alles flott ablief. Diese moderne Maschine trennte gleich das Korn von der Spreu und preßte das Stroh. Starke Männer trugen laufend das Korn auf die Bühne des Hofes. In einem Tag war die Arbeit auf einem Hof meistens beendet. Mein Vater kaufte noch vor dem Krieg mit einem Nachbarn einen »Mengele«-Breitdrescher, eine kleinere Ausführung obiger Maschine. Der Nachbar half uns und wir halfen ihm beim Dreschen. Das war eine große Verbesserung für beide Familien, man war in der halben Zeit fertig. Dreschen war immer eine staubige, oft kalte Arbeit, es gab manch rauhen Hals, oft plagte uns der Husten danach. Vater und Mutter kauften für die damalige Zeit fortschrittliche Maschinen, aber Schulden machten sie nie. So ging es langsam dem Winter zu, wir Kinder waren nur noch in Küche, Haus und Stall gefragt. Es wurde ruhiger, die Tage kürzer, die Abende länger.

Wenn ich die vielen Kinderaufgaben so ausführlich geschildert habe, war ich deshalb nicht unzufrieden oder mürrisch. Die meisten Arbeiten waren kindgerecht. Ich sah auch ein, daß Vater und Mutter Hilfe nötig hatten und es freute mich, wenn ich ein Lob bekam. Ich las erst kürzlich, daß die Naturvölker ihre Kinder zu ihren Arbeiten mitnehmen, sie auf diese Weise frühzeitig anlernen und ihnen Verantwortung übertragen.

Wir waren Landkinder, den Kreislauf des Jahres und das Leben in der Natur, wir haben es intensiv miterlebt. Alle Jahreszeiten hatten ihre speziellen großen Reize. Im Frühjahr freuten wir uns über die ersten Mattengili (Schlüsselblumen) und Bachrollen (Sumpfdotterblumen). Sie blühten an den schützenden Rändern unserer beiden Dorfbäche. Einzelne Blumen pflückten wir und stellten sie daheim in einem Trinkglas auf. Die Schwalben kamen vom warmen Süden zurück. Sie sammelten an den Drecklachen (Wasserpfützen) unserer ungeteerten Dorfstraßen feuchtes Material, um ihre Nester zu bauen.

Im Sommer hörten wir beim täglichen Futterholen die Lerche, wenn sie vom Boden aufstieg und ihr Morgenlied trillerte. Da gab es noch viele Frösche, die vom gemähten

Futter ins stehende schützende Gras hüpften. Die grünen Heusteffzger (Heuschrecken) kletterten an Getreidehalmen empor und zirpten aus Leibeskräften. Traten wir ihnen näher, verstummte ihr eintöniger hoher Gesang.

Der Herbst schenkte uns viele Früchte. In Reichles Garten kletterten wir auf die Bäume, dort gab es prima Zibarten (kleine Pflaumen). Die Steine spuckten wir im hohen Bogen hinab, manch einer wurde auch verschluckt. Auch der Pfarrgarten zog uns immer wieder an, dort reiften gute Birnen. Wir stiegen über den Zaun in der Hoffnung, daß uns der Herr Pfarrer, ein alter Herr, nicht bemerkte. Viel Freude hatten wir Kinder, wenn auf den Feldern das Kartoffelkraut verbrannt wurde. Bei schönem Herbstwetter wurde das trockene Kraut auf der ganzen Ackerlänge in vielen Haufen aufgeschichtet. Brannte das erste Feuer, nahmen wir mit der Gabel einen brennenden Teil davon und sprangen damit zum nächsten Krauthaufen. Nebenher wurde manche Kartoffel gebraten und verspeist. In der Donauniederung bildeten sich die ersten Nebelschwaden, die sich langsam auch auf unser Dorf legten. Die Bewohner des Wartenbergs konnten oft zur selben Zeit die Herbstsonne genießen.

Im Winter sind Eis und Schnee besondere Gottesgaben. Am Morgen bewunderten wir an den Fenstern der Stube die wunderschönen Eisblumen. Mit den Fingernägeln kratzten wir ein Loch hinein, um einen Blick in die Außenwelt zu erhaschen. Lange Eiszapfen bildeten sich an den Schuppen ohne Dachrinnen. Wir brachen ein Stück ab und schleckten daran, es schmeckte fast wie heute Eis am Stiel. An manchen Tagen funkelten die Schneekristalle in der Mittagssonne auf den Fluren. Selbst eine kleine Schneewehe, die der Wind zu herrlichen Gebilden formte, kann der Mensch nicht nachbilden.

Das ganze Jahr über schenkt uns die Natur soviel Buntes und Schönes. Wir Kinder entdecken immer wieder Neues und erlebten dabei manche Überraschung.

Mein Freund Otto, auch die anderen Kollegen, Ernst, Bruno, Theodor, Fritz, Franz, Walter, Alfred hatten mehr Freizeit als ich. Ihre Familien waren kleiner oder sie hatten ältere Schwestern für die Küchenarbeit. Zudem hatte Otto keine jüngere Schwester wie ich, die gehütet werden mußte. Ja, die drei Jahre jüngere Schwester Anneliese, die hatte mit uns Jungens manches auszuhalten. Sie war uns so übrig wie nur etwas, oft stand der Wagen allein auf weiter Flur. Einmal machte sich der moderne Kinderwagen mit den vier großen Rädern selbständig, rollte davon, kippte um und der gesamte Inhalt lag auf der Straße. Vielleicht hat sie durch ihr unruhiges Verhalten den Wagen selbst in Fahrt gebracht. Eine Bremse gab es damals noch nicht. Wie vieles hat sie auch dieses überlebt. Anneliese muß einen guten Schutzengel gehabt haben. Als sie flügge wurde, war sie immer wieder unterwegs. Ich mußte sie dann bei den Nachbarn suchen – ein richtiger Fegwisch (Kind das ausreißt) war sie. Später sagte sie, die Eltern seien einfach zu alt gewesen und wir hätten keine Zeit für sie gehabt. Mit den Jahren wurde es besser, wir verstanden uns gut.

Ab und zu halfen mir meine Freunde bei den mir aufgetragenen Arbeiten. So war ich früher fertig und wir konnten die gemeinsame Freizeit früher nutzen. Wir Buben hatten einen großen Radius für unsere Freizeitaktivitäten. Im Dorf kannten wir in unserem Revier fast jeden Winkel in Maschinen- und Holzschuppen, um Versteck zu spielen. Auf den Dorfstraßen brachten wir mit einem Stock alte Fahrradfelgen zum Springen, spielten Schlagball, liefen mit Stelzen um die Wette. In den Gärten kletterten wir auf den Bäumen herum oder spechteten mit selbst gespitzten kleinen Stöcken, es lockte so vieles. Auch bei den Vögeln mußten wir für Ordnung sorgen. So konnten wir es nicht leiden (ertragen), wenn Spatzen in die schönen Schwalbennester eingezogen sind. Dies erkannten wir vom Boden aus, Spatzen ließen Halme zum Flugloch raushängen. Bei den Schwalben war der Eingang tip-top sauber. Am Farrenstall war es tagsüber ruhig. Hier waren ein paar Nester falsch belegt. Mit einer langen Stange wurde das erste Nest runter gestupft. Wenige Nesthocker hatten den Sturz überlebt. Einer von uns hütete sie auf der nahen Kirchenmauer. Wir waren gerade wieder im Einsatz, wer kam daher, unser »geliebter« Hauptlehrer. Flucht war zwecklos, er hatte unser Team schon erkannt. Die Folgen am kommenden Schultag kannten wir schon. Auch bei den Handwerkern schauten wir in die Werkstätten hinein. Beim Schreiner Josef Scherzinger holten wir Holzreste, er schenkte sie uns. Sehr neugierig waren wir beim Meierschmied Wilhelm Huber, wenn er ein Pferd, einen Ochs oder eine Kuh zu beschlagen hatte. Paßte er das glühende Eisen auf den Huf oder die Klauen, stieg Rauch empor mit einem besonderen Duft. Sehr interessant war beim Wagner Adolf Engässer die Fertigung eines Wagenrades. Die Nabe, die Speichen, die Felgen mußten genau passend zusammengefügt werden. Wenn dann unser zweiter Schmied Leo Geisinger mit einem glühenden Eisenreifen das Holzrad einfaßte, fing das Holz Feuer. Der Reifen mußte schnell genau passend aufgeschlagen, nachher mit der Felge verschraubt werden. Das Meisterwerk, das schon seit Jahrtausenden angefertigt wird, konnte dem Landwirt übergeben werden.

Auch wagten wir bei einbrechender Dunkelheit einen Blick in den Hagestall (Farrenstall). Wir mußten doch wissen, warum Vater die Kuh dorthin führte. Nacheinander schauten wir durch dasselbe Astloch in Henkels (Hausname) Holzschuppen und verfolgten das rätselhafte Geschehen. Bei der anschließenden intensiven Diskussion wußten wir Buben erst nicht, was dort eigentlich geschah. Viele Fragen blieben offen.

Die Eisenbahn war ganz in Ortsnähe. Auf der zweigleisigen Strecke fuhren viele Personen-, Schnell- und Güterzüge. Sogar der Orient-Expreß rauschte vorbei. Richtung Neudingen stand ein Bahnwärterhäuschen; Familie Egle wohnte dort. Da zog es uns immer wieder hin. Sie hatten eine Kuh und Ziegen, letztere waren für uns neu. Wir hatten sehr viel Freiheit dort. So durften wir Wasser pumpen, auf dem Heustadel toben, Schranken rauf- und runterdrehen. Wenn sich ein Zug durch Glockenschlag ankündigte, sprangen wir unter die Bahnlinie in einen Durchlaß für Regenwasser. Dann ratterte der Zug über uns hinweg. Güterzüge hatten über fünfzig Waggons, wir zählten sie oft. Einmal sprang ich in diesen etwas niedrigeren Tunnel hinein und stürzte. Dabei schnitt ich mir an einer Glasscherbe, in der Nähe wo man den Puls fühlt, den Arm auf. Frau Egle verband mich; die Narbe ist heute noch sichtbar. Ab und zu legten wir kleine Steine auf die Gleise, nachher waren sie nur noch Mehl.

Die Donau reizte uns natürlich immer wieder. An ihren Ufern standen in Abständen kleine Schutzhütten für Jäger. Aus ihnen heraus konnten sie auf Wildenten schießen. Wenn die Luft rein war, nahmen wir darin Platz und spielten die Schützen. Wir sammelten die leeren Schrotschußhülsen und steckten sie an die Finger. An manchen Stellen konnten wir die Donau bei Niedrigwasser mit aufgekrempelten Hosen überqueren. Bei Sonnenschein beobachteten wir Fische auf den flachen Kiesbänken. Hochwasser der Donau zog uns besonders an. Da durften wir in einem Zuber mit einer Stange in Nachbars Garten »Kapitän« spielen. Die Straße zur Donaubrücke war in der Regel überschwemmt. Hier konnten wir mit den Stelzen mit großen Schritten durch das Wasser schreiten. Die Pappeln zeigten uns den Weg, Absteigen war nicht erlaubt. Viel zu tun hatten wir, wenn das Wasser wieder ins Flußbett zurück ging. Es waren ja kilometerlange große Flächen überschwemmt. Viele kleine Seen und Tümpel bildeten sich. Wir mußten in Eimern die Fische in die Donau zurückbringen, bevor der Fischreiher sie holte. Größere Fische nahmen wir auch mal mit heim, das war natürlich verboten. Maulwürfe und Mäuse kämpften um ihr Leben. Wie diese ihre Wohnungen wasserdicht machten, ist mir heute noch ein Rätsel. Sie überlebten, obwohl tagelang Wasser über ihnen stand. Ganz toll war es, wenn es im Winter Hochwasser gab, das anschließend gefroren ist. Jetzt konnten wir Schlittschuh laufen, sogar mit unserem Lehrer, als Ersatz für Schulunterricht. Wenn das Wasser unter dem Eis zurückging, legte sich dieses auf den unebenen Boden, so daß wir bergauf und bergab fahren konnten. Es gab viele Risse, liefen wir mit den Schlittschuhen hinein, stürzten wir auf die Nase. Wenn das Eis in der Donau geschmolzen war, kamen große Eisschollen geschwommen. Wir Buben standen auf der

9  *Hochzeitsbild meiner Eltern Karl und Katharina  Huber,
geb. Wehinger, vom 18. August 1913*

10 Mein Vater mit meinen sieben Brüdern am Weißen Sonntag 1925
   von Theodor. Alfons trägt ein Röckchen. Annelies und ich waren
   noch nicht geboren
11 Das erste Familienbild: Untere Reihe von links: Josef, Mutter,
   Annelies, Vater. Zweite Reihe: Bernhard, Franz, Theodor, Markus.
   Dritte Reihe: Fritz, Konrad, Alfons

12
Gutmadingen, ehemaliges
Schulhaus.
Im Gebäude: unten Schul-
raum; oben Lehrerwohnung;
rechts Rathaus; unten links
Hitlerjugendheim; rechts
Holzschuppen, im Zweiten
Weltkrieg Gefangenenlager;
oben Rathaussaal

13
Gutmadingen. Vor dem
Schulhaus. Zweites und
drittes Schuljahr 1934.
Untere Reihe von links:
Fritz Schmid, Bruno
Scherzinger, Anna
Wiedmann, Josef Huber;
zweite Reihe: Rosa Hirt,
Otto Martin; dritte Reihe:
Paula Huber; vierte Reihe:
Brunhilde Münzer; Hilde-
gard Huber; fünfte Reihe:
Klara Lohrer, Ernst Ohn-
macht, Alfred Keller;
sechste Reihe: Elsa Scher-
zinger, Theodor Martin

14 Miotrac, unser serbischer Kriegsgefangener, und der Meier Seppele
mit einem Garbenwagen vor der Scheune

15 Musterung zum Wehrdienst (1938) war früher ein Tag zum Feiern.
Mein Bruder Bernhard marschiert mit der Ziehharmonika voraus

Brücke und warteten, bis eine große Scholle an den Brückenpfeiler donnerte und die Holzbrücke zitterte. Auch damals suchten wir schon den Nervenkitzel. Ich erzählte schon von einer Mühle, die zwischen unserem Ort und dem Nachbarstädtchen Geisingen liegt. Das Mühlenwehr staut das Donauwasser ca. 2 km zurück. Hier gab es in kalten Wintern eine wunderschöne Eisfläche zum Schlittschuhlaufen und Eishockeyspielen. Hockeyschläger holten wir im Wald, die waren nicht so handlich, aber stabil. Ärgerlich war es, wenn es schneite, dann mußten wir erst den Schnee auf unserem Platz wegschieben. Wir schraubten die Schlittschuhe an unsere Alltagsschuhe. Diese waren nicht immer stabil genug. Schlimm war es, wenn der Absatz am Schlittschuh hing oder die Sohle losgerissen war. Es gab glasklares Spiegeleis, die Pflanzen darunter bewegten sich durch den Wasserlauf. War das Eis stark genug, hat die Firma Kramer, die direkt neben der Donau lag, ihre neuen Schlepper auf der Eisfläche eingefahren. Sonst fuhren sie den Wartenberg oder gegenüber die Hänge hinauf und hinunter. Ich weiß auch noch, wie wir mit dem Schlitten voll beladen mit Mist über die Donau auf unser Feld in der Gisenau (Flurname) fuhren. So konnten wir ein ganzes Stück des Weges abkürzen. Natürlich mußte Schnee liegen, sonst wären die Ochsen nicht auf das Eis. Der Wartenberg zog uns auch immer wieder an, besonders bei schönem Wetter. Da war eine Ruine droben, schon im Dreißigjährigen Krieg wurde die Burg zerstört. Die Mauern, die aus schwarzen Basaltsteinen bestehen, haben Jahrhunderte überlebt. Nur Bäume und Sträucher schicken ihre Wurzeln in ihre Fugen. Hier konnten wir Buben spielen nach Herzenslust und an den steilen Mauern Mut beim Klettern zeigen. Nicht weit von der Schloßgaststätte war eine Kapelle. Wenn die dortige Glocke läutete, war sie offen. Drinnen saß im Halbdunkel ein Mönch mit einem langen Bart. Wenn wir ihm ängstlich die Hand reichten, ging er auf einmal hoch. Der Schreck war riesengroß. Neben dem hellen Bauernhof Tritschler, der recht mühsam die oberen steilen Grundstücke des Wartenberges bewirtschaftet, steht heute ein weithin sichtbares Kreuz der Heimatvertriebenen. Auf diesem Platz starteten in meiner Jugendzeit die Segelflieger. Ein Mann hielt beim Start das Flugzeug waagrecht, am hinteren Ende war es festgehakt. Zwei lange Gummiseile waren vorne befestigt. An jedem Seil standen etwa zehn Männer. Auf das Kommando: »Achtung, fertig laufen« sprangen sie V-förmig den Hang hinunter, bis die Seile straff gespannt waren. Auf den Ruf »Los« gab der Mann hinter dem Flugzeug den Sicherungshaken frei. Das Flugzeug raste mit dem festgeschnallten Piloten in die Lüfte. Die beiden Gummiseile fielen zu Boden. Diese zogen wir Buben wieder hoch zum Startplatz. Als wir größer waren, durften wir auch beim Starten unsere Kräfte zeigen. Der Segler machte viele Schleifen, bis er ein paar Kilometer weiter unten in einem großen Donaubogen landete. Die dazugehörige Mannschaft lief mit einem gummibereiften Aufleger den Berg hinunter, setzte das Flugzeug darauf und zog es mit Muskelkraft den Berg hinauf. Es waren etwa 2 km und ca. 170 Höhenmeter zu bewältigen, da floß der Schweiß bei heißem Wetter. Aber es war Hitlerzeit, da waren Härte und Ausdauer die Parole. Die ersten Rutschversuche machten die Segler auf halber Höhe neben dem Gewann Rittersteg. Da ging mancher Anfänger zuerst bei der Landung mit der Nase des Fliegers in den Boden und überschlug sich. Er konnte dann den Himmel kopfüber betrachten, bis er befreit wurde. Die große Segelflughalle stand neben der Ruine. Da gab es für uns Buben immer etwas zu sehen.

Interessant war für uns Kinder der Zeppelin, wenn dieser über unserer Gegend schwebte. Man hörte ihn kaum; langsam zog er seine Bahn am Himmel. Ich kann mich noch erinnern, daß man erzählte, er sei in Amerika explodiert und ausgebrannt (6. Mai 1937 in Lakehurst).

Gegenüber vom Wartenberg auf der anderen Seite des Donautales wurde fast auf gleicher Höhe Eisenerz gewonnen. Die Firma »Gute Hoffnungshütte Oberhausen« trieb Stollen in den Höhenzug des Jura, zum Teil noch in alte Höhlen aus früheren Abbauzeiten. Das Material wurde mit Loren und Dieselloks rausgefahren und in große Silos gekippt. Von dort brachte eine Seilbahn mit Kübeln das Gemisch ins Tal. Direkt an der Bahnlinie war die Empfangsstation. Hier wurde das Erz rausgewaschen; es war etwa ein Anteil von 20–22% darin. Täglich ging ein Waggon Erz nach Wasseralfingen. Für das Schmutzwasser wurden mehrere große Weiher angelegt (heutiger Sportplatz), wo sich der Schlamm absetzen konnte. Mein ältester Bruder Theodor arbeitete zuerst in dieser Wäscherei, nachher im Stollen in drei Schichten. Seine Ausrüstung war ein Helm und eine Karbidlampe. Kleidung mußten die Bergleute selbst stellen, zu Fuß täglich hoch steigen, dann ca. 500–600 m in den Stollen hinein marschieren, vor Ort war erst Schichtwechsel. Etwa vierzig Mann teilten sich diese Arbeit. Anfangs 1930 verdiente der Hauer 3,90 RM, mein Bruder 3,– RM, in der Wäscherei nur 2,– RM pro Schicht, nicht in der Stunde. Urlaub, soziale Einrichtungen, Gewerkschaft gab es nicht. Am Samstag wurde noch voll gearbeitet. Das Hitlerregime wollte vom Ausland unabhängig sein, daher wurde der Abbau gefördert. Im Auftrag der Gute Hoffnungshütte bauten die Badischen Heimstätten aus Karlsruhe hier drei Siedlungshäuser für je vier Familien. Alle Männer waren im Bergwerk tätig. Im benachbarten Neudingen sollte das Erz von Blumberg und hier verhüttet werden. Der Krieg machte die Pläne zunichte. Die Dämme für die Anlagen sind heute noch sichtbar. Wenn am Sonntag im Bergwerk Ruhe herrschte, waren wir dort am Werke. Es lag etwa 2 km vom Dorf entfernt. Die Stollentüre war zwar zu, aber die leeren Loren auf den Gleisen konnten wir in Schwung bringen, an- und abkuppeln, Weichen umstellen, Loks bewundern, die Kübel unter den Silos hin- und herschieben; es gab soviel »Arbeit« für uns. Wenn die Bergleute ihre Karbidlampen leerten, waren immer noch kleine Brocken Karbid im Abfall. Diese füllten wir in Flaschen, gaben Wasser dazu – es entwickelte sich Gas und die Flaschen explodierten. Als wir einmal zu lange warten mußten, ging Alfred hin, hielt sie sich an die Wange und sagte: Sie ist schon warm! – Doch dann ging sie auch schon in die Brüche, aber Alfred überlebte. Um das Bergwerk herum waren große Abraumhalden. Von der Wäscherei wurde dieses Material wieder hochgebracht. Da konnten wir Weitsprung üben und wir landeten weit unten im weichen sandigen Material. Im kleinen Wald unterhalb des Bergwerkes bauten wir selbst ein kleines Minibergwerk mit Stollen. Unsere Sonntagskleidung hatte bis abends verschiedene Farben angenommen. Das brachte kein Lob der Mutter ein. Einer dieser Bergwerksweiher war kleiner. Darin hatte es viele Frösche. Da mußten wir natürlich auch welche fangen, sonst wäre ihr Gequake zu laut geworden. Einer wußte, wie man sie fachgemäß hi (tot) machte. Ich will dies nicht schildern, auf alle Fälle wurden alle wieder lebendig, als wir sie in Ottos Küche in der Pfanne gebraten haben. Wir wußten doch nicht, daß die Nervenstränge sich nochmals aufbäumten. Gegessen haben wir sie trotzdem. Bei Reichles (Hausname) waren wir oft, besonders bei Regenwetter. Mein Freund Otto hatte sehr nette, verständige Eltern, sie hatten eine sehr große Küche. Dort spielten wir Cego oder beschäftigen uns mit anderen Spielen. Wenn wir nicht zu viel waren oder vielleicht die Richtigen fehlten, durften wir auch in die große Stube rein, doppelt so groß wie die unsrige. Dort saß der Vater drin und schrieb oder rechnete. Er war nämlich Rechner bei der Ein- und Verkaufsgenossenschaft. Dazu hatte er schon eine Thales-Rechenmaschine. Man mußte die Zahlen verschieben, dann kurbeln und schon war die Lösung da. Ein Riesenfortschritt damals. Otto hatte in der Stube einen »Märklin«-Baukasten. Da war alles noch aus Eisen und Blech, Plastik gab es noch nicht. Wenn er dann noch die Dampfmaschine mit Esbit in Betrieb nahm und unsere zusammengeschraubten Maschinen antrieb, dann staunten wir und die Freude war riesengroß. Für den Heimweg gab uns Ottos Mutter einen Apfel mit, den wir damals sehr schätzten.

Ab und zu durften wir bei Reichles auf den Heuboden, wo das Heu bis unter die Dachziegel lagerte. Wir schlüpften durch Höhlen, die sich unter dem Querbalken bildeten. Der Vordermann hatte es am schwersten, die Höhle schlupffähig zu machen. Es war ja stockdunkel drin. Angst hatten wir auch, es könnte ja eine Katze, ein Marder, ein Iltis oder sonst ein Ungeheuer drin sein. Gegenseitig machten wir uns Mut, bis wir endlich den Ausgang der Höhle erreichten. Wir kletterten die Leitern hoch und sprangen von einem Balken aus mehrere Meter hinunter ins Heu. Der Heustock wurde durch die Fütterung immer niedriger, der Höhenunterschied größer. Doch wir hatten alle immer einen guten Schutzengel, es passierte wenig.

In einer Ecke in Reichles großem Garten bauten wir eine Hütte ca. 3 x 3 Meter groß. Jeder organisierte daheim was nötig war, sogar ein richtiges Ziegeldach kam auf das Bauwerk. Als es fertig war, wollten wir das Dach prüfen mit einem Eimer Wasser, doch o Schreck, das Wasser lief durch bis auf den Hüttenboden. Die Dachneigung war zu gering. Links und rechts hatten wir eine Sitzbank eingebaut und vorne eine abschließbare Türe. Hier konnten wir abgeschirmt von der Außenwelt Pläne schmieden.

Gegen Ende unserer Volksschulzeit war schon Krieg, es gab Lebensmittelkarten. Wir organisierten die nötigen Fleischmarken und kauften in der Metzgerei Fischer in Geisingen gute Wurst ein. In jenem Alter hatten wir unsere Klassenmädchen lieb gewonnen und sie zu unserem Hüttenfest eingeladen. Auch holten wir mal bei der Mutter im Keller oder im Rauchfang eine Wurst, das fiel nicht auf, schmeckte aber prima in der sicheren Hütte.

Der Winter brachte für uns Kinder viel Freude. Vom Schlittschuhlaufen auf der Donau habe ich erzählt. Wir hatten eine schöne Schlittenbahn auf der Hängele (Flurname) oberhalb des Dorfes. Schlittenfahren mit zwei Schlitten hintereinander brachte mehr Geschwindigkeit. Der vordere Lenker lag auf dem Schlitten und hakte sich mit den Füßen in den hinteren Schlitten ein, auf dem zwei oder drei Kinder saßen. Ich wundere mich noch heute, daß die eingehakten Füße die Stürze immer heil überlebt haben. Besser ging es bei vereister Fahrbahn, wenn der Vordermann mit den Schlittschuhen lenkte. Am unteren Auslauf mußten wir aufpassen, daß wir nicht im Dorfbach landeten.

Auch mit blechernen Werbetafeln rutschten wir den Hang hinunter. Schneeschuhe (Ski) hatten wir noch keine. Manche versuchten es mit Faßdauben, auf die eine Bindung aufgenagelt war. Da es viel Schnee gab, bauten wir gern eine Schneehütte. Stundenlang buddelten wir eine große Höhle in den Schneeberg. War sie dann fertig, so lag oder setzte man sich hinein, je nach Größe. Abends bei Frost schütteten wir noch Wasser darüber, das zu Eis wurde und der Sonne länger widerstand. Schneemänner in allen Größen wurden gebaut und schmolzen wieder dahin. Bei kleinen und großen Schneeballschlachten übten wir Weitwurf und Treffsicherheit. Beim Nahkampf rieben wir uns gegenseitig das Gesicht mit Schnee ein, daß uns nachher die Backen glühten.

In den gepflasterten Wasserrinnen des Dorfes ist das Wasser gefroren. Hier konnten wir mit einem guten Anlauf mit unseren genagelten Schuhen weit schliefere (gleiten), besonders wenn es bergab ging. So verbrachten wir mit einfachen Spielen und mit viel Phantasie unsere Freizeit.

Jean Paul sagte: »Die Erinnerung ist ein Paradies, aus dem wir nicht vertrieben werden können.« Wie schön und wahr.

## Jungvolk – Hitlerjugend – Kriegszeit

Im Jahre 1933 begann meine Volksschulzeit, im selben Jahr das Tausendjährige Reich, die Hitlerzeit. Mit sechs Jahren interessierte uns dies nicht. Aber mit etwa zehn Jahren waren wir schon im Jungvolk, die Mädchen bei den Jungmädels bis zum Ende der Volksschulzeit. Nachher wurde man in die »Hitlerjugend« (HJ) übernommen, die Mädels in den »Bund deutscher Mädchen« (BDM). Im Jungvolk hatten wir schwarze Hosen mit Lederkoppel und Schulterriemen, braunes Hemd, schwarzen Schal mit ledernem Knoten und ein schwarzes Schiffchen auf dem Kopf. Jeden Mittwoch hatten wir Heimabend unten im Rathaus im Flur gleich rechts. Dort mußten wir z.B. den Lebenslauf Hitlers auswendig lernen. Auf dem Kirchplatz machten wir unsere ersten Exerzierübungen, später auch Geländespiele im Feld draußen. Die älteren Jungs gaben uns die Befehle. Am Samstag und Sonntag war oft Staatsjugendtag oder es fanden andere Veranstaltungen statt. Da gab es die ersten Widerstände vieler Eltern. Wir sollten mit ihnen am Sonntagmorgen in die Kirche gehen, eine Samstagabendmesse gab es damals nicht. Wir Jungens gingen natürlich lieber zum »Dienst«. Schon 1933 rief Hitler aus: »Dein Kind gehört uns bereits heute«! So gab es daheim die erste Abneigung gegen die neuen Machthaber, Religion war für meine Eltern wichtig. Ein Regime, das gegen die Kirche ist, kann nicht gut sein. Diesem Grundsatz blieben sie treu bis zum bitteren Ende. Da half auch wenig, wenn Mutter das Mutterkreuz in Gold bekam und für mich als achtem Kind Reichspräsident Hindenburg die Patenschaft übernahm. Kinderreiche Familien wurden gefördert. So wurde ich mit zehn Jahren vier Wochen ins»Kinderland« verschickt. Ich bekam einen Zettel umgehängt mit Namen, Herkunft und Ziel. Mit dem Zug ging es über Karlsruhe, Nürnberg – dort flatterten gerade viele Fahnen zum Reichsparteitag – nach Regensburg. Im Damaschkeweg Nr. 7 fand ich bei Familie Zimmermann sehr gute Aufnahme. Mit großen Augen bestaunte ich das Leben einer Großstadt. Stundenlang saß ich am Straßenrand und sah dem Verkehr, der Straßenbahn zu. Erstmals kam ich in ein Großkaufhaus, wo es sehr viel mehr zu kaufen gab als in unserem Dorfladen. Nachdem meine Gastfamilie mich neu eingekleidet hatte, traten wir Kinder die Heimreise an. Unvergessene vier Wochen waren es für mich.

Gut in Erinnerung blieb mir die Fahrt mit Fahrrad und Tornister nach Grafenhausen im Schwarzwald in ein Ferienzeltlager des Jungvolkes. Ich hatte ein altes Fahrrad, natürlich noch ohne Gangschaltung, das war eine Schinderei die Berge hinauf. Doch das Programm hieß für uns Jungens: »Hart wie Kruppstahl, zäh wie Leder, schnell wie Windhunde.« Müde kamen wir abends in unserem großen Zeltlager an – mitten im Wald. Wir schliefen auf Stroh im Kreis herum, der Tornister war unser Kopfkissen. Morgens hieß es früh aufstehen, Waldlauf war angesagt. Essen gab es aus der Feldküche, in der Küche waren wir natürlich auch eingeteilt. Kochgeschirr hatten wir wie richtige Soldaten. Es gab kein WC, sondern einen Donnerbalken, das war für uns neu. Wir hatten anfangs Angst darauf zu sitzen. Besonders mußten wir aufpassen, daß nichts aus den Taschen fiel. Die Bergung wäre schwierig gewesen. Die Spiele, die große Gemeinschaft ums Lagerfeuer, die Kameradschaft und vieles andere hat uns Buben begeistert. All zu schnell ging die Zeit vorbei, dann ging's per Fahrrad wieder heimwärts.

Viel Zeit wurde beim Jungvolk für die körperliche Ertüchtigung aufgewendet. 1936 fanden in Berlin die Olympischen Spiele statt. Man wollte der Welt zeigen, was wir leisten können. Wenn bei der Sommer- und Wintersonnenwende ein großes Feuer loderte, sangen wir begeistert unsere Lieder. Kamen meine Brüder als Soldaten vom Krieg in Urlaub, trugen sie in der Freizeit meistens Uniform. Der Soldat wurde anerkannt von der Gesellschaft. Es galt vor dem Krieg die zweijährige Wehrpflicht.

In der Wirtschaft ging es aufwärts, das Millionenheer der Arbeitslosen hatte wieder Arbeit. Auch der Landbevölkerung ging es gut. Die Arbeit auf der Scholle wurde geachtet. Nur mit der Kirche gab es immer mehr Probleme. Obwohl Hitler und Göbbels (Propagandaminister) katholisch waren, mißbrauchten sie die Kirche, um Macht zu gewinnen. Später hat man eingesehen, daß Nationalsozialismus und Christentum unvereinbar sind. Wir hatten in Gutmadingen keine Juden, so daß wir deren Verfolgung nicht erlebten. Mit dem 1. September 1939, dem Beginn des Zweiten Weltkrieges, begann sich die Welt zu verändern. Ich entsinne mich, wie viele Menschen in kleinen Gruppen in unserem Dorf zusammenstanden und diskutierten. Manche Männer hatten schon den Stellungsbefehl zum Einrücken als Soldat. Mein Bruder Franz hatte gerade die zweijährige Wehrpflicht hinter sich, er durfte nicht mehr heim, sondern blieb Soldat. Nach einundzwanzig Jahren schon wieder Krieg. Die Väter waren damals vier Jahre in einem mörderischen Kampf bis zum bitteren Ende. Die Alten wußten um die große Not draußen im Feindesland, die Frauen und Mütter zu Hause, wenn der Gatte oder Sohn verkrüppelt heim kam, gefallen war oder ein Leben lang vermißt blieb. Nun soll die nächste Generation der Männer und Söhne schon wieder an die Front? Welch ein Wahnsinn! Wir Kinder hörten uns die Mahnungen an, hatten natürlich noch keine eigene Meinung dazu. Polen war das erste Land, das von uns überfallen wurde. In wenigen Wochen wurde es besetzt. Die ersten Gefangenen kamen in unser Dorf. Sie wurden an die Bauern verteilt. Holland, Belgien, Luxemburg, Frankreich wurden in weiteren Feldzügen überrannt. Dänemark und Norwegen waren die nächsten Ziele. Wir Jungen sangen in einem Lied: »Heute hört (gehört) uns Deutschland und morgen die ganze Welt.« Sollte dies Wirklichkeit werden?

# HÖHERE HANDELSSCHULE 1941–1943

Meine Volksschulzeit ging an Ostern zu Ende, was nun? Mein Freund Otto und ich entschlossen uns, in die zweijährige Höhere Handelsschule in unserer Kreisstadt Donaueschingen zu gehen. Vater war nicht begeistert. Er war schon sechzig Jahre alt. Er hatte 1933 eine schwere Magenoperation. Dies war die Ursache, daß er bereits sehr gebückt ging. Bis auf den jüngsten Bruder Alfons, der bei der Firma Kramer als Mechaniker lernte, waren alle Brüder fort. Da ich täglich mit dem Zug am späten Nachmittag nach Hause kam, konnte ich in der Landwirtschaft noch helfen. Wir lernten in zwei großen Klassen kaufmännische Fächer, auch Steno und Maschinenschreiben. Der Lehrermangel machte sich schon stark bemerkbar.

Da Ottos und meine Eltern nicht rauchten, verfügten wir über deren Raucherkarten. Wir kauften gute Marken, wie Kurmark, Eckstein, Salem Nr. 6, Mercedes, Attika und Astra ein, um sie mit Aufschlag weiter zu verkaufen. Heute wundere ich mich, daß Otto und ich Nichtraucher blieben. Jahrelang hatten wir einen flotten Zigarettenhandel betrieben. Die Karten wären sonst verfallen. So hatten wir genug Taschengeld, doch es gab nicht mehr viel im freien Einkauf. Da der Unterricht um zwölf Uhr endete, der Zug aber erst um vierzehn Uhr fuhr, machten wir die Hausaufgaben meistens in der Schule. In der Regel reichte es noch zu einem Kartenspiel in der Schule oder im Zug. »17 + 4« war damals unser Hauptspiel; das ging flott und Geld hatten wir. Doch es war verboten. Kam der Schaffner im Zug, wurde es schnell versteckt. Um 14.30 Uhr kamen wir von der Schule heim. Da die Mutter auf dem Feld war, stellte sie das Essen in den Bratofen. Dort war es in den Pfannen und Töpfen sehr verkrustet und eingeschmort. Mikrowellenherde gab es damals noch nicht. Damit mich abends Mutter nicht schimpfte, weil ich das Essen stehen ließ, rührte ich es in den aufgebrühten Schrot in den Schweinekübel. Ich holte ein paar Eier im Stall und machte mir Spiegeleier oder suchte nach einem anderen Ersatz. Mit dem Fahrrad ging es nun ab ins Feld.

Der Krieg weitete sich immer mehr aus. Jugoslawien wurde besetzt. Etwa zwanzig gefangene Serben kamen in unseren Ort. Sie trugen braune Uniformen und runde Mützen. Alle wurden an Landwirte verteilt. Mein Vater entschied sich für den achtzehnjährigen Miotrac Jankowitsch. Acht Söhne hatten die Eltern großgezogen, nun sollten sie mit einem Kriegsgefangenen die Landwirtschaft umtreiben. Wir hatten großes Glück mit unserem neuen Mitarbeiter. Er war ruhig, ehrlich, anständig und fleißig (Orthodoxe). Die Gefangenen wohnten unten im Rathaus, wo früher das Schulholz gelagert wurde. Ein Wachmann öffnete morgens die Tür. Die Gefangenen mußten morgens abgeholt und abends zurückgebracht werden. Meine Schwester oder ich hatten abends diesen Dienst. Als kleine Kinder schritten wir neben dem großen jungen Mann her. Wir alle verstanden uns sehr gut mit ihm. Er nahm Vater und mir die schweren Arbeiten ab. Auch handwerklich war er sehr begabt. Er machte neue Weidenkörbe, Schuhe konnte er viel besser flicken als Vater. Auch die Feldarbeit verstand er. Die Gefangenen sollten extra essen, doch bald saß er an unserem Tisch. Er bekam auch Zigaretten von mir, da ich die Raucherkarten verwaltete. Die Eltern vertrauten ihm auch meine elfjährige Schwester Anneliese an. Sie schickten die beiden in die entlegensten Felder am Waldrand (Kuhberg), Jahre danach auch in den Wald, um Reiswellen zu machen. Meine Schwester sagte, sie hätte keine Angst vor ihm gehabt, sondern Angst, er könnte fliehen und sie hätte nicht mehr heimgefunden.

Am 22. Juni 1941 begann der Krieg mit Rußland. Der älteste Bruder Theodor war Soldat in der Tschechoslowakei. Da er vor dem Krieg bei der Eisenbahn arbeitete, sollte er jetzt als Feldeisenbahner in Rußland eingesetzt werden. Bis auf Alfons waren die anderen Brüder in Rußland als Soldat.

Der Krieg gegen die Sowjetunion hatte ganz andere Dimensionen als die bisherigen Feldzüge, die oft in wenigen Wochen ihren siegreichen Abschluß fanden. 1941 waren die deutschen Truppen weit in dieses riesige Land vorgestoßen. Dann wurden sie durch einen besonders strengen Winter aufgehalten, die Front blieb stehen, der

Nachschub über die großen Entfernungen machte riesige Probleme. In aller Eile wurde zu Spenden von Skier, Decken und warmer Winterkleidung aufgerufen. Bis die warmen Sachen bei den frierenden Soldaten ankamen, dauerte es noch geraume Zeit. Die Russen nutzten den Stillstand an der Front mit dem Auffüllen ihrer Armeen, besonders mit sibirischen Einheiten, die strenge Winter gewohnt waren.

Unser Ortsgruppenleiter Hans Kramer, ein Mitbegründer der gleichnamigen Firma, hatte die schwere Aufgabe, den Angehörigen den Heldentod des Mannes oder Sohnes mitzuteilen. Immer mehr Familien waren betroffen. In den Tageszeitungen erschienen laufend Todesanzeigen mit dem Eisernen Kreuz. Der Krieg wurde immer härter, die Lage immer bedrohlicher. Die Propaganda des Regimes lief auf Hochtouren. In den Zügen, in denen ich zur Schule fuhr, stand auf Schildern: »Räder rollen für den Sieg« oder »Vorsicht bei Gesprächen – Feind hört mit«. Scherzbolde strichen »Feind« durch und haben »Schwiegermutter« darüber geschrieben. Jeder Widerstand gegen Führer oder Krieg wurde streng geahndet. Sippenhaft kam auf. Im Frühjahr 1942 traf der unglückselige Krieg auch unsere Familie sehr schwer. Der Bruder Franz schrieb vom Ilmensee südlich von Leningrad eine Feldpostkarte. Der Inhalt: Bruder Fritz sei durch einen Lungensteckschuß verwundet worden. Er ging mit ihm zurück auf den Hauptverbandsplatz. Es sei nicht so schlimm. Gruß Franz. Es war schon Fügung, daß die beiden Brüder, die schon als Fünfjährige die Wärme des Elternhauses verlassen mußten und dem Onkel anvertraut wurden, in Rußland bei derselben Division waren. So waren sie sich in der Gefahr des Krieges nahe. Franz konnte seinen Bruder und Schicksalsgefährten begleiten, bis er ärztliche Hilfe fand. Immer wieder haben wir die Zeilen der Feldpostkarte gelesen und hofften täglich auf weitere Nachricht. Doch statt einem Lebenszeichen erreichte uns die Mitteilung, daß Fritz seiner Verwundung erlegen war. Diese Nachricht erhielten wir am Mittwoch. Vier Tage später wurde uns die Hiobsbotschaft übermittelt, daß Konrad in einem Lazarett gestorben ist. Er hatte schwere Erfrierungen, die er auf dem Rücktransport im Güterwagen erlitten hatte. Am Montag, also am Tage danach, brachte meine Schwester das Gerücht heim, daß der Bruder Franz auch gefallen sei. Ein Sohn der Familie Storr in Donaueschingen war als Soldat in derselben Einheit wie Franz. Er teilte seinen Eltern den Tod seines Freundes Franz mit. Diese Nachricht kam in unser Dorf und so erfuhr es meine Schwester. Meine Eltern forschten bei Familie Storr nach. Nun wurde Unmögliches bittere Wahrheit, innerhalb von 6 Tagen war der Tod dreier gesunder und lebensfroher Söhne und Brüder zu beklagen. Wenn ich diese Zeilen heute zu Papier bringe, rinnen Tränen über meine Wangen auf den Tisch. Meine Schwester war damals zwölf, ich fünfzehn Jahre alt. Wie sollten wir unsere Eltern trösten, wie sie uns? Es waren schlimme Tage. Jeder verkroch sich, man redete wenig – Worte fehlten. Nur gut, daß unser Gefangener Miotrac die täglichen Arbeiten selbständig erledigte. Auch er war betroffen und trauerte mit uns. Drei Söhne opfern für ein Regime, gegen das die Eltern von Anfang an waren, da es sich gegen ihren Glauben wandte. Das Requiem in der Kirche fand für alle drei Brüder gemeinsam statt. Der Todestag war bei Fritz der 24. März, bei Konrad der 2. April und bei Franz der 3. April 1942. Nur noch eine Glocke läutete. Am 21. März 1942 wurden die anderen drei vom Turm geholt und für Kriegszwecke eingeschmolzen. Wie ging es weiter nach dieser Tragödie? Bruder Markus lag zu dieser Zeit vor Leningrad. Er war kurz vor Kriegsbeginn beim Zoll eingetreten. Mit seinem Hund Greif bewachte er zuerst die deutsch-schweizerische Grenze. Nach dem Einmarsch der deutschen Truppen in Frankreich mußte er an der französisch-schweizerischen Grenze Dienst tun. Im Elsaß wohnte er in einer Gaststätte bei Familie Bertele. Doch auch er mußte als Soldat nach Rußland. Als die drei Brüder gefallen waren, stellte mein Onkel einen Antrag, ob Markus nicht als Soldat freigestellt werden könne, um auf seinem Hof zu helfen. Der Onkel war schon 66 Jahre alt. Diesem Gesuch wurde stattgegeben. So kam Markus im Sommer 1942 auf den Hof des Onkels. Zur selben Zeit war Frau Bertele mit zwei Kleinkindern, bei der er im Elsaß gewohnt hatte, in Deutschland eingesperrt. Ihr Mann sollte zur deutschen Wehrmacht, doch er war in die nahe Schweiz geflohen. Sippenhaft war die Folge. Mein Bruder Markus holte sie aus dem Lager heraus. Da sie nicht heim durften, wohnten sie bei uns.

Der Krieg in Rußland wurde immer härter und forderte immer mehr Gefallene und Verwundete. Viele Soldaten aus anderen besetzten Gebieten wurden nach Rußland verlegt. Junge Jahrgänge wurden nach einer Kurzausbildung an die Front geschickt. Die Führung wollte unbedingt eine positive Wende vor Einbruch des zweiten Winters.

Leningrad war eingeschlossen, Truppen standen vor Moskau, Soldaten waren an der Wolga bei Stalingrad. Der Wasserweg nach Moskau war blockiert. Doch wie so oft, es kam ganz anders. Die Russen wurden immer stärker. Sie merkten, daß auch diese deutschen Welteroberer verwundbar waren. Der kommende Winter war für sie eine Zeit der Hoffnung auf eine Wende. Wie bei Napoleon war auch für die deutsche Kriegsführung der lange Transportweg im Winter ein Riesenproblem. Man hatte jetzt zwar Motorfahrzeuge und Eisenbahnen, aber trotzdem schaffte man es nicht. Vor Moskau kam die Front zum Stehen. Alfons, mein jüngster Bruder, war dort im Mittelabschnitt. Mit achtzehn Jahren wurde er einberufen und nach kurzer Grundausbildung kam er im Oktober 1942 an die Front. Am Weihnachtssonntag 1942 erhielten wir die Nachricht, daß Alfons am 10. Dezember vor Moskau gefallen war. Im blühenden Alter von neunzehn Jahren starb auch er den Heldentod für Führer, Volk und Vaterland, so lautete die Formulierung. Stumm und fast erstarrt vernahmen wir die Mitteilung. Kann so etwas möglich sein? Da war es gut, daß die Eltern einen starken Glauben hatten. Am Regime, das sie verneinten, hatten sie keinen Halt. Große Worte von Hitlers Getreuen waren wertlos. Welche Gedanken an Weihnachten bewegten uns noch? Der unerbittliche Krieg ging nun schon ins vierte Jahr, über zweieinhalb Jahre lang versuchte man Rußland zu bezwingen. Die Russen hatten Stalingrad eingeschlossen mitsamt der sechsten Armee unter Generalfeldmarschall Paulus. Hitler hat geschworen: Kein Mensch wird uns von dieser Stelle mehr weg bringen, »haltet aus, der Führer haut euch 'raus« waren leere

Parolen. Mein Bruder Bernhard schrieb am 6. Januar 1943 aus Stalingrad einen Brief. Er berichtete unter anderem, daß sie nur noch kleine Kartoffeln zum Essen hätten. Ende Januar 1943 ergaben sich 90.000 deutsche Soldaten als Rest der 300.000 Mann starken Armee den Russen. Die größte Niederlage des ganzen bisherigen Krieges wurde von der Propaganda der Regierung hoch gepriesen, die Soldaten als Helden gefeiert. Stalingrad brachte die Wende des Krieges. Viele Bücher wurden später über das Drama Stalingrad geschrieben und Filme gedreht. Das Frühjahr 1943 kam. Immer noch keine Nachricht von Bernhard. Ein Jahr war vergangen, vier Söhne gefallen, einer vermißt, eine traurige Bilanz. Mein ältester Bruder Theodor wurde von der Wehrmacht entlassen. Er kam zur Reichsbahn nach Villingen. So war der Rest der Familie wenigstens in der Heimat. Da tagsüber die Alliierten immer mehr die Lufthoheit hatten, war Theodor meistens nachts als Zugführer unterwegs. Für die gefallenen Söhne und Brüder ließen wir oberhalb vom Gässle an der Straße nach Neudingen ein Gedenkkreuz errichten.

Ich kann mich noch erinnern, als am 20. Juli 1944 Graf Stauffenberg und seine Getreuen ein Attentat auf Hitler versuchten. Doch dieser hatte Glück, es schlug fehl. In Sondersendungen wurde groß berichtet, daß Hitler uns erhalten blieb. Viele der Widerstandskämpfer wurden nach einem kurzen Schauprozeß hingerichtet. Überall wo sich jetzt nur der kleinste Widerstand gegen die Obrigkeit regte, wurde hart durchgegriffen.

Meine Zeit an der Höheren Handelsschule ging zu Ende. Die Mittlere Reife war erreicht. Im Abschlußzeugnis steht: »Stark gekürzter Unterricht«, immer mehr Lehrer sind zu den Waffen gerufen worden.

# LEHRJAHRE – KRIEGSENDE – SCHWIERIGER NEUBEGINN

Ich ging nun als Verwaltungslehrling zum Reichsnährstand. Dieser war für die ganze Lebensmittelversorgung der Bevölkerung und der Wehrmacht zuständig. Es begann bei der Erfassung bei den Landwirten und endete mit der Verteilung. Die untere Stelle war die Kreisbauernschaft in Donaueschingen, die nächst höhere die Landesbauernschaft in Karlsruhe. Mit sechzehn Jahren fuhr ich in die Landeshauptstadt, dort mußte ich zuerst ein Zimmer suchen. Ich hatte Glück, bei Familie Graf in der Augustastraße 13 fand ich ein gutes Quartier. Besonders die Oma Graf war mir sehr zugetan. Auf dem Waschtisch stand ein Krug voll mit Wasser in einer großen Porzellanschüssel, eine andere Art des Waschens als zu Hause über dem Schüttstein. Die Frage tauchte für mich auf, wie ich im Bett liegen sollte, da waren zwei Leintücher übereinander. Oma klärte mich auf, so einen Luxus kannte ich nicht. Die Landesbauernschaft in der Beiertheimer Allee war nicht weit weg. Es war ein gewaltiger Bau für mich mit über dreihundert Mitarbeitern, darunter viele Frauen. Auch ehemalige Soldaten, die nach schwerer Verwundung wieder genesen sind, oft mit einem Fuß, mit einem Arm oder sonst verkrüppelt und halb krank. Da die Luftangriffe auf Deutschland Tag und Nacht ständig zunahmen, mußten wir Mitarbeiter eine Luftschutzwache bilden. Eine kleine Gruppe mußte jede Nacht auf Notbetten auf der Bühne schlafen. Überall war Wasser aufgestellt, Handspritzen waren da, Sandsäcke und natürlich Wasseranschluß an manchen Stellen. Auch ich wurde gleich für diese Wache im Wechsel eingeteilt. Unsere Aufgabe war es, kleine Brandbomben, die durch das Dach einschlugen, zu löschen. Es gab oft Fliegeralarm, die anderen durften in die Luftschutzbunker, wir mußten auf dem Posten bleiben. Unsere Flak (Fliegerabwehrkanone) suchte mir ihren großen Scheinwerfern den Nachthimmel ab. Hatten sie ein Flugzeug entdeckt, feuerten sie in den nächtlichen Himmel. Am anderen Morgen konnten wir Bruchstücke der heruntergefallenen Geschosse auf der Straße auflesen.

Bomben fielen zu meiner Zeit nur in Randgebieten und im Hafen.

Mein Vermieter war schon älter und beim Theater hinter den Kulissen tätig. Er nahm mich mit und zeigte mir die Drehbühne und das viele Zubehör an Kleidern, Masken und Kulissen. Gerne ging ich ins Theater, die ersten Stücke blieben mir bis heute in Erinnerung, zum Beispiel »Salzburger Nockerln«, »Land des Lächelns« und andere. Irgendwie unverständlich, furchtbarer Krieg und Fliegeralarm während der Vorstellung, in der Ferne Abwurf von Bomben und dann wieder Theater. Man wollte die Menschen zu Hause bei guter Laune halten. In Karlsruhe wurde ich noch gemustert, aber zurückgestellt. Meine Schulkollegen waren nun auch an der Reihe, in den Krieg zu ziehen. Ich selbst war gar nicht glücklich, in der Heimat wollte ich nicht den Drückeberger spielen. In dieser großen Stadt hatte ich anfangs sehr viel Heimweh. Zum ersten Mal war ich längere Zeit vom Elternhaus weg. Schon bald schaute ich auf dem Hauptbahnhof, wann an Weihnachten der Zug heimfährt. An Weihnachten zog es mich heim, auch in späteren Jahren. Kriegsweihnachten 1943, eine kleine Familie fand zusammen, die Eltern, Schwester Anneliese, Miotrac und meine Wenigkeit. Als es Frühjahr 1944 wurde, da spürte ich, daß es mir in dem riesigen Büro in der Stadt zu eng wurde. Ich wünschte mir wieder eine Arbeit in der freien Natur wie bisher. So fing ich eine Lehre als Landwirt an. Zuerst war ich ein halbes Jahr auf dem Baldenweger Hof bei Kirchzarten-Freiburg, dann ein weiteres halbes Jahr auf dem Bärweiler Hof im Salemer Tal. Auf dem zweiten Lehrbetrieb war der Hoferbe bei der Wehrmacht. Der alte Bauer und seine Frau, die beiden Töchter und ich waren die Hauptarbeitskräfte. Im Krieg gab es immer wieder Hilfskräfte, die gegen Arbeit einen Zentner Kartoffeln, Obst oder sonstige Lebensmittel bekamen. Die Verwandtschaft war recht weitläufig, die Not sehr groß im Land.

Längst waren in Frankreich die Engländer und Amerikaner gelandet und hatten schon halb Frankreich besetzt. In Rußland und auf anderen Kriegsschauplätzen mußten einst heiß umkämpfte große Gebiete aufgegeben werden.

Herr erbarme Dich der Seelen der toten
Helden und gib ihnen die ewige Ruhe!

## Zum frommen Andenken

an unsere
vier lieben Söhne und Brüder

Unteroffizier

# Franz Huber

geboren am 3. Okt. 1915 in Gutmadingen,
gefallen am 3. April 1942 in Rußland

Gefreiter

# Friedrich Huber

geboren am 8. Nov. 1919 in Gutmadingen,
gefallen am 24. März 1942 in Rußland

Schütze

# Konrad Huber

geboren am 13. April 1921 in Gutmadingen,
gestorben am 2. April 1942 in einem
Kriegslazarett in Rußland

Soldat

# Alfons Huber

geboren am 25. Juni 1923 in Gutmadingen,
gefallen am 10. Dezember 1942 in Rußland

Vater unser . . . Gegrüßet . . .

Unteroffizier **Franz Huber**

Gefreiter **Friedrich Huber**

Schütze **Konrad Huber**

Soldat **Alfons Huber**

*17  Eines von vielen Holzkreuzen in den Weiten Rußlands*

18  *Trauergottesdienst für Bruder Alfons vor der Weihnachtskrippe 1942.*
    *Der Friede ist noch in weiter Ferne*

19  Bernhard schrieb am 6. Januar 1943 seinen letzten Brief aus
Stalingrad. Seither ist er vermißt

20
Die Fotos der
vier gefallenen
Brüder am
Gedenkkreuz
wurden beim
Einmarsch der
Franzosen 1945
beschossen

21
Gedenkstein als
Ersatz für das
beschädigte Kreuz
für die fünf in Ruß-
land gebliebenen
Brüder

22  Bronceplatte am Gedenkstein (siehe Abbildung 21)
23  Mein Bruder Markus durfte nach dem Tod der Brüder von der
    Front bei Leningrad zurück in die Heimat auf den Hof des Onkels

24  *Auch Bruder Theodor durfte heim.*
    *Er wurde als Zugführer bei der Reichsbahn eingesetzt*

Überall waren die deutschen Armeen auf verlustreichem Rückzug. Ich selbst mußte noch im November 1944 mit vielen älteren Männern zum Schanzenbau nach Frankreich. Im Einberufungsbefehl steht: »Es sind mitzubringen: für *3 Tage* Verpflegung... 1 langer Spaten oder 1 Schaufel oder 1 Pickel...« Vor Metz waren wir im Einsatz. Wir mußten Gräben ausheben, Unterstände bauen, Stacheldrahtverhaue anlegen und vieles mehr. Bei Nacht sahen wir die Fronten am erleuchteten Himmel, bei Tag hörten wir sie. Wir schliefen im Heu auf verlassenen Höfen. Manch einer fand Wertvolles, das die Besitzer dort versteckt hatten und nahm es mit. Doch wie gewonnen, so zerronnen. In Eilmärschen mußten wir bei Nacht zurück, die Alliierten stießen Richtung Straßburg vor. Die Fundsachen landeten im Straßengraben, es galt das nackte Leben zu retten. Wir erreichten den Rhein, bevor uns der Feind den Rückmarsch abschnitt. So konnte ich Weihnachten 1944 daheim erleben. Es sah trostlos aus für uns Deutsche. Fast jeder normale Mensch sah, daß der Krieg verloren war. Doch es gab fanatische Anhänger des Regimes, die an Wunder glaubten. Die V-Waffen (Vergeltungswaffen) mit Strahlantrieb sollten die Wendung bringen. Das Elend der Menschen in unserem Land wurde täglich größer. 1944 und noch 1945 versanken viele deutsche Städte in Schutt und Asche. Die Jahre zuvor, als die Geschwader der Alliierten in England stationiert waren, warfen sie ihre Bomben hauptsächlich auf das Ruhrgebiet und die norddeutschen Städte. Jetzt von Frankreich aus konnten die Bomber ihre Ziele in ganz Deutschland leicht erreichen. Durch die tödliche Last wurden Tausende in den Kellern verschüttet, Tausende obdachlos, umherirrend in brennenden Städten. Da muß ich heute noch unsere Sieger anklagen, was sie noch 1945 an unserer Zivilbevölkerung, an wehrlosen Frauen und Kindern, angerichtet haben. Ich denke an Dresden, eine Stadt vollgestopft mit Flüchtlingen, die mit Bomben zugedeckt wurde. In der Nacht vom 13. auf den 14. Februar 1945 starben dort 60.000 Menschen, 12.000 Gebäude wurden zerstört. Für die Alliierten war doch der Krieg längst gewonnen, seit Stalingrad, es war nur noch eine Frage der Zeit. Natürlich waren wir die Urheber und warfen Bomben auf England und andere Länder. Wir haben furchtbares Leid, Not und Elend über unsere Nachbarvölker gebracht. Mußte bis zum bitteren Ende Gleiches mit Gleichem vergolten werden? Göbbels, der Propagandaminister, hatte jede Berichterstattung über Luftangriffe verboten, Hitler nicht eine zerstörte Stadt besucht. An diesem menschenverachtenden Verhalten erkennt man das wahre Gesicht dieser Diktatur.

Kurz vor Kriegsende, am 31. März 1945, war meine Lehrzeit beendet. Ich fuhr heim und half meinen Eltern in der Landwirtschaft. Täglich kamen morgens Aufklärer und suchten Ziele auf, sie hatten die volle Lufthoheit. Mittags kamen dann die Jabo (Jagdbomber), um Bahnlinien und Brücken zu bombardieren oder Militäransammlungen zu beschießen. An den Straßen entlang waren Schutzgräben ausgehoben worden. Dort sprang man hinein, auch wenn Wasser drin stand, oder versteckte sich in einer Hecke oder im nahen Wald, je nachdem, wo man gerade arbeitete. Der Gefangene Miotrac hatte besonders große Angst. Er ließ sein Gespann stehen und rannte irgendwo in Deckung. Eine Bombe fiel auf unser Grundstück im Wangeracker. Sie hinterließ einen großen Trichter. Auch sonst entstanden durch die Bomben nur Flurschäden. Die Firma Kramer, die während des Krieges Granaten drehte, wurde verschont, ebenso das Dorf.

Als die Front immer näher kam, haben wir in der Scheune einen Wagen mit Betten, Decken und dem Nötigsten beladen. Der Plan war, mit zwei Kühen (Milch) in den Wald zu fahren, bevor der böse Feind kam. Nach unserer Zeitung, dem Radio und den Filmwochenschauen waren das ja keine normalen Menschen, sondern Bestien, Mörder und Vergewaltiger. Im Garten vergruben wir an verschiedenen Stellen Lebensmittel. Auch im Maschinenschuppen wurde mit unserem Gefangenen Miotrac Wertvolles in einem großen Zuber im Boden versenkt und sorgfältig zugedeckt, daß nichts auffiel. Nun hörten wir schon die Front, es wurde ernst. Am Bergwerk oben war SS, einmal die Elitetruppe unserer Wehrmacht. Bei Nacht kamen sie in unser Dorf, um Essen zu holen. Auf der anderen Seite des Dorfes, am Wartenberg oben, konnten wir keine deutschen Truppen ausmachen. Die Kuppe des Berges war

# Einberufungsbefehl.

**Der Kreisleiter
des Kreises Überlingen**

Gemäß der Notdienstverordnung vom 15. Oktober 1938 werden Sie für einen

## Kriegssondereinsatz

für voraussichtlich **6 Wochen** einberufen.

Bahnstation: Sammelpunkt: **Überlingen** *Sportplatz am See*

Datum: 2 2. Ott 1944 Zeit: *13 Uhr*

Überlingen,

Der Kreisleiter

19. Ott 1944

Oberbereichsleiter der NSDAP.

## Gegen diesen Befehl ist kein Einspruch möglich!

*Einberufungsbefehl vom 19. Oktober 1944 zum Schanzenbau
nach Frankreich. Pickel, Spaten oder Schaufel mußte von zu Hause
mitgebracht werden.*

bewaldet, sonst war der Vulkanberg einzusehen. So beschlossen Merk Hermann (Benes) und ich, eine weiße Fahne auf dem Kirchturm, in der Höhe des Glockenstuhles zu hissen, und zwar dem Wartenberg zu. Wir wollten unser Dorf so schützen, der Feind sollte wissen, daß im Dorf keine Soldaten waren. Wenn die SS-Leute, die Urheber dieser einseitigen Kapitulation, uns bei Nacht erwischt hätten, könnte ich diese Zeilen wahrscheinlich nicht niederschreiben. In den Wirren der letzten Kriegsmonate wurden zahlreiche Bürgermeister und andere Personen hingerichtet, weil sie ihre Dörfer und Städte vor Zerstörung retten wollten. Wann kommen die Feinde, diese Unmenschen? Wir alle warteten nun gespannt, wie es weiterging. Die Aufklärer und Jabos waren in der Luft, mal da, mal dort. Ich fuhr mit dem Fahrrad Richtung Neudingen. Oberhalb vom Gässli, bei unserem Gedenkkreuz, hielt ich Ausschau. Auf einmal sah ich Panzer aus Neudingen heraus den Berg herunterfahren. Schnell fuhr ich heimwärts, dann durch das Dorf und rief: »Sie kommen, sie kommen!« Ich brachte das Fahrrad in Sicherheit und ging mit den anderen in unseren Keller. Wie immer bei Gefahr betete unsere Mutter. Nun hörten wir die Panzer auf der Dorfstraße fahren. Ich ging vorsichtig hoch, um zu schauen. Ein Panzer hielt bei unseren Nachbarn »Alte Vogts«. Ein Soldat stieg aus und sprang bis hinter das Haus den Hühnern nach. Dann sah er Stallhasen. Die Hühner ließ er flattern und nahm ein paar Hasen mit. Das waren also unsere Befreier. Es war der 21. April 1945. Gutmadingen hatte Glück, keine Schießerei im Ort, niemand wurde verletzt, kein Haus beschädigt. Bald erhielten wir Einquartierung. Der ganze Ort, die Stube war voll von Soldaten. Mutter war entsetzt, als die Soldaten ihre Gewehre mit unseren Vorhängen putzten. Gestohlen wurde nur wenig im Dorf. Die nun befreiten Gefangenen standen zu ihren bisherigen Arbeitgebern und schützten ihr Hab und Gut. Auch unser Miotrac war vorbildlich, er beschützte unsere Schwester mit ihren fünfzehn Jahren wie seine eigene. Auch von den über hundert Zwangsarbeitern, die bei der Firma Kramer beschäftigt waren, gab es keine Übergriffe. Frauen und Mädchen versteckten sich anfangs, manche suchten Schutz im Bergwerk oben. Doch es wurde auch ihnen keine Gewalt angetan. Da die Franzosen viele Schwarze in ihrer Armee hatten, sahen wir erstmals Neger. Am 8. Mai 1945 war dann endlich der furchtbare Krieg zu Ende und mit ihm das Tausendjährige Reich. In fast sechs Jahren Krieg brachten Hitler und seine Helfer katastrophale Zustände über viele Länder Europas und über unsere Heimat. Viele Opfer waren zu beklagen an den Fronten, in den zerbombten Städten, auf der Flucht und in den Vernichtungslagern der Schergen. Als sich die Konzentrationslager öffneten, sah man das Schlimmste, was diese Diktatur verbrochen hatte. Viele waren noch in der Gefangenschaft. Wir hatten von unserem vermißten Sohn und Bruder Bernhard, oder einem seiner Leidensgenossen, noch kein Lebenszeichen. Millionen waren auf der Flucht, besonders die vielen Heimatvertriebenen aus den Ostgebieten und Osteuropa. Die Russen und Polen hatten ihnen schweres Leid zugefügt. Natürlich hatten unsere Machthaber diesen beiden Völkern unzählige Opfer aufgebürdet. Man denke an Leningrad, das fast ausgehungert wurde, oder an die Vorgänge im Warschauer Ghetto. Viel Haß hatte sich angestaut.

Am 6. und 8. August 1945 fielen die ersten Atombomben, Nagasaki und Hiroshima waren das Ziel. So brach der letzte Widerstandswille der Japaner zusammen. Unser Verbündeter war am Ende. Doch auch hier muß ich die Amerikaner anklagen. Waren diese verheerenden Bombenabwürfe noch notwendig? War es die Vergeltung für Pearl Harbor am 7. Dezember 1941, als die Japaner dort ihre stolzen Kriegsschiffe versenkten?

Man schätzt, daß der Zweite Weltkrieg etwa zwanzig Millionen Kriegstote zur Folge hatte. Die Festnahme der Verbrecher und Mitläufer des Regimes, die Entnazifizierung setzte ein. Sie fand ihren Höhepunkt im Nürnberger Prozeß. Gemäß dem Abkommen der Siegermächte wurde Deutschland in vier Besatzungszonen aufgeteilt. Unser Gebiet wurde französisch, also die nächsten Jahre hatten hier die Nachbarn das Sagen. Zwischen unserem Ort und dem Nachbarort Neudingen stand ein Zug auf freier Strecke. Er wurde auch bombardiert, neben den Gleisen waren Bombentrichter. Mehrere Einwohner, besonders Kinder, suchten im Zug nach Brauchbarem, ein Postwagen war dabei, Päckchen und Briefe wurden aufgemacht. Der Zug stand noch lange dort. Zwischen Gutmadingen und Geisingen lag nämlich die Eisenbahnbrücke gesprengt in der Donau. Auch die Straßenbrücke, die gedeckte Holzbrücke, ging in Flammen auf. Die Franzosen trommelten im Ort alle arbeitsfähigen Männer zusammen. Wir mußten auf der Bahnlinie Richtung Geisingen die Schienen und Schwellen entfernen und zwar vom Bahnwärterhaus bis ein Stück nach der zerstörten Brücke. Die Eisenbahnbrücke über die Donau war durch die Sprengung in der Mitte eingestürzt und wurde mit Schienen und Schwellen aufgefüllt. So fuhren die Franzosen mit ihren Panzern und Fahrzeugen beim Bahnwärterhaus auf dem Schotter des Bahnkörpers die eingesunkene Brücke erst hinunter, dann hinauf und weiter auf dem Bahndamm bis Geisingen. Eine gute Notmaßnahme, um schnell über die Donau zu kommen. Streng überwacht wurden die Abgaben der Landwirte. Vieh wurde in den Ställen genau gezählt, Vorräte genau aufgenommen. Lebensmittel wurden immer knapper, die ganze Versorgung war zusammengebrochen. Der Vater meines Freundes Otto, Karl Martin, war in dieser schwierigen Zeit hier Bürgermeister. Sein Vorgänger, Markus Willmann, ist 1940 zur Wehrmacht einberufen worden.

Viele versprengte deutsche Soldaten, die sich auf den Bauernhöfen als Landhelfer umgekleidet hatten, wanderten durch die Gegend, um ohne Gefangenschaft die Heimat zu erreichen. Oft trugen sie zur Tarnung eine alte Sense, Hacke oder Gabel auf dem Rücken. Das Essen erbettelten sie bei Nacht auf Einzelhöfen oder Weilern, wo keine Franzosen stationiert waren. Kamen sie endlich heim, mußten sie sich oft noch lange verstecken, damit die Franzosen sie nicht mitnahmen. In Geisingen wurde ein heimkehrender Soldat bei Nacht vor der Heimatgemeinde erschossen.

Auf dem Hof gruben wir langsam unsere Schätze aus, nachdem die Franzosen abgezogen waren. Nur bei der Firma Kramer wurde von ihnen noch eine Reparaturwerkstatt unterhalten. Leider mußten wir feststellen, daß das Rauchfleisch, das im Garten vergraben war, ungenießbar geworden war. Es war doch zu lange ohne Luft gelagert. An unserem Gedenkkreuz waren die vier Portraits der gefallenen Brüder befestigt. Diese Soldatenbilder störten vermutlich einen Franzosen, er schoß hinein. Miotrac verließ uns, der uns wie ein eigener Sohn gedient hatte. Wir hatten ihn sehr gerne. In schwierigen Jahren stand er uns treu zur Seite, wie der beste Kamerad. In den Paketen, die er als Gefangener von Amerika erhielt, war Schokolade drin. Nicht nur meine Schwester und ich bekamen davon, auch Mutter konnte in Feldpostpäckchen den Söhnen Schokolade schicken. Nun wollte Miotrac nach Amerika, da er Tito in seiner Heimat nicht traute. Zuvor machte er meiner Schwester Anneliese einen Heiratsantrag. Leider, leider hörten wir nichts mehr von ihm.

Mein Bruder Markus, der nach dem Tod der Brüder beim Onkel tätig war, kam nach dem Krieg zu uns heim. Er hat sich mit dem Onkel nicht gut vertragen. Der Bruder Theodor kündigte seinen sicheren Beruf als Zugführer und zog mit seiner Frau und ihrem Kind nach Mistelbrunn. Er hatte kurz vor Kriegsende noch seine Sophie geheiratet. Der Hof in Mistelbrunn ließ unsere Familie nicht aus der Pflicht. Der vierte Bruder versuchte nun dort sein Glück. Wir wollten ihn nicht in fremde Hände geben, zuviel Herzblut hatten wir schon in den Hof investiert. Alle meine Geschwister und ich waren dort im Einsatz, vor und während des Krieges. Markus konnte nach seiner Heimkehr von Rußland bei der Firma Kramer einen Holzvergaser-Schlepper kaufen. Er hatte vor dem Krieg dort gearbeitet und die Firmenbesitzer gekannt. Markus wurde verpflichtet, mit dem Traktor für andere Fuhrarbeiten zu übernehmen. Diese Verpflichtung galt jetzt besonders. Die Eisenbahn stand still, Lkw fehlten und der Sprit war sehr knapp. Holz gab es genug, doch es mußte trocken und klein gehackt sein. Eine neue Arbeit kam auf den Hof. Ich sägte das Brennholz auf ca. 8 cm Länge, Vater spaltete es. Jeden Tag verbrauchte der Schlepper fünf große Säcke Holz, ein Sack war so groß, daß er einen Doppelzentner Getreide faßte. Markus fuhr Brennholz zum Beispiel nach Freiburg und nahm auf dem Heimweg Salz von Buggingen mit, Hin- und Rückfahrt über zweihundert Kilometer. Flüchtlinge brachte er mit

Hab und Gut in die Städte zurück bis nach Mannheim, und dies bei zwanzig Kilometer pro Stunde, ohne Dach oder sonstigen Schutz.

Jeden Morgen war der Start des Schleppers eine Prozedur, besonders im Winter. Der Holzgaskessel, der vor dem Motor aufgebaut war, hatte eine Höhe von etwa einem Meter und einen Durchmesser von einem halben Meter. Ein Sack voll Holz wurde von oben her eingeschüttet, der Deckel wieder verschlossen. Mit einem eingebauten Gebläse, das von Hand gedreht werden mußte, wurde unten am Kessel in Düsen Luft angezogen. Vor diese Düsen hielten wir eine brennende Lunte, die die Holzkohlen im unteren Bereich des Kessels zum Glühen brachte. Da das Feuer nur wenig Luft bekam, bildete sich im Kessel das Holzgas. Wenn das Gebläse lange genug gedreht wurde, bis das Gas eine bestimmte Farbe hatte, kam der Startvorgang. Der Motor lief nur mit Benzin an, der Schlepper hatte also außer dem Holzofen noch einen kleinen Benzintank. Nun drehte mein Bruder oder ich an der Vorderseite des Holzvergasers mit einer Handkurbel den Motor an. Anlasser gab es damals noch nicht. Oft drehten wir beide mit Leibeskräften, bis er endlich einen Ton von sich gab. Zwischendurch schnell wieder das Gebläse drehen, damit genügend Gas sich im Kessel entwickelte. Wenn der Motor dann endlich rund lief, versuchten wir ihn langsam auf Holzgas umzustellen. Er stotterte gleich, wenn das Luft-/Gasgemisch nicht stimmte. Wenn er mit Vollgas keinen Aussetzer mehr machte, wurde der Benzinhahn geschlossen.

An einem Montagmorgen im Winter passierte folgendes Malheur: Der Schlepper hatte keine Garage, er stand im Schopf (Schuppen). Wir stopften die undichten Türen mit Säcken zu, damit der Motor nicht so eisig kalt wurde. Mein Bruder und ich machten, wie üblich, das Fahrzeug zum Start bereit. Ich war damals achtzehn Jahre alt und hatte Kraft, den Schlepper anzukurbeln. Doch der Motor streikte. Als ich wieder meine ganze Kraft für den Start des Motors einsetzte, wurde mir schwindelig. Meine Umdrehungen wurden langsamer statt schneller. Der Bruder schimpfte mich noch, ich sei wahrscheinlich zu spät ins Bett. Ich verließ schweigend den Raum und warf mich im angrenzenden Schweinestall ins Stroh. Es war mir ganz elend zumute, ich hatte am Abend zuvor doch keinen Rausch gehabt. Nach einer Weile taumelte auch der Bruder denselben Weg daher. Was war geschehen? Das Holzgas im verschlossenen Raum hatte uns zugesetzt. Im Schweinestall wurden wir wieder langsam munter und bei offenen Türen versuchten wir unser Glück mit Holzgas auf das Neue. Der Schlepper brachte eine richtige Unruhe auf den Hof. Vorher ging alles seinen gewohnten Gang. Die Stallarbeiten verliefen fast täglich gleich. Die Arbeiten im Feld hatten ihren bewährten Rhythmus. Die Ochsen wurden morgens gefüttert, meist zu bestimmten Zeiten ein- und ausgespannt, mittags wenn nötig, nochmals derselbe Zeitplan erfüllt, abends gefüttert, dann war Feierabend. Jetzt mit dem Schlepper bei großen Touren wurde früh gestartet und oft spät in der Nacht ging der Arbeitstag zu Ende. Doch das war erst der Anfang, zudem betraf es meist nur meinen Bruder, die ganze Familie nur am Rande. Technisierung, Fortschritt oder Rückschritt für den Menschen?

Da im Winter die Feldarbeiten ruhten, wurde ein Teil der Ausbildung der Landwirte in diese Zeit verlegt. In den sogenannten Winterschulen (Landwirtschaftsschulen) wurde in zwei Winterhalbjahren versucht, die Praxis mit dem nötigen Fachwissen zu untermauern. Die Schulen wurden für Jungen und Mädchen eingerichtet, der Besuch war freiwillig. So besuchte ich den Unterkurs 1946/47 in Donaueschingen.

Die ersten Züge fuhren wieder, ganz langsam pulsierte etwas Leben im Land. Lebensmittel waren noch sehr knapp und rationiert, Kleidung und viele Gebrauchsartikel fehlten. Es blühte ein reger Tauschhandel, der natürlich verboten war. Mein Bruder Markus brachte von seinen vielen Fahrten manche wertvolle Gegenleistung nach Hause.

# 1947

*1947 schrieb ich mit zwanzig Jahren mein erstes Tage-buch. Es ist ganz bescheidene 7 x 10 cm groß und 5 mm stark. Auf jeder zweiten Seite stand ein Bibelspruch, ein Zitat von Goethe oder von anderen Genies. Ich schrieb mit Bleistift, Kugelschreiber gab es noch nicht. Mit Feder, Tinte und Löschblatt wäre es umständlich gewesen. Die Ein- und Ausgaben habe ich auch vermerkt, damals noch in Reichsmark (= RM). So gab ich für die Monatsfahrkar-te nach Donaueschingen 4,80 RM aus (11 km), für den Traktorführerschein 2,00 RM, für das polizeiliche Füh-rungszeugnis 30 Pfennig, Kinobesuch 1,50 RM, Sonntags-geld 50 Pfennig.*

*Ab 1947 habe ich in meinen Notizbüchern, die ich bis zum heutigen Tag führe, eine kleine Fundgrube, aus der ich schöpfen kann. Jährlich notierte ich den Ablauf der Feldarbeiten. Saat, Wachstum und Ernte hielt ich fest. Besondere Ereignisse in der Familie und im Dorf schrieb ich auf. Viele wichtige Daten habe ich auch versäumt, mit zwanzig Jahren hatte ich noch andere Gedanken im Kopf.*

1947 wurde in Gutmadingen schon wieder Fasnacht ge-feiert. Am Fasnachtsdienstag fand ein Umzug statt. Auch geheiratet wurde wieder. Wir Jungen halfen den Mädchen beim »Kranzen« und stellten je zwei geschmückte Tan-nenbäume vor das Hochzeitshaus und die Kirche. Vom jungen Paar wurden wir ins Haus eingeladen. Dort sangen wir das Lied »Macht man ins Leben kaum den ersten Schritt ...«.

Alles suchte wieder nach Freude und Geselligkeit. Um zu feiern brachte jeder von zu Hause etwas mit. Einer hatte Beziehungen zu einem Schnapsbrenner, ein anderer zu Franzosen, die Schokolade und andere gute Dinge hatten, die es für Deutsche noch nicht gab. Von dem Dünnbier in den Gaststätten hatte man bald genug, da schmeckte der mitgebrachte Most (Apfelwein) viel besser. Auch gab es gespendete Spiegeleier bei der Wirtin. Wir mußten als Bauernkinder nicht hungern. Doch die übrige Bevölke-rung hatte große Mühe, über die Runden zu kommen. Meine Mutter war sozial eingestellt, sie half jedem, bei dem sie der Meinung war, daß er in Not war. Oft war es nur ein Stück Brot oder ein Löffel voll Butter oder Schmalz. Es kamen ja so viele, die hungerten.

Die Landwirte mußten je nach Betriebsgröße und Personenstand bestimmte Abgaben erfüllen. Ich habe sie für 1947 für unseren kleinen Hof genau mit Datum und Gewicht aufgeschrieben. So waren es 2019 kg Lebendgewicht Rinder und Schweine, auch bei Brotgetreide wurde das Soll erfüllt mit 4300 Kilogramm. 600 Kilogramm mußten wir gleich nach der Ernte abliefern, der Bedarf war riesengroß und Vorräte waren nicht vorhanden. Natürlich sind dies für heutige Verhältnisse keine hohen Abgaben für einen 10-Hektar-Betrieb, dazu die Verköstigung der Familie. Es fehlte dem Boden an der nötigen Kraft. Zu unserer natürlichen Düngung erhielten wir 1947 genau 450 kg Kunstdünger. Es gab noch keine Spritzmittel zur Unkrautbekämpfung, es fehlte so vieles.

Theater wurde wieder im »Ochsen« gespielt, einer Gaststätte mit Saal und Bühne. Pfarrer Sailer war der Macher. Im Stück »Das Kreuz im Moor« spielte ich die Hauptrolle als Altbauer. Ich weiß heute noch manche Stelle, die ich auswendig lernen mußte. Eintritt verlangten wir 2,– RM. Am Karfreitag war Hauptprobe, Ostersonntag abends Vorführung, dann nochmals Ostermontag mittags, abends war großer Tanz. Fand in den Nachbarorten Theater oder Tanz statt, marschierten wir hin. Auf dem Heimweg hakten wir bei den Mädels ein oder umgekehrt. In zwei oder mehreren Reihen beanspruchten wir die ganze Straßenbreite, Autos kamen ja keine. Oft wurde gesungen, wir bildeten eine gute Gemeinschaft.

Beim Tanz waren wir oft in der Kantine am Dorfrand. Firma Kramer hatte sie und eine Baracke nebenan für die Fremdarbeiter während des Krieges erbaut. In dieser Kantine spielte Gottlieb Egle oder unser Mitschüler Georg Still mit der Ziehharmonika zum Tanz auf. Eintritt, GEMA, Lautsprecher oder Verstärker gab es nicht. Getränke und Eßbares brachten wir von daheim mit. Da wir alle keinen Tanzkurs besucht hatten, waren unsere Aufführungen noch zu verbessern. Bei Frau Stania in der Siedlung im Dachgeschoß fanden wir eine gute, zierliche Lehrerin. Wir hatten dort sehr wenig Platz, um den Walzer und andere Schritte zu üben. Die Mädels verstanden es schneller als wir, mit ihnen übten wir weiter in der Kantine. Bei der Damenwahl hatten die Jungens, die die zierlichen Zehenspitzen der Mädchen weniger belastet hatten, mehr Chancen. Wenn der Tanz zu Ende war, brachte fast jeder Junge seine Lieblingstänzerin nach Hause. Ins Haus ging man nicht, höchstens im Winter, wenn wir in unseren liederlichen Schuhen kalte Füße bekamen. Da durften wir mit dem Mädchen in den Hausflur, weiter war nicht erlaubt. So sehr wie in den Nachkriegsjahren hat es mich selten mehr an den Füßen gefroren. Meine Schwester hatte sogar Frostbeulen. Man trat von einem Fuß auf den anderen, aber heim ging man nicht. Nachher trafen wir Jungens uns oft im »Sternen«, dort war nämlich unsere Schulkollegin Elsa zu Hause. Wenn dann der letzte Heimbegleiter eintraf, spielten wir Karten. Cego war das erste Kartenspiel in unserer Gegend, »66« und »Jüdele«, auch mal »17 und 4« machte uns Spaß. Die Eltern von Elsa wurden von uns sehr geschätzt, ich glaube, sie haben auch uns »mögen«. In dieser Notzeit, wo man für Geld nicht viel kaufen konnte, erhielten wir von ihnen manche »Zutaten«. Mit zwanzig Jahren hatten wir ja fast immer Hunger und Appetit. Auch der »Adler« war oft unser Ziel am Sonntagabend. Maria, auch eine Schulkollegin, hat uns dort bedient. Wenn wir endlich nach Hause gingen, strichen wir uns in der Küche noch ein Butterbrot oder fanden sonst einen Rest. So wurde es oft spät, bis wir ins Bett kamen. Der Sonntag war auch der einzige Abend, wo wir beim Tanz, in der Wirtschaft oder sonst unterwegs waren. Getanzt hatte man viel in dieser Notzeit, wahrscheinlich wollte man sie verdrängen. In unseren drei Gaststätten habe ich im Ort elf Tanzveranstaltungen notiert, die ich 1947 besucht habe. Dazu kamen das private Tanzen in der Kantine und verschiedene Tänze an Fasching in allen Wirtschaften. Varieté gab es im Ochsen, am Muttertag ein Konzert der Schwarzwaldbuben. Mit dem Fahrrad waren wir im Sommer in der näheren Umgebung viel unterwegs. Auch Fußball wurde am Sonntag gespielt gegen die Mannschaften der umliegenden Ortschaften.

Mein ältester Bruder Theodor fing schon im siebten

Schuljahr mit Bienen an, also um 1928. Er fand einen Schwarm, ging dann zum Imker Julius Hensler, der ihm einen Bienenkasten gab. Vorher hat er sich bei ihm schon für Bienenzucht interessiert. Theodor baute später in unseren Garten einen Bienenstand. Als er zwei Jahre aktiv Soldat war, versorgten der Bruder Markus und ich die Völker. Nach dem Kriegsausbruch war ich der Hauptimker. Ich fand Freude an der hochinteressanten Bienenhaltung. Manche Stunde verbrachte ich im Bienenhaus, auch am Sonntag. Mit Rauchschwaden aus einer Blaspfeife, die mit Torf gefüllt war, hielt ich die Bienen in Schach, ich war Nichtraucher. Beim Herausnehmen der Honigwaben waren sie manchmal so wild und stechlustig, daß ich die Flucht ergriff. Honig war bei dieser Lebensmittelknappheit sehr begehrt und geschätzt. Zuckerkarten setzten beim Einkauf niedere Grenzen für den süßen Bedarf. So freute ich mich sehr, daß meine paar Bienenvölker 1947 insgesamt 85 Pfund Honig sammelten.

Der 7. Oktober 1947 war für mich ein Unglückstag. Da mein Bruder täglich mit seinem Holzvergaser unterwegs war, mußten Vater und ich für den nötigen Holzbedarf sorgen. So sägte ich wieder trockene Buchenscheite mit der Kreissäge. Die Länge ergab sich zwangsläufig. Das Holz war 1 Meter lang, dies ergab vier Längen mit je 25 cm. Diese 25 cm langen Stücke mußten noch zweimal durchgesägt werden. Das war immer die größte Gefahr, diese so kurzen, dicken Holzstücke durchzusägen. Die Hände waren sehr nahe am Sägeblatt. Über zwei Jahre ging es gut, viele Raummeter hatte ich schon gesägt. Doch an diesem Tage wurde mir so ein kurzes Stück zum Verhängnis. Als ich es durchsägen wollte, schlug mir das Stück auf den Mittelfinger der linken Hand. Das Holzstück hatte einen harten Astkern, den ich vorher nicht sah. Es gab einen Schlag, die Fingerspitze war unter dem Holz gequetscht worden. Ich sägte weiter, doch der Finger blutete mehr und mehr, mir wurde es übel. Ich stellte den Motor ab und betrachtete den Schaden. Mutter verband mich. Da die Verletzung doch schlimmer aussah, als ich annahm, fuhr ich mit dem Fahrrad mit einer Hand am Lenker ins drei Kilometer entfernte Geisingen. Dort war eine Ärztin, die die Quetschung untersuchte. Sie sah weiße Knochensplitter und meinte, der vordere Knochen des linken Mittelfingers sei zertrümmert. Ohne zu röntgen sagte sie mir, sie müsse das vordere Glied abnehmen. Ich war in dem Moment sprachlos. Frau Doktor meinte, dies wäre die beste Lösung. Nach langem Zögern und Diskutieren stimmte ich zu. Als junger Mensch glaubte ich, daß die Ärztin nach bestem Wissen und Gewissen handelte. Nachdem ich aus der Narkose aufgewacht war, fuhr ich mit dem Fahrrad wieder heimwärts. Ich war unglücklich, noch so jung und schon eine verkrüppelte Hand. Warum habe ich zugestimmt? Warum? Heute glaube ich ziemlich sicher, daß das Fingerglied hätte gerettet werden können. Natürlich war Notzeit, viele Mittel fehlten. Doch hätte die Ärztin wenigstens einen Versuch wagen müssen, um das Endglied zu erhalten. Der Verlust brachte mir im Leben und im Beruf viele, viele Nachteile. Ich hätte alle Hebel in Bewegung setzen müssen, um das Abnehmen zu verhindern. Wie oft wurde mir die linke Hand pelzig vor Kälte, da der Fingerstummel nicht mehr richtig durchblutet wurde. Oft verletzte ich das Glied, zudem heilte es schlecht. Zum Glück bin ich Rechtshänder. Ich hatte viel weniger Kraft in der linken Hand, beim Fassen, Heben oder zum Beispiel beim Handmelken. Mit zehn Fingern lernte ich mal Schreibmaschine schreiben, das ging auch nicht mehr. Andere Fingerspitzen stößt man oft an, doch an diesem »Stumpen« ist man gleich wund, die Nerven liegen irgendwie bloß. Gegen die Beschwerden, die kriegsverletzte Kameraden nach Hause brachten, ist meine Sache natürlich ein »Nasenwasser«. Der Schulkollege Franz Gilli hatte beide Arme unterhalb des Ellenbogens amputiert. Mit seinen beiden Stumpen am Ellenbogen holte er die Bücher aus seiner Mappe oder hielt das Vesperbrot dazwischen. Er meisterte sein Leben, wie, weiß nur er zu beurteilen.

Im Dorf hatten wir einen Kriegsblinden, unseren lieben Franz Burger. Er war noch blutjung, als es um ihn Nacht wurde. Doch auch er machte das Beste aus seinem Schicksal. Neben den vielen Verwundeten beklagten wir in unserem kleinen Dorf 37 Gefallene und Vermißte.

Die Mechanisierung in der Landwirtschaft ging trotz Kriegs- und Nachkriegszeit weiter. Der Holzvergaser-

Schlepper hatte ein Mähwerk, so daß die Ochsen zum Teil entlastet wurden, auch bei Transportarbeiten. Wir mähten erstmals mit dem Bindemäher, ein großer Fortschritt: Getreide mähen und binden ohne menschliche Kraft. Jahrhundertelang wurde Getreide mit Sichel und Sense gemäht. Die kleinen Garben des Binders waren viel schöner und fester gebunden als von Hand. Dieser Knüpfapparat war für diese Zeit ein kleines Wunderwerk, doch schlafen sollte man auf dem Binder nicht. Wenn der Knüpfapparat streikte und das Getreide lose die halbe Ackerlänge auf den Boden fiel, wurde man nicht gelobt.

Nachdem die Ernte eingebracht, gedroschen und der Kirchweihtanz vorbei war, begann für mich wieder die Schulzeit. Ich wollte den Oberkurs der Landwirtschaftsschule nicht mehr in Donaueschingen absolvieren, sondern auf der Hochburg bei Emmendingen, über einhundert Kilometer weit weg. Der Schule war ein landwirtschaftlicher Lehrbetrieb angeschlossen, das fand ich gut. Am 10. November 1947 fuhr mein Bruder mit dem Holzvergaser und Anhänger los. Wir hatten tags zuvor Meterholz geladen. Oben drauf kamen die vollen Tankholzsäcke, mein Bett und ein Pappkoffer, Kartoffeln und fünfundzwanzig Kilogramm Mehl. Unterwegs mußte mein Bruder immer wieder einen Sack Tankholz auf den Rücken nehmen und den Holzvergaser füttern. In Freiburg haben wir das Holz abgeladen, meine Utensilien und das restliche Tankholz wieder auf den Anhänger befördert. Um 17.00 Uhr waren wir am Ziel. Dann mußte mein Bruder über einhundert Kilometer nach Hause fahren, Ruhepausen waren damals kein Thema.

Ich richtete mich im Internat ein, lauter neue Gesichter, Schülerinnen, Schüler und Lehrer. Wir Schüler schliefen in einem großen Saal, in zweistöckigen Betten. Die meisten Kollegen kamen aus der näheren Umgebung, sie fuhren am Wochenende heim. Hatte ich keinen Stalldienst, so durfte ich mitfahren, zum Beispiel an den schönen Kaiserstuhl. Da probierte ich erstmals Wein direkt beim Winzer, doch die Weinprobe überforderte mich.

Ich hatte im Wechsel morgens vor der Schule Kuhstalldienst. Um 4.00 Uhr früh ging es los mit Füttern, Ausmisten, die vielen Kühe mußten von Hand gemolken werden. Mittags nach der Schule und dem Essen hieß es auf dem Hof antreten, wir wurden zu verschiedenen Arbeiten eingeteilt. Mühsam war die Arbeit im Weinberg. Den Boden, den das Wasser das Jahr über den Rebhang hinunter gespült hatte, mußten wir hinauftragen, in Bütten auf dem Rücken. Oben ausgeleert folgte die nächste Tour und das den halben Tag lang, da war man abends k.o., auch mit zwanzig Jahren. Zum Glück hatten wir gutes Essen. An Weihnachten zog es mich, wie jedes Jahr zuvor, heimwärts. Zwischen den Jahren haben wir ein Schwein geschlachtet mit 205 Kilogramm, abends mußten wir in Geisingen einen Teil vom Speck abliefern. Im »Ochsen« tanzten wir in das neue Jahr. So vieles stand in meinem ersten kleinen Tagebuch, einen Teil davon erzählte ich. Manche Eintragungen waren in Steno, so daß es Unbefugte nicht lesen konnten. Sie betrafen in der Regel Mädchen und dies war doch Privatsache.

Wenn ich auf das Jahr zurückschaute, stellte ich fest, es ging überall aufwärts im Land. Der Marschall-Plan, ein amerikanisches Hilfsprogramm für Wiederaufbau half Westeuropa und den drei Westzonen sehr, die Folgen des Krieges zu bewältigen.


# 1948

*Ein neues Jahr begann, was wird es uns bringen?*

Die erste Arbeit auf der Hochburg war sehr, sehr unangenehm. Gülle verschlauchen, also mit Schläuchen und Regnern die Jauche gleichmäßig an den Weidehängen verteilen. Passende Kleidung und Gummistiefel fehlten. Da konnte auch intensives Duschen den Gestank nicht voll wegnehmen. Wir hatten diese Tage noch den ersten Tanz mit der Mädchenabteilung der Schule. Die Lehrerin Fräulein Ganter gefiel mir, obwohl sie ein paar Jahre älter war als ich. So steht in dem nun größeren Tagebuch vier Tage danach in Steno: Fräulein Ganter geschrieben.
Am 15. Januar 1948 krachte mein Bett hinunter, ich lag in der oberen Etage. Es ist dies schon öfters passiert, wenn Kollegen einzelne Bretter unter den Matratzen herausge-

25  Die Eltern Karl und Katharina Huber mit den vier verbliebenen Kindern
    Theodor, Markus, Josef und Annelies nach dem Krieg. Foto um 1948
26  Das Leben ging weiter: wir spielten Fußball. Foto um1947.
    Erste Reihe von links: Alfred Teurek, Ernst Weber, Walter Kühnle;
    zweite Reihe: Walter Harder, Sigfried Streck, Alfred Staller;
    dritte Reihe: Rudi Leuchner, Karl Schelling, Willi Schelling, Josef Huber,
    Erich Müller

27 Freunde. Von links: Josef Huber, Fritz Schmid, Ernst Ohnmacht,
   Otto Martin, Franz Maier
28 Ein langersehnter Wunsch ging in Erfüllung. Mit dem ersten Auto
   (Fiat, 16 PS) fuhr ich im Alter von 28 Jahren mit meiner Schwester
   Annelies an den Wolfgangsee

29 Die Gutmadinger Kramer-Schlepper trugen viel zur Mechanisierung
der Landwirtschaft bei. Einer der ersten Motormäher im Jahre 1925
30 Bruder Markus während des Krieges mit dem Kramer Holzvergaser
(25 PS) beim Langholzfahren

31 Bruder Theodor mit dem Kramer Erfolgsmodell beim Langholzfahren.
Im Hintergrund sein Bauernhof, den er vom Onkel übernommen hat.
Foto um 1955.

32 Mit Mutter und Annelies mit dem Bindemäher bei der Getreideernte.
Das Kramer Jubiläumsmodell von 1950 kam als Nachfolger des
Holzvergasers auf unseren Hof

nommen hatten. Doch diesmal hatte es Folgen, nicht für mich, aber für meinen »Untertan«. Er hatte zwei Rippen angerissen. Ja, wir waren natürlich auch nicht besser als die heutige Jugend. Einmal kamen wir früh morgens um vier Uhr heim, schnell umziehen in den Stall und mit Kopfweh anschließend zur Schule. Da ist man beim Melken unter der Kuh fast eingeschlafen. Zwischen den Beinen mußten wir den Melkeimer mit Inhalt festhalten. Wäre die wertvolle Milch weggekippt, hätte es üble Folgen gehabt. Der Obermelker war nicht zart besaitet.

Auch auf der Hochburg wurde Fasnacht gefeiert. Noch schöner war es in Kappelrodeck bei Achern, wo mich ein Mitschüler am Wochenende in seine Heimat mitnahm, alles per Zug. Dort gibt es viel Steinobst, Schnaps in vielen Variationen, auf den war ich gar nicht geeicht.

Neu war für mich das Scheibenschlagen. Auf einem Berg brannte das große Funkenfeuer. Die Holzscheibe mit einem Loch in der Mitte wurde an einem langen Stock ins Feuer gehalten, bis sie glühte. Auf zwei Pfählen war ein Brett befestigt. Mit voller Wucht wurde die Scheibe über das Brett geschlagen, so daß sie glühend den Berg hinunter sauste. Dabei wurde der Spruch gerufen: »Schieba, Schiebo, wem soll die Schiebe go, sie soll dr Annemarie go«, oder so ähnlich. Heute habe ich noch eine Scheibe von diesem Abend, die die kleine Lehrerin und ich gefunden haben.

Am 9. März 1948 holte ich für meine fünfundzwanzig Kilogramm Mehl mein letztes Brot ab. Die Prüfungen standen an. Mit einem Lastwagen hatte ich im Frühjahr Gelegenheit, mit Sack und Pack nach Hause zu fahren.

Es war eine unvergeßlich schöne Zeit auf der Hochburg. Ich hatte zwar viel Arbeit auf dem Hof und im Stall, die anderen hatten nur Schule. Daß sich ein Schüler in eine Lehrerin verliebt oder umgekehrt, ist nicht neu. Ich fand Sympathie auch beim ganzen Lehrkörper, die auch nach der Schulzeit nicht abriß. So besuchten mich der Chef und andere in meiner Heimat. Fräulein Ganter hatte im Nachbarort Neudingen Verwandte, dort war sie dann öfters. Meine Familie nahm die Försterstochter aus Ottenhöfen bei Achern mit Wohlwollen auf, besonders meine Mutter. Die nette, reine Freundschaft dauerte mehrere Jahre. Ihre Liebesbriefe begleiteten mich auf meinem weiteren Lebensweg in einem verschlossenen Kästchen bis heute.

Nun begann wieder die Arbeit auf dem elterlichen Hof. Schon 1947 wurde ich animiert, phänologische Aufzeichnungen, d.h. die Wachstumsphasen der Pflanzen zu notieren. Ich mußte also beim Getreide und den Futterpflanzen die Sorte, den Saatzeitpunkt, Tag des Aufganges, die Blüte und die Reife aufschreiben, bei Obstsorten ebenfalls. Vier Berichte im Jahr mußte ich zu bestimmten Zeiten per Post nach Freiburg schicken, das war viel Arbeit. Zudem mußte ich noch das Wetter notieren. Hinter dem Bienenstand hatte ich eine kleine Wetterstation. Auf einer Rolle, die ich wöchentlich erneuern mußte, wurde die Temperatur rund um die Uhr angezeigt. Die Niederschlagsmengen mußte ich ebenfalls feststellen. Es gab damals schon Wetterkapriolen. So wurden am 18. April 1948 zweiundzwanzig Grad Celsius im Schatten gemessen.

Mein zweites Tagebuch habe ich viel größer gekauft, um diese Daten alle festzuhalten. Übrigens, die Wochentage waren damals nicht nur in Deutsch, sondern in Englisch und Französisch angegeben. Die damaligen Postgebühren standen auch im Tagebuch, allerdings noch in Reichsmark. So kostete eine Drucksache 6 Pfennig, Postkarten 12 Pfennig, Briefe 24 Pfennig, im Ortsverkehr Postkarten 10 Pfennig und Briefe 16 Pfennig. Unsere Postleitzahl war damals 17 b.

Was sich rund um die Nacht zum 1. Mai abspielte, darf ich nicht vergessen. Erst holten wir abends im Wald kleine Tannenbäumchen, die wir zu Hause mit Bändern schmückten. Anschließend schauten wir im Ort, was wir verschleofe (heimlich wegschleppen) konnten. Gartentüren, Fensterläden, Mistkarren, Wagen und was die Hausbesitzer nicht im Haus und Hof in Sicherheit gebracht hatten, wurden an einem anderen Punkt des Ortes oder auf dem Dorfplatz abgestellt. Wenn eine Person immer wieder das Fenster öffnete und sich Sorgen um ihr Eigentum machte, hatte sie eine unruhige Nacht. Immer wieder gingen wir hin und klopften an die Dachrinne oder an das Scheunentor des Hauses, wir waren schon rücksichtslos. Ein Dorfbewohner rühmte immer wieder seinen wachsamen Hund. Samt Hundehütte wurde er in der Mainacht auf den Latschare (Dorfplatz) gebracht. Dort konnte der Besitzer ihn abholen. Wenn nichts mehr zu verschleppen war, zogen wir mit langen Leitern durch das Dorf und stellten unsere schönen Tännle in den Kamin oder in die Dachrinne der Häuser unserer geliebten Freundinnen. Teamarbeit war nötig, oft ging es gefährlich zu. Das Schmuckstück sollte hoch oben sichtbar sein. Schlimm war es für ein Mädchen, wenn es statt einem Bäumchen einen Besen bekam. Der schmückte das Haus nicht lange. Wenn es gegen Morgen ging, machten wir einen Kontrollgang durch den Ort. Manchmal kam ein Fremdling vom Nachbarort und stellte auf das Haus seiner Geliebten ein Bäumchen. Ausländische Konkurrenz duldeten wir nicht, wir holten das Tännle herunter und versteckten es. Als Lohn für die schönen Maien wurden wir später von unseren Mädchen eingeladen. Kalkspuren in der Maiennacht deckten manch heimliche Liebe im Dorf auf, peinlich, wenn die Spur von einer ledigen zu einer verheirateten Person ging. Bis die Kalkspur endlich im Ortsbild verblaßte, dauerte es lange, das Gerede darüber auch. So waren wir Jungens die ganze Nacht unterwegs, sie war nie zu lang.

Am 6. Juni 1948 gab es in Fürstenberg (zwei Ortschaften weiter) eine solche Heuschrecken-Invasion, daß die Tiere die ganzen Hauswände bevölkerten. So etwas habe ich nie mehr gesehen.

Da ich über Bienen mehr wissen wollte, besuchte ich einen Kurs im Bieneninstitut in Freiburg. Mir ist heute noch in Erinnerung, wie Blatthonig in Freiburg von den Akazienbäumen auf den Gehweg tropfte, daß er beim Gehen an den Schuhen hängen blieb. So viel Honig auf einmal können die Bienen gar nicht sammeln, zudem muß das Wetter und die Temperatur stimmen.

*Währung – die DM kommt!*

Am 20. Juni 1948 erfolgte die Währungsreform, die Deutsche Mark löste die Reichsmark ab. Der Umtausch erfolgte im Verhältnis 10 : 1; für 10 Reichsmark bekam man 1 Deutsche Mark. Das erste Kopfgeld betrug 40 Deutsche

Mark je Einwohner. Von Guthaben auf Banken konnte man nur über die Hälfte im Verhältnis 10:1 verfügen, der Rest verlor noch mehr an Wert, so daß man für 100 Reichsmark nur noch 6,50 Deutsche Mark erhielt. Löhne, Gehälter, Mieten und wiederkehrende Leistungen blieben gleich, um die Stabilität zu erhalten.

Welch ein Einschnitt, besonders für ältere Menschen, die für das Alter gespart haben! Für viele war es die zweite Geldentwertung in ihrem Leben. 1923 war die erste Reform nach einer galoppierenden Inflation. Mein Vater erzählte, man habe damals das Geld im Rucksack heimgetragen, wenn man ein Stück Großvieh verkauft hat. Wurde das viele Geld nicht sofort in einen anderen Wert umgesetzt, betrug die Kaufkraft nach kurzer Zeit nur noch einen Laib Brot. Vater war Millionär, ja Milliardär, doch der Haufen Papier war fast nichts wert.

Am Tage der Währungsreform waren alle für eine kurze Zeit gleich arm und gleich reich. Doch als dann die Hälfte der Bankguthaben umgetauscht wurde, hatte mancher schon wieder mehr im Beutel. Viele Verbrauchsgüter waren über Nacht da, die bisher zurück- oder versteckt-gehalten wurden und nur im Tauschhandel erhältlich waren. Die Landwirtschaft erhielt nun auch die begehrte Deutsche Mark, jeden Tag wurde produziert und verkauft und die Ernte reifte auch heran. Sie fiel gut aus für die damaligen Verhältnisse, bei dem jahrelang geringen Düngeraufwand. So ernteten wir von 80 Ar Kartoffelfläche 260 Doppelzentner Erdäpfel je Hektar, beim Weizen 25, beim übrigen Getreide 22 bis 25 Doppelzentner. Auch die Obsternte war sehr gut. Die Landwirte mußten aber immer noch Getreide und Vieh abliefern, etwa wie im Vorjahr, nur mehr Kartoffeln. Nun erhielt der Landwirt einen guten Gegenwert, mit dem er reell einkaufen und investieren konnte. So bekam der Holzvergaser-Schlepper endlich nach fünf Jahren ein Dach. Jahrelang fuhr mein Bruder im Sommer fast täglich bei Hitze und Regen durchs Ländle, der Fahrtwind blies ihm ständig um die Ohren. Im Winter war die Arbeit weniger, da mußte das Holz für den Vielfraß gefällt, gespalten und aufgesetzt werden zum Trocknen. Das war harte Knochenarbeit. So hatten wir am Kniebrecher Buchenbäume gefällt. Das

Gewand hat den Namen nicht umsonst, das Gelände ist dort sehr steil. Schutzvorrichtungen gleich Null, kein Seil, kein Helm, da brauchte man einen aufmerksamen Schutzengel. Motorsägen gab es noch nicht, wir mußten die Waldsäge gebückt hin- und herziehen, bis endlich der Baum umfiel. Nun wurden vom Stamm die Äste mit der Axt abgehauen, dann sauste er den Steilhang hinunter. Auf der Ebene ging die Geigerei wieder los. Es wurden Meterstücke abgesägt. Diese wurden mit Eisenkeilen und viel Muskelkraft gespalten, die schweren, grünen Scheiter aufgesetzt. Da schmeckte das Essen und abends hatten wir keine Probleme mit dem Einschlafen.

Am 18. November 1948 kam endlich mein Jugendfreund Ernst aus langjähriger französischer Gefangenschaft zurück. Wir beide hatten immer Briefkontakt.

Im Herbst 1948 begannen mein Bruder und ich, natürlich mit Zustimmung der Eltern, das erste Bauvorhaben mit DM. Unser Wohnhaus war nur zur Hälfte auf der Nordseite unterkellert. So war unser Keller schon immer zu klein, alles wurde übereinander geschichtet. Die Rüben mußten wir Buben auf dem Bauch über den Kartoffeln liegend bis in die hinterste Kellerecke unter der Decke werfen. Erinnerungen wurden wach, als wir unser Fünf-Buben-Bettenzimmer ausräumten. Wir rissen den Fußboden heraus und begannen den zukünftigen Kellerraum von Hand auszuheben. In sieben Tagen schafften wir diese schwere Arbeit, 88 Kubikmeter aufpickeln, einschaufeln, mit Schubkarren auf den Wagen hochfahren. Betonieren war auch reine Handarbeit. Auf Eisenblechen wurde Kies und Zement gemischt und Wasser zugesetzt. Um Kies und Zement zu sparen, wurden in den Seitenmauern Kalksteine reingepackt, nur an der Schalung mußte Beton sein. Rüttler gab es auch noch nicht, von Hand wurde gestampft.

Vor Weihnachten habe ich einen warmen Wintermantel für 118,– DM gekauft. Ich freute mich sehr über mein erstes neues Kleidungsstück. Viele Jahre gab es Kleiderkarten, nur für das Nötigste und oft nur in schlechter Qualität. Näherinnen und Schneider hatten bisher alle Hände voll zu tun, um Änderungen an vorhandenen Kleidern vorzunehmen. So wurde zum Beispiel aus der Sitz-

**Gebührenfrei!**
En Franchise

— **Kriegsgefangenenpost** —
Correspondance de Prisonniers de guerre

Absender
Expediteur

Name ....Oh................

Vorname ....Ernst....
Prenom

Dienstgrad ....Gefr.....
Grade

Erkennungs-N° *542978*

N° MI
Adresse: *M.Mg189 Bayonne*

*France*

(1) Nicht zutreffendes durchstreichen
Rayer les mentions inutiles

Name *Josef Huber*
Nom
z........
Ort *Gutmadingen*
lieu

Straße *Ortsstrasse* N° *10*
Rue

Kreis *Donaueschingen*

Provinz *Süd-Baden*
Province

Zone
Französische — Nord — Nord
Francaise { Süden — Sud
{ Österreich — Autriche
Amerikanische — Americaine
Englische — Anglaise
Russische — Russe

*Kriegsgefangenenpost von meinem Freund Ernst Ohnmacht,
der am 18. November 1948 nach dreieinhalb Jahren
französischer Gefangenschaft heimkehrte.*

86

fläche eines Herrenhemdes ein neuer Kragen gezaubert, ein anderer Stoffrest ersetzte das Loch. In der Hose sah man diesen bunten Einsatz nicht. Aus einem Leintuch entstand ein Faltenrock, aus Fallschirmseide eine schöne Bluse.

Am 5. Dezember 1948 wurde Bürgermeister Hermann Weber gewählt. Aus diesem Anlaß wurde ihm am Abend ein Baum gesetzt, nachher gab es ein Hammelessen im Ochsen. Er hat dieses Amt 1945 von seinem Vorgänger Karl Martin übernommen.

Ein gutes Jahr für mich persönlich, ein erfolgreiches Halbjahr nach der Währungsreform ging für unser Land zu Ende. Hatte man Geld verdient, so konnte man endlich wieder einkaufen. Der Bedarf war ja riesengroß, die Wünsche auch. Die Menschen faßten wieder Mut und mit neuem Elan begann der Wiederaufbau.

In diesem Jahr wurde der Staat Israel in Palästina gegründet. Leider gibt es nach über fünfzig Jahren keinen Frieden in dieser Region.

## 1949

Erstmals begann ich das neue Jahr nicht mit meinen Freunden, sondern im Nachbarort mit meiner Annemarie, so hieß die Lehrerin. Es war gar nicht einfach, eine glaubhafte Ausrede zu finden, viele Jahre feierten wir Schulkollegen gemeinsam. Von Januar bis März besuchte ich eine weiterbildende Anstalt für junge Menschen vom Lande, die Bauernschule Schwerzen bei Waldshut. Sie war in einer ehemaligen Baracke des Arbeitsdienstes untergebracht.

An Fastnacht zog ein großer Umzug durch unsere Dorfstraßen. Das Thema war »Die vier Jahreszeiten«. Auch damals waren die Nächte schon lang, um halbsieben Uhr morgens kam ich heim.

Da wir einen größeren Obstgarten besaßen, interessierte ich mich schon immer für die Pflege der Bäume. So nahm ich im Frühjahr an einem Baumwartkurs mit zwanzig Interessenten teil. Er dauerte in Abständen ein ganzes

Jahr und fand in der ehemaligen Segelflughalle auf dem Wartenberg statt. Wir setzten damals die ersten Obstbäume in der Nähe der Halle. Bäume und Beerensträucher schnitten wir in verschiedenen Gärten, das Veredeln der Obstbäume übten wir, also das Aufpfropfen einer anderen Sorte auf einen Obstbaum. Wir lernten im Laufe des Sommers die Krankheiten des Laubes und der Früchte kennen.

Die Technisierung ging auf allen Gebieten schnell voran. Im Frühjahr spritzte ich die Obstbäume erstmals mit einer Motorspritze. Dabei verbrannte ich mir das Gesicht mit Karbolineum. Ich kannte die Nebenwirkungen noch nicht. So spritzten wir auch E 605 ohne Schutz auf die Bäume. Wir verließen uns auf die Angaben der Hersteller, diese waren nicht so umfangreich wie heute. Ja, die Chemie wirkte manchmal überaus gut. Ich streute im Herbst in die Nischen und Spalten um den Bienenstand Giftweizen gegen Mäuse, damit diese die Winterruhe der Bienen nicht störten. Die Hühner, fünfundzwanzig Stück und ein Hahn, saßen abends auf der Stange über dem Kälberstall. Während wir das Vieh fütterten, fiel auf einmal eine Henne von der Stange: wahrscheinlich ist sie krank gewesen, war unsere Vermutung. Doch eine zweite, eine dritte folgte. Als wir mit Füttern fertig waren, hatten zwölf Stück das Gleichgewicht verloren. Sogar der Hahn mußte daran glauben, geschieht ihm auch recht. Der hatte wahrscheinlich den Giftweizen entdeckt und seine Hennen angelockt. Gott sei Dank folgten ihm nicht alle. Natürlich war ich der Schuldige, zur Strafe mußte ich am anderen Tag das Federvieh beerdigen.

Die Firma Kramer baute neben dem Wohngebäude ein großes zweistöckiges Verwaltungsgebäude. Da half ich bei der Baufirma Haberer manchmal mit. Einen Kran gab es noch nicht, alles mußte zuerst mit dem Schubkarren hochgefahren, in die oberen Stockwerke hochgetragen oder mit dem Seil hochgezogen werden. Wir trugen damals den Speis (Mörtel) mit den Bütten auf dem Rücken hoch und kippten ihn den Maurern oben in die Wanne. Schlimm war es, wenn der Maurer unten beim Einfüllen nicht aufpaßte und ein Schubs Mörtel den Rücken runter rieselte. Vorsatz konnten wir ihm nicht nachweisen. Ich machte die schwere Arbeit, um ein paar neue Mark zu verdienen.

Die Gesetze der Natur hat auch der furchtbare Krieg nicht zerstört. So kamen Mitte April wie gewöhnlich die Störche, ein paar Tage später die Schwalben und Mitte Mai waren die Maikäfer aktiv.

Die Heuernte war einmalig, wir konnten neunundzwanzig Wagen unverregnetes Heu heimfahren. Es wurde mit dem Schlepper gemäht, da ging alles schneller. Am 25. Juni sind alle Kartoffeln in den Niederungen des Donautales erfroren, die gute, altbewährte Sorte »Ackersegen« brachte immer reiche Erträge. Sie trieben wieder nach, konnten den Rückschlag aber nicht mehr aufholen. Wie beim Wetter ein Tief ein Hoch verdrängt, so muß der Landwirt doch machtlos zusehen, was ihm die Natur zerstört.

Der Sommer war sehr trocken, so daß der zweite Schnitt Gras, das Öhmd, nur spärlich stand. Wir brachten hinter dem Messerbalken ein Sammelblech an, damit das wenige Gras nicht in die Bodenrisse fiel. War das Blech voll, zog man es mit dem Rechen herunter und machte so Querreihen auf der Wiese zum Dürren. Den Leiterwagen schlugen wir mit Tüchern und Säcken aus, daß beim Beladen nichts verloren ging.

Der freie Viehhandel kam wieder auf, da keine Abgaben mehr nötig waren. So marschierte ich mit einer Kuh 3 km nach Neudingen, Verkehr war fast keiner. Der Viehhändler Egle zahlte meinem Vater 680,– DM dafür. Auf dem Martinimarkt in Donaueschingen kauften wir einen jungen Ochsen für 1100,– DM, für den alten erlösten wir später 1150,– DM. Wir wollten auf das Ochsengespann nicht verzichten. Für Arbeiten wie Kartoffel- und Rübenpflege, Eggen, Säen glaubten wir, der Schlepper drücke mit seinem Gewicht den Ackerboden zusammen.

Zum ersten Mal mußte ich als Hornist der Ortsfeuerwehr zu einem Ernstfall rufen. In Geisingen brannte abends das Spital. Mit Traktor und angehängter Motorspritze ging es eilends zum Brandherd. Morgens um drei Uhr kamen wir wieder zurück.

Im Herbst rissen wir den alten Holzschuppen weg und bauten dafür einen Maschinenschuppen auf. Die alte

Dunglege mußte verlegt werden, um in die Halle zu gelangen.

Die Unterhaltung, Theater, Feste, Tänze und Spiele gaben den Menschen Freude und Kraft, den Alltag zu meistern. So hatte unser Sportverein ein großes Fußballturnier mit acht Mannschaften aus der Umgebung, erster Preis: 1 Fußball. Ich kaufte dazu die ersten Fußballschuhe für 36,– DM, sie waren ganz aus Leder, die Stollen auch. Als Stürmer schoß ich manches Tor mit ihnen, manchen Ball auch daneben. Sie begleiteten mich über neun Jahre und fanden dann Rast auf der Bühne meiner zweiten Heimat.

Ende August, Anfang September fand alljährlich unser Kirchenfest statt. Es kamen die Verwandten von auswärts, besonders die etwa gleichaltrigen Cousinen und Cousins. Zum Fest gehörten Schiffschaukel, Karussell und Schießbude. Mit der mittleren Schaukel schaffte ich erstmals vier Mal den Überschlag. Abends war Tanz im Ochsensaal und in den zwei anderen Gaststätten.

Die Landjugend traf sich auf Kreisebene. Der Aktionsradius wurde immer größer, mit dem Zug fuhren wir nach Freiburg oder an den Bodensee. Von Weihnachten bis Drei König spielten wir wieder Theater, Langeweile kam bei uns jungen Menschen nie auf.

Wichtige Ereignisse des Jahres in Deutschland: Die Blokkade Westberlins durch die Russen dauerte von Juni 1948 bis Mai 1949. Über eine Luftbrücke der Alliierten wurden 2,5 Millionen Menschen versorgt.

In Deutschland wurde das Grundgesetz verkündet. Die erste Bundestagswahl fand statt, die CDU gewann sie. Zum ersten Bundespräsidenten wird Theodor Heuß gewählt. Konrad Adenauer wird erster Bundeskanzler. Der 73-jährige Adenauer erklärt, daß ihm sein Arzt bestätigt hat, daß er zwei Jahre dieses Amt übernehmen kann. Er hatte es bis 1963 inne. Bonn wird Bundeshauptstadt.

Nach der Staatsgründung in Westdeutschland wird die Deutsche Demokratische Republik (DDR) in der sowjetischen Besatzungszone ausgerufen.

So endete das letzte Jahr der ersten Hälfte des 20. Jahrhunderts. Es war überall Aufbruchstimmung zu spüren. Natürlich waren die Wunden des Krieges noch nicht verheilt. Wie viele hatten auch wir noch keine Nachricht von Bernhard. Ist er noch in Gefangenschaft oder schon Jahre tot? Flüchtlinge suchten über das Rote Kreuz ihre Angehörigen. Zum Beispiel die Eltern die Kinder, Kinder die Eltern. Oft lebten sie in einfachen Verhältnissen bei fremden Menschen. Daheim hatten sie über Nacht ihre schönen Wohnungen, ihre Höfe verlassen müssen, in denen sie und ihre Vorfahren schon Jahrhunderte gelebt hatten. Heimat- und mittellos suchten sie bei uns im Westen eine Bleibe. Für viele Vertriebene war es schwierig bei der großen Wohnungsnot einen Unterschlupf zu finden. Es war eine Riesenaufgabe, in den schweren Nachkriegsjahren Millionen Flüchtlinge aufzunehmen und ihnen Wohnung, Arbeit und Brot zu geben.

Marion Gräfin Dönhoff schildert in ihrem Buch »Ostpreußische Erinnerungen« ihre Liebe zur Heimat, deren Aufgabe und ihre Flucht in den Westen. Am Schluß die vielsagenden Worte über ihr Leben in der Heimat: Vielleicht ist dies der höchste Grad der Liebe, zu lieben ohne zu besitzen.

# 1950

Der Beginn der zweiten Hälfte des 20. Jahrhunderts wurde gebührend gefeiert. Für mich ist Silvester und Neujahr meist mit wenig Schlaf verbunden, da ich am 2. Januar Geburtstag habe. Ich kaufte den ersten Bauernkalender, der leider für den Sonntag wenig Platz reserviert hatte. Gerade an diesem Tag hatte ich als junger Mann viel erlebt und zu notieren. Als Vorstand des Obstbauvereins leitete ich erstmals eine Versammlung, um für die Mitglieder die Spritzmittel gemeinsam zu bestellen. Da ich nun die Baumwartprüfung hinter mir hatte, schnitt ich auf Wunsch die Obstbäume bei den Kollegen. Der Stundenlohn betrug 1,– DM plus Kosten für Baumwachs. Auch Bäume veredelte ich und so verfügte ich über Taschengeld.

Im Mai setzte ich erstmals ein Unkrautmittel im Ackerbau ein. Ein Ochs zog eine Gespannspritze über das Feld. Neun Landwirte machten anfangs mit, später, als auch die anderen den Erfolg sahen, waren es siebzehn. Viele Tage wurde früher im Getreide Unkraut gejätet und Disteln gestochen. Meine Mutter war da besonders aktiv. Was hat diese Frau Unkraut in ihre blaue Schürze gepackt und am Weg abgelegt! Wenn es weit ging, übergab sie uns Kindern die Last zum Raustragen. Die Disteln nahmen wir auf dem Karren nach Hause, die Schweine haben sie sehr gerne gefressen. Als später die Sämaschine im Einsatz war, hat man mit schmalen Hacken zwischen den Reihen das Unkraut niedergehalten, in den Reihen riß man es zum Teil von Hand heraus. Alle älteren Landwirte kennen noch die gelben Getreideäcker voller Hederich. Man mußte alles wachsen lassen bis zur Zeit der Ernte, wie Jesus schon vor zweitausend Jahren lehrte. Nun kam ein Spritzmittel, das bestimmte Unkräuter auch in den Drillreihen zum Absterben brachte. Es war eine kleine Revolution im Ackerbau. Dies war erst der Anfang, die Mittel wurden immer besser. Mehrere Unkräuter konnte man mit einer Spritzung lahm legen (Kombimittel). Auch gegen den Kartoffelkäfer wurde erstmals gespritzt.

Ein Höhepunkt für mich war die erste DLG-(Deutsche Landwirtschaftsgesellschaft)Schau in Frankfurt. Alle Tierrassen aus ganz Deutschland waren vertreten. Ein Riesenangebot von Landmaschinen wurde gezeigt und dies zwei Jahre nach der Währungsreform. Die Firma Kramer stellte fünfundzwanzig Jahre nach ihrer Gründung ihr Jubiläumsmodell aus, schön verkleidet mit Haube und vielen Neuerungen. Firmen, die vorher nichts mit Landwirtschaft zu tun hatten, bauten Schlepper, landwirtschaftliche Maschinen und Geräte. Die Landwirtschaft hatte Kaufkraft und einen großen Bedarf. Doch ihre Namen verschwanden bald wieder auf dem Markt. Sie fanden wieder Käufer für die Produkte ihrer Sparte, die sie vor dem Krieg hergestellt hatten.

Im Herbst organisierte ich im Ochsensaal eine Obstbauausstellung mit all den vielen einheimischen Sorten. Beim Mosten machten wir erstmals keinen Nachdruck mehr, mit 500 Atü Druck war die Maische nachher trocken. In meiner Jugendzeit ging alles noch mit Muskelkraft. Wir setzten den ersten Druck nochmals mit Wasser an, ließen ihn ein paar Tage stehen, preßten ihn nochmals aus und vermischten den Nachdruck mit dem Saft zu Hause.

Ich nahm Fahrstunden für den Führerschein Klasse 2 bei der Firma Heitzmann in Donaueschingen. Der Fahrlehrer hatte immer ein Ziel, wo er etwas abholen oder erledigen mußte. Mit einem Holzvergaser-Lastwagen mit Anhänger fuhren wir durch die Gegend. Mit dem Holzgasmotor hatte ich ja schon Erfahrung. Autobahn- oder Nachtfahrten gab es noch nicht. Die Prüfung kam und ich schaffte sie mit vier Fahrstunden à 10,– DM, dazu die Grundgebühr mit 45,– DM, die Prüfungsgebühr mit 17,– DM, zusammen also 102,– DM. Den Beleg habe ich heute noch. Der abgegriffene Führerschein gilt bis heute, er ist in Französisch und Deutsch geschrieben. Junge Polizisten staunten bei Kontrollen, so einen Führerschein hatten sie noch nicht gesehen. Inzwischen hat er die fünfzig Jahre überschritten.

Unser Sportverein war schon immer rege. An Ostern machten wir den Eierlauf, dabei mußten wir fünfzig Eier unversehrt vierzig Meter weit tragen. Schnelligkeit allein reichte nicht aus. Abends gab es großes Eieressen im Adler. Höhepunkt war ein 4000-m-Lauf um den Sportplatz herum, der sich noch neben der Donau befand. Viele Zuschauer standen auf dem Damm des Weihers. Daß ich mich anfangs am hinteren Ende der Läufer bewegte, konnte mein Bruder Markus gar nicht verstehen. Doch ich holte immer mehr auf und war nach 15½ Runden der Erste im Ziel. Als Preis erhielt ich ein Likörservice.

Meine Lehrerin wollte nach Jahren sehr schöner Liebe eine Entscheidung. Doch ich fühlte mich noch zu jung, ich wollte mich noch nicht fest binden. An Gutmadingen fuhr später ein Zug vorbei mit Annemarie und ihrem Bräutigam, sie wollten in Beuron heiraten. Viele Jahre noch blieb meine Familie mit meiner Jugendliebe in Verbindung. Annemarie lebt heute in Kirchzarten, ihr Mann ist verstorben. Kürzlich telefonierten wir lange und weckten schöne Erinnerungen.

Auf Kinofilme waren wir jungen Leute ganz scharf, wir hatten noch großen Nachholbedarf. So besuchte ich bei einem landwirtschaftlichen Lehrgang in Kirchheim/Teck in vierzehn Tagen sieben Filme. Zu Hause hatten wir

Mr. - Mme. - Mlle.    Josef Huber
Herr - Frau - Frl.

est autorisé, après examen à conduire un véhicule auto-
erhält die Erlaubnis, nach Ablegung der Prüfung ein Kraftfahr-

mobile avec moteur à
zeug mit Antrieb durch

    Verbrennungsmaschine

de la classe    zwei  ----------------------------------
der Klasse                                    zu führen.

Donaueschingen    , le 25. August    19 50
                   , den

    (cachet)                Landratsamt
    (Stempel)        I. A.  (Verwaltungsbehörde)

                        (signature) — (Unterschrift)

No. de la liste  853
Liste Nr.

    Délivré après examen
    Nach bestandener Prüfung ausgehändigt.

Donaueschingen, le  29. 16    19 50
                    , den

                        L'expert officiel:
                    Der amtlich anerkannte Sachverständige:

    Dipl.-Ing.
                        (signature) — (Unterschrift)
No. de la liste
Liste Nr.

*Führerschein der Klasse II von 1950 in deutsch und französisch,
Kostenpunkt 102,– DM*

selten Gelegenheit dazu. An Weihnachten konnte ich erstmals mit neuen Skier unsere Hänge hinuntersausen.

Eine freudige und eine schlechte Nachricht des Jahres: Die Zeit der Lebensmittel-, Raucher-, Kleiderkarten und der Bezugsscheine ist Gott sei Dank vorbei. Währungsreform und freie Marktwirtschaft unter Wirtschaftsminister Ludwig Erhard brachten wieder alle Waren auf den Markt.
In Korea beginnt ein neuer Krieg.


# 1951

Mein Bruder Theodor wirtschaftet nun schon ein paar Jahre mit seiner Sophie in Mistelbrunn. Da die Kirche und der nächste Laden zwei Kilometer weit weg sind, kaufte mein Onkel schon vor dem Krieg ein Auto. Während des Krieges wurden alle Personenkraftwagen eingezogen, außer von Personen, die ein Auto dringend brauchten, wie zum Beispiel der Arzt. Das Fahrzeug meines Onkels wurde irgendwie vergessen. Da es kein Benzin gab, deckte er es in der Scheune mit Heu und Stroh zu. Als er es 1946 wieder anmelden wollte, bekam er von den Franzosen keine Fahrerlaubnis. So verkaufte er es an einen Sägewerksbesitzer, dieser lieferte ihm Bretter dafür. Als mein Vater seinen 70. Geburtstag feierte, kam mein Bruder Theodor mit einem Auto an. So konnte ich erstmals mit meinem neuen Führerschein selbst an das Steuer sitzen und eine Spritztour nach Tuttlingen unternehmen.
Dieses Jahr wollte ich als Praktikant im Ausland verbringen. Schweden war mein Wunschland, doch für meinen Vater war dies zu weit. Wenn er je sterben würde, war sein Argument, doch er lebte noch sieben Jahre. Ich gab nach und ging in die benachbarte Schweiz. Zuvor wählten die Mitglieder des Obstbauvereins einen neuen Vorstand. So war ich frei.
Das erste Halbjahr war ich bei der Familie Koch mit Familienanschluß. Erstmals konnte ich guten Schweizer Käse essen, soviel ich wollte. Die Schweizer mußten je

nach Milchanlieferung Käse abnehmen. Zwei nette Töchter waren auch im Haus, mit denen ich mich gut verstand. Vor der Einreise kaufte ich mein erstes neues Fahrrad für 245,– DM. Damit machte ich sonntags schöne Touren, so zum Länderspiel nach Zürich, das Deutschland mit 3 : 2 gewann. Solche Erlebnisse wollte ich mit einem Fotoapparat festhalten. Da dieser in der Schweiz teurer war, fuhr ich mit dem Fahrrad über die Grenze und kaufte ihn in Deutschland. Es war ein Agfa-Apparat, noch zum Ausziehen, wie eine Ziehharmonika. Auf der Rückfahrt über die Grenze hatte ich das teure Stück, in eine Sommerjacke eingewickelt, auf dem Gepäckträger. Als ich die Frage, ob ich etwas zu verzollen hätte, verneinte, war ich schon durch den Zoll hindurch. Ich wollte gerade aufsteigen, da rief mich der Zöllner zurück, wahrscheinlich hatte sich meine Gesichtsfarbe verändert. Er holte den Fotoapparat aus meiner Jacke und ich schämte mich. Nun kam er mich teurer zu stehen als in der Schweiz. Mit der Einfuhr des Fahrrades hatte ich nun auch Schwierigkeiten mit dem Zöllner, doch ich konnte nachweisen, daß ich es vor meinem Schweizer Aufenthalt gekauft hatte. Damals herrschten noch strenge Maßstäbe.

In der Nähe meines bisherigen Hofes war ein schöner Gutsbetrieb, dort wollte ich das zweite Halbjahr verbringen. Ungern ließ mich der bisherige Betriebsinhaber gehen, er hatte beim Abschied Tränen in den Augen. Ich hatte ein sehr schönes Verhältnis zu seiner Tochter Emma, sodaß es nicht ein Abschied für immer war. So zog ich allein mit meinen sieben Sachen auf einem Leiterwägelchen die drei Kilometer zum neuen Hof. Zweiundzwanzig Mitarbeiter waren wir dort, neben Schweizern, Italienern und Österreichern vertrat ich Deutschland. Der alte Siegner leitete den Hof, er selbst war überall der erste Mann. Zu dem Betrieb gehörte ein privates Krankenhaus, sehr aufwendig geführt. Das Verhältnis von Patient zu Personal war 1:1. Dem Haus lieferten wir unsere Erzeugnisse. Der 60 Hektar große Gutshof wurde intensiv geführt. Morgens um halb fünf Uhr begann der Arbeitstag. Um sechs Uhr hatten wir schon das nötige Grünfutter im Stall für 100 Stück Vieh. Es wurde von Hand gemäht; beim Mähen mit dem Schlepper würde es zu sehr verschmutzt, meinte der Verwalter. Auch beim Dürren des Futters gab es viel Handarbeit, z. B. beim Umkehren, Schwaden u. a. Die Leute waren da, der Chef ging mit gutem Beispiel voran. Ich hatte geglaubt, zu Hause müßten wir viel arbeiten, doch hier wurde noch mehr gefordert. Es mußte alles mustergültig erledigt werden. Daß diese Ordnung im Hof und auf den Feldern mit so viel Arbeit verbunden war, dachte ich nicht. So ein verrücktes Beispiel: Wir hatten einen einfurchigen Drehpflug am Schlepper. Die erste Furche wurde gepflügt, von Hand auf den Wagen geladen und auf der anderen Ackerseite neben der zukünftigen letzten Furche abgeladen. War der Acker fertig geackert, wurde von Hand der Boden in die letzte Furche gebracht. Der Acker war schön eben und ohne Furche. Am Hang wurden wir von dieser Arbeit verschont. Durch Eggen und sonstiges Bearbeiten füllte sich die unten liegende Furche von selbst. Es gab noch andere Beispiele: So wurden jeden Abend die Hacken gewaschen, obwohl am anderen Morgen weitergehackt wurde. Als ich mit dem einzigen Schlepper (Hürlemann) fahren durfte, mußte ich noch früher aufstehen. Um halb fünf stand ich fahrbereit auf dem Hof, die Mitarbeiter konnten aufsitzen und ab ging es ins Feld. Oft war der Chef auch schon dabei. Ich glaube, wenn er nicht immer mit gutem Beispiel vorangegangen wäre, hätten wir gestreikt. Einen Miststreuer gab es auch noch nicht. Tagelang haben wir von Hand Mist auf den Wagen geladen, ihn nachher fein und genau auf den Feldern verteilt. Der Zufall wollte es, daß ich die Dämpfkolonne (zum Kartoffeln silieren) mit dem Schlepper auf meinen ersten Betrieb bringen mußte.

In der Schweiz besuchte ich erstmals eine Sauna, die mir aber gar nicht zusagte. Ich bekam Herzprobleme, so daß ich zum Arzt mußte. Ich hatte erstmals Angstgefühle, ob ich meinen Beruf weiter ausüben konnte.

Meine Schwester Anneliese trat auch in der Schweiz eine Stelle in einem Haushalt an. Bei elf Kindern war etwas geboten, die Mutter sehe ich heute noch strahlend vor Glück. Ein Sohn wurde Priester. Noch heute steht meine Schwester mit der Familie in Verbindung. Am Heiligen Abend kam ich erst abends um neun Uhr heim. Doch welche Enttäuschung, es gab erstmals keinen Christbaum! Traurig war diese Weihnacht, am nächsten Tag mußte ich schon wieder zurück in die Schweiz. Es gab noch keinen Weihnachtsurlaub.

Der Verwalter stellte mir an Silvester ein gutes Zeugnis aus und schenkte mir noch ein Tagebuch für 1952. Ich war froh, daß das Jahr vorüber war. So viel und schwer wie im letzten Betrieb mußte ich noch nie arbeiten. Sonst hat mir das Land gut gefallen. Ich habe mit Arbeitskollegen schöne Tage erlebt.

Was geschah sonst noch in diesem Jahr? Die Segelflughalle auf dem Wartenberg brannte ab. Beim Kirchenfest daheim läuteten drei neue Glocken, vereint mit der kleinen, die im Krieg nicht abgeliefert werden mußte. Die Glocken wurden mit elektrischer Kraft in Schwung gebracht, nicht mehr mit Muskelkraft, wie zu meiner Ministrantenzeit. Den ersten Kugelschreiber hatte ich mir gekauft, um mit ihm mein Tagebuch zu schreiben. Welch ein Fortschritt, heute kann ich die Schrift nach fünfzig Jahren noch prima lesen!

## 1952

Schon vor einem Jahr hatte ich mich an der Höheren Landbauschule Nürtingen beworben. Als im letzten Sommer die Aufnahmeprüfung stattfand, habe ich angefragt, ob ich sie nicht kurz vor Schulbeginn machen könnte, um nicht extra von der Schweiz auszureisen. Diese Möglichkeit wurde mir zugesagt mit dem Risiko, bei nicht bestandener Prüfung mit Sack und Pack wieder die Heimreise antreten zu müssen. So fuhr ich nach Nürtingen in der Hoffnung, aufgenommen zu werden. Am 7. Januar hatte ich allein die Prüfung zu meistern. In der Gruppe hätte ich mich sicherer gefühlt. Gott sei Dank, ich habe es geschafft und konnte am folgenden Tag am Unterricht teilnehmen. Nach zwei Semestern sollten wir mit dem »Staatlich geprüften Landwirt« abschließen. Zwei Wintersemester und Jahre der Praxis hatten wir hinter uns. Wir waren eine Studentin und achtzig Studenten. Viele hatten Abitur, andere Mittlere Reife wie ich. Wir hatten es schwerer, besonders in Physik und Chemie.

Im Internat waren wir untergebracht. Fräulein Schäfer sorgte mit ihrer Mannschaft für das leibliche Wohl. Für 50,– DM Vollpension pro Monat konnten wir kein Wunschessen verlangen. Unsere Stube war mit acht Mann gut besetzt. In Erinnerung ist mir eine hitzige Kissenschlacht. Im Gemeinschafts-Waschraum nebenan war morgens viel los. Dr. Wieser, ein Dozent, wohnte nebenan auf unserem Stock. Wir wurden in zwei Lehrsälen unterrichtet. Prof. Dr. Knecht war der Leiter der Schule, ein sehr guter Pädagoge. Er übertrieb in seiner Vorlesung über Betriebswirtschaft öfters, doch er überzeugte uns, daß der Betriebsleiter der halbe Betrieb sei. Auch der übrige Lehrkörper bemühte sich, uns jungen Menschen Rüstzeug für das Leben mitzugeben. Dr. Gommel, schwerverwundet im Krieg, gab alles, ich schätzte ihn sehr.

Geld war jetzt wieder Mangelware, ich führte genau Kassenbuch. Zum Zuschuß von daheim verdienten wir uns neben der Schule noch etwas Taschengeld. Bei der Firma Heller zogen wir Kabel durch unterirdische Kanäle. Die Arbeit war nicht schwer, die Verschmutzung um so größer. Wir arbeiteten beim Gärtner, im Lagerhaus und bei anderen Firmen. In der Stunde erhielten wir 1,– DM. Für ein Baumloch graben in Tachenhausen bekamen wir denselben Lohn. Wir pflanzten dort die ersten Obstbäume. Als Dr. Knecht von unseren Schwarzarbeiten hörte, versuchte er, uns das Schulgeld zu ermäßigen.

Das persönliche Verhältnis zu unseren Lehrkräften gefiel mir sehr gut. Dr. Wieser war für die Bienen federführend im Jungborn, unserem Lehrhof. Anton und ich waren seine Mitarbeiter. Einmal rannten wir mit einer Wasserspritze einem Bienenschwarm nach, daß er uns ja nicht entwischte. Wenn man ihn mit Wasser beregnen konnte, ließen sich die Bienen nieder in einer großen Traube, die Königin in der Mitte. Dr. Wieser war nicht schlank und schwitzte gern. Einmal haben die Bienen ihn sehr zerstochen. Schweißgeruch mögen sie gar nicht. Anton und ich standen schon zu ihm, aber damals lachten wir uns heimlich zu. Ein Dozent, der uns die verdammte Chemie beibrachte, wurde gepiesackt. Wir sahen viel Neues auf den beiden Lehrbetrieben Jungborn und Tachenhäuser Hof. Erstmals wurde mit der Melkmaschine gemolken, erstmals sahen wir einen gezogenen Mähdrescher im Einsatz. Das Getreide wurde abgesackt, die Spreu in einem Wagen noch eingesammelt. Mit Bussen fuhren wir eine Woche nach Bayern, besichtigten Betriebe, ein Gestüt und kulturelle Sehenswürdigkeiten. In Jugendherbergen übernachteten wir zum Teil noch auf Stroh. Auch die benachbarte Hochschule Hohenheim war öfters unser Ziel. Einmal schaute ich dort mit meinem Kollegen Hermann einen schönen Bullen inmitten seiner Kühe auf der Weide an. Obwohl wir keine roten Tücher schwenkten wie die Matadore in Spanien, mußten wir Reißaus nehmen über den nächsten Weidezaun. Wir wollten doch gar nichts von ihm, ihn nur taxieren. Solche guten Vererber kosteten auf den Versteigerungen viele tausend Deutsche Mark.

An Sonntagen fuhren wir in kleinen Gruppen mit dem Fahrrad in den Schwarzwald. Wir hatten am Samstagmorgen noch Unterricht. Mit meinem Freund Hermann fuhr ich mittags und am Sonntag in die schönen Täler der Murg, Enz und Nagold, 220 km. [Steno] ›Ernährung: Milch, Heidelbeeren, Erdbeeren, Kirschen.‹ Nur unser Walter Hiller hatte ein Motorrad, für Autos brauchte die Schule keinen Parkplatz.

Am Ende des ersten Semesters machten wir ein Radrennen. 20 km schaffte ich damals in 34,5 Minuten ohne Gangschaltung. Natürlich fuhr ich mit dem Fahrrad heim nach Gutmadingen. Dort unternahm ich in den Ferien mit dem Motorrad meines Bruders die erste Tour in die Schweiz. Meine Schwester durfte auf dem Sozius Platz nehmen.

Eine Überraschung war für mich der Besuch der Familie Prof. Dr. Knecht in den großen Ferien ohne Voranmeldung. Mit ihren drei Kindern Gerhard, Gottfried und Bärbel übernachteten sie bei uns. Am anderen Morgen spielten sie uns mit ihren Flöten zum Abschied schöne Weisen.

Neben dem Studium waren wir in Nürtingen sportlich tätig. So besuchte ich erstmals einen Reitkurs. Auch erwarben Kollegen und ich das Sportabzeichen. Schwimmen war im Neckar angesagt. Da er sehr schmutzig war und sich beim Schwimmen am Hals Ränder bildeten, war am Ufer eine Dusche installiert. Dort konnte man sich wieder reinigen. Heute wäre in solchem Schmutzwasser Badeverbot. Die Umwelt wurde damals sehr stiefmütterlich behandelt. In Nürtingen war noch ein Zementwerk in Betrieb. Wir mußten täglich korrekt unsere Betten bauen. War das Fenster offen, so lagerten oft schwarze Rauchpartikel auf den schneeweißen Betten. Wollten wir sie mit der Hand wegwischen, gab es einen schwarzen Strich. Man schüttelte sie besser zum Fenster hinaus. Dort hatte der Bäcker im Hinterhof seine frisch geformten Brezeln und andere Backwaren zum Trocknen aufgestellt. Sie bekamen dann den Segen von oben doppelt.

Da wir außer einer Dame achtzig männliche Hörer waren, pflegte die Schule Kontakt zur Lehrerbildungsanstalt Kirchheim/Teck. Dort studierten nur junge Damen. Zum Frühlingsfest erfolgte die erste Einladung. Die Damen stellten sich einzeln kurz in Briefen vor, die an die Filmwand projiziert wurden. Jeder von uns war gespannt, was für eine Wahl er getroffen hatte. Doch wir waren überrascht über die netten jungen Damen. Ich selbst erlebte einen schönen Tanzabend. [Steno] ›Spaziergang mit Roswitha bis ins Dunkelste.‹ Die Wahl beim Gegenbesuch beim Terrassenfest in Kirchheim war einfacher und reine Glückssache. Aus einem Korb voll Schürzen konnten wir eine auswählen und umbinden. Die Besitzerin schaute dann den geschürzten Mann des Abends an, fast wie bei »Herzblatt«. Die Lehrerbildungsanstalt war in einem Schloß untergebracht. So tanzten wir auf glattem Parkett von einem schönen Zimmer mit Lüstern ins andere. [Steno] ›Sehr schönes Mädel, sehr gut unterhalten.‹ Nach dem Frühlingsfest begannen die ersten Radtouren Richtung Kirchheim, sie steigerten sich nach dem zweiten Treffen.

Es wurde Herbst, das Staatsexamen rückte immer näher. In Teamarbeit versuchten wir unsere Wissenslücken zu schließen. Bei einer Chemiearbeit erntete ich die Note 4–5, da war Nachhilfe nötig. Es gab auch in unbeliebten Fächern, wie Physik und Chemie Käpsele (Asse) unter den Kollegen.

In der Annahme, daß wir die schriftliche und mündliche Prüfung schaffen würden, schrieben wir die ersten Bewerbungen. Mein Wunschziel war eine Verwalterstelle in

Norddeutschland. Ende November war die schriftliche, Anfang Dezember die mündliche Prüfung. Nach bestandenem Examen schauten Georg Weber und ich in der Staatsoper Stuttgart »Carmen« an, Theaterkarte 5,35 DM für Studenten. Ja, damals lebten wir sparsam. Zum Beispiel gab ich 10,– DM für die Abschlußfeier aus, die bis morgens um 5.00 Uhr dauerte.

Als staatlich geprüfte Landwirte verließen wir unsere Lehranstalt in der Neckarsteige. Da wir fast alle das Jahr im Internat verbracht hatten, sind wir zu einer Gemeinschaft zusammengewachsen, besonders mit den Zimmerkollegen. So fiel der Abschied recht schwer, als wir Nürtingen verlassen mußten. Viele gingen in die Praxis, andere zum Landhandel, den Genossenschaften, zur Industrie, die mit der Landwirtschaft verbunden war. Jeder fühlte sich voll mit Wissen, das er nun umsetzen wollte. So ging ein erfolgreiches, hartes Jahr zu Ende. Es hatte aber so viele schöne unterhaltsame Tage eingestreut, daß wir das letzte Jahr Studium gern Revue passieren lassen. Durch die »Nürtinger Mitteilungen« wurden wir Absolventen laufend informiert über Schule, Vorträge, Veranstaltungen und Tagungen. Jährlich wurden in Tachenhausen die neuesten Versuchsergebnisse angeschaut. Unser Jahrgänger Hugo Mauthe war dort Verwalter. Reiner Haag, ein Zimmerkollege, organisierte Klassentreffen und schrieb viele Berichte in den Mitteilungen.

Was gab es sonst Neues? Königin Elisabeth, erst siebenundzwanzig Jahre alt, besteigt in England den Thron.

Olympische Spiele finden in Helsinki statt, erstmals ist Rußland dabei, die DDR nimmt nicht teil. Der Tscheche Zatopek als Laufwunder ist Star der Spiele.

Am 2. Mai 1952 wird die Nationalhymne (Deutschlandlied) eingeführt.

Das Fernsehzeitalter bricht an, die erste Tagesschau wird gesendet. Die Sendezeit beträgt insgesamt zwei Stunden pro Tag.

# 1953

In diesem Jahr schrieb ich meine Aufzeichnungen erstmals in einen »Mentzel«, einen Landwirtschaftlichen Kalender in Taschenformat. Er enthält Tabellen für Eintragungen von Daten des eigenen Betriebes, außerdem Angaben über Betriebs- und Arbeitswirtschaft, Acker- und Pflanzenbau sowie über Tierhaltung und Fütterung.

Mit 26 Jahren war die Studienzeit beendet. Ein neuer Lebensabschnitt beginnt. Mit dem Zug fuhr ich frühmorgens los und war dann kurz vor Mitternacht in Waltrop bei Dortmund. Dort übernachtete ich im Bahnhofsrestaurant. In jener Nacht blies ein gewaltiger Orkan über die norddeutsche Tiefebene. In Holland brachen die Dämme, es kam zur größten Überschwemmungskatastrophe seit 1420.

Am anderen Morgen marschierte ich mit meinen zwei Koffern Richtung Hof. Es regnete noch leicht, doch dies war schon zuviel für einen meiner Koffer. Da dieser noch aus Preßpappe war, löste sich der Griff. Mit einem Koffer unter dem Arm kam ich so auf dem Betrieb an. Die Begrüßung war nicht berauschend nach der langen Reise. Der Melker, den ich zuerst im Hof traf, fragte mich, ob ich schon eine Rückfahrkarte gelöst hätte, hier bleibe keiner lang. Der Gutsbesitzer, Herr Böllmann, war ein älterer Herr mit über siebzig Jahren, seine Frau ein paar Jahre jünger. Sie hatten nur einen Sohn Mitte dreißig. Doch er war nur ein Zwerg von einem Menschen, wenn er auf einen Stuhl sitzen wollte, mußte er sich hochziehen. Geistig war er auch nicht voll ausgewachsen. [Steno] ›Friedhelm heult, armes Menschenkind.‹ Der Sohn war also die zweite Überraschung; ich hätte den Betrieb vorher ansehen sollen, dachte ich. Doch ich wollte Zeit und Geld für diese Reise sparen, ICE gab es auch noch nicht. Zudem bot mir der Besitzer den höchsten Lohn von allen Bewerbungen, 120,– DM/Monat plus Versicherungen, Kost und Wohnung frei. Nun war ich hier und versuchte mein Glück. Das Mittag- und Abendessen durfte ich mit der Herrschaft einnehmen. Vor jedem Essen mußte ich mich umziehen, bevor wir uns gegenseitig guten Appetit wünschten. Das Essen war gut, es bediente uns ein nettes

Mädle! Wenigstens ein Stern am Himmel in dieser düsteren Umwelt. An das westfälische Essen mußte ich mich zuerst gewöhnen. Aber mit der Zeit aß ich Reibekuchen, Grünkohl und Pannas nach dem Schlachten ganz gern. Das andere Personal wurde nebenan bedient. Da wurde gespart, acht Jahre nach Kriegsende wurden da noch Kaffee und Milch gemischt auf den Tisch gestellt. Meine Mitarbeiter machten nicht den besten Eindruck auf mich. Man sagte zu jener Zeit, als Arbeitskräfte schon knapp waren, was der Kohlenpott ausspuckt, geht in die Landwirtschaft. Der Hof war arrondiert, fast eben, kein Stein war auf dem Feld zu finden. Es war noch kein Schlepper auf dem Betrieb, ich durfte dann in meiner Heimat einen Kramer bestellen. Schöne Pferde waren auf dem Hof, sie waren auch im Winter auf der Weide. Mit zwei Trakehnern fuhr ich »die Herrschaften« am Sonntag in die Kirche. Obwohl die Pferde feucht ankamen, standen sie ohne Decke im Winter während des Gottesdienstes im Freien. Bei uns im Süden wäre dies undenkbar gewesen. Schnee gab es nicht viel. Wir holten täglich Steckrüben, spritzten sie ab und fütterten sie dem Vieh. Auch Pflügen ging ganz gut während des Winters. Der alte Herr legte Wert darauf, daß ich abends alles gut hinter Schloß und Riegel brachte. Als wir morgens für die Tiere über dem Stall das Futter richteten, glaubte ich im Halbdunkel einen Menschen auf dem Heuboden zu sehen. Mein Mitarbeiter und ich suchten alles ab, aber im Heu gab es ja so viele Verstecke. Als ich um vierzehn Uhr endlich mit meinen Füßen unter dem Dach im Heu auf etwas Lebendes stieß, kam ein schwarzbrauner junger Mann zum Vorschein. Bis die Polizei kam und ihn mitnahm, befreite er sich vom Staub. Es war ein ehemaliger Mitarbeiter, den der Pott wieder ausspuckte. Im Heu fand er eine Bleibe, im Stall Milch zum Überleben. Wer weiß, wie lange ich ihn schon eingeschlossen habe.

Im April fuhr ich nach Hause zur Hochzeit meines Bruders Markus. Er heiratete Regina, eine Bauerstochter aus Ippingen; sie übernahmen das elterliche Anwesen. Die Zugfahrt durch das blühende Rheinland war sehr farbenfroh. Auf der Rückfahrt machte ich es mir zum ersten Mal im Speisewagen gemütlich. Pasteten wählte ich, den

Beleg habe ich noch. Kosten 1,25 DM plus 10% Bedienung. Wenn zu Hause der Orient-Expreß mit dem Speisewagen vorbei fuhr, dachte ich als Kind: So fein möchte ich auch einmal essen. Nun ging dieser Wunsch in Erfüllung. Auch stattete ich einen Besuch der Familie Graf in Karlsruhe ab, wo ich während des Krieges gewohnt hatte. Schade, die liebe Oma lebte nicht mehr. In Köln machte ich ebenfalls noch Halt. In dem gewaltigen Dom wohnte ich einer Messe bei.

Der Empfang in Waltrop war das zweite Mal viel schöner als bei Antritt der Stelle. Beim Personal gab es hier öfters Wechsel. Einen Mitarbeiter packte mittags während der Arbeit ohne Grund das Wanderfieber und mit Mundharmonikamusik ging er vom Hof. Arbeit gab es in Hülle und Fülle. Es gab viel aufzuräumen und zu richten. Die Weiden mußten zum Teil neu eingezäunt werden, Dächer waren undicht, vieles mußte an den Gebäuden saniert werden. Die »Herrschaften« freuten sich, daß es aufwärts ging. Der alte Herr ging öfters mehrere Tage zur Jagd, er wußte sein Gut in sicheren Händen. Den Melker mußte ich zurechtweisen, weil er gerne andere Mitarbeiter zur Kündigung aufhetzte. Er wollte der ›King‹ bleiben, der es am längsten auf dem Hof ausgehalten hat. Alle Melker, die ich auf den Höfen kennenlernte, waren schwierig. Manche vermuten, daß der Umgang mit dem Vieh sie so eigen machte. Melker waren zudem gesucht, man konnte ihnen nicht kündigen, wenn man keinen Ersatz hatte. Die Stallarbeiten am Wochenende hätte ich selbst verrichten müssen.

In der Nähe war ein großes Beregnungsfeld der Stadt Dortmund. Die Abwässer wurden nach einem bestimmten Plan, wie bei der Bewässerung, in die einzelnen Felder eingeleitet, bis sie ganz überflutet waren. Im Sandboden versickerte die Brühe, in tiefer gelegenen Gräben zog helles Wasser wieder ab. In diesem Gebiet wurde viel Gemüse und auch Blumen angebaut. Ich probierte dort meine Baumwartkenntnisse an Rosen aus. Eine Frau machte an Wildlingen die Pflanze über der Wurzel frei und reinigte sie mit einem Lappen. Ich setzte in den kleinen Stamm ein Edelauge der gewünschten Rose ein. Eine Frau hinter mir band das Auge mit Bast fest und häufelte die Rosen an. Schlimm war die Arbeit bei der Hitze im Juli/August, das Ungeziefer im Gesicht bei gebückter Haltung. Abends waren wir ganz steif. Viele Kisten Möhren wurden geerntet, ferner Salat, Spinat, Gurken, Porree, Zwiebeln, die ganze Palette. Gemüseanbau ist als Betriebszweig mit sehr viel Streß verbunden, immer wieder war Termin für Saat, Pflege und Ernte. In der normalen Landwirtschaft vollzieht sich dieser Wechsel nicht so oft.

Viel zu sehen gab es für mich im Norden unseres Heimatlandes. In Dortmund in der Westfalenhalle sah ich ein großes internationales Reitturnier und die spanische Reitschule. Ich kam spät heim, ich mußte noch fünf Kilometer zu Fuß bis zum Hof gehen. Da ich keinen Haustürschlüssel dabei hatte, stieg ich durch das Kellerfenster ein. Ich war überrascht, als auf dem Tisch das Essen stand und die Haustüre nicht verschlossen war.

Bei einer CDU-Großkundgebung in der Dortmunder Westfalenhalle erlebte ich Konrad Adenauer mit seiner Schlagfertigkeit und seinem rheinischen Humor. In Recklinghausen war ich beim Pferderennen dabei, aber ohne Wetteinsatz. Unsere Felder haben direkt an den Dortmund-Ems-Kanal angegrenzt. Täglich fuhren die Kähne vorbei, die Wäsche auf dem Deck grüßte herüber. Schleusen, Schiffshebewerke, Stahlwerke, Hochöfen, vieles war für mich neu. An Pfingsten fuhren wir mit dem Bus nach Holland, die Nordsee sah ich erstmals und nahm darin ein kühles Bad. Die Wallfahrtsorte Kevelaer und Steyl besuchte ich mit der Kolpingsfamilie. Kolping war der Gründer der katholischen Gesellenvereine. In der Kolpingsfamilie lebt sein Werk weiter. Wenn man allein in der Fremde ist, findet man bei ihr gleich Freunde mit ähnlichen Interessen. Feuerwehrfeste wurden in Westfalen immer ausgiebig gefeiert. Die Ernte kam und das Getreide wurde mit der großen Dreschmaschine gedroschen, Mähdrescher waren auch hier noch nicht im Einsatz. Vor Weihnachten fuhr ich zum ersten Mal in eine Großstadt zum Einkaufen, und zwar nach Essen, die Einkaufsstadt im Ruhrgebiet. Damals gab es schon große Lichterketten und Reklame in allen Farben. Zu Weihnachten fuhr ich wie immer heimwärts. Obwohl ich abends aufbrach, die Nacht durchfuhr, mußte ich stehen, so waren die Züge noch überfüllt. Meine Schwester kam aus der Schweiz. Wir feierten ein schönes Fest.

Was gab es sonst noch zu berichten? Waschmaschinen, Kühlschränke, Elektrogeräte halten nach amerikanischem Vorbild Einzug in die deutschen Haushalte. Am 17. Juni ereignete sich in Ost-Berlin ein blutiger Aufstand gegen das DDR-Regime. Nach ein paar Tagen wird er mit Hilfe sowjetischer Truppen und Panzer niedergeschlagen. In Korea herrscht endlich Waffenstillstand.

## 1954

Das erste Verwalterjahr hatte ich hinter mir. Natürlich verlief es anders, als ich es mir vorgestellt hatte. Wenn mich das Besitzerehepaar lobte, wurde der Sohn eifersüchtig. Es war nicht einfach für die Eltern und für mich. Ich wollte noch einen anderen Betrieb als Verwalter kennenlernen. Ich verabschiedete mich bei meiner »Herrschaft« und zog ein Stück ruhrabwärts nach Essen-Werden. Dort sollte ich einen frisch gepachteten Betrieb verwalten, Vater und Sohn Eulenbruch hatten den Hauptbetrieb in Duisburg. Als sie mir den Zweigbetrieb zeigten, war ich schwer enttäuscht; so eine Unordnung und die Gebäude auch in einem schlechten Zustand. Doch ich sagte zu. [Steno] ›... am ersten Tag: Mit Gottes Hilfe auf dem verwahrlosten Hof angefangen.‹ Als ich drei Tage dort war, stürzte die Scheune ein, fehlende Ziegel zeigten große Wirkung. Zum Aufräumen hatten wir keine Zeit. Es mußte zuerst noch gepflügt werden. Dann fuhren zwei Mitarbeiter und ich die Trümmer ab und packten das Stroh ins Trockene.

Eine Haushälterin sorgte für das leibliche Wohl, sie machte auf mich keinen guten Eindruck. Wir beide wohnten allein im Haus, ihre Annäherungsversuche gefielen mir gar nicht. [Steno] ›Frau Richter mitgeteilt, daß ich sie rausschmeiße, wenn sie in mein Zimmer kommt.‹ Als Verwalter hat man nicht nur auf dem Hof Entscheidungen zu treffen. Im Laufe des Sommers kam eine neue Haushälterin.

Mit dem Junior Eulenbruch machte ich den Bestellplan.

Sieben Hektar Kartoffeln brachten wir in den Boden, alles noch mit Pferden. Bei den Zuckerrüben zog nur ein Pferd die Sämaschine, wo eine Druckstelle durch den Huf entsteht, wächst keine Rübe. Für mich war diese Frucht neu. Längs hackten wir nach dem Aufgang sie mit der Maschine. Quer gehackt wurde mit Verstärkung aus Duisburg, 14 Mann, da gab es auch ein Stück.

Unser Hof grenzte mit seinen Weiden direkt an den Baldeney-See. Gegenüber vom See lag die Villa Hügel, die ehemalige Krupp'sche Wohnung. Der Baldeney-See ist ein Bade- und Segelparadies für Essen und die umliegenden Städte. Bei schönem Wetter konnte man die vielen Boote nicht zählen, ein herrlicher Anblick. Für mich waren die Badetage weniger interessant, ich mußte die »Gäste« aus den Weiden vertreiben. Auch schöne Mädchen waren dabei. Einmal waren es 44 Personen, natürlich badete ich auch nebenbei.

Auf den verunkrauteten Feldern gab es viel Arbeit, die Hackfrüchte sauber zu halten. Ein Lanz-Bulldog half uns viel dabei. Gespritzt wurde jedes Jahr mehr. Immer wieder entwickelte unsere chemische Industrie neue und bessere Mittel. Doch ohne Handarbeit ging es in den Rüben noch nicht. Mit einem 11 PS Deutz-Schlepper zogen wir den Bindemäher in der Ernte. Das Feld war zwar eben, doch die PS fehlten schon. Bei der Kartoffelernte halfen auch viele Schüler mit, Tagelöhner beschäftigten wir ständig. Es waren ehemalige Kumpel, die wegen Staublunge früh erwerbsunfähig wurden. Staublunge bekamen sie nicht von Kohlen- sondern von Gesteinsstaub. Wenn Stollen gebaut wurden, senkrecht oder waagerecht, ging es meistens durch Gebirgsgestein. Auf diese Tagelöhner konnten wir uns verlassen. Nach der großen Ernte begann mit der Maschine das Kartoffelsortieren, doch damit war viel Handarbeit verbunden. Die Werbung lautete in der Zeitung: »Beste Einkellerungskartoffeln, prima sortiert und gesund, abzugeben. 18,– DM/dz.« Damit kranke oder beschädigte Kartoffeln gut sichtbar waren, brannten Handlampen über den Sieben. Solch eine Lampe versetzte mir einen elektrischen Schlag, daß ich kurz gelähmt war. Glück gehabt! – wie schon so oft, z. B. im Stall. Das Pferd Lore war gut im Zug, aber im Stall mit Vorsicht zu genießen. Als ich Lore das Geschirr anlegen wollte, drehte sie sich mit dem Hinterteil gegen die Wand, schlug aus und traf mich mit ihrem Huf. Sie war barfuß, also nicht beschlagen. In der Landwirtschaft braucht man oft einen guten Schutzengel.

Die Zuckerrübenernte war nicht einfach, es regnete zuviel. Wir kamen im aufgeweichten Boden nicht vorwärts. Schlepper, damals mit wenig PS, zusammen mit den Pferden mußten das Letzte geben.

Daß ich bei strenger Arbeit auch die Freizeit sinnvoll nutzen konnte, dazu verhalf mir wieder Kolping. Die Gruppenabende waren mit Vorträgen und Spielen ausgefüllt, wir machten Wanderungen und gingen auf Reisen. Auch Fasnacht feierten wir groß in Essen-Werden mit Altweiberumzug und Karnevalssitzung. Werden hat einen großen Dom, der dem heiligen Ludgerus geweiht ist.

An einem Sonntag besuchte ich meinen letztjährigen Arbeitgeber, es gab einen schönen Empfang. [Steno] ›Böse Zustände.‹ Bis jetzt führte ich immer noch ein privates Kassenbuch über Einnahmen und Ausgaben, z.B. Friseur 1,50 DM, fünf Liter Benzin 4,– DM, Kino 1,50 DM, Schokolade 1,– DM. Warum ich 100,– DM, einen halben Monatslohn, für einen Lotterieeinsatz ausgab, ist mir heute noch ein Rätsel, zum Glück tat ich dies nur einmal.

In diesem Jahr ereignete sich in Deutschland folgendes: Der Bundestag berät über gleiche Rechte der Frau. – Die deutsche Autoindustrie hat die Produktion stark vergrößert. Besonders VW exportiert schon viele Fahrzeuge. – Die Reiselust der Deutschen beginnt, dreizehn Länder haben die Grenzen für sie geöffnet. – Eine gute Nachricht für einen ehemaligen Kicker: Deutschland wird Fußball-Weltmeister.

## 1955

Das neue Jahr habe ich in Essen-Werden begonnen. Ich habe mich hier gut eingelebt, draußen lief es nach Plan, es ging aufwärts. Mit der zweiten Wirtschafterin verstand ich mich bestens und doch wollte ich nach einem Jahr wieder weiterziehen, ein Pachthof lockte mich. Der Studienkollege Honor Funk hatte mit seiner Frau einen Hof in Dillishausen bei Buchloe (Bayern) gepachtet. Ich nahm mit ihrem Makler Verbindung auf. Bei Familie Funk fand ich vorübergehend Herberge, sie nahm mich freundlich auf. Ich berichtete bereits, daß Fräulein Schäfer 1952 für uns Studenten an der Höheren Landbauschule zuständig war für das leibliche und manchmal auch seelische Wohl. Im selben Jahr konnte ich am Rande beobachten, wie sich Honor Funk und unsere Wirtschafterin kennengelernt haben und auch Liebe geweckt wurde. Ein großes Problem war damals noch der Glaube, sie war evangelisch, er katholisch. Die Familie Schäfer hatte bisher mit Landwirtschaft nichts am Hut. Nun kommt dieser Honor und will mit ihrer Tochter einen Hof pachten und umtreiben. Ob dies gut geht? Honor hatte Glück, Fräulein Schäfer verließ ihre sichere Stellung und wurde Bäuerin. Was Liebe, besonders junge Liebe alles vermag! Sie heirateten und versuchten ihr Glück nun in Bayern. Daß aller Anfang schwer war, sah ich, als ich mit ihnen arbeitete und ich offen mit ihnen reden konnte. Nebenbei schaute ich mit dem Makler mehrere Höfe an, doch mein Wunschhof war nicht dabei. Ein paar Tage war ich auch noch krank und Frau Funk pflegte mich gesund. Ich verabschiedete mich bei meiner Gastfamilie und bedankte mich sehr. [Steno] ›Familie Funk sehr nette Leute.‹

Nun reiste ich zu meinem Bruder Theodor und seiner Familie – inzwischen hatten sie drei Söhne – nach Mistelbrunn. In Sunthausen bei Donaueschingen schaute ich noch einen Pachthof an, doch zu einem Vertrag kam es nicht, da ich noch keine Frau hatte. Dies war ein Hindernis, das mir schon in Bayern begegnete. Mein Bestreben war nun, vorerst wieder eine Verwalterstelle zu suchen. Eine Frau werde ich dann schon noch finden. Bei meinem Bruder gab es immer genügend Arbeit. Mein Götte (Taufpate) und seine Frau waren inzwischen verstorben. Wie schon früher mein Götte so hat auch mein Bruder neben dem Hof her Waldarbeit verrichtet. Mit Pferden wurde Langholz geschleift und auf Lagern gestapelt. Eine schwierige Arbeit war das Beladen des Langholzwagens. Die langen schweren Stämme mußten hochgezogen werden. Es gab keinen Kran wie heute. Am vorderen und hinteren Ende des Stammes zog je ein Gespann. Über schräg gestellte Hölzer vom Erd- zum Wagenboden rollte der Stamm nach oben. Das Problem war, daß sich der Stamm manchmal vorne zu schnell und hinten zu langsam drehte, oder umgekehrt. Bei den Zugtieren konnte man nicht den ersten Gang einlegen. Bis so eine Holzladung festgebunden und im Sägewerk Hüfingen war, dauerte es viele Stunden. Die Straßen waren auch noch schmal, es mußte aufgepaßt werden, daß der lange hintere Wagenteil in den Kurven nicht in den Graben geriet. War man im Sägewerk, mußte von Hand abgeladen werden. Dies ging zwar schneller als das Aufladen, war aber nicht ganz ungefährlich. Die Stämme wurden mit dem Kehrhaken gedreht, so daß sie nicht kreuz und quer auf dem Boden lagerten. Mit den Pferden schaffte man früher am Tag eine Fuhre, jetzt mit dem Schlepper zwei Wagen. Beim Pferdegespann mußte mein Onkel zu Fuß neben dem vollen Wagen herlaufen und bremsen ins Bregtal hinunter. Also Langholzfahren war damals für mich Schwerstarbeit, eine Schinderei, obwohl ich glaubte, jung und stark zu sein. So war ich froh, als ich nach ein paar Wochen endlich eine Verwalterstelle antreten konnte. Zuvor kaufte ich mir mein erstes Auto, einen Fiat 500 mit 16 PS. Endlich war ich beweglicher und nicht mehr so auf andere angewiesen. Ich war nun 28 Jahre alt, den Führerschein hatte ich auch schon vier Jahre. Heute haben junge Leute oft schon mit achtzehn Jahren beides. In Adelsreute bei Ravensburg fand ich ein neues Betätigungsfeld. Auf einem fünfzig Hektar großen Hof war vor kurzer Zeit der Besitzer verstorben. Auf dem Dach beim Umdecken erlag er einem Herzschlag. Seine Frau hatte drei Söhne im Alter von zehn bis dreizehn Jahren. Auf dem Betrieb halfen noch eine verwitwete und eine ledige Schwester der Frau mit, ferner ein Melker und Mitarbeiter. Die Hofstelle war in einem guten Zustand, anders als vorher in Essen. Da die Frau keinen Führerschein hatte, war ich auch ihr Chauffeur. Daß die Zusammenarbeit mit drei Frauen so schwierig werden sollte, dachte ich anfangs nicht. Zudem kamen am Sonntag die Verwandten, Landwirte und auch andere, die wenig Ahnung hatten, und gaben den Frauen gut gemeinte Ratschläge. Es war auch menschlich gesehen schlimm, wenn auf einem solchen Besitz der Leiter und der Vater der Familie fehlte.

Ich versuchte mich anzupassen, fuhr fast jeden Sonntag mit dem Daimler die Frauen zur Kirche. Nachher ging ich mit ihnen zum frischen Grab. Der Friedhof lag direkt neben der Kirche. Auch den drei Söhnen wollte ich beistehen, so gut ich konnte. Hier hatte ich wieder vollen Familienanschluß. Die Ernte wurde eingebracht, auch viel Obst mußte versorgt werden. Damals verkauften wir den Weizen an die Mühle für 41,10 DM/Doppelzentner, heute ist der Preis fast halbiert. Ein großes Problem war damals Tbc bei den Rinderherden. Die Tiere wurden geimpft, reagierten einzelne positiv, kamen sie zur Schlachtung. Es gab keinen Medienrummel darüber. Die Notzeit lag ja erst paar Jahre zurück. So nahm man auch keinen Anstoß daran, wenn auf dem Hof ein Alteber kastriert und dieser ein paar Wochen später geschlachtet wurde. Er brachte zweihundertachtzig Kilogramm auf die Waage. Neu war für mich der Lanz-Bulldog auf dem Hof, es war noch die Ausführung mit Glühkopf. Dieser Glühkopf mußte zuerst mit einer Lötlampe glühend heiß gemacht werden, dann erst konnte gestartet werden. Das Lenkrad wurde abgenommen, mit ihm warf man den Motor an. Wenn er anlief, mußte man es schnell aus dem Ritzel heraus ziehen. An der Decke der Garage war ein Loch, wo es einem früheren Schlepperfahrer das Lenkrad hochgeschleudert hatte. Lief der Motor rückwärts, wurde das Gas fast bis zum Stillstand weggenommen, dann schnell wieder hochgestellt. Beim Start stieg eine große Rauchwolke aus dem dicken Auspuff empor. Den Krach des Motors hörte man im weiten Umkreis. Auf Oldtimer-Treffen kann man heute die alten Veteranen noch sehen, für mich immer noch faszinierend. Wenn ich heute zurückdenke, wie ich vor fünfundvierzig Jahren auf diesem »Lanz« durchgeschüttelt wurde, wundert es mich, daß es für mich ohne Folgen blieb. Die Schlepper waren ja nicht gefedert, mit einem einfachen Sitz waren sie ausgestattet. Kam ein Loch auf der Straße, hob ich mich vom Sitz, um dem Schlag auszuweichen. Auf dem Acker war ihre Zugkraft geschätzt. Ihre robuste Bauweise erforderte wenig Reparaturen. Einmal brachte er mich in arge Not. Als ich von der Waldarbeit heimfuhr, konnte ich auf dem Hof zum Anhalten nicht mehr kuppeln. Eine Kette, die in der Nähe des Kupplungspedals lag, hatte sich in den Schlitz des Kupplungsweges eingeschüttelt. Mit den schwachen Bremsen konnte ich ihn nicht anhalten, auch nicht mit dem Gaspedal. So fuhr ich wieder zum Hof hinaus auf die Wiese und löste mit einer Hand die einzelnen Glieder aus dem Schlitz. Mit der Waldarbeit hatte ich schon Erfahrung von zu Hause mit dem Tankholz. Am Bach entlang fällten wir an einer ungeschickten Stelle eine Buche. Doch sie fiel anders, als wir wollten. Nur ein Sprung ins Wasser rettete mich vor einem Unglück.

Im Herbst hatte ich den Mercedes voll geladen mit vier Frauen. Ein Besuch galt dem Sohn Hermann, der im Salvator-Kolleg in Wurzach weilte. Eine nette junge Dame, eine weitläufige Verwandte aus Taldorf, saß mit im Auto. So fing eine neue Freundschaft an. Mit dem Nachbarn Norbert verbrachte ich meine Freizeit. Ich nahm auch wieder Kontakt zu Kolping auf. Meine Schwester Annelies war aus der Schweiz zurück und nun im Haushalt des Landrats in Ravensburg tätig. An Weihnachten fuhren wir gemeinsam heimwärts. Als das Jahr zu Ende ging, hatte ich mich mit den drei Frauen zusammengerauft. Der Todesfall mußte zuerst verkraftet werden.


Was ereignete sich außerdem in diesem Jahr? Albert Einstein, ein gebürtiger Ulmer, stirbt. Die Nazis haben diesen großen Physiker und Nobelpreisträger vertrieben. Er emigrierte in die USA.

Zehn Jahre nach Kriegsende sind wir wieder ein freies Land, die Besatzungszeit ist vorbei.

Konrad Adenauer reist nach Moskau. Er erreicht unter anderem die Zusage, daß die letzten Kriegsgefangenen freigelassen werden. Auch wir hatten Hoffnung, daß unser Bernhard dabei sein werde. 9.626 Gefangene haben schlimme Jahre überlebt und kehrten heim. Bernhard war nicht unter ihnen, er blieb weiter vermißt. Wo bleiben die 90.000 Gefangenen von Stalingrad, wo die vielen Tausende von der übrigen Ostfront? 1,4 Millionen Wehrmachtsangehörige waren im Jahr 2001 noch vermißt.

# 1956

Das neue Jahr fing gut an, ich durfte die Damen zur Hochzeit chauffieren. Da ich nun ein eigenes Auto hatte, war ich am Sonntag öfters unterwegs, mal mit Freundin, mal mit meiner Schwester aus dem nahen Ravensburg. Am 2. Februar zeigte der Winter seine volle Stärke. Es hatte minus 28 Grad. Die Kälte dauerte schon längere Zeit. Wir mußten Wasser fahren für Mensch und Vieh, da die Wasserleitung eingefroren war. Auch bei Kälte müssen Pferde immer wieder bewegt werden, daß sie nicht krank werden. Einmal holten wir Stangen im Wald, Schnee hatte es nicht viel. Da der Boden steinhart in den schlechten Waldwegen gefroren war, brach uns ein eisenbereiftes Rad am voll beladenen Wagen. Wir mußten ausspannen, heim marschieren, einen anderen Wagen holen und umladen. Bei diesen Arbeiten wurde mein Gesicht durch die Kälte erstmals pelzig, wie beim Zahnarzt, wenn man eine Spritze gegen Schmerzen bekommt. Da war in der Werkstatt besseres Wetter, dort banden wir Besen, flickten Obstkisten und Heinzen. Auch im warmen Stall gab es Arbeit, z.B. den Kühen die Klauen ausschneiden. Als es endlich wärmer wurde, fällten wir im Wald wunderschön gewachsene Buchen. Das Frühjahr kam, die Saat mußte in den Boden, Fichten im Wald gesetzt werden. Kaum zu glauben ist folgender Eintrag im Tagebuch: »Mit meiner Schwester auf ihrem Zimmer in Ravensburg am Karfreitag einen Rosenkranz gebetet.« Am Samstagabend gingen wir oft zum Tanz im nahen Bavendorf oder in Urnau. Obwohl wir sehr spät heimkamen, die heilige Messe am Sonntag versäumten wir nicht. Eine schöne Geste übernahm ich für mein späteres Leben von meiner Freundin Klärle in Taldorf. Sie zeichnete mir bei jedem Abschied ein Kreuz auf Stirn, Mund und Brust, dann erst kam der Kuß.

In den Osterferien holten wir den Sohn Hermann mit Sack und Pack in Bad Wurzach ab. Wir brachten ihn nach Rottenburg zu Weihbischof Sedlmeier. Frau Schmeh war bis zu ihrer Verheiratung bei ihm als Pfarrhaushälterin tätig und so waren wir bei ihm Gast beim Mittagessen und beim Kaffee. Eine Wallfahrt ins Weggental schloß sich an. Der Weihbischof hatte mehrere Jungen, die bei ihm wohnten und von dort ins Gymnasium gingen. Nicht jeder der Jungen wurde Priester, einer wurde evangelischer Pfarrer. Auch Hermann wurde später nicht Geistlicher. [Steno] ›Sehr schöner Tag, kleiner Vorgeschmack auf Rom.‹ Eine kleine Notiz ist auch interessant: Der schwere Mercedes 170 brauchte damals für diese Fahrt 8,9 Liter/100 km Benzin. Wo stehen wir heute nach fünfundvierzig Jahren?

Eine Plage waren damals die Wildschweine. Tagelang ebneten wir im Mai die Wiesen ein, walzten sie fest, um später mähen zu können. Das Borstenvieh hat auf der Suche nach Engerlingen die Narbe aufgeworfen. Es gab noch jede Menge Maikäfer und somit auch Engerlinge.

Da wir zahlreiche Obstbäume hatten, ist viel Baumschnitt angefallen. Welch eine Erleichterung brachte die Reisighackmaschine. Das kurze Häcksel wurde als Brennmaterial verwertet. Die Heuernte war immer noch mit viel Handarbeit verbunden. Bis 65 Wagen in der Scheune waren, wurde viel Schweiß vergossen.

Zwischen Heu- und Getreideernte machte ich erstmals mit dem eigenen Auto Urlaub. Meine Schwester und ich fuhren nach Österreich. Sie hatte 1954 als erste Frau in meinem Heimatort den Führerschein erworben. Viel lieber wäre ich mit meiner Freundin gefahren, aber das war damals nicht »in«. Beide Elternpaare hätten damals schwer protestiert. Mit 16 PS fuhren wir die ersten Pässe. Auf einer Wanderung am Großglockner genossen wir in 2.500 m Höhe die herrliche Bergwelt. Dort sah ich auch das erste Edelweiß. In Klagenfurt besuchten wir einen Arbeitskollegen, den ich in der Schweiz kennengelernt hatte. Wir hatten viel gesehen in einer Woche. [Steno] ›Nette Reise.‹

In der Getreideernte hatten wir probeweise den ersten Mähdrescher im Einsatz. Mit den kleinen Garben des Bindemähers hatten wir dieses Jahr große Probleme. Es regnete so viel, daß die aufgestellten Garben durchnäßt waren. Wir mußten sie wieder aufschneiden und das Getreide zum Trocknen ausbreiten. Der Landwirt muß viele Arbeiten doppelt oder dreifach machen, wenn das Wetter nicht mitspielt. War der Wetterbericht z. B.

schlecht, wurde in Eile das Futter auf Heinzen (Dreibock-reuter) geschichtet, damit es vom Boden weg war. Kam ein Gewitter mit Sturm auf, konnte man zusehen, wie der Wind die Heinzen umwarf. Nur einzelne blieben stehen, man hätte heulen können, aber dies hätte auch nichts geholfen.

Damit hatte Bruder Oswald (ein Nürtinger Studienkolle-ge) – jetzt im Kloster Weingarten – keine Probleme. Er lud mich zum Mittagessen ein. Im großen Saal las ein Bruder während dem Essen vor, geistige Nahrung für die Seele. Doch ich hatte den Eindruck, daß nur wenige zuhörten. Als Getränk gab es weder Klosterbier noch Wein, sondern Krüge mit Wasser auf dem Tisch.

Die Kartoffel- und Obsternte wurde eingebracht. Ein Jahr war längst vorbei, neue Pläne waren bereits geschmiedet. Mit meiner Schwester übernahm ich bei Ravensburg den Felzerhof. Meine drei Frauen hatte ich frühzeitig unter-richtet. Ich wollte die Herbstsaat bei ihnen noch erledi-gen, gleichzeitig aber auch auf dem neuen Hof. Es waren hektische Tage. Doch die Zusammenarbeit klappte. Ich konnte Saatgut von Adelsreute auf dem Felzerhof einsäen.

Nach dem 1. November, dem siebzigsten Geburtstag meiner Mutter, zogen meine Schwester, in Ermangelung einer Ehefrau, und ich auf den Felzerhof. Vorher wurden die Bestände geschätzt, um später Rechenschaft über unsere Verwaltung abzugeben, wie es in der Bibel heißt. Da wenig vorhanden war, holte ich gleich in der ersten Woche ein Schwein vom letzten Hof zum Schlachten mit 130 kg.

Die Besitzerfamilie Hartmann hatte drei Söhne und eine Tochter. Zwei Söhne blieben in Stalingrad. Die Tochter kam bei einem Fliegerangriff in Heilbronn ums Leben. Der noch einzige Sohn war unser Ansprechpartner. Er studierte noch und wohnte bei seinen Eltern abseits vom Hof in einer kleinen Schlucht. Familie Hartmann hatte außer dem Hof eine Essiggurken-Fabrik in Heilbronn, die sie verkauften. Wir holten dort die letzten Möbel ab. Als Herr Hartmann sen. im November seinen siebzigsten Geburtstag feierte, wurden wir beide auch eingeladen. Die Gebäude auf dem Hof waren in schlechtem Zustand.

Vieles mußte aufgeräumt werden. Für mich nichts Neues. Auch im Wohnhaus standen Reparaturen an. Hausflur und Küchenboden rissen wir gleich heraus. Wir halfen den Handwerkern, kurz vor Weihnachten konnten wir wieder einziehen. Eine kleine Weihnachtsfeier hielten wir erstmals mit unseren Angestellten, auch der Besitzer war dabei. An den Sonntagen kamen die Nachbarn oder sie haben uns eingeladen. Immer wieder schaute ich auf dem Dreifrauen-Hof vorbei, er war ja nicht weit weg.

Wenn meine Schwester und ich an Weihnachten zu Hause waren, sagte meine Mutter immer: »Jetzt wart ihr da, aber meistens fort.« Wir besuchten die Altersgenossen, dort war es halt interessanter.

Nachrichten aus aller Welt: Das Bruttosozialprodukt steigt 1955 in Deutschland um über zehn Prozent, ein Wunschtraum heutiger Wirtschaftspolitik.

In unserem Land wird die allgemeine Wehrpflicht eingeführt, achtzehn Monate soll der Wehrdienst dauern.

Sowjetpanzer brechen Ungarns Widerstand, ähnlich wie 1953 in Ostberlin.

Bei den Olympischen Spielen in Melbourne tritt erstmals nach dem Krieg eine gesamtdeutsche Mannschaft an.

## 1957

Fast alle Tagebücher begannen mit dem Gedanken »Mit Gott fang an« und endeten mit »Gott sei Dank«.

Zum dreißigsten Geburtstag brachte der Besitzer mir am Abend nach getaner Arbeit eine Flasche Wein und ein Buch. So fing also das Jahr gut an. Ich berichtete schon, daß wir sehr viel Besuch hatten. Obwohl wir noch kein Telefon und kein Faxgerät hatten, klappte die Verständigung. Meine Schwester und ich hatten doch schon einen großen Bekanntenkreis. Gut, daß wir allein im Haus lebten und der Besitzer abseits wohnte, so daß er unser offenes Haus nicht einsah. Am 17. Februar machten wir den ersten Besuch bei unserem Nachbarn Karl Lang. Wir haben die Winterabende viel mit Lesen und Schreiben verbracht, einen Fernseher hatten wir ja nicht. Auch Kolping hatte in seinem Programm immer wieder etwas geboten.

Bei der Waldarbeit setzten wir erstmals eine Motorsäge ein. Welch riesige Erleichterung! Nur diejenigen können diese Ingenieurleistung voll begreifen und schätzen, die sich bisher mit der Waldsäge (Handsäge) abmühten.

Vor der Frühjahrsarbeit ließ ich meine Mandeln herausoperieren, der erste Krankenhausaufenthalt in meinem Leben.

Seit ich mich in meiner Jugendzeit für das andere Geschlecht interessierte, habe ich Beziehungen zu Mädels – später jungen Damen – sehr geschätzt. Ich habe sie mögen; nach dem Schlager »Mädchen sind was Wunderbares«. Auf meinen bisherigen Lebensstationen hatte ich immer wieder das Glück, mit einem netten Mädchen die freie Zeit zu verbringen. Vielleicht gab mir mein Glaube die Kraft, daß ich seit meiner Jugendliebe mit der Lehrerin mit ihnen die Grenze nie überschritten habe. Bei Kolping hörten wir oft, wie sehr Intimverkehr bindet. So konnte ich wertvolle Freundschaften im Guten wieder lösen. Fernsehen und Pillen verführten uns noch nicht. Wenn das Mädchen auch eine Beziehung zum Glauben hatte, half man sich gegenseitig, die Grenze zu wahren. Es freut mich, daß es in den fortschrittlichen USA heute wieder eine Vereinigung junger Leute gibt, die vorehelichen Verkehr meiden. Auch in Deutschland gibt es 10.000 Teenager, die sich der internationalen Vereinigung WLW angeschlossen haben. In diesem Jahr lernte ich in Biberach eine junge Frau kennen, bei der ging alles tiefer. Am 3. März stand erstmals die Frage im Tagebuch, natürlich in Steno: ›Wird sie meine Frau werden?‹

Im Frühjahr bekamen wir einen neuen Schlepper. Das Saatgut holte ich auf dem Dreifrauen-Hof, die Verbindung war gut. Sie hatten wieder einen Verwalter. An meinem Namenstag, der damals noch ein Feiertag war, redete meine Schwester viel über den Nachbarn Karl Lang und ich über meine neue Liebe Martha Schlick. Die Saat war im Boden, Ostern kam. Ich besuchte Martha wieder in ihrem Heimatdorf Oberdischingen im Donautal. Heute war ein entscheidender Tag in meinem Leben. [Steno] ›Willst Du meine Frau werden?‹ Am Weißen Sonntag hatte die Familie meines Bruders Theodor in Mistelbrunn ein Erstkommunionkind, Fritz mit Namen. Dorthin in den Schwarzwald fuhren wir gemeinsam, meine Schwester mit dem Nachbarn Karl und ich lud Martha ein. Wir zeigten den zwei Neuen unsere Heimat.

Jedes Jahr kamen Neuerungen in der Landwirtschaft, wie überall in der Wirtschaft und im Alltag. Wir waren zeitmäßig mitten drin im Wirtschaftswunderland Deutschland. Überall wurde viel gearbeitet, Wiederaufbau an allen Ecken. Auch auf dem Hof ging es aufwärts, wir bauten den Schweinestall um. Erstmals teilten wir die Weideflächen mit einem neuen Elektrozaun ein. Bei starkem Wachstum konnte man den Tieren innerhalb der großen Weide kleine Flächen zuteilen, es wurde weniger Futter zertreten.

Seit längerer Zeit begann ich mit dem Pferd Susi wieder zu reiten. Beim Blutritt in Weingarten wollte ich erstmals dabei sein. Pferd Susi wurde sorgfältig geputzt, die Hufe ausgekratzt und geglänzt, Mähne und Schweif ausgekämmt. Der Sattel, das Geschirr mußten gerichtet, der Reitanzug angepaßt werden. Um halb drei Uhr war Tagwache, Fütterung des Pferdes, um vier Uhr Ritt ab Hof, um sechs Uhr gemeinsamer Aufbruch der 63 Ravensburger Pferde zur Weingartener Basilika. Dort reihten wir uns in die Gruppen der anderen 2.300 Pferde ein. Es begann die lange Prozession, die acht Stunden dauerte. Ich war überrascht, daß dabei so viel gebetet wurde. Es war also nicht nur eine Pferdeschau. [Steno] ›Sehr schöner Tag.‹

Die Zuneigung zu meiner neuen Freundin Martha war so innig, daß wir beschlossen, uns an Pfingsten zu verloben. Nur, wie sage ich es meinem Kinde, dem Besitzer des Felzerhofes? Als ich meinen Arbeitgeber auf einer Geschäftsreise begleitete, machten wir Halt in Oberdischingen und ich zeigte ihm meinen künftigen Wirkungsort. So zeigte er Verständnis für meine Kündigung nach so kurzer Zeit. Die Verwaltertätigkeit hat mir an keiner Stelle so viel Freude gemacht wie hier. Auch meiner Schwester gefiel das selbständige Schalten und Walten, wir hatten doch viele Freiheiten. Ein Spruch sagt: »Wenn es am schönsten ist, soll man gehen«. Diese menschliche Erfahrung machten wir auch. Für meine Schwester Annelies war die Situation ähnlich, auch ihr Freund, der Nachbar Karl, hatte einen Hof.

Pfingsten kam, die Verlobung wurde gebührend gefeiert bei Martha und ihren Eltern. Annelies und Karl waren Gäste, auch meine Mutter und die beiden Brüder. [Steno] ›Sehr schöner und gut verlaufener Tag.‹

Am 1. Juli hat die Abrechnung mit Herrn Hartmann gut geklappt. Der Abschied war geteilt. Auf der einen Seite erlebten wir hier eine schöne, problemlose Zeit, auf der anderen lockte uns beide eine Zukunft an der Seite eines geliebten Menschen.

Meine Schwester mit Freundin und ich gingen anschließend eine Woche in den zweiten Urlaub meines Lebens nach Vorarlberg.

*Meine neue Heimat im Kurzporträt*

Oberdischingen ist ein Bauerndorf und zum Teil Arbeiter-Wohngemeinde. Im Jahre 1957 beträgt die Einwohnerzahl 1.037 und ist genau aufgegliedert in: 15 Personen aus der Ostzone und 85 sind Heimatvertriebene, des weiteren fünf Ausländer und ein Staatenloser. Der Ort liegt an der Donau und die B 311 führt vorbei. Die Große Kreisstadt Ehingen ist 9 km, Ulm 20 km entfernt. Bahnanschluß hat Oberdischingen nicht, aber drei Bushaltestellen im Dorf verteilt auf der Linie Ulm–Ehingen. Die Kreisstraße nach Ringingen bzw. Niederhofen führt an einer Kreuzigungs-gruppe vorbei durch eine Kastanienallee in den Ort. Diese breite Zufahrt wurde durch Graf Franz Ludwig Schenk von Castell angelegt. Der Anlaß dazu war von großer Bedeutung: Marie-Antoinette fuhr mit ihrem Brautzug von Wien nach Paris durch Oberdischingen. Kommt man von der Allee in die Herrengasse hinein, dann ist jeder Besucher durch die Weite und Anordnung der Häuser überrascht. Links grüßt das stattliche Wirtshaus »Zum Löwen«, rechts die Apotheke mit der Jahreszahl 1783. Zu beiden Seiten der Straße stehen je vier gleiche Mansar-denhäuser. In diesen Häusern wohnten die Herren des Grafen, die der »Gasse« den Namen gaben, aber auch Handwerker und Kaufleute. Graf Schenk von Castell bau-te nicht nur die Häuser der Herrengasse und die anschlie-

Klosterhof

Kath. Kirche

Herrengasse

*Gruß aus*
*Oberdischingen*

33  So sah ich 1957 erstmals meine Wahlheimat  Oberdischingen
34  Oberdischingen um 1960
    *Folgende Doppelseite*
35  Oberdischingen am 30. Mai 2002

Dreifaltigkeits-Kirche
u. Karmeliten-Kloster

Oberdischingen

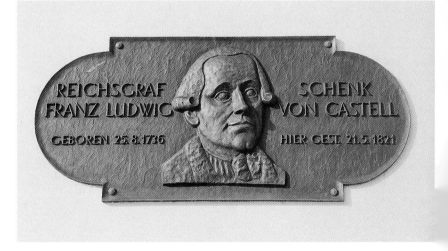

REICHSGRAF
FRANZ LUDWIG

GEBOREN 25. 8. 1736

SCHENK
VON CASTELL

HIER GEST. 21. 5. 1821

36  Oberdischingen. Karmelitenkloster auf dem Kapellenberg
    von 1963–1974
37  Oberdischingen. Im Jahre 1986 wurde diese Gedenktafel zum
    250. Geburtstag unseres großen Bauherren (siehe Abb. 33–36) über
    den Eingang des Hauses Maria Königin angebracht. In diesem
    Flügel des Kanzleigebäudes zog Franz Ludwig  Schenk von Castell
    (1736–1821) nach dem Schloßbrand (1802) ein und verbrachte hier
    seine letzten Lebensjahre

ßende Fronfeste mit Kanzlei, sondern auch unsere einmalige Pfarrkirche Zum Heiligsten Namen Jesu. Er erweiterte die Dreifaltigkeitskapelle und errichtete das Paterhaus mit Nebengebäuden. Leider schmückt sein Schloß im Park nicht mehr unser Dorf, es wurde schon gebrandschatzt, als er noch darin lebte. Der große Bauherr jener Zeit Graf Franz Ludwig Schenk von Castell (1736–1821) errichtete also neben dem Bauerndorf eine kleine Residenz – auch ›Klein-Paris‹ genannt. Geht man von der Herrengasse aus weiter, fällt das stattliche Pfarrhaus mit dem herrlichen Barockgiebel auf, bereits 1750 erbaut. Gegenüber liegt das ehemalige Schul- und Rathaus, an der Nordseite trägt es die Höhenmarke 491 m über dem Meer. Geht man weiter, so kommt man in das alte Bauerndorf mit schmucken Häusern und Höfen verschiedener Größe. Die Vorfahren hatten sich genau so wie in meiner Heimatgemeinde Gutmadingen an zwei Bächen angesiedelt, dem Dischinger und dem Erlenbach. Über Oberdischingen und diese einmalige Persönlichkeit – den Malefizschenk – wurde schon viel erzählt und geschrieben. Drei lesenswerte Bücher möchte ich hier erwähnen: Stefan Ott, »Oberdischingen – Heimatbuch einer Gemeinde an der oberen Donau«; Ernst Arnold, »Oberdischingen – der Malefizschenk und seine Jauner«, bearbeitet von Werner Kreitmeier und Franz Schrode, »Der Malefizschenk und die schöne Viktor«.

Als ich im Sommer ein Klassentreffen in Nürtingen besuchte, nahm ich Martha mit. Im Hotel »Post« nahmen wir zwei Einzelzimmer – den Beleg habe ich heute noch. So war es auch selbstverständlich, daß mir die zukünftige Schwiegermutter für meine Besuche ein extra Zimmer richtete. Martha hatte zum vorehelichen Verkehr dieselbe Meinung wie ich. Diesen Schatz, so nenne ich ihn, wollte ich mit ihr in die Ehe einbringen. Die heutige Jugend lächelt vielleicht über diese Einstellung, ich finde sie heute noch aktuell.
Unsere Hochzeit setzten wir auf den 14. September fest. Bei Dekan Schmitt gab es Brautunterricht, auf dem Rathaus wurde das Aufgebot bestellt. Ich schrieb Martha den letzten Brief aus meiner Heimat. Mit meinem Fiat voll

bepackt fuhr ich am 10. September nach Oberdischingen. Viele Gedanken begleiteten mich. Bis einen Tag vor der Hochzeit fuhren wir täglich bei stürmischem Wind Öhmd ein. Abends war dann durch Bürgermeister Alois Speiser die standesamtliche Trauung. Viel Wind und Regen waren Begleiter an unserem Hochzeitstag. Wir fuhren mit zwei VW-Bussen der Firma Bottenschein nach Beuron donauaufwärts. Meine Angehörigen kamen aus der Gegenrichtung. Fünf Paare wurden nacheinander in der Seitenkapelle der wunderschönen Klosterkirche getraut. Für mich war diese Art der Trauung enttäuschend. Im nahegelegenen Hotel »Pelikan« stärkten wir uns. Auf der Heimfahrt ging es dann zum Fotografen und anschließend ins Gasthaus Löwen. Dort fand das Abendessen statt. Es wurde anschließend getanzt und gesungen bis Mitternacht. Nebenbei wurde gemunkelt, daß heute der spätere Buchautor Karl-Heinz Ott geboren wurde. Glücklich und zufrieden über den schönsten Tag des Lebens bezogen wir unser neues Schlafzimmer.

Am anderen Tag brachen wir auf zu unserer Hochzeitsreise in die Schweiz. Über Zürich machten wir einen Rundflug, er kostete damals nur fünfzehn Schweizer Franken. Von Einsiedeln ging es mit der Fähre über den Vierwaldstätter See, dann hinauf auf den Bürgenstock. Bei Bruder Klaus machten wir einen Besuch, die hohle Gasse (Wilhelm Tell) und der Rheinfall haben uns auch angelockt. Nach einer Woche mit schönem Wetter kamen wir mit vielen neuen Eindrücken und persönlichen Erlebnissen wieder glücklich zu Hause an.

Die Familie meiner Frau möchte ich kurz vorstellen: Im Herbst feierte mein Schwiegervater den siebzigsten Geburtstag, die Musikkapelle spielte ihm ein Ständchen. Seine Frau war zehn Jahre jünger. Sie hatten außer Martha noch zwei ältere Söhne. Doch auch diese Familie traf der Krieg sehr schwer. Beide blieben in Rußland, einer davon vermißt in Stalingrad. Von Sohn Stefan kamen elf Feldpostbriefe der Eltern und der Schwester zurück aus Rußland. Ein roter Stempel war auf jedem Brief mit der Aufschrift: »Zurück an Absender! Neue Anschrift abwarten!« Neun Briefe sind noch verschlossen, ich wage nicht, sie

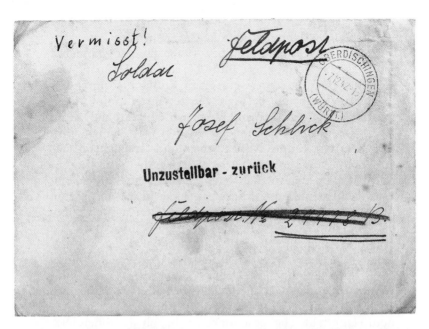

Ein noch ungeöffneter Brief vom 7. Dezember 1942, der von Stalingrad
als unzustellbar zurückkam. Der Sohn Josef ist seit dem 1. Januar 1943
vermißt.
Einer von neun noch verschlossenen Feldpostbriefen vom
18. November 1943, der von Rußland zurückkam. Der Sohn Stefan
ist am 22. November 1943 gefallen.

nach so vielen Jahren zu öffnen. Sie tragen den Poststempel vom November/Dezember 1943. Einem geöffneten Brief lag eine getrocknete Blüte bei aus der Heimat. ›Wie soll alles noch werden, wenn es in Rußland so furchtbar zugeht‹, schreibt die besorgte Mutter ihrem Sohn. ›Dein Bett steht leer, der Ostwind pfeift, wo wirst Du die kalten Nächte verbringen?‹ In einem anderen Brief schickt ihm der Vater ein dünnes Militärgebet- und Gesangbuch, das er schon als Soldat im Ersten Weltkrieg bei sich trug. Er teilte ihm auch mit, daß eine ganze Menge 100-g-Feldpost-Päckchen für ihn unterwegs seien. In diesem letzten Brief vom 2. Dezember 1943 schrieb Vater an den Sohn, daß sie fünf Stück Kilomarken für Weihnachtspakete erhalten haben. Bis 1. Dezember 1943 war der Termin, Kilopakete wegzuschicken, sonst waren nur 100-g-Päckchen zulässig. Sie hätten die Pakete extra nach Ulm gebracht, damit sie schneller bei ihm sind. Er teilte ihm auch mit, daß er seinem Divisionskommandeur und seinem Hauptfeldwebel geschrieben habe, ob sie seinen letzten Sohn nicht zum Troß versetzen könnten. Zum Schluß wünschte er ihm ›frohe Weihnachten und viel Soldatenglück im Neuen Jahr und daß 1944 den lang ersehnten Frieden bringe – Auf Wiedersehen!‹ Auch die Schwester Martha schreibt ihm am 1. Dezember 1943 einen Brief. Mit 19 Jahren ist er bereits am 22. November 1943 gefallen.

Wieviel Herzblut floß in diese Feldpostbriefe, mit wieviel Liebe wurden die vielen Päckchen geschnürt. Oberdischingen hatte wie meine Heimatgemeinde viele Kriegstote zu beklagen. 43 junge Männer sind gefallen und 25 vermißt. 68 Söhne, Brüder oder Ehegatten kamen nicht mehr in die Heimat zurück. Hoffnungen wurden zerstört, große Lücken taten sich auf. Oberdischingen hatte vor dem Krieg 758 Einwohner, welch gewaltiger Verlust! Soweit der Rückblick in die schlimme Kriegszeit.

Unser Hofname war »Neubaurs«. Mein Schwiegervater war also der Neubauer, seine Frau die Neubäuerin. Dieser Name übertrug sich auf uns Übernehmer. Meine Schwiegereltern übergaben uns nach der Hochzeit fünfundzwanzig von ihren vierzig Hektar und die Hofstelle. Sie behielten Wohnrecht in dem großen Bauernhaus mit zwölf Zimmern. Da sie schon zwei Inflationen erlebt hatten, bestand das Altenteil hauptsächlich aus Produkten des Hofes. Folgendes stand im Übergabevertrag:

1. täglich        2 Liter Vollmilch, 1 Liter Most
2. wöchentlich  15 Eier und 1 Pfund Butter
3. monatlich     1 Kilo Käse nach Wahl des Übergebers
4. jährlich        1 Schwein mit mindestens 2½ Zentner
                     2 Zentner Weißmehl, 4 Zentner Brot-
                     mehl, 6 Zentner Kartoffeln, 5 Zentner
                     Tafelobst (fall es welches gibt),
                     2 Raummeter gespaltenes Holz,
                     20 Zentner Kohlen, 1 Fuhre Holzspäne
                     [zum Anheizen].

Die Übergeber haben die Wahl und das Recht, am Tische der Übernehmer mitzuessen. Solange dies geschieht, sind die genannten Erzeugnisse nicht zu liefern, abgesehen von Obst, Holz, Kohlen, Holzspänen, auf welche die Überge-ber stets Anspruch haben. Die Pflege in gesunden und kranken Tagen und andere wichtige Punkte folgten. Mei-ne Frau und ich vereinbarten nach der Übergabe die all-gemeine Gütergemeinschaft.
Nun war ich nicht mehr Verwalter sondern Mitbesitzer. Doch der Landwirt bleibt nur Verwalter und versucht, das Erbe zu erhalten und wenn möglich ungeschmälert an die nächste Generation weiter zu geben. Ob mir dies gelingen wird?
Eine Woche vor uns heiratete mein Nürtinger Studien-freund Hermann in Sonderbuch bei Blaubeuren. Einen verläßlichen Kollegen hatte ich also in der Nähe. Im Spätherbst hielt meine Schwester Anneliese Hochzeit mit dem Nachbarn vom Felzerhof Karl Lang. Ledig war sie der Meinung, nie einen Bure (Landwirt) heiraten zu wollen, doch im Leben kommt vieles anders. Alle vier Kinder, die den Krieg überlebt haben, sind nun versorgt. So sagten damals die Eltern, wenn die Kinder verheiratet oder im Kloster waren. Heute bei einer Scheidungsrate von über 30% gilt diese Meinung nicht mehr ganz. Ein Jahr voller Überraschungen ging zu Ende.

Was geschah sonst um uns herum? Das Saarland gaben die Franzosen an Deutschland zurück. Es hat sich in einem Volksentscheid für unser Land entschieden.

In Rom unterzeichnen Frankreich, Italien, Belgien, Luxemburg, Niederlande und Deutschland die Gründung der Europäischen Wirtschaftsgemeinschaft (EWG).

Die Russen schießen am 4. Oktober 1957 den ersten Satelliten ins Weltall. Der Sputnik wiegt 83 kg und hat einen Durchmesser von 58 cm. Auch die Amerikaner starten kurze Zeit danach ihre erste Rakete ins All. Das Zeitalter der Raumfahrt beginnt.

## 1958

Ab diesem Jahreswechsel gingen nun alle Rechte und Pflichten des Hofes an uns beide über. Es begann ein neuer Lebensabschnitt.

Wir hatten als Mitarbeiter Ernst Haas, zwei Italiener und eine Haushaltshilfe. Ernst, ein gebürtiger Oberdischinger, war schon zwölf Jahre auf dem Hof und kannte sich sehr gut aus. Doch nun hatte er eine Braut im benachbarten Öpfingen. Im Frühjahr verließ er uns. Am Ostermontag heiratete er seine Hilde in unserer schönen Dorfkirche. Für Ernst stellten wir Joachim ein, einen jungen Mann mit Gehilfenprüfung. Unsere zwei kleinen Italiener kehrten auch in ihre Heimat zurück.

Da ich auf dem Hof Lehrlinge ausbilden wollte, mußte ich noch die Meisterprüfung ablegen. Seit vergangenem Herbst besuchte ich die Kurse und schrieb die Meisterarbeit nebenher. Thema: Wie organisiere ich meinen landwirtschaftlichen Betrieb nach arbeits- und betriebswirtschaftlichen Gesichtspunkten? Den Meisterbrief übergab mir Präsident Bernhard Bauknecht, Ravensburg. Bei ihm war der Bruder meiner Frau Lehrling gewesen.

Am Ostersonntag besuchte ich meinen lieben Vater. Zwei Tage später verstarb er im Alter von 77 Jahren. Ich erzählte schon, daß er infolge einer Magenoperation sehr gebückt ging. Diese Behinderung verstärkte sich mit zunehmendem Alter. Viele Jahre habe ich als Schüler und Jugendlicher mit ihm zusammen gearbeitet. Oft tat er sich schwer bei landwirtschaftlichen Arbeiten. Doch er hatte einen eisernen Willen. Er war gutmütig, ich kann mich nicht erinnern, daß ich von ihm Schläge bekommen habe. Vielleicht schätzte er es, wenn ich ihm schwere Arbeiten abgenommen habe. Ich achtete ihn sehr und gab ihm kein böses Wort. Besonders die schweren Kriegsjahre festigten unser Verhältnis. »O Herr, gib ihm die ewige Ruhe« steht in meinem Tagebuch.

Was war auf dem Hof, als wir ihn übernommen haben? Im Stall standen damals achtzehn Kühe, gegenüber vom Futtertisch Bullen und Jungvieh zur Nachzucht. Zwei Pferde, etliche Schweine und ca. hundert Hühner gehörten auch zum lebenden Inventar. Maschinen und Geräte waren noch für den Pferdeeinsatz bestimmt, alle Wagen noch eisenbereift. Den Bindemäher zog der Fahr-Schlepper mit 36 PS.

Bisher hat man bei der Getreideernte rings um den Acker eine Fahrspur für den Schlepper und Bindemäher von Hand vorgemäht. Unser Mechaniker Josef Braun brachte Bahnräumer vor den Vorderrädern des Schleppers an, die die Getreidehalme nach links und rechts wegdrückten. So fuhren wir mit dem Schlepper und dem angehängten Bindemäher meist über das Stroh, die Ähren wurden nicht ausgedroschen. Dies funktionierte aber nur bei stehendem Getreide.

Als wir gerade mit dieser Arbeit beschäftigt waren, kam die Nachricht von zu Hause, Martha sei mit Wehen um 12.30 Uhr mit der Hebamme Maria Herzog ins Krankenhaus nach Ehingen gefahren. Zwei Stunden später war unser Stammhalter auf der Welt. So schnell wird man Mutter und Vater, welch ein Glück, einen kleinen Erdenbürger zu haben. Was ich als junger Mann in Steno so alles in mein Tagebuch geschrieben habe, ist kaum zu glauben, sogar den Tag der Zeugung. Unser Kinderwunsch ging gleich in Erfüllung. Damals konnten wir das Geschlecht nicht im voraus feststellen. Am 16. Februar schrieb ich ins Kalenderblatt vom August des Jahres: »Martha bringt einen Buben zur Welt«. Meine zwei Brüder hatten je drei Jungens, von Mädels keine Spur. Meine Mutter hatte alle neun Kinder daheim wohlauf zur Welt gebracht, und da war gewiß wenig Platz. Nun gingen die

Frauen zur Sicherheit ins Krankenhaus. Heute nehmen Hausgeburten wieder zu, vieles wiederholt sich, nicht nur in der Mode. Nach zehn Tagen kamen Mutter und Sohn heim. Nun war natürlich die Freude groß im Haus, Opa und Oma blühten auf. Bei der Taufe erhielt der Erstgeborene den Namen Thomas Stefan, der zweite Name war der Vorname meines Schwiegervaters. Der Bruder Markus war Götte, Tante Anna aus Urnau Gotte. Meine Mutter meinte an diesem Tag, wie kann man mitten in der Ernte ein Kind zur Welt bringen? Ja, sie hatte es geschafft, bei allen neun Kindern nicht in der arbeitsreichen Zeit ins Kindbett zu kommen und dies ohne Computer. Solche Gedanken hatten wir vor neun Monaten überhaupt nicht.

Martha hatte auch einen Führerschein. Wenn Frau und Mann fahren können, spart man viel Zeit. In der Landwirtschaft wird das Auto so oft benötigt. Im Herbst hatte Martha bei der Ausfahrt vom Hof den Milchlastzug übersehen. Sie hatte Glück, es entstand nur Blechschaden.

1958 wurden noch 3.600 Liter gemostet – ergibt fast 10 Liter pro Tag. In der Ernte wurde der Most (vergorener Apfelsaft) mit Sprudel verdünnt.

Am 13. September wurde das neue Schulhaus eingeweiht, das war wirklich ein Freudentag für Lehrer und Schüler. Die alte Schule konnte aber immer noch nicht geschlossen werden, noch elf Jahre wurde dort unterrichtet.

An Weihnachten freuten wir uns alle, auch wir hatten ein Christkind. Unser erstes Probejahr verlief ganz gut auf dem Hof, wir hatten uns zusammengerauft.

In Rom stirbt Papst Pius XII. Er war lange Jahre Nuntius in Berlin. Seit 1939 hatte er das Petrusamt inne, eine sehr schwierige Zeitspanne. Johannes XXIII. wurde zum Nachfolger gewählt.

Das Wahrzeichen der diesjährigen Weltausstellung in Brüssel ist das Atomium.

Die ersten Ehrenämter durfte ich übernehmen, so wurde ich als Ortskirchensteuerrat (Pfarrgemeinderat) gewählt. Damals fanden die Sitzungen des Stiftungsrates, wie er kurz genannt wurde, am Sonntagabend im Pfarrhaus statt. Als Schätzer von landwirtschaftlichen Grundstücken war ich dabei, um in Schelklingen Grundstücke von Landwirten zu taxieren, die das Zementwerk als Steinbruch dringend benötigte.

Auch in die hiesige Molkereigenossenschaft wurde ich als Aufsichtsrat gewählt. Sie zahlte am Sonntag abwechselnd in den Wirtschaften »Löwen«, »Alte Post«, »Adler«, »Bräuhaus Schenke« und »Krone« das monatliche Milchgeld an die Lieferanten bar aus. So kamen die Landwirte zusammen und konnten ihre Meinungen austauschen. Manchmal dauerte es lange, bis der Mann das Milchgeld nach Hause brachte.

Ja damals (1957) gab es in Oberdischingen noch mehrere Einrichtungen für die Allgemeinheit. Über die Spar- und Darlehenskasse (Kass) konnten die Landwirte die große Dreschmaschine benutzen. In dem Gebäude links neben dem Hof von Familie Alfred Zugmaier war eine Wäscherei in Betrieb. Sie konnte von allen Haushalten in Anspruch genommen werden. Auch sie war unter der Verwaltung der Kass.

Dieses Jahr wurde eine Gefriergemeinschaft eröffnet. In der Satzung steht: »Der Zweck des Vereins ist die Errichtung und der Betrieb einer Gemeinschaftsgefrieranlage mit vierzig Einzeltruhen, die den Mitgliedern gegen Erstattung der Selbstkosten zu Verfügung stehen.« Rupert Schmucker, der Initiator der Anlage, wurde erster Vorstand. Nach seinem Tod wurde ich sein Nachfolger.

Oberdischingen ist ein Ort, der vieles bieten kann. Wir haben Arzt, Apotheker, zwei Bäckereien, drei Lebensmittelgeschäfte, Metzgerei und viele Handwerksbetriebe, wie Schuhmacher, Schreiner, Uhrmacher, Friseur, Kaminfeger, Schmied, Mechaniker, Wagner, Flaschner mit Laden in der Nähe. »Uf de Kass'« im Wohnhaus von Maria Ott in der Herrengasse 9 können die Bankgeschäfte am Sonntag nach der Kirche erledigt werden. Die Tochter

Klothilde (Kasse-Hilde) übernahm nach dem Ausscheiden der Mutter deren Tätigkeit.

Über die neue Schule habe ich schon berichtet. Die Mittlere Reife kann in Erbach (sechs Kilometer) erworben werden, das nächste Gymnasium ist in Ehingen (elf Kilometer). Die Busverbindungen sind gut, auch nach Ulm, um sich sonstige Wünsche zu erfüllen.

Ostersamstag, den 28. März, starb überraschend unser geschätzter Dekan Josef Schmitt. Ich hatte die ehrenvolle Aufgabe, mit unseren zwei Pferden den Leichenwagen zu fahren. Vom Bock aus die Pferde zu leiten, da wurde der junge Neubauer von vielen kritischen Augen gemustert, ob der da oben es richtig machte. Doch im Reit- und Fahrkurs hatte ich dies geübt, gelernt ist gelernt.

Unser langjähriger Mitarbeiter Ernst erzählte mir folgenden Vorfall: Als er mit dem Leichenwagen am Trauerhaus anfahren wollte, rissen alle vier Stricke vom Geschirr der Pferde. Durch die geringe Inanspruchnahme sahen die Stricke außen gut aus, aber innen waren sie brüchig. Die Pferde mußten ausgespannt werden, im nahen Klosterhof holte man zwei Ersatzgeschirre und spannte neu an. Ernst schwitzte, sein weißes Hemd war nicht mehr ganz rein, ein unvergeßlicher Tag in seinem Leben. Die ganze Trauergemeinde mußte warten und schaute dem Malheur zu.

*Schuldschein des Vinzent Ott aus dem Jahre 1883*

*Schuldschein*
*Ich bekenne hiermit der Vinzenz Otts Wittwe*
*Für 2000 M mit Worten*
*Zweitausend Mark*
*Schuldig geworden zu sein. Ich verspreche,*
*diese Summe vom 1. Juni 1883 an mit*
*4 ½ vom Hundert zu verzinsen u. nach*
*vorhergegangenen ¼ jährigen Aufkündigung*
*die beiden Theilen zusteht, wieder heimzubezahlen.*
*Oberdischingen, den 2. November 1883*
*Joseph Schlick*

*Obige Zweitausend Mark baar u. richtig*
*Erhalten zu haben bescheint*
*Oberdischingen, d. 27. Okt. 1884*
*Stefan Ott*

Schuldschein

Ich bekenne anmit, die Forderung [...]
für 2000 M. nach [...]

zweitausend Mark

[...] geworden zu sein. Ich verspreche
diese Summe vom 1. Juni 1883 an mit
4½ vom Hundert zu verzinsen und nach
vorhergegangener ¼jähriger Aufkündigung
der beiden Theilen zustehet, wieder heimzuzahlen.
Oberdischingen, den 2. November 1883.

[Unterschrift]

Obige Zweitausend Mark baar u. richtig
erhalten zu haben bescheint.
Oberdischingen, d. 25. Oct. 1884.

[Unterschrift]

Mein Schwiegervater und ich kauften auf den umliegenden Märkten Munderkingen, Riedlingen und Herbertingen Jungbullen ein, die wir dann weiter mästeten. Damit ich diese »Kerle« selbst transportieren konnte, kaufte ich einen gebrauchten Mercedes 170 für 3250.– DM und einen neuen Arnold-Viehanhänger. Dieser Oldtimer-Anhänger ist heute, nach zweiundvierzig Jahren, noch in Betrieb. Er hat noch ein Ehinger Kennzeichen, obwohl der Kreis vor bald dreißig Jahren aufgelöst wurde.

Mit dem Mechaniker Josef Braun und dem Pächter des hiesigen Klosterhofes Hans Zink fuhr ich zur DLG-Ausstellung nach Frankfurt, um das Neueste zu erkunden. Der Sommer brachte viele Arbeiten und Kosten, wir versuchten den Kuhstall Tbc-frei zu machen. Neue Böden wurden gelegt, es wurde verputzt, Decken, Freßgitter, Rinnen, Schächte, Melkmaschinen mit Leitungen, Tränkebecken usw. mußten gewaschen und desinfiziert werden. Auf dem Zuchtviehmarkt kauften wir Kalbinnen ein und nach und nach füllte sich der Stall durch Zukauf. Doch bis diese wieder eine gute Milchleistung erbrachten, dauerte es Jahre, bis zur Höchstleistung eines Stalles Jahrzehnte. Den heutigen Protest der Bauern, wegen einem BSE-Fall alle Tiere der Herde zu töten, kann ich gut verstehen. Es ist ein großer finanzieller Verlust, wenn das normale monatliche Milchgeld fehlt. Damals war es für uns gut, daß wir am 25. Juli einen Waggon Frühkartoffeln für 20,– DM je 100 kg nach Berlin schicken konnten.

Das Wetter in der Getreideernte war schlecht, wir mußten die Ernte heimstehlen. Zwei Wagen wurden in der Eile umgeworfen, ich schaffte auch einen. Ein Drama, wenn man an das Wiederaufladen der Garben denkt.

Auf dem Hof war ein Häckseldrescher im Einsatz. Die getrockneten Getreidegarben, die der Bindemäher hinterließ, wurden vom Wagen in den Gebläsehäcksler geworfen. Dieser beförderte das Körner-Stroh-Häckselgemisch in die Dreschmaschine. Das ausgesiebte Stroh und die Spreu wurden in die Scheune geblasen. Die Körner mußten in Säcken über den weiten Hof auf die drei Bühnen des Wohnhauses getragen werden. So brauchte das Getreide nicht zuerst eingelagert und nachher zum Drusch wieder herausgenommen werden. Waren die Feldarbeiten fertig, kam im Spätherbst nicht mehr das lästige Dreschen.

Im Herbst setzten wir den ersten Wendepflug (Winkeldrehpflug) an der Hydraulik unseres Schleppers ein, bisher hatten wir Anhängepflüge. So war im Acker keine Mittelfurche mehr, am Hang wurde bergauf gepflügt. Durch die Bearbeitung kam der Boden von selbst abwärts. Früher sind durch das Abwärtsackern zwischen den hängigen Äckern die vielen Böschungen (Feldraine) entstanden. Die Hydraulik am Schlepper brachte einen gewaltigen Fortschritt in der Landwirtschaft. Der Schlepper war nicht nur Zugkraft, jetzt konnte er die angebauten Maschinen heben und senken, je nach Bedarf. Auch Rückwärtsfahren mit angehobenem Gerät war nun möglich. So wurden die gezogenen Geräte und Maschinen langsam durch angebaute ersetzt. Eine teure, gewaltige Umstellung, für die das nötige Kapital erst erwirtschaftet werden mußte.

Ich wurde Mitglied des »Großbäuerlichen Arbeitskreises für Betriebswirtschaft« (kurz: »Arbeitskreis« genannt). Interessierte Landwirte aus dem Raum des Regierungspräsidiums Tübingen bildeten diese Vereinigung, Dr. Stehle leitete sie. Mit diesen Berufskollegen fuhr ich im Spätherbst nach Hamburg. Die Firma Biehl baute dort moderne Schweineställe und machte gute Futtermischungen. Wir schauten natürlich nicht nur Schweineställe an, sondern auch die Stadt Hamburg und schlenderten über die Reeperbahn. Die Fahrt kostete damals hin und zurück als Gruppe im Schlafwagen 72,– DM.

In der Familie machte uns die Oma Sorgen. Sie war während des Jahres in Ehingen, Ulm und Stuttgart im Krankenhaus, zudem plagte sie das Asthma. Thomas machte die ersten Gehversuche.

Ich war am 1. August Gründungsmitglied des hiesigen Schützenvereines. Schon als junger Mann ging ich mit dem KK (Kleinkalibergewehr) meines Bruders heimlich auf Spatzenjagd. In Schrodes ehemaliger Fabrik für Schnupftabakdosen machten wir hier unsere ersten Schießübungen. Später kaufte der Verein eine alte Baracke und stellte diese auf einem Grundstück in der Holzgasse auf. So hatten wir eine eigene Schießanlage.

Im Spätherbst kam unser neuer Pfarrer Martin Übelhör, der Sohn eines Allgäuer Viehhändlers aus Friesenhofen. Mit sechs Autos holten wir ihn in Rißtissen ab. Im vorderen Wagen saß der Stiftungsrat, der damals nicht soviel Mitglieder hatte wie heute. Es gab abends ein Ständchen. Am 4. Oktober war festliche Investitur in der Kirche und nachher Gemeindefeier im Löwen.

In unserem Land gibt es erstmals mehr offene Stellen als Arbeitslose.
Zum ersten Mal gelingt es den Amerikanern, die Spitze einer von ihnen ins All geschossenen Jupiter-Rakete aus dem Meer zu bergen. Sie enthält zwei dressierte Affen, an denen die Auswirkungen der Schwerelosigkeit getestet werden sollen. Die beiden Weltenbummler haben den 15 Minuten dauernden Ausflug gut überstanden.


## 1960

Das neue Jahr wurde an verschiedenen Stellen des Dorfes mit einem Ständchen der Musikkapelle begrüßt. Das Vereinsleben ist hier rege. Außer dem Musikverein sind der Sportverein und der Liederkranz sehr aktiv.
Die ehemaligen Nürtinger trafen sich vierteljährlich in kleinen Gruppen auf Kreisebene. In Ulm im Pflugmerzler war unser Treffpunkt. Auch heute noch kommen wir zusammen, nur die Gaststätten haben gewechselt.
Auf dem Hof gab es durch den technischen Fortschritt laufend Veränderungen. Ein neuer Pflegeschlepper mit 25 PS wurde gekauft. Der Gebläsehäcksler blies Heu und Öhmd in alle Viertel der Scheune. Somit war die alte Häckselmaschine übrig, mit der Jahrhunderte gearbeitet worden war. Wir bauten die Transmission mit den verschieden großen Riemenscheiben ab. Lange Zeit wurde tierische Kraft über den Göpel (Vorrichtung zum Antrieb), die Transmission und Riemenscheibe auf die Maschinen übertragen. In südlichen Ländern sah ich, wie ein Mann seinen Esel immer wieder im Kreis herum führte, um den Göpel anzutreiben, der Wasser über Schöpfräder aus der Tiefe förderte. Der elektrische Strom löste den Göpel ab,

der Antrieb über die Riemenscheiben blieb. Jetzt kamen neue Maschinen mit eingebautem Motor auf den Markt. Den Höhenförderer, mit dem früher die Getreidegarben hoch in den Stock transportiert wurden, bauten wir aus. Opa schaute wehmütig zu, was war das für eine große Erleichterung zu seiner Zeit gewesen.

Ein Teil der Schweine trieben wir auf die Weide, der neue Elektrozaun hütete sie Tag und Nacht. Auch die Kühe waren tagsüber auf der Weide. Um das Heu einen Tag früher einzufahren, bauten wir eine Heubelüftung ein. Oft hielt das Wetter am Stück keine drei Tage, die notwendig waren, um gutes Heu einzufahren.

Am 17. Juni brach im Ort die Maul- und Klauenseuche aus. Unser Nachbar Xaver Enderle hatte sie schon drei Tage später, so waren wir auf das höchste gefährdet. Vögel, Katzen und eventuell Ratten und Mäuse konnten wir nicht einsperren. Zur Vorsicht wurden überall vor den Häusern Sägemehlmatten ausgelegt, die immer wieder mit Desinfektionsmittel befeuchtet wurden. Wir kalkten die Ställe, die Schweine wurden schutzgeimpft. Doch am 14. Juli wurde bei uns ein Zuchtschwein krank. Zwei Tage später wurden neununddreißig Schweine vom Seuchenwagen abgeholt, später nochmal einundzwanzig Stück. Wieder mußte gereinigt und desinfiziert werden. Nur zwei Rinder sind erkrankt, die übrigen, die gesund blieben, wurden nicht abtransportiert. Nach einem guten halben Monat waren wir wieder seuchenfrei. Zwei Sonntage blieben wir im Haus, der Hof war abgesperrt mit Stangen. Nachbarn kauften für uns ein und fütterten die Schweine auf der Weide. So wurden diese von der Krankheit verschont. Feldarbeiten durften wir verrichten, nur der Kontakt zu anderen Menschen war zu vermeiden. Während ich diese Zeilen schreibe, greift die Krankheit in England um sich. Ganz Europa hat Angst, da sie sehr ansteckend ist, erst BSE und nun diese Seuche.

Unser neuer Pfarrer wurde aktiv. Pfarrer Schmitt begann die Außenrenovation der Kirche, sein Nachfolger vollendete sie. Die Linde vor der Kirche wurde am 14. März 1960 gefällt. 1872, nach dem gewonnenen Krieg gegen Frankreich, hatte man sie als Friedenslinde gepflanzt. Im Wald draußen entstand auf evangelischem Grund ein

Bildstöckchen, eine Lourdes-Grotte wurde eingeweiht. Es wurde Herbst und wir erwarteten das zweite Kind. Martha fuhr mit der Hebamme ins Krankenhaus, eine Stunde später war der neue Erdenbürger da. Was war es? Ein Mädchen, was für eine Überraschung in einem Geschlecht, das so viele Söhne zählte. Am Tag darauf war in der Gaststätte »Zur alten Post« Schadensabrechnung der Maul- und Klauenseuche mit dem Veterinärrat Dr. Genning. Seine Sekretärin, Frau Ulmer, war auch anwesend. Nach der Amtshandlung ließ man die Tochter hochleben. Die Sekretärin trank »Escorial«, der war damals sehr beliebt. Ich trank stolz und tapfer mit, in der Annahme, Frauen könnten nicht so viel vertragen. Doch ich irrte mich gewaltig, ich mußte vor ihr das Lokal verlassen. Mir wurde übel, seither kann ich das grüne Zeug nicht mehr sehen. Am anderen Tag in Steno: ›Sehr schwerer Tag‹. Das Mädchen wurde auf den Namen Cäcilia getauft. Nun war schon mehr Leben im Haus. Thomas bewegte sich schon überall auf dem Hof und in den Ställen. Wir hatten damals noch einen Molkebub oder ein Molkemädchen, diese paßten auch auf die Kinder auf.

Im Winter waren wir in den Obstgärten tätig. Viele alte Bäume wurden mit der Seilwinde herausgezogen und zu Brennholz verarbeitet. Selbst die Baumwurzeln wurden von Tagelöhnern von der Erde befreit und mit viel Muskelkraft in Stücke zerlegt. Ich habe berichtet, daß unser Dorf zum Teil eine Arbeiter-Wohngemeinde ist. Angestellte und Arbeiter fanden hauptsächlich Arbeit in Ulm, zum Beispiel bei Kässbohrer, Magirus, Eberhardt, Hydromatik, bei der Bahn und anderen Firmen. Manche halfen nebenbei den Landwirten oder betrieben im Nebenerwerb ihren kleinen Hof. Doch die meisten Einwohner waren noch in der Landwirtschaft beschäftigt. Die Seldner, wie die Landwirte mit weniger Land genannt wurden, arbeiteten zeitweise auf den größeren Bauernhöfen mit, im Winterhalbjahr waren sie im Wald tätig.

Wir gründeten zwei neue Vereine auf Kreisebene, den Verband der Landwirtschaftsmeister und den ersten Schweinemast-Kontrollring in Baden Württemberg. Hans Zink, ein bekannter Schweinezüchter von hier, wurde

38  Ein Teil der Gäste am Tag nach unserer Hochzeit, die am
    14. September 1957 stattfand. Die Mütter (Schlick/ Huber)
    neben dem jungen Paar
39  Die Kinder Thomas und  Cäcilia. Im Kinderwagen (von 1958)
    sitzt Bernhard. Foto um 1963

40
Die vier Kinder:
Joachim, Bernhard,
Cäcilia, Thomas und
die Lehrlinge Fritz
Braun und Gebhard
Rupp

41
Die Kinder zwischen
11 und 18 Jahre alt
am 30. Dezember 1976

42
So sah unser Hof aus, als
ich nach Oberdischingen
kam. Aquarell von Hilde
Munding um 1960

43
Hofbild vom
16. Oktober 2002

44
*Reinhard Funk, mein
Patenkind, in Gutenzell
beim Fischen*

45
*Joachim – unser Bastler –
mit seinem ersten Chopper,
Baujahr 1980*

Vorsitzender des Ringes. Es galt, die Mast der Schweine durch gute Futtermischungen und Probewiegungen zu verbessern und den Absatz zu fördern. Das Futter wurde anhand von Tabellen, je nach Alter und Gewicht der Tiere täglich gewogen und der Gruppe gezielt zugeteilt. Die Tiere sollten hohe, tägliche Zunahmen erreichen, doch Luxuskonsum sollte vermieden werden, da er zur Verfettung führte. Ein Kontrollassistent überwachte die Betriebe und machte zugleich die Beratung. Da die Schweinehaltung damals gute Rendite brachte, bauten wir sie weiter aus. Der ehemalige Pferdestall wurde dafür verwendet, die Pferde Hans und Fritz kamen in den Kuhstall.

Wichtige Ereignisse in diesem Jahr:
In Rom holte die gesamtdeutsche Mannschaft bei den Olympischen Spielen zwölf Gold-, neunzehn Silber- und elf Bronzemedaillen, eine Superleistung.
Das explosive Wirtschaftswachstum läßt auch die Arbeitnehmer am Aufschwung teilnehmen. Das Weihnachtsgeld wird von bisher 50,– DM auf 100,– DM erhöht. Die silbernen und goldenen Einkaufssonntage vor Weihnachten werden abgeschafft. Es fehlen über vierhunderttausend Arbeitskräfte, man will sich im Ausland umsehen.
Chruschtschow, der russische Präsident, hält vor der UN eine Rede. Als beim heftigen Klopfen auf den Tisch der Hammerstiel abbricht, zieht er einen Schuh aus und klopft damit mehrmals auf das Pult.
John F. Kennedy wird Präsident der USA.


# 1961

Zum Jahresbeginn kam ein neuer Lehrling, Alfred mit Namen. Das Regierungspräsidium, Herr Oberregierungsrat Götz schaute, ob auf dem Lehrhof alles in Ordnung war. So hatten wir auf dem Betrieb die erste Gehilfenprüfung. Sieben Lehrlinge zeigten in der Praxis im Stall, an den Maschinen und Geräten ihr Können, auch Samen und Gräser mußten bestimmt werden. Drei Landwirte und drei Vertreter der Schulen nahmen die Prüfung ab. Der schriftliche Teil der Prüfung erfolgte zehn Tage zuvor in der Schule. Trotz Aufregung schafften alle sieben Lehrlinge die Prüfung. Sie war die Grundlage für die spätere Meisterprüfung.

Es war gut, daß wir in der Landwirtschaft ähnliche Berufsbilder schufen wie im Handwerk. Ein Teil der Ausbildung konnte im elterlichen Betrieb absolviert werden. Im Winterhalbjahr war der Besuch der Fachschule, der Meisterkurse und der allgemeinbildenden Schulen, wie der Bauernschule, möglich. Auch die Frauen gingen den gleichen Weg zur Meisterprüfung in der ländlichen Hauswirtschaft. Gutes Rüstzeug für den Beruf, eine breit angelegte Allgemeinbildung sind Grundlagen, die jeder junge Mensch benötigt.

Dieses Jahr sät ein Lohnunternehmer erstmals Mais auf unseren Acker. Es war ein Versuch, in der Donauniederung Körnermais anzubauen. Normal wächst dieser nur in Weinbaugebieten. Mit frühreiferen Sorten sollte es auch bei uns möglich sein. Den Körnermais könnten wir gut in der Schweinemast verwerten. Die erste Ernte fiel gut aus, die zweite schlecht (27 Doppelzentner naß je Hektar), im dritten Jahr war sie mittel. Die Trocknungskosten waren sehr hoch. So gaben wir den Versuch auf.

Wir bauten dieses Jahr noch 3,5 Hektar Kartoffeln und über 1 Hektar Rüben an. Tagelöhner wurden knapper, daher hatte ich vor, den Hackfruchtbau aufzugeben. An seine Stelle sollte Mais oder Raps treten. Der Raps setzte sich durch, er war eine gute Vorfrucht. Die Saat machte anfangs noch Schwierigkeiten. Im August sollten wir für das stecknadelgroße Korn ein feinkrümeliges Saatbett haben. Mit unserem neuen 50 PS Schlepper war die Schlagkraft schon größer. Dieses Jahr hat uns ein Lohnmähdrescher erstmals einen Teil des Weizens gemäht. Wir trugen das Getreide nicht mehr auf dem Rücken auf die drei Bühnen, sondern ein Gebläse nahm uns diese schwere Arbeit ab. Nachteil, die ganzen Bühnen waren voll mit Staub, dies nahmen wir in Kauf.

Noch eine sehr große Erleichterung brachte uns dieses Jahr der neue Miststreuer. Bisher hatten wir von Hand die eisenbereiften Wagen mit Mist beladen, auf dem Acker oder der Wiese diesen in kleinen Haufen abgesetzt, anschließend tagelang mit der Gabel in der Hand auf der Fläche verteilt. Nun hat der Berufskollege Rupert Schmucker mit seinem Fendt-Frontlader den Streuer beladen, ich fuhr auf das Feld, Kollege Alfons Ott stellte den zweiten Streuer zum Laden bereit. Auf allen drei Höfen wurde so in kurzer Zeit der Dung weggefahren und draußen auf dem Feld fein verteilt. Erstmals konnten wir den Mist auf die junge Gersten- oder Weizensaat ausbringen. Der Streuer verteilte den Mist fein, die Getreidepflanzen wuchsen durch, der Boden war bedeckt. Eine schwere, unangenehme Arbeit wurde maschinell gelöst. Die Mehrleistung eines Partners wurde verrechnet, Vorstufe des Maschinenrings.

Im Herbst verließen die letzten Pferde Fritz und Hans den Hof. Der Abschied fiel uns allen schwer, besonders Opa. Jahrhundertelang haben Pferde den Menschen begleitet, tagelang ging man hinter ihnen in der Furche. Sie wurden gefüttert, geputzt, beschlagen, gestreichelt und beklatscht. Als ich in meiner Fremdpraxis den Hof wechselte, führte mich mein letzter Gang nochmals in den Pferdestall, um mich von den »treuen Mitarbeitern« zu verabschieden. Zuerst hat das Auto die Kutsche, der Lastwagen das schwere Pferdefuhrwerk und nun der Schlepper auf dem Acker das Pferd verdrängt. Und dies alles in so kurzer Zeit. Mein Bruder Theodor hat nach dem Krieg noch Langholz mit den Pferden gefahren. Die Pferde waren mit dem Bierwagen oder im Speditionsbetrieb unterwegs. Salz wurde zu meiner Zeit noch mit den Pferden ins Dorf gebracht, der Bahnschlitten von vier oder sechs Pferden gezogen. Nun wie soll es ohne Pferde gehen? Die schweren Schlepper machen den Boden fest und verdichten ihn, viele Warnungen standen im Raum.

Im Jahre 1900 wurde in Oberdischingen bereits der Kindergarten Sankt Gebhard eingerichtet. Dies war für die damalige Zeit eine besondere Leistung. 1961 wurde es für die Kinder dort zu eng. Der Wohlfahrtsverein war Träger des Kindergartens, der jeweilige Pfarrer führte den Vorsitz. Dem schloß sich ein Ausschuß an, dessen Mitglied ich war. Der bestehende Bau sollte erweitert werden. Ich konnte mich mit dem Plan gar nicht anfreunden. So sprach ich mit den anderen Mitgliedern des Ausschusses und zuletzt mit dem Herrn Pfarrer. Im letzten Moment wurde der Umbau gestoppt und ein neuer Kindergarten geplant.

Sonstige Neuigkeiten auf unserem Planeten:
Rußland schießt in einer Kapsel einen Hund ins Weltall, der wohlbehalten wieder zurück kommt. Kurz darauf startet Major Gagarin als erster Mensch in den Weltraum. Das sowjetische Raumschiff mit 4725 kg landet nach siebzig Minuten Flug sicher in der vorgeschriebenen Gegend.
Das DDR-Regime baut in Berlin die Mauer. Sie soll den ständig steigenden Flüchtlingsstrom nach Westberlin stoppen.

# 1962

Mein Freund Honor Funk und ich fuhren erstmals zur »Grünen Woche« nach Berlin. An der Zonengrenze bei Probstzella hatte unser Zug eineinhalb Stunden Aufenthalt. Am Bahndamm begrüßte uns ein großes Plakat: »Willkommen in der Deutschen Demokratischen Republik«. Als der Zug langsam weiter fuhr, sahen wir einen Volkspolizisten mit MG (Maschinengewehr) im Anschlag neben dem Gleis stehen. Bei der Ausweiskontrolle nahmen sie unsere Zeitungen mit. Von etwa zehn Personen in unserem Abteil wurden die Namen aufgeschrieben. Langsam fuhr der Zug durch die Ostzone, an Jena, Halle und Merseburg vorbei. Die Leunawerke sahen sehr verschlissen aus, alles alt und rostig. Die Leitungen waren überall notdürftig ummantelt. Auf jedem volkseigenen Betrieb befanden sich große Spruchbänder mit Parolen. Um 20.44 Uhr kamen wir endlich in Berlin-Zoo an, um 7.00 Uhr waren wir in Ulm weggefahren. Am anderen Tag machten wir einen Spaziergang zum Brandenburger Tor, zur Kongreßhalle und zum Schloß Bellevue.
Die Grüne Woche ist hauptsächlich für die Verbraucher bestimmt. Viele ausländische Aussteller boten ihre Produkte an, wir waren überrascht über die Größe der Ausstellung. Im Theater des Westens besuchten wir das

Musical »My Fair Lady«. Schon hundert Mal aufgeführt und immer noch ausverkauft für lange Zeit. Im Kaufhaus des Westens sahen wir ein großes Angebot an Waren. Abends saßen wir im Restaurant des HILTON im zwölften Stock. Hier hatten wir einen herrlichen Rundblick über die geteilte Stadt. In der Deutschlandhalle besuchten wir ein Reitturnier, 16.000 Plätze waren besetzt. Auf dem Kudamm schnupperten wir das dortige Nachtleben. Die Flasche Wein für 20,– DM war sehr schlecht, Neppreise wie überall in solchem Milieu. Eine Rundfahrt nach Ostberlin begann an der meterdicken Mauer mit Kontrolle und einer Stunde Wartezeit. Die Führerin war natürlich linientreu, Rußland war der große Befreier. Die Größe des sowjetischen Ehrenmals erinnerte an Denkmäler des Tausendjährigen Reiches. Wiederaufbau noch mit alten Backsteinen, wie bei uns vor der Währungsreform. Auch den Berliner Zoo besuchten wir. Nur 91 Tiere hatten den Krieg überlebt und jetzt wieder diese Vielfalt! Auf der Fahrt durch die Ostzone gewannen wir einen guten Eindruck von den riesigen Feldern. Wir hatten viel gesehen in einer Woche, ja Berlin ist wahrlich eine Reise wert.
Daheim säten wir erstmals mit einer Saxonia, einer Maschine, die aus einem volkseigenen Betrieb von drüben kam. Saxonia ist eine alte Sämaschinenfirma, sie baute stabile, gute Maschinen, darum der Kauf in der DDR.
Dieses Jahr wurde die gesamte Ernte mit dem Lohnmähdrescher gedroschen. Das Getreide mußte auf dem Drescher abgesackt und am Ackerende die Säcke auf den Wagen umgeladen werden. Der Häckseldrescher war überholt, ebenso der stationäre Gebläsehäcksler. Jetzt blies der gezogene Feldhäcksler das gehäckselte Heu oder Stroh in den angekoppelten Wagen. Die Mechanisierung brachte jedes Jahr Neuerungen.
Bisher hatten die meisten Landwirte mit der großen Dreschmaschine gedroschen. Ich schilderte bereits, wie ich dies in meiner Jugendzeit erlebt habe. Noch 1959 kaufte die hiesige Spar- und Darlehenskasse als Ersatz eine neue Maschine mit Häcksler. Doch Jahr für Jahr nahm die Zahl der Dreschstunden ab, auch in Donaurieden. Der Mähdrescher war auf dem Vormarsch. 1962 wurde letztmals mit der großen Dreschmaschine hier

gedroschen. Die letzten Maschinisten waren Franz Denkinger, Thadäus Hermann, Georg Volz und Josef Walser. Es war für sie oft nicht einfach, die große Maschine in den Scheunen aufzustellen und für einen sicheren, geregelten Arbeitsablauf zu sorgen. Jahrzehnte brummte die große Dreschmaschine nach der Ernte im Ort, oft bis in den Dezember hinein. Nachbarschaftshilfe war notwendig. Die Arbeitstage waren oft lang und manchmal staubte es gewaltig. Doch viele nette Anekdoten werden aus dieser Zeit erzählt. So ließ hier Alfred Osswald nach der Mittagspause die Maschine anlaufen, weil der Maschinist fehlte. Doch dieser war in der Dreschmaschine beim Abschmieren, er schrie aus Leibeskräften.

Bei herrlichem Wetter feierte unser Liederkranz sein 125jähriges Jubiläum mit Kinderfest auf dem Platz, wo jetzt die Firma Lewicki steht. Das Maß kostete damals noch 1,25 DM.

Im September wurde unser drittes Kind, Bernhard Michael, geboren. Auch dieses Mal klappte alles mustergültig, drei Stunden im Krankenhaus, dann war der Sohn auf der Welt und nach sieben Tagen kamen Mutter und Kind nach Hause.

Der neue Kindergarten wurde eingeweiht. Pfarrer Übelhör dankte für den guten Rat zum Neubau, 180.000,– DM kostete er. Bei der Gemeinderatswahl erhielt ich ein weiteres Ehrenamt. Opa wird 75 Jahre alt und bekommt wieder ein Ständchen.

Am 21. November 1962, am Buß- und Bettag, fielen zehn Zentimeter Schnee, der liegen blieb. Wir hatten noch eine Herde Schweine auf der Weide. Den Schweinen gefiel der Schnee so gut wie kleinen Kindern. Als wir sie einfangen wollten, suchten sie im Schweinsgalopp das Weite, daß der Schnee nur so hochwirbelte. Was tun? In einen langen Holztrog gaben wir Futter, die Schweine schnupperten daran. Mit dem Schlepper zogen wir den Trog langsam durch den Schnee Richtung Heimat. Die Meute kam hinterher und holte sich immer wieder ein Maulvoll aus dem Trog. So brachten wir sie mit List und Tücke, dank des Herdentriebes, in den schützenden Stall. Vier Tage später hatte es schon minus 14° C, der Schnee blieb liegen bis in das späte Frühjahr.

In diesem Winter ist der Bodensee vollständig zugefroren. Diese »Seegfrörne« gab es seither nicht mehr. Die Schweizer, Österreicher und Deutschen trafen sich zu Fuß, auf Schlitten und sonstigen Fortbewegungsmitteln auf ihrem See. Die damals noch strenge Zollkontrolle war nicht möglich. Auch eine Wallfahrt fand statt, das einmalige Naturereignis wurde groß gefeiert. Ob bei der ständig zunehmenden Erderwärmung der Bodensee uns nochmals diese Chance gibt?

Der Heilige Abend war sehr schön. Oma, Opa, drei kleine Kinder, wir Eltern und auch der Lehrling blieb da, eine ganz nette Familie am erleuchteten Weihnachtsbaum. Dann ging ich durch die weiße Winterlandschaft zur Mitternachtsmesse. Im Löwensaal war am Stefanstag ein Wunschkonzert des Musikvereins. Zum Jahresschluß war Pfarrvisitation mit Pfarrer, Kirchenpfleger, Ortskirchensteuerrat und Dekan Dr. König. Keine Beanstandungen, ein Lob dem Kirchenpfleger.

Bei einer Sturmflut an der deutschen Nordseeküste – insbesonders in und um Hamburg – kamen über dreihundert Menschen ums Leben. Die Jahrhundertkatastrophen ereignen sich in immer kürzeren Abständen.

Auch die Amerikaner können mit den Russen gleichziehen. Der erste US-Astronaut John H. Glenn umkreiste die Erde. Sein Flug dauerte fast fünf Stunden bei einer Geschwindigkeit von 28.000 km/Stunde. Für die Bergung der Mercury-Kapsel aus dem Meer sind 24 Schiffe, 126 Flugzeuge und 2.600 Menschen aufgeboten worden.

## 1963

Jahrhundertelang wurde mit Steinmühlen Getreide geschrotet für Mensch und Tier. Nun lösten allmählich die Schlagmühlen auf den Höfen die bisherigen Mühlen ab. Diese haben Stahlschläger oder -scheiben, die mit sehr hoher Drehzahl das Getreide zu Mehl schlagen. Das aufwendige Schärfen der Mahlsteine fiel weg, die verschlissenen Stahlteile der neuen Mühlen konnte man selbst wechseln. So bauten wir im Winter eine französische

LAW-Schrotmühle und Mischanlage ein, die erste in Süddeutschland. Sie hatte gleich mehrere Vorteile, Getreide wurde mit Elevator in den Vorratsbehälter über der Schrotmühle eingefüllt, ein Endschalter stoppte den Zulauf. Die Schrotmühle blies das gemahlene Gut in den Mischer. War der Vorrat geschrotet, schaltete die Mühle automatisch ab. Da ich abends Elevator und Mühle einschaltete, wurde mit billigem Nachtstrom gearbeitet. Morgens wurde in den Mischer noch das Zusatzfutter wie Eiweiß, Kalk und anderes beigegeben, eine halbe Stunde mischen, fertig war eine Tonne Futter für die Schweine. Das Futter hatte täglich dieselben Anteile, es war prima gemischt, die Arbeit lief so nebenbei und es wurde viel Zeit gespart.

Der Arbeitskreis wertete von den Mitgliedern die Betriebsergebnisse aus. Jeder Hof hatte eine Geheimnummer, so daß keiner wußte, welcher Betrieb in der Skala an der Spitze oder ganz unten stand. Es wurden Höfe nur mit ähnlichen Strukturen und aus derselben Gegend verglichen. An den Tafeln sah man deutlich, wo der Betrieb gut und wo noch Nachholbedarf war. Am Schluß des Betriebsvergleiches war mancher überrascht über seinen Tabellenplatz.

Immer interessant und unterhaltsam war es, wenn unsere Gruppe auf Reisen ging. Dieses Jahr war das Rhonetal in Frankreich das Ziel. 250.000 Hektar wurden dort bewässert. Ein 60-Hektar-Hof als Ein-Mann-Betrieb war für uns noch nicht vorstellbar. In Avignon besuchten wir die ehemalige Papstresidenz. Unser belesenes Mitglied Dr. Konrad v. Ow wußte immer genau, welche kulturellen Sehenswürdigkeiten zu besichtigen waren. Unser Interesse galt nicht nur der Landwirtschaft.

Der kleine Rapsglanzkäfer in unseren Rapsfeldern vermehrte sich gewaltig. Es gab noch kein passendes Spritzmittel gegen den Schädling. Als Imker wußte ich um die Gefahren, in die Blüte zu spritzen. Mit einem Stäubeapparat gingen wir durch die Reihen und bliesen Hortexstaub gegen den Winzling. Da wir keinen Schutz trugen, bekamen wir auch unsere Giftdosis ab. Eine lange Liste der Nebenwirkungen, wie heute bei den Arzneimitteln, fehlte von Seiten des Herstellers. Wir gingen leichtsinnig mit den Mitteln um. Wie wir als Landwirte dies überlebt haben, das frage ich mich heute noch.

In Zusammenarbeit mit dem Landwirtschaftsamt fand jedes Jahr zwischen Heu- und Getreideernte eine Kreisrundfahrt der Landwirte statt. Drei- bis vierhundert Bauern waren in Bussen unterwegs, um Versuche auf den Feldern, landwirtschaftliche Um- oder Neubauten anzuschauen und einen Industriebetrieb zu besichtigen. Wichtig war auch der Gedankenaustausch unter den Berufskollegen. Dieses Jahr wurden unsere umgebauten Ställe angeschaut. Was war zu sehen?

Wir haben unsere Mastschweine im Tiefstall gehalten. Stroh hatten wir genügend, um täglich einzustreuen. So hatten die Tiere auch eine warme Unterlage. Damit das Stroh oder der Mist nicht den Futtertrog verschmutzte, war zwischen Trogoberkante und der Durchfahrt zum Entmisten ein Meter Höhenunterschied. Die Schweine mußten also auf kleinen Treppen hochsteigen, um an das Futter zu gelangen. Dreimal jährlich wurden die Ställe mit dem Frontlader ausgemistet, wenn wir auf die Felder fahren konnten. Die Schweine wurden bei dieser Arbeit auf die Schräge eingesperrt. Die Abteile waren mit eichenen Dielen voneinander getrennt. Diese wurden herausgenommen, so daß man Bucht um Bucht entmisten konnte. Hinten im Stall wurden zehn Ferkel eingestallt. Nach etwa einem Monat wanderten sie durch ein Schlupfloch in die nächst größere Bucht. In ca. vier Monaten waren sie im vordersten Stall angekommen. Am Sonntagabend war Stallruhe, es wurde nicht gefüttert, damit die Tiere nüchtern waren. Am Montagmorgen holte der Metzger aus dem benachbarten Erbach alle Tiere der vorderen Bucht ab. Sie wurden lebend auf dem Hof gewogen und nach Stuttgarter Notiz abgerechnet. Das waren noch herrliche Zeiten für die Schweinemäster, es mußte nicht nach Gewicht sortiert werden. Die Bucht war am Montag zur Neubelegung frei. Natürlich mußte die Qualität stimmen. Bei einer Ausschlachtungsschau in Riedlingen erhielten wir als 1. Preis eine große Bodenvase. Der ganze Hof wurde von den Berufskollegen genau unter die Lupe genommen, besonders auch die Mahl- und Mischanlage. Ganz Neugierige stiegen die Leiter hoch und schauten, ob beim Neubauer vor der Ernte noch Getreide auf der Bühne lagerte oder ob er schon ausgehungert war.

An diesem Tag freuten sich meine Schwiegereltern, daß ihr Hof so zahlreich besucht wurde. Opa konnte sich mit vielen Bekannten unterhalten. Ich glaube, er war stolz auf seinen Schwiegersohn. Eigenes Lob stinkt zwar, aber man riecht es gerne.

Die Ernte reifte heran. Erstmals haben wir mit einem gezogenen Claas-Super-Mähdrescher selbst gedroschen. Neu war der Korntank, keine Säcke mehr zu befüllen und umzusetzen. Nur dichte Wagen waren notwendig, besonders beim Raps. Unser Schmied Karl Hospach und der Bruder Josef als Wagner bauten uns die ersten zwei stabilen gummibereiften Ackerwagen mit Aufsatz. Einer davon ist bis heute bei meinem Sohn noch im Einsatz. Sie mußten über eine Zahnstange von Hand gekippt werden. Durch einen Auslauf am Wagenboden lief das Getreide zu Hause ins Gebläse und landete auf den Bühnen. Vom Acker ohne Muskelkraft auf die Bühne, das war eine tolle Mechanisierung, das war Spitze.

Unser Bürgermeister und Kreistagsmitglied Alois Speiser organisierte als CDU-Mann viele Reisen nach Bonn. Die Mitglieder des Gemeinderats und andere Gäste füllten wieder einen Bus an den schönen Rhein. Wir besuchten das Verteidigungs-, Wohnungs- und Ernährungsministerium, den Presseclub und nahmen an einer Bundestagssitzung teil. Unvergeßlich die schönen Stunden im Haus Baden-Württemberg, bei gutem Wein vergingen sie zu schnell. Auch die Besichtigung des Kölner Doms stand auf dem Programm. Höhepunkt war eine Kundgebung mit Bundeskanzler Adenauer und Wirtschaftsminister Erhard, der damals schon zum Maßhalten aufgerufen hat. Es waren interessante Tage in Bonn. Als Bürgermeister Speiser immer wieder neue Gruppen nach Bonn brachte, fragte man ihn dort, wie groß eigentlich Oberdischingen sei, es müßten doch schon alle Bewohner dagewesen sein.

Groß ist die Freude, als am 1. September 1963 die Einweihung und Gründungsfeier des neuen Karmeliterklosters in Oberdischingen stattfindet. In feierlicher Prozession zieht bei schönem Wetter die Festgemeinde mit

Bescheinigung
Die hiesige Stiftungspflege erhält heute
von Joseph Schlick Okonom [Ökonom] dahier ein früher
gestiftetes Kapital, Kapellenstiftung
welches nunmehr 1343 Mark betrrägt
per Abschlag – – – 800 M.
Achthundert Mark
            wofür bescheint
Oberdischingen den 7 Febr. 1895
            Kirchenpfleger
            Schmid
      Ewiglicht Quittung

den Patres von der Pfarrkirche zum Kapellenberg hinauf.
Dort hält Weihbischof W. Sedlmeier vom Balkon des
Paterhauses die Festpredigt, feiert in der Dreifaltigkeitskirche das Heilige Meßopfer und weiht anschließend das
Kloster. Die Diözese als Besitzerin des Paterhauses und
der Nebengebäude hat diese für die Klostergründung umgebaut. Unser Ortspfarrer, Martin Übelhör, wollte als
Initiator die Gebäude ihrer früheren Nutzung zuführen
und den weitbekannten Wallfahrtsort auf dem Kapellenberg mit neuem Leben erfüllen. Unser »Käppele«, wie wir
unsere Dreifaltigkeitskirche liebevoll nennen und auch
schätzen, feiert seit 1675 – dem Jahr der Errichtung eines
Bildstockes durch Christian Stetter – das Fest zur
Hl. Dreifaltigkeit. Das Gotteshaus wurde von der Pfarr-
gemeinde seit 1962 mit großem finanziellen Aufwand
restauriert. Als Mitglied der Ortskirchensteuervertretung
(erst ab 1971 heißt es Pfarrgemeinderat) ist mir durch die
zahlreichen Sitzungen die Klostergründung und die
Erneuerung der Kirche in guter Erinnerung.
Zu Weihnachten erwarben wir den ersten Schwarzweiß-
fernseher.

Ereignisse des Jahres:
Ludwig Erhard wird Nachfolger von Konrad Adenauer, der
vierzehn Jahre lang deutsche und europäische Geschichte
geschrieben hat und dies im Alter von 73 bis 87 Jahren.
Das Zweite Deutsche Fernsehen (ZDF) beginnt mit seinen Sendungen.
Der amerikanische Präsident J. F. Kennedy besucht Berlin.
Noch im selben Jahr wird er bei einem Attentat in Dallas
ermordet. Die Welt ist erschüttert. In Deutschland war
der 46jährige Präsident auch beliebt, seine Worte an der
Berliner Mauer »Ich bin ein Berliner« bleiben unverges-
sen.
Unser erster Bundespräsident, Dr. Theodor Heuss, ein
gebürtiger Schwabe, wurde zu Grabe getragen.
Auch Papst Johannes XXIII. stirbt. Er hat das II. Vatikanische Konzil einberufen. Zu seinem Nachfolger wird
Paul VI. gewählt.

# 1964

Mein Kollege Honor Funk hat mit seiner Familie den Pachthof in Bayern längst verlassen. In Gutenzell bei Ochsenhausen, 25 Kilometer von hier, hat er den etwa 100 Hektar großen Hof von der EVS (Energieversorgung Schwaben) gepachtet. Die Hofstelle, im Viereck angeordnet, machte einen gepflegten und für unsere Verhältnisse gewaltigen Eindruck. Ein schönes Wohnhaus mit einem Türmchen darauf rundet den Gutsbesitz ab. Hier konnte mein Freund schalten und walten, der Betrieb hatte die richtige Größe für ihn. Doch meistens ist der Anfang schwer an einem neuen Standort. Als Landwirt muß man auf den Feldern erst das richtige Gespür entwickeln, was geht hier gut, was mittel oder was geht gar nicht. Lehrgeld muß jeder bezahlen. Der Spruch »nur Dumme lernen aus der eigenen Erfahrung, der Kluge nutzt die Erfahrung, die andere bezahlen mußten«, gilt hier nur bedingt. Doch Honor schaffte es mit seinem eisernen Willen und seiner tüchtigen Frau, den Hof mustergültig auszubauen. Nicht nur der Hof vergrößerte sich, sondern auch die Familie – vier nette Mädels waren da. Nun kam das fünfte Kind an, was wird es sein? Es war ein Sohn, welche Freude! Zu meiner Überraschung wählten sie mich als Taufpaten aus, ich war weder verwandt noch verschwägert. Gerne nahm ich dieses ehrenvolle Amt an.

Mit Berufskollegen gründeten wir auf Kreisebene den Maschinenring Ehingen, dessen Vorsitz mein Nürtinger Freund Walter Hiller, Herlighof, übernahm. Jedes Mitglied konnte auf freiwilliger Basis landwirtschaftliche Maschinen zu festgesetzten Preisen ausleihen bzw. leihen, um die Maschinenkosten zu senken. Ich habe dies schon bei unserer Stallmistkette erwähnt. Später wurde der Betriebshilfsdienst angeschlossen. Junge ausgebildete Frauen und Männer springen auf den Höfen ein, wenn die Bäuerin oder der Bauer durch Unfall oder Krankheit ausfällt.

Im Winterhalbjahr waren Sprechabende über viele Fachgebiete der »Ehemaligen« (Landwirtschaftsschüler) gut besucht und lehrreich. Veranstaltungen des Bauernverbandes, der Zuchtvereinigungen, Lehrgänge, gegenseitige

Besuche von Berufskollegen, Lehrherrentagungen mit
Lehrlingstreffen und vieles andere wurde angenommen
und praktiziert. Bei Besichtigungen erhielten wir Einblick
in die Arbeit anderer Berufe. Ich glaube, daß damals die
Landwirtschaft ein Superangebot nutzte wie kaum eine
andere Berufsgruppe. Natürlich gab es wie überall schwarze Schafe, die unserem Berufsstand keine Ehre machten.
Daß wir trotzdem bei vielen Mitbürgern immer die dum-
men Bauern waren, ärgerte mich sehr. Die derben Witze
über die habgierigen Hinterwäldler taten das übrige. Es ist
mit ein Bildungsproblem, wie sich der heutige Landwirt
der übrigen Gesellschaft darstellt. Aber die Allgemeinheit
sollte sich mit den Problemen eines Bauern mehr identi-
fizieren, um besser urteilen zu können. Oft ist es Unwis-
senheit, was über die Landwirtschaft am Biertisch oder in
den Medien geredet, geschrieben oder gesendet wird.
Wenn der Landwirt zu meiner Zeit einen Mercedes (meistens gebraucht) fuhr, war schon der nächste Witz im
Umlauf. Zum Beispiel: Was ist zur Zeit das größte Problem in der Landwirtschaft? Die langen Lieferzeiten von
Mercedes. Wenn man eben Schweine, Baumaterial, Saatgut oder zwei Bullen im Anhänger transportierte, konnte
man keinen VW Käfer davor spannen.
Über den Metzger sagte man nichts, nur der Landwirt, der
Zuschüsse in Milliardenhöhe erhielt, der war ein Nim-
mersatt. Daß die Erzeugerpreise aber so niedrig waren,
daß sie die Kosten nicht deckten, das wurde oft ver-
schwiegen. Der Anteil der Kosten für die Ernährung aus
dem Jahreseinkommen ging jährlich zurück, statt hinauf.
Die Betriebskosten der Landwirte stiegen genauso wie die
der übrigen Wirtschaft. Die Landwirte waren nicht mehr
freie Unternehmer, sondern wurden immer mehr zum
Almosenempfänger des Staates.
Auf dem Hof wurden alte Nebengebäude abgerissen und
Garagen mit Werkstatt erstellt. Mit viel Eigenleistungen
wurden die Baukosten niedrig gehalten. Natürlich lief
auch manches gegen den Plan. Unsere Heubelüftung
machte Lärm, wenn sie im Sommer lief. Es dauerte nur
eine kurze Zeit während der Heu- und Öhmdernte. Unsere Nachbarin beschwerte sich. Ich ging zu ihr ins Wohnzimmer, um die Belästigung zu beurteilen. Ja, es war stö-

rend. Am Sonntagnachmittag und am frühen Abend schalteten wir den Motor ab. Ich verkaufte das Gebläse wieder, um das Klima nicht zu vergiften. Schade, es war uns eine große Hilfe.

Zu vermerken ist, daß wir erstmals Schneckenkorn am Rande unserer Rapsfelder streuten. Die Schnecken fraßen Pflanze um Pflanze ab, wie sie aus dem Boden wuchs. Heute, nach siebenunddreißig Jahren, haben selbst Gartenbesitzer mit ihnen große Probleme. Doch was soll ein Landwirt mit 10 Hektar Raps machen? »A mords Plog [große Plage] mit dene hura Schnecke!«

In diesem Jahr wurde am Hof entlang eine neue Durchgangsstraße gebaut. Bisher ging der Verkehr durch die Hauptstraße. Der Untergrund ist sehr moorig, der Erlenbach und der Dischinger Bach fließen hier zusammen. Unser Wohnhaus und die Scheune stehen auf eichenen Pfählen. Bei den Planierarbeiten der Straße versank vor unserem Hof eine Planierraupe, sie konnte sich nicht mehr selbst befreien. Wir schlossen unseren Hof an die Dorfkanalisation an. Leider wurde die neue Fahrbahn viel höher, früher lief das Oberflächenwasser zum Hof hinaus, heute herein. Neu war für uns, daß die Gläser im Schrank zitterten, sobald ein schwerer Lastzug die neue Straße befuhr. Opa erzählte, wie man früher den Erlenbach, der am Hof vorbei floß, mit den Fuhrwerken durchfahren hatte. Nur für die Fußgänger war ein kleiner Übergang. Später wurde der Bach tiefer verlegt und die Straße darüber gebaut.

Amtsarzt Dr. Schoch machte dieses Jahr eine Ortsbesichtigung. Ein paar Sätze aus seinem Protokoll: »Die Ortschaft macht einen sauberen und ordentlichen Eindruck. Die Straßen befinden sich in einem guten Zustand und sind zum Teil geteert. Die Errichtung einer Leichenhalle ist beabsichtigt. Bisher werden die Verstorbenen zu Hause abgeholt und auf den Friedhof überführt. Zur Beförderung des Sarges dient ein ›Handkarren‹.«

Die Industrie lief auf Hochtouren. Viele kleinere Landwirte gaben auf und gingen ins »Geschäft«. Auf anderen Höfen machte die Frau weiter und der Mann half morgens und abends mit. Die Zahl der Nebenerwerbslandwirte wurde immer größer. Auch Lehrlinge für die Landwirtschaft wurden knapp, daher stellten wir einen Gehilfen ein. Karl arbeitete sich gut ein, auch mit den Kindern verstand er sich prima. Diese wurden langsam flügge, Opa und Oma konnten ihnen nicht mehr folgen. Zum Weihnachtfest bastelte Karl mit viel Geduld eine schöne Krippe in vielen, vielen Arbeitsstunden. Sie wird heute noch alljährlich im Wohnhaus des Hofes aufgestellt.

Eine neue Ära in unserer Arbeitswelt beginnt. Der millionste Gastarbeiter trifft in Deutschland ein, es gibt siebenhunderttausend offene Stellen.

Bei den Olympischen Spielen in Tokio belegt die gesamtdeutsche Mannschaft den dritten Platz in der Medaillenwertung hinter den Athleten aus den USA und Rußland.


# 1965

Unser Bürgermeister hielt jedes Jahr eine Neujahrssitzung mit dem Gemeinderat, den Mitarbeitern und etwa dreißig geladenen Gästen aus seinem großen Bekanntenkreis. Der Schultes hielt Rückschau und Ausblick. Im vergangenen Jahr wurde der Wasserhochbehälter oberhalb des Dorfes in Betrieb genommen. Wie auf dem Bauernhof standen in der Gemeinde viele Investitionen an: Neue Straßen, Baugebiete, Kanalisation, Kläranlage und anderes. Nach dem offiziellen kam der gemütliche Teil, der oft bis in die frühen Morgenstunden dauerte. Im Löwen ging er einmal bis fünf Uhr morgens.

Das neue Jahr brachte im Januar die erste Hiobsbotschaft. Beim Kollegen Hans Zink wurde die Schweinepest festgestellt. Da ich bei ihm fast jede Woche Ferkel holte, brach sie natürlich auch in unserem Stall aus. Vor fünf Jahren die Maul- und Klauenseuche und nun diese Krankheit! Alle 123 Schweine wurden abgeholt. Beim Verladen verletzte ich mich an einem rostigen Nagel, abends hatte ich schon steife Finger. Beim Arzt erhielt ich eine Penicillinspritze, er schickte mich gleich ins Krankenhaus. Nochmals zwei Spritzen und ein Gipsverband, es sah nach Blutvergiftung aus. Das paßte zur Pest, wir sollten doch die Ställe ausmisten, alles waschen und desinfizieren und das mitten im Winter. Am zweiten Tag erhielt ich wieder eine Spritze und einen neuen Gipsverband. Ich war froh, daß man nicht operieren mußte. Mit einer Hand half ich Karl so gut es ging. In einem Kessel im Freien machten wir heißes Wasser. Wie wäre da ein Hochdruckreiniger nützlich gewesen, wie er heute fast auf jedem Hof steht. Obwohl ich beim Wasserholen immer eine Jacke anzog, erkältete ich mich. Durch die Folgen des rostigen Nagels war ich schon angeschlagen, ich bekam eine Lungenentzündung. Dazu kam noch, daß Martha ihr viertes Kind erwartete. Die Hebamme holte sie am 13. März morgens um 3 Uhr ab und um 4.20 Uhr war unser Sohn Joachim Josef auf der Welt. So eine Leistung. Und ich mußte auf Befehl des Arztes drei Wochen das Bett hüten. Gut, daß Oma und Opa für die Kinder sorgten und ich bei Karl draußen den Kuhstall in guten Händen wußte. Zwei Tage später kam eine Dorfhelferin. An meinem Namenstag, der damals immer noch ein Feiertag war, kamen Mutter und Kind auf den Hof. Welch ein Geschenk, wenn eine Geburt ohne Komplikationen verläuft, und nun zum vierten Mal in Folge. Auch ich wurde wieder gesund, und nach zwei Monaten Pause wurden die ersten Ferkel eingestallt.

In den vergangenen Ernten standen wir oft stundenlang vor dem Lagerhaus, bis wir unsere Wagen mit Getreide abliefern konnten. Abliefern – ein Begriff, der von der Kriegs- und Nachkriegszeit immer noch in Gebrauch war. Daheim stand der Mähdrescher bei schönstem Wetter still, bis die leeren Wagen endlich wieder auf dem Feld ankamen. Vor dem Mähdrescherzeitalter ist das Getreide auf dem Feld in den Puppen nachgereift und trocken geworden. Jetzt kam es direkt vom Halm auf die Bühne. Wenn es feucht war, mußte es von Hand öfters gewendet werden.

Mein Plan war, Getreideannahme mit Silos und Trocknung zu bauen. In der Scheune sollte alles seinen Platz finden. Mit unserem Dorfmechaniker Josef Braun und unserem Zimmermann Karl Gapp haben wir die Anlage geplant. Schon früh wollten wir anfangen, damit wir zur Erntezeit fertig waren. Schweinepest und Krankheit verzögerten den Beginn bis Ende April. Zuerst wurde der

Betonboden mit einem Kompressor herausgemeißelt und eine 9 Meter lange und 2 Meter tiefe Grube ausgehoben. Der Graben verlief konisch, oben 1½ Meter breit und unten nur 1 Meter. Da alles Moorboden war, gab es kein Problem, schön alles nach Maß auszuschachten. Es kam Wasser, das laufend abgesaugt werden mußte. Wir bauten eine Schalung wie ein Schiff, unten schmal, oben breit und innen gut versteift. Der Maurermeister Gerhard Dura war für Eisen und Beton zuständig. Die Schalung wurde gegen die Scheunendecke abgestützt. Der Beton war drinnen, mit dem Rüttler arbeiteten wir seitwärts an der Schalung entlang, damit alles wasserdicht wurde. Auf einmal hob sich die ganze Schalung und mit ihr die Scheunendecke. Auch Fachleute können sich täuschen. Da wir auf der Sohle eine ebene Fläche brauchten, mußten wir die Schalung heraus nehmen. Den Beton, der sich schon verfestigte, kratzten wir zwischen der Eisenarmierung heraus und brachten ihn auf Schubkarren ins Freie. Wir setzten die große Schalung wieder ein, Kies und Zement wurden geholt und die Arbeit begann von vorne. Fertigbeton gab es damals noch nicht. Bis um 22.00 Uhr haben alle schwer gearbeitet. Der zweite Versuch klappte, bis heute blieb die Anlage dicht. Nun bauten wir aus Holz sechs Silos nebeneinander, mit Schrägboden zum Entleeren. Das war eine sehr gefährliche Arbeit, über 10 Meter hoch wurden sie aufgerichtet. Ein Anbau wurde gemacht, für den Ölofen mit Kamin und den Lagerraum für das Öl. Der Durchlauftrockner, die Reinigung und der Elevator mußten eingebaut werden. Die Ernte kam, volle Wagen standen mit Wintergerste im Hof. Immer noch wurde gearbeitet, endlich war es soweit, es konnte abgekippt werden. Der Raps wurde nun selbstgetrocknet, in Säcke abgefüllt und auf Lkw verladen, das war eine schwere Knochenarbeit. Die Fuhrunternehmer hatten noch keine dichten Fahrzeuge, um Raps lose zur verladen. Raps wurde in unserer Gegend wenig angebaut. Ich war anfangs auch der einzige Anbauer in unserem Ort. Nun konnten wir außer Raps die ganze Getreideernte daheim einlagern. Mein Ziel war, die Schweinehaltung zu vergrößern, um das eigene Getreide zu verwerten. Die letzten Monate waren angefüllt mit Arbeit, doch nun waren wir froh, daß alles bis auf die Überraschung mit der Schalung, gut geklappt hatte.

Die Anlage, die Trocknung, die Reinigung und die Silos erfüllen noch nach 37 Jahren ihren Dienst. Unser Mechaniker, ein Tüftler, hatte die Möglichkeiten der Scheune voll genutzt, er machte gute Vorschläge. Nur Geduld brauchte man bei ihm, er war ein gefragter Mann. Zudem hatte er versucht, viele alte Teile, oft vom Schrottplatz, umzubauen und zu verwerten. Das brauchte Zeit. So läuft noch heute eine Trogkette in der Getreideannahme, die von einem alten Höhenförderer ausgebaut wurde. Wieviel Tonnen Getreide und Raps hat diese in den vielen Jahren gefördert? Solche Allroundhandwerker sind im Dorf ein Segen, auch bei Störungen besonders in der Ernte, wenn es eilt. Unser Mechaniker war ein Käpsele (Genie), ein Hansdampf in allen Gassen.

Eine nette Geste kam von meinem Freund Hans Zink. Er war mit der Ernte bereits fertig und bot mir mit seinem Mähdrescher Hilfe an. Es gab in unserem Dorf eine gewisse Rangordnung beim Erntebeginn. Wenn der Wolfenbauer Georg Ott das erste Getreide heimfuhr, schaute ich erst nach dem Reifegrad meiner Felder. Dem Wolfenbauer folgte in der Regel mein Kollege Hans Zink, der den größten Hof im Ort als Lehrbetrieb bewirtschaftete. Diese Rangordnung hat sich sogar vererbt, die Nachfolger gehen heute weiterhin voraus.

In der Familie war nun auch einiges los. Thomas kam zur Schule, damals noch im April. Die ersten Palmen fertigten wir miteinander. An einem Sonntag waren Martha und ich in der Frühmesse, die Großeltern zu Hause. Um 10.30 Uhr fiel auf einmal unser Bernhard bewußtlos um. Mit drei Jahren hat er 100 Gramm Paracodin-Hustensaft, der süß war, ausgetrunken. So schnell mein Mercedes lief, fuhr ich mit eingeschalteter Warnblinkanlage nach Ehingen ins Krankenhaus. Dort wurde ihm der Magen ausgepumpt. Zwei Stunden lang kämpfte er mit Atemnot und furchtbaren Krämpfen um sein Leben. Am Abend kam er zu sich. Ich blieb die Nacht bei ihm und mußte aufpassen, da er nichts trinken durfte. Am anderen Tag konnten wir wieder nach Hause. Mit Kindern erlebt man manche Überraschung, bei Bernhard war es nicht die letzte.

Die neue Genossenschaftsbank wurde eingeweiht, noch nicht Raiffeisenbank. Diese hatte am Sonntag den Schalter nicht mehr geöffnet.

Weihnachten feierten wir nun mit vier Kindern, Oma und Opa. Am Stefanstag kamen alljährlich die Verwandten zum Namenstag von Opa.

Ein sehr bewegtes Jahr geht zu Ende. [Steno] ›Um fünf Jahre gealtert.‹

Im Herbst war Bundestagswahl, Ludwig Erhard bleibt Bundeskanzler.

In London stirbt Winston Churchill 90jährig. Schon als Kind ist er mir bekannt als der Mann mit der Zigarre. Er verkörperte den englischen Widerstand gegen Hitler.

# 1966

Im neuen Jahr machte ich erstmals in unserer Ehe eine Woche Skiurlaub mit meinem Kollegen Honor Funk in Herrenalb bei Karlsruhe. Auch Thomas begleitete ich bei den ersten Versuchen mit Skifahren.

Gegen den Willen der Frauen kaufte ich ihnen eine Geschirrspülmaschine. Im Betrieb wollte man vorne dabei sein, warum nicht auch in der Küche?

Unsere Kirchengemeinde bekam in Bach ein Erbe geschenkt, eine Gaststätte und Felder. Als Stiftungsrat war ich mit bei der Versteigerung. Ein Steigerer, der bei seinem Nachbarfeld gegen einen größeren Grundbesitzer nicht zum Zuge kam, rief in den Saal: »Gnuag griagt it gnuag« (Genug bekommt nicht genug). An diesen Ausruf mußte ich in meinem Leben oft denken, wenn einer nicht zufrieden war, und immer noch größer werden wollte. Der Erlös dieser Versteigerung war der Grundstock für die spätere Kirchenrenovation.

Eine herrliche Fahrt machte unser Arbeitskreis nach Schweden. Dort herrschte noch Linksverkehr. Stockholm, eine Stadt am Wasser, beste Hotels am Stadtrand und das Land dünn besiedelt. Gute Landwirte bewirtschafteten große Höfe bis 250 Hektar mit großen Tierzahlen für die damalige Zeit. Im Landwirtschaftsministerium wurde uns erklärt, daß ihr Ziel sei, Schweden zu 75 Prozent aus eigener Scholle zu versorgen. Dies würde in Notzeiten ausreichen, wenn durch Kriege oder Krisen keine Nahrungsmittel mehr ins Land kämen. Billiger wäre es für sie, nur 50 Prozent zu erzeugen und die andere Hälfte einzuführen, doch ihnen ist die Sicherheit den höheren Preis wert.

Auf dem Hof lief alles ordentlich, so hektisch wie im letzten Jahr durfte es nicht weitergehen. Wir paßten uns auch etwas der Zeit an und machten Samstag mittags frei, außer in der Saat- und Erntezeit. Mit unserer kleinen Belegschaft und den Helfern unternahmen wir einen Betriebsausflug auf die Insel Mainau und anderen Zielen am Bodensee.

Unseren Hochzeitstag, den 14. September, feierten wir beide mit ganz wenigen Ausnahmen jedes Jahr. Wir besuchten Verwandte – zum Beispiel meinen Bruder Theodor, der an diesem Tag Geburtstag hat –, Bekannte oder fuhren zum Einkaufen nach Stuttgart oder in andere Städte. In einer Autobahnraststätte saß neben uns ein Holländer, der gutes Deutsch sprach. Er erzählte, daß er Blumen transportiere, wir sagten ihm, warum wir heute frei machten. Nach dem Essen verließen wir gemeinsam das Lokal. Dann öffnete er seinen Lkw, holte einen Bund rote Rosen heraus und schenkte sie meiner Frau. Hocherfreut gab sie ihm einen Kuß auf die Wange, ich hatte das Nachsehen.

*Wie lebten wir zusammen – jung und alt in einem Haus?*

Nicht wie im Paradies, ich war auch kein Engel. Natürlich gab es Reibereien, besonders in den ersten Jahren. Opa half anfangs noch mit, besonders im Stall. Als sich einiges änderte, besonders wenn Sachen herausgerissen wurden, die er eingebaut hatte, wie den Höhenförderer, gab es kein Lob für mich. Unvorstellbar war es für ihn, als die Pferde den Hof verließen. Mich störte, daß er meistens unten im Wohnzimmer saß. Im oberen Stock hatten sie auch eines neben dem Schlafzimmer, aber da oben war ja nichts los. Das Leben spielte sich unten ab. Das Telefon war auch im unteren Wohnzimmer installiert, ein Büro hatten wir noch nicht. Wollte ich Dünger, Futtermittel oder eine neue Maschine bestellen, ging ich meistens wieder hinaus, wenn er drinnen saß und die Zeitung gelesen hat. Auch wenn wir Besuch bekamen, gingen wir in der Regel ins Wohnzimmer, natürlich schickten wir Opa nicht hinaus. Im oberen Stock hatten wir ein gemeinsames Bad und WC, auch das war nicht ganz ideal. Doch als Opa merkte, er war ein kluger Mann, daß es auf dem Hof aufwärts ging, wurde ich anerkannt, und das Verhältnis wurde immer besser. So schenkte er mir zu Weihnachten drei umstrittene Bücher für die damaligen Verhältnisse, zum Beispiel »Der viehlose Betrieb«. Doch so weit war ich noch gar nicht.

Natürlich gab es auch unterschiedliche Meinungen über Kindererziehung zwischen jung und alt. Mit der Oma verstand ich mich gut, eine böse Schwiegermutter hatte ich nicht. Bei uns gab es auch nicht dieselben Reibungspunkte wie bei Opa, obwohl sie auch eine tüchtige Bäuerin draußen war, nicht nur im Haus.

Oft waren wir froh, wenn die Großeltern im Haus waren. Und doch faßte ich damals schon den festen Entschluß, im Alter nicht auf dem Hof zu bleiben. Ein Stück weg vom Betrieb wollte ich wohnen. Ich fand es besser, wenn jung und alt getrennt lebten.

In Zürich praktizierte damals ein bekannter Spezialist für Asthmakranke, Dr. Höchli. Die Oma hatte diese Krankheit und Martha war auch belastet. Die bisherige Zeit hatte Martha zwar keine Probleme, doch in ihrer Jugend war die Krankheit aufgetreten. Am Buß- und Bettag fuhr ich mit den beiden Frauen erstmals in die Schweiz. Dieser Tag war der Besuchstag der Deutschen, in der Schweiz war er nämlich kein Feiertag. Neue Medikamente brachten Erleichterung. In der Folge fuhren wir jedes Jahr zweimal zu Dr. Höchli.

Die Steyler Schwestern verlegen den Provinzialsitz von hier nach Laupheim.


Ludwig Erhard tritt zurück, die große Koalition von CDU und SPD unter Führung von Georg Kiesinger tritt an.
Der israelisch-arabische Krieg flammt auf.
Drei Jahre nach der Eröffnung durch seinen Vorgänger

Johannes XXIII. kann Papst Paul VI. das II. Vatikanische Konzil beenden. Viele Fragen über Themen wie Mischehen und Geburtenkontrolle blieben offen, doch die Auswirkungen für die Kirche waren recht positiv.

## 1967

Wir beide wurden vierzig Jahre alt, da wird der Schwabe gescheit. Eine lange Zeit war bis zu dieser Reife vergangen. Wir fuhren mit den Kindern in den ersten Skiurlaub nach Fischen im Allgäu. Die älteren Kinder machten einen Skikurs, Contergan-geschädigte Kinder waren auch dabei. 1961 kamen über 5000 Babys mißgebildet zur Welt, da Schwangere das Schlafmittel »Contergan« geschluckt hatten. Was die Chemie bewirken kann? Verstümmelte Arme und Hände behindern die Opfer ein Leben lang. Im nahen Oberstdorf fuhr ich erstmals seit meiner Jugendzeit wieder auf Schlittschuhen. Es ging recht gut, gelernt ist gelernt.

Auf dem Hof gab es eine weitere große Veränderung. Alle Kühe wurden verkauft. Ein Bauernhof ohne Kühe, ohne Jungvieh, ohne Pferde, ohne Hühner, ohne Kartoffeln, ohne Wiesen, kann der überleben? Wir rissen die Obstbäume in den Viehweiden heraus und konnten sie dann umbrechen. Der bisherige Kuhstall wurde auch in einen Schweinestall umgebaut. Nun hatten wir zweihundert Schweine auf Tiefstreu.

Meine Frau, die den Hof als Erbin übernommen hatte, und ich, wollten die Eltern auch nicht überrumpeln und sofort alles anders machen. Zudem übersah ich vor zehn Jahren auch nicht die rasante Entwicklung in der Landwirtschaft. Viel Geld hätten wir sparen können, das in die Rindviehhaltung und deren Mechanisierung floß. Die Umstellung mußte jedoch erst wachsen und reif werden. Die Maschinen und Geräte für die Grünlandbewirtschaftung wurden verkauft. Nur noch Ackerbau und Schweinehaltung waren vorgesehen, spezialisiert auf zwei Betriebszweige, die ich nun intensiv bearbeitete. Die Naßstellen auf den Äckern wurden drainiert. An manchen Äckern gruben wir große Steine aus, da sie immer wieder die Pflugschare beschädigten. Die Brocken waren zum Teil so groß, daß wir nur einen Stein auf den Gummiwagen laden konnten. Im nahen Baggersee haben wir sie versenkt.

Thomas feierte »Weißen Sonntag«. Ich machte die ersten Radtouren mit ihm. Die Oberdischinger Fußballer wurden Meister in der B-Klasse.

Das Nachbaranwesen Ströbele stand zum Verkauf an. Vierzehn Erben, zum Teil in der DDR, mußten einig werden über den Preis. Da die früheren Besitzer mit Opa weitläufig verwandt waren, durften sie ihren Stall ganz nahe an unser Wohnhaus bauen. Wir waren daher am Kauf stark interessiert. Nach vielen Angeboten und Absagen einigten wir uns am Schluß. Die Gemeinde hatte die Felder und wir die Hofstelle erworben. Neue Arbeit wartete auf uns. Da die Hofstelle schon länger nicht mehr bewirtschaftet wurde, war vieles verwahrlost. Bäume, Hecken und eingewachsene Zäune wurden herausgerissen, der Hühnerstall und andere Hütten wurden abgerissen. Viele Wagen Schutt wurden weggefahren, die Jauchegrube wurde geleert und aufgefüllt, Schotter eingebracht und der Hof gekiest.

Die regelmäßige Müllabfuhr wurde eingeführt. Wohin ging der bisherige Abfall? Hinter dem Haus standen große, ausgediente Kochkessel. Glasscherben, verschmutzte Kleidung, Lumpen, alte Schuhe und anderes kamen hinein. Waren diese Behälter voll, brachte man sie auf die Müllhalde, links vor der Donaubrücke. Speisereste kamen auf die Dunglege. Gestrichenes Holz wurde genauso wie Pappe und vieles andere im Ofen verbrannt. Größere Sachen landeten im jährlichen Himmelfeuer. Auf den Äckern wurden leere Düngesäcke verbrannt. Vieles wurde nach dem Krieg noch wenig oder gar nicht verpackt. Erst mit der Selbstbedienung in den großen Kaufhäusern wurde alles schön umhüllt präsentiert. Plastik begann seinen Siegeszug nicht nur in der Verpackung. Die Müllabfuhr war ein Segen, besonders für die Haushalte, die keinen Ofen, Garten oder Dunglege besaßen.

Die Mehrwertsteuer löst die Umsatzsteuer ab.
Konrad Adenauer stirbt im Alter von 91 Jahren. Die Eini-

gung Europas ist mit seinem Namen verbunden. – Als erstes europäisches Land beginnt Deutschland mit der Ausstrahlung des Farbfernsehens.

In Kapstadt gelingt Professor Bernard die erste Herzverpflanzung.

## 1968

Für den Faschingsumzug wurden acht schöne Wagen gebaut. Themen wie Müllabfuhr, Dorfverschönerung, Hafenbar, Gammler und Reinhardtsklause begeisterten die Zuschauer. Auch die Seitenemporen in der Kirche waren einen Wagen wert.

Am 4. März stirbt überraschend unser Opa im Krankenhaus im Alter von über achtzig Jahren. Diesen Geburtstag konnte er noch bei guter Gesundheit feiern. Über zehn Jahre haben wir im selben Haus Freud und Leid geteilt. Opa war ein Bauer mit Leib und Seele. Oft bin ich mit ihm zum Einkaufen auf den Viehmarkt gefahren oder habe ihm immer wieder die Felder gezeigt. Über die Dorf- und Weltpolitik haben wir oft diskutiert. Er war ein weiser Mann. Vor seinem letzten Gang kam der alte Neubauer nochmals zurück auf den Hof, von dort begleitete ihn eine große Trauergemeinde auf den Friedhof. Als die Musik das Stück vom guten Kameraden spielte, füllten sich unsere Augen mit Tränen.

Wir fuhren wieder nach Zürich zum Arzt, erstmals fuhr Karl-Heinz Ott mit, ein späterer Buchautor (Roman ›Ins Offene‹). Er hatte Kinderasthma. Ihm konnte der Spezialist helfen.

Am 29. Juni 1968 wurde unsere Kirche nach der Renovation wieder geöffnet. Diese war notwendig geworden, nachdem mehrere Rosetten aus dem Kuppelgewölbe heruntergefallen waren. Vieles wurde verbessert, z.B. Fußboden, Bestuhlung, Heizung und die Gestaltung der Säulen. Wie Stefan Ott in seinem Heimatbuch ›Oberdischingen‹ berichtet, wurden 1911 die vordere der vier durchlaufenden ineinander übergehenden Emporen entfernt und die drei übrigen getrennt. Pfarrer Martin Übelhör ließ nun die beiden Seitenemporen abnehmen und die Orgelempore

tiefer setzen, ein gewaltiger Eingriff. Im Sinne der neuen
Liturgie wurde ein Volksaltar erstellt. Der bisherige
Hochaltar wurde abgenommen, die Steinreliefs belassen,
ein kleines Sakramentshäuschen kam dazu. Ich war fast
zwei Jahrzehnte im Pfarrgemeinderat und habe die Entscheidungen mitgetragen. Als Laien vertrauten wir Räte
den Fachleuten des Denkmalamtes und der Diözese.
Ein paar Jahre später kamen meine Frau und ich nach
Rom in eine klassizistische Kirche, ähnlich ausgestattet
wie unsere vor den beiden Renovationen. Welche Wärme
strahlte diese Kirche aus! Haben wir unsere Kirche nicht
zu stark ausgeräumt? Für die Renovation 1911 trugen
andere die Verantwortung. Hätten 1967/68 der bisherige
Hochaltar und die Seitenemporen unbedingt fallen müssen? Heute würde ich nein sagen und ich stehe mit dieser
Meinung nicht allein. Wenn wir alte Postkarten unserer
Kirche betrachten, sehen wir, wieviel an Geborgenheit
unser Gotteshaus verloren hat. Ich schreibe diese Zeilen,
um Personen, die Verantwortung in dieser Gemeinde mittragen, zu warnen und dem Rat von Fachleuten mit
wachem Mißtrauen zu begegnen.
An unserem Bauernhaus sind an der Haustüre die Initia-
len des Erbauers und die Jahreszahl 1885 eingelassen. Da
die alte Eichentür nicht mehr dicht und auch nicht zu
verbessern war, wollte der Schreiner eine neue anfertigen.
Dies lehnte ich strikt ab. Wir erstellten innen einen
Windfang mit dichten Türen. Auch die eichenen Fensterläden von 1885 wollte der Schreiner durch neue ersetzen.
Die alten wurden abgelaugt und neu gestrichen, sie hängen heute noch.
Zur selben Zeit als die Kirche wieder ihre Pforten öffnete,
fand hier ein großes Musikfest statt. Unser Musikverein
wurde 125 Jahre alt, er feierte zugleich das Kreismusik-
fest. Vorstand Alois Volz und Dirigent Hans Schrode stellten mit Freunden und Helfern ein Wochenprogramm auf,
das einmalig war. Als Ausschußmitglied des Vereins durfte ich mitwirken. Vierzig Kapellen spielten auf, fünf
schöne Märchenwagen schmückten den Umzug. Rainer
Böhm, Franz Lang, Heinz Schenk und andere waren Mit-
wirkende beim bunten Abend. Das Wetter war herrlich.
Mit dem Kinderfest endete dieses Jubiläum. Das schöne

Wir beehren uns, Sie zu unserer am Dienstag den 27. Oktober 1885 stattfindenden

# Hochzeits-Feier

in das Gasthaus zum Löwen in Oberdischingen freundlichst einzuladen.

Josef Schlich.

Walpurga Ott.

Kirchliche Trauung 9 Uhr.

*Hochzeitseinladung vom Erbauer des Wohnhauses (heute Hindenburgstraße 9), das auch die Jahreszahl 1885 trägt.*

Fest fand in Baus Breite statt, auf dem großen Feld, das sich an die Firma Bareiss anschließt.

Den ersten Sohn Thomas brachten wir ins Benediktinerkolleg nach Laupheim. Doch nach einem halben Jahr holten wir ihn wieder ab. Thomas weinte, die Mutter mit. Ja Kinder muß man oft auf vielen Umwegen begleiten, bis sie auf dem richtigen Weg sind.

Im Herbst fährt ein Lastzug mitten hinein in ein Klassenzimmer der alten Schule unter dem ehemaligen Rathaus. Um 14.00 Uhr mittags durchbrach der Lkw die Außenwand, als er von der Hindenburgstraße her die Linkskurve nicht schaffte. Die Steinbrocken wurden von einem Ende bis zum anderen ins Zimmer geschleudert. Antonie Munding – einen Stock darüber – meinte, es sei ein Erdbeben. Risse entstanden in der Wand ihres Zimmers, so daß sie flüchtete. Der Fahrer wurde verletzt und kam ins Krankenhaus. Zum Glück wurde an diesem Nachmittag nicht unterrichtet.

Draußen im Wald beim Skifahren verletzte ich mich am Knie. Ein Maulwurfshaufen hatte mich gestoppt. Drei Wochen umhüllte Gips mein Knie. Als Landwirt habe ich natürlich weiter gearbeitet, so gut es eben ging. An der Leiter mußte ich mich hochziehen, weil ich das Knie nicht beugen konnte.


Jahresrückblick: Bei den Olympischen Spielen in Mexiko-City tritt die DDR mit eigener Mannschaft an, und erringt mehr Medaillen als die Bundesrepublik.

Die studentische Jugend in unserem Land geht auf die Straße. Auf Rudi Dutschke, den Kopf der außerparlamentarischen Opposition (APO), wird ein Attentat verübt.

Sowjetische Truppen und Panzer besetzen Prag. Der »Prager Frühling«, ein eigener Weg zum Sozialismus unter demokratischen Voraussetzungen, wird erstickt.

Martin Luther King, der farbige Führer der amerikanischen Bürgerrechtsbewegung, wird bei einer Ansprache durch Schüsse tödlich verletzt. Gewaltlos wollte er das Los der Farbigen in den USA verbessern.

Das amerikanische Raumschiff Apollo VIII bringt erstmals drei Astronauten in eine Umlaufbahn um den Mond.

# 1969

Die Mechanisierung in der Landwirtschaft ging laufend weiter. Arbeitskräfte wurden knapper, die Industrie nahm viele Landwirte auf. Wir kauften einen stärkeren Schlepper, einen Hanomag mit 85 PS. Die Konsequenz ist in der Regel, daß die bisherigen Geräte dahinter zu klein sind, um die Leistung der Zugmaschine voll zu nutzen. So folgten ein Vierscharpflug, eine breitere Kultiegge und anderes. Immer mehr Leistung war das Ziel.

Ruhigen Schrittes fuhr die Frau unseres Schuhmachers Karl Braig mit ihren zwei sauber geputzten Kühen und Wagen ins Feld. Es war das letzte Kuhfuhrwerk, das gemächlich durch unser Dorf zog. Pferde, Ochsen, Kühe hatten Jahrhunderte dem Landwirt als Zugkraft gedient. Wieviel sich in unserer Generation verändert, das ist kaum zu fassen.

Ein neuer Lehrling kommt – Gebhard, sechzehn Jahre alt. Als wir ihn bei seinen Eltern bei Schwäbisch Hall abholten, fuhr er mit seinem Moped hinter unserem Auto her bis nach Oberdischingen. Unser ehemaliger Gehilfe Helmut Notz heiratet die Tochter unseres Nachbarn. Zwei Jahre war er ganz in ihrer Nähe. Meine Frau trug ihm bei der Hochzeit ein Gedicht vor, in dem sie unter anderem schilderte, wie Helmut und sein Freund Karl beim Maienstecken ins Dach eingebrochen waren, obwohl es wie neu aussah. Da Helmut am Sonntag beim Essen immer eine weiße Schürze trug wie zu Hause, schenkte sie ihm eine mit dem Reim: »Trag sie bitte jeden Sonntag recht feste, dann hast du immer eine saubere Weste«.

Unser Arbeitskreis besuchte eine Woche lang unseren nördlichen Nachbarn Dänemark. Nicht nur große Bauernhöfe durften wir besichtigen, sondern auch ihre schmucken Wohnhäuser. Dänemark als Agrar-Exportland war für uns Landwirte als Konkurrenz interessant, gerade auch in der Schweinehaltung. Das Land mit seinen 483 Inseln war für uns Landratten sehenswert.

Ich habe schon berichtet, daß unser Bauernhaus zwölf Zimmer hat. Die Wohnküche wurde mit dem Herd geheizt, das Wohnzimmer mit einem Kachelofen, der von der Küche aus bedient wurde. Der Badeofen – mit Holz beheizt – sorgte für heißes Wasser und eine Mindestwärme im Raum. In Omas Wohnzimmer war ein Ölofen, der auch das nebenliegende Schlafzimmer erwärmte. Also nur fünf Räume konnten beheizt werden, alle übrigen in Notfällen mit Elektroöfen, das Bett mit Heizkissen oder Bettflasche u.ä. Daher planten wir, eine Zentralheizung einzubauen. Doch unser Haus war nur zur Hälfte unterkellert. Dieser Keller war gewölbt und niedrig. Damals waren die Menschen im Durchschnitt kleiner. Obwohl wir so ein großes Haus hatten, mußten wir für die Heizung einen kleinen Anbau errichten. Darüber die Küche, oben einen Balkon. Als wir vom bisherigen Keller eine Tür für den Anbau ausbrachen, kamen wir auf einen gesunden, dicken Eichenstamm (vom Pfahlbau). Im Haus, das mit acht Personen belegt war, wurden neben dem Einbau der Zentralheizung Zwischenwände versetzt und bei Oma wurde ein Kamin abgebrochen. Schlimm wurde es, als wir die Küchendecke herunter geschlagen haben. Der Kamin hatte die Decke nach unten gedrückt, sie war mit Dinkelspreu gefüllt. Wir mußten beim Runterschlagen der Decke immer wieder flüchten, so stark war die Staubentwicklung. Mit dicken Dämmplatten isolierten wir sie zwischen den Balken. Nachher mußten wir feststellen, daß die alte Decke mehr Schall geschluckt hat als die neue. Immer wieder die Feststellung, unsere Vorfahren waren zu ihrer Zeit mit ihren Mitteln sehr erfolgreich. Für 28 Heizkörper mußten Schlitze in die Wand geschlagen, Rohre zusammengeschweißt werden für den Vor- und Rücklauf. Am Schluß konnten wir die Monteure loben, beim Probelauf war alles dicht. Der feine weiße Kalkstaub kam durch alle Ritzen durch, sogar bis in die Schränke. Wenn wir sonntags zur Kirche oder die Kinder zur Schule gingen, mußten wir uns gegenseitig kontrollieren und wenn nötig abstauben. Die Möbel mußten umgestellt oder in Zimmer nebenan gebracht werden. Wir hatten laufend zu tun, auf- und umzuräumen und den Handwerkern zu helfen. Die elektrischen Leitungen wurden neu gelegt, wieder gab es Staub, wenn die Elektriker ihre Schlitze schlugen. Wie auf einer Baustelle sah es aus, als die Gipser wieder alle Spuren auffüllten und glätteten. Der Gipsautomat (Putzmeister) stand im oberen Stock,

die weiße Brühe lief die Treppe hinunter. Im großen oberen Flur und in den Zimmern wurden Parkettböden verlegt, im unteren Stock Heißasphalt eingebracht. Der alte Maurermeister Volz war wochenlang mit Plattenlegen in der neuen Küche mit Vorratsraum, im Bad, im Waschraum und auf dem Balkon tätig. In der ehemaligen großen Wohnküche lagerte im Winter ein großer Sandhaufen, draußen wäre er gefroren. Damals wurden alle Platten noch in Speis verlegt, nicht geklebt wie heute. Für die Kinder war der Sand ideal zum Spielen. Der Haufen wurde immer breiter. Oft ist uns die Arbeit über den Kopf gewachsen, wenn Tätigkeiten auf dem Hof und im Haus gleichzeitig bewältigt werden mußten. Ich war dankbar, daß mein Nachbar Xaver Enderle einsprang und mithalf. Familie Enderle geht durch unseren Hof, wir durch ihren, um Wege abzukürzen. Immer pflegten wir gute Nachbarschaft. Wir hatten nun ein warmes Haus, auch die Zimmer auf der Nordseite konnten nun voll genutzt werden. Oben wurde ein neues Bad und im unteren Stock endlich ein WC eingebaut. Mutter hatte eine neue Küche, ein großes Eßzimmer, eine Waschküche, einen Hauswirtschaftsraum, Lehrling und Kinder beheizte Zimmer, ich selbst das langersehnte Büro. Der Aufwand und die Mühen waren erheblich, doch nun fühlten wir uns alle wohl.
Am 24. Juni ereignete sich in Oberdischingen ein Großbrand. Durch Schweißarbeiten war im Klosterbau St. Hildegard in einem Bühnenzwischenboden Feuer entstanden. Mittags um 14.00 Uhr wurde die starke Rauchentwicklung von Nachbarn entdeckt. Die Ortsfeuerwehr, zwei Löschzüge von Ehingen und viele freiwillige Helfer waren im Einsatz. Das Feuer konnte bald gelöscht werden, der Wasserschaden war unter dem ausgebrannten Dachstuhl groß. Der Schaden wurde vorerst auf 300.000,– DM geschätzt. Das Gebäude gehört zu den historischen Bauten, die während der Zeit des »Malefizschenken« errichtet wurden. Das Haus wurde seit Jahren als Müttererholungsheim genutzt.

Wichtige Ereignisse des Jahres: Willy Brandt wird Bundeskanzler. SPD und FDP schließen sich zusammen und schicken die CDU nach zwanzig Jahren Regierungsarbeit in die Opposition. Gustav Heinemann wird neuer Bundespräsident.

Der erste Mensch, Nil Armstrong, betritt am 21. Juli 1969 den Mond. Die Amerikaner haben das Unglaubliche wahr gemacht. Es verlief alles planmäßig. Mit Präsident Nixon wird das erste Telefonat zwischen Mond und Erde geführt.

## 1970

Dieses Jahr setzten wir die dritte Linde aus dem Bacher Wald in unseren Hof, nachdem die zwei Vorgängerinnen eingegangen waren. Wahrscheinlich war der Boden zu sehr mit Nährstoffen versorgt, da neben der Baumgrube jahrhundertelang der Dung lagerte.

Die Linde ist inzwischen ein stattlicher Baum geworden und verschönert das Hofbild.

Unser »Mopedfahrer« hat sein Lehrjahr beendet, Georg Hartmann aus Oberndorf kommt. Georg war in Mathe hervorragend, in Rechtschreiben hatte er Probleme. Daß solche Begabungen und Schwächen so nahe beieinander liegen! Bei der späteren Meisterprüfung war er der Beste unter über 80 Anwärtern.

Unsere Fruchtfolge Winterraps, Winterweizen, Hafer, Wintergerste hatte sich bewährt. In der Rapsblüte kam jedes Jahr der Wanderimker Fehrenbach aus Weingarten. Die dreißig bis vierzig Bienenvölker brachte er von der Baumblüte aus dem Markgräfler Land. Bei Nacht hatten seine Mitarbeiter die Völker auf den Lastwagen geladen und kamen frühmorgens bei uns auf dem Hof an. Sie verteilten die Völker auf den zehn Hektar großen Rapsfeldern. Als Dank für die Tracht und das Vesper gab es für uns Honig. Raps fördert die Brut im Stock, so daß die Völker stark werden. Nachher zog Fehrenbach mit den Bienen in die Waldtracht ins Oberland. So hatte ich nochmals mit Bienen Kontakt wie früher. Beim Aufstellen der Völker hatten mich die Bienen morgens gestochen. Mit geschwollenem Gesicht fuhr ich mit Martha und Ehepaar Funk zur landwirtschaftlichen Ausstellung nach Köln. Dort lernten wir Berufskollegen mit Frauen

46 *In Norddeutschland spannten wir öfters drei Pferde vor die breite*
   *Sämaschine. Auch vor dem Pflug gingen drei Pferde nebeneinander*
47 *Am 10. Mai 1950 zog erstmals in Gutmadingen anstelle des Pferdes*
   *unser Ochs eine Gespannspritze über die Getreidefelder.*
   *Die chemische Unkrautbekämpfung begann*

48 Mein Vater spannte vor die selbe Mähmaschine der Firma Fahr zwei
   Ochsen ein und führte sie über die Wiese. Ich saß als Schuljunge
   auf dem Sitz und kontrollierte den Messerbalken.
49 Erstmals dabei beim Blutritt in Weingarten am 31. Mai 1957

50  Unsere Pferde Fritz und Hans eingespannt am Leichenwagen
    für die Beerdigung von Dekan Josef Schmitt am 1. April 1959
51  Wir verabschieden uns am 5. Dezember 1961 von den letzten
    Pferden Fritz und Hans auf unserem Hof. Opa fällt der Abschied
    besonders schwer

52 Oberdischingen. Das letzte Kuhfuhrwerk mit Josefine Braig auf
dem Weg ins Feld. Foto um 1969
53 Auf unserem Hof gab es viele glückliche Schweine

aus Schleswig-Holstein kennen, mit denen wir heute noch in Verbindung sind.

Fünfzig Ortsobmänner aus der Nürtinger Gegend besichtigten unseren Hof. Einzelne Landwirte fragten immer wieder an, ob sie den Hof nochmals besichtigen dürften, um Genaueres zu erfahren. Erstmals konnten wir dieses Jahr den geernteten Raps lose verladen. Die Lkw waren innen mit Planen ausgeschlagen, so daß sie dicht waren. Dies war für uns nach acht Jahren Rapsanbau eine große Arbeitserleichterung. Auch stellten wir auf Lohndrusch um.

Einen Lehrling konnten wir nur als halbe Arbeitskraft berechnen. Er mußte zur Schule und an Lehrgängen teilnehmen. Wenn es daheim auf dem elterlichen Betrieb einen Notstand gab, half er dort aus. Man saß mit ihm zusammen, um die schriftlichen Arbeiten zu erledigen. Beim Lohndrusch kam nun der Fahrer mit, die Maschine wurde von ihm gewartet. Wir brauchten nur noch das Erntegut abfahren, auf dem Hof reinigen und eventuell trocknen. Der gezogene Mähdrescher war überholt, leistungsstärkere Selbstfahrer lösten ihn ab. Die Technik veraltete sehr schnell. Obwohl wir nur in die beiden Betriebszweige Ackerbau und Schweinehaltung investierten, wäre der Kapitalaufwand zu hoch gewesen, um alles selbst zu erledigen. Unsere Maschinenkosten blieben ohne Mähdrescher im Rahmen. Die Buchführungsergebnisse steigerten sich von Jahr zu Jahr. Mit der Umstellung auf Lohndrusch hatte unser Hof einen gewissen Höhepunkt in der Mechanisierung erreicht. Wir waren im Stall, in der Annahme und Verarbeitung von Raps und Getreide gut eingerichtet und im Ackerbau nun recht schlagkräftig.

Dieses Jahr war ich mit dem Meisterverband auf der landwirtschaftlichen Ausstellung in Paris. Die Hanomag-Schlepper waren stark im Blickfeld der Besucher. Ich freute mich über meine Marke, die sich so hervorragend präsentierte. Drei Wochen nach Ausstellungsende kam in der Tageszeitung: »Hanomag gibt Ackerschleppergeschäft auf«. Ich war geschockt, war das möglich? Über Nacht war unser Schlepper im Wert stark gesunken. Der Firma Hanomag folgten noch viele andere Schlepper- und

Landmaschinenfirmen. Das Beispiel zeigt, wie sprunghaft die Entwicklung in Industrie und Landwirtschaft verlaufen ist.

Der Bruder meines Schwiegervaters Josef Schlick war hier Bürgermeister von 1930 bis zu seinem Tod 1944. Er starb im Alter von 58 Jahren. Die Nazis hatten ihn immer wieder schwer belastet, es liegt noch ein umfangreicher Briefwechsel vor.

Josef Schlick trug erstmals den Titel Bürgermeister. Bisher nannte man den Gemeindevorsteher Schultheiß (Schultes). Er baute mit seiner Frau im Jahre 1932 ein Haus in der Allee. Die Ehe blieb kinderlos. Als beide während des Krieges verstarben, fiel das Haus an den Hof zurück. In dieses Haus zogen anschließend zwei Dorfärzte nacheinander ein. Sie wohnten unten, die Kinder im Dachgeschoß, die Praxis war im Obergeschoß. Als der letzte Arzt Dr. Sailer auszog und gegenüber ein Haus mit Praxis baute, hatten wir den Plan, eine Zentralheizung und drei Wohnungen einzubauen. Also eine ähnliche Arbeit wie im Bauernhaus. Die Heizung konnten wir im Keller einrichten. Zwei neue Bäder wurden installiert, zwei Balkone angebaut. Die Fenster und Türen sind erneuert, der Putz abgeschlagen und das Haus in ein neues Gewand gekleidet worden. So war das Doktorhaus nun auch auf dem neuesten Stand. Nun wünschten wir uns drei gute Mietparteien.

In der Familie regte sich auch einiges. Drei Kinder gingen zur Schule, Cäcilia feierte Erstkommunion. Mit Thomas machte ich die erste Bergtour auf die Kanisfluh im Bregenzer Wald. Zum Baden gingen wir in die umliegenden Baggerseen, die Donau war zu sehr verschmutzt. Wir unternahmen mit den Kindern die ersten Volksmärsche, denen noch viele folgten.

Ich bekam mit 43 Jahren noch Mumps, der in diesem Alter Folgen haben kann. Meine Gesundheit war schon angeschlagen, doch immer spielte ich Stehaufmännchen. Auch Oma war immer wieder krank, aber ebenso oft eine große Hilfe für uns alle.

Der Sportverein errichtet mit viel Eigenleistung ein Vereinsheim.

Die Kläranlage wird in Betrieb genommen.

Der Hersteller des Schlafmittels »Contergan« in Grünenthal bietet 110 Millionen DM an die Eltern geschädigter Kinder.

Bundeskanzler Willy Brandt unterzeichnet in Warschau den deutsch-polnischen Vertrag über die Normalisierung der Beziehungen. Der Kniefall Brandts am Mahnmal im Warschauer Ghetto erregt großes Aufsehen in der Welt.

In Ägypten wird der umstrittene Assuanstaudamm fertiggestellt.

## 1971

Die Höhere Landbauschule in Nürtingen ist inzwischen Ingenieurschule geworden. Wir konnten dort auf freiwilliger Basis als ehemals staatlich geprüfte Landwirte den »Ingenieur« erwerben. Dem Landwirt bringt der Titel nichts. Wird man jedoch durch Krankheit oder Unfall berufsunfähig, hätte man mehr Chancen als Agraringenieur. So beschloß ich mit meinen Studienkollegen Honor Funk, Walter Hiller vom Herlighof bei Uttenweiler und anderen einen Vorbereitungskurs zu absolvieren. Alte Fächer wurden wieder aufgefrischt, vor achtzehn Jahren hatten wir Nürtingen verlassen und manches vergessen. Neben der Landarbeit her mußte ich eine Ingenieurarbeit schreiben. Zudem fingen wir an, einen neuen Schweinestall im zugekauften Ökonomiegebäude einzubauen. Von vier bis sechs Uhr schrieb ich an meiner Arbeit, weckte dann den Lehrling, um im Stall, Feld und auf der Baustelle zu arbeiten. Der Sonntag war natürlich auch belegt mit der neuen Herausforderung. Nach einem halben Jahr kamen die mündliche und schriftliche Prüfung, die Ingenieurarbeit wurde bewertet. Am Schluß dieser späten Lernphase wurde uns die Ingenieur-Urkunde verliehen.

Dieses Jahr fuhr unser Arbeitskreis nach Belgien zu unseren westlichen Nachbarn. Betriebe, Tierversteigerungen, Schlachthofbesichtigungen und natürlich Brüssel standen auf unserem Programm. Da wir als Landwirte wenig Zeit zur Verfügung hatten, fuhren wir meistens nachts mit dem Zug erster Klasse, um zu schlafen.

Auf dem Hof führten wir für interessierte Landwirte die

Lose-Düngerkette vor. Die Fünfzig-Kilo-Düngersäcke hatten wir bisher im Frühbezug im Waggon am Rißtissener Bahnhof ausgeladen, daheim zwischengelagert und endlich wieder mit Muskelkraft in den Düngerstreuer gebracht. Nun zeigten wir hier eine ähnliche Lösung wie beim Getreide, alles lose im Fließverfahren vom Silo heraus, oder mit dem Frontlader vom Loselager in den Streuer. Auch wieder eine sehr große Erleichterung, die Technik machte es möglich.

Es gab nicht nur Sonnentage auf unserem Bauernhof, sondern auch Ärger; so mit einem Getreidehändler, der unseren Hafer abholte, aber nicht bezahlte. Trotz vieler Mahnungen und Drohungen kam kein Geld. Der erste Reinfall auf diese Art. Ich hatte inzwischen herausgefunden, wo der Hafer lagerte, in einem stillgelegten Stall in Arnegg. Der Besitzer des Stalles war gleich auf meiner Seite, er bekam nämlich auch keine Miete. Ich informierte ihn nun über unseren Plan. Am anderen Tag fuhren wir mit zwei Schleppern und vier Anhängern Richtung Arnegg. Mit Schubkarren brachten wir über Rampen den Hafer auf unsere Wagen, eine Arbeit die keine Freude machte. Doch wir wurden nicht verraten und konnten alles aufladen. Anschließend fuhren wir nach Allmendingen zur Firma Allgaier und kippten dort unser »Diebesgut« ab. Herr Allgaier hatte uns diesen Hochstapler empfohlen. Jeder kann sich täuschen.

Auch mit unserem Lehrling Otto Dursch hatten wir Probleme. Mit bereits sechzehn Jahren kam er öfters mit der Polizei in Konflikt. Morgens um halb drei schellte das Telefon, Polizei! Otto hatte in Ulm ein Moped »geliehen«. Obwohl die Eltern auch nicht weiter weg wohnten, hatte er unsere Telefonnummer angegeben. Am Moped hatte er eine alte Nummer von uns angebracht. Einmal holte er den Eltern das Auto aus der Garage und ging ohne Führerschein auf Fahrt. An einem Wochenende sagte Otto, er fahre heim zu seinen Eltern. Doch die Eltern kamen zu uns, um Otto zu besuchen. Otto hatte mit »Kollegen« am Strand übernachtet. Er fehlte öfters, wenn wir abends die Türen verschlossen. Um sechs Uhr morgens stand er vor der Tür, irgendwo hatte er die Nacht verbracht. Otto war bei allen Unarten dabei, Kumpane fanden sich immer.

Einmal haben sie an den Straßenlaternen so fest gerüttelt, bis die Schirme herunterfielen. Wenn Otto die Nacht hier im Hause verbrachte, war er ein guter Mitarbeiter. Viele Gespräche mit ihm und seinen Eltern hatten wenig Erfolg. Rausschmeißen wollte ich ihn auch nicht. Ich hatte Angst, er zündet mir den Hof an, oder macht sonst eine Dummheit. So war ich froh, als seine Zeit abgelaufen war und ihn der Vater abholte. Er kostete mich viele Nerven, manches Haar wurde grau. [Steno] ›Bisher schwierigster Lehrling.‹

Was ist aus Otto geworden? Zu meiner Freude vernahm ich, daß er in Nürtingen den Techniker machte. Er verkaufte später Stalleinrichtungen und anderes. Heute sprach ich mit seiner Mutter, der Vater ist inzwischen verstorben. Sie erzählte mir, daß Otto seit sechs Jahren mit einer tüchtigen Geschäftsfrau verheiratet ist. Er sei selbständig und verkaufe Bäckereimaschinen. So schlecht und schlau er war, ein böses Wort hätte sie von ihm nie erhalten. Wenn mein Büchlein fertig ist, lade ich ihn ein und schenke ihm ein Exemplar. Ich habe ihn seit seiner Lehre nicht mehr gesehen (dreißig Jahre). Der Nachfolger, Gustav Kohler aus Kösingen, war etwas älter, sehr anständig und fleißig. So konnten wir beruhigt mit der ganzen Familie in Skiurlaub fahren. Gustav und Oma hielten die Stellung zu Hause.

Seit meinem Einzug in Oberdischingen wurde die Wäsche in der nahen Gemeinschaftswäscherei, der »Kass«, gewaschen. Oma und Martha gingen gern in die »Wäsche«, dort trafen sich die Frauen auch zum »Schwätza«. Doch die Zahl der Benutzer ging immer mehr zurück. Die Waschmaschine im Haus hatte längst ihren Siegeszug angetreten. Am 28. Februar 1971 wurde die Wäscherei geschlossen, das Gebäude an den Nachbarn verkauft. Langjährige Wäscherinnen waren Franziska Tritschalek, Maria Glocker und zum Schluß Maria Bitterle.

Vom Landwirtschaftsministerium Stuttgart erhielt ich eine Einladung mit einer Platzkarte Nr. 4 zur »Ehrung verdienter Persönlichkeiten«. Normalerweise werden Personen erst im fortgeschrittenen Alter geehrt. Mit einem vollen Bus Landwirte aus Oberdischingen und Nasgenstadt fuhren wir zum Bauerntag nach Stuttgart. Ich suchte meinen Ehrenplatz auf und war nun gespannt. Neben anderen Persönlichkeiten kam auch Ministerpräsident Hans Filbinger zur Kundgebung. Er überreichte nach seiner Rede die Staatsmedaillen in Silber und Gold. Ich durfte aus seiner Hand eine Goldmedaille entgegennehmen, ebenso die »Urkunde für hervorragende Verdienste um die Landwirtschaft«. Ich war natürlich überrascht, ich weiß bis heute noch nicht, wie ich zu dieser Ehrung kam. Seither hängt diese Auszeichnung, die höchste, die das Land verleiht, zwischen Meisterbrief und Ingenieururkunde im Büro.

Am 18. September 1971 wurde die Hauptschule mit Turnhalle und Lehrschwimmbecken eingeweiht. Vor dreizehn Jahren war die Grundschule gebaut worden. So wurde nun ein Schulzentrum für den unteren Bezirk geschaffen, wie Bürgermeister Alois Speiser bei seiner Ansprache erklärte. Die zweite Schule durfte er während seiner Amtszeit eröffnen. In vielen Sitzungen des Gemeinderates, dem ich immer noch angehörte, wurde der Schulhausbau diskutiert. Erst war eine Realschule geplant, eine zweizügige Nachbarschaftsschule war es am Schluß. Eine Bausumme von 2,5 Millionen DM war damals für unsere Gemeinde kein Pappenstiel und Bürgermeister Speiser versuchte, an alle Quellen heranzukommen, um die Finanzierung zu sichern. Noch im Dezember 1969 mußte mit den Bauarbeiten begonnen werden, damit die Gelder nicht blockiert wurden. So stand groß im Ehinger Tagblatt: »Kaum beschlossen – schon wird gebuddelt.« Für Oberdischingen und die Nachbargemeinden war die neue Schule ein Segen. Noch heute, nach dreißig Jahren, erfüllt sie die ihr damals gestellte Aufgabe bestens.

Der Musikverein kann neben der Schule sein neu geschaffenes Heim einweihen.

Unser letzter Totengräber, der die Gräber noch von Hand ausschachtete, hieß Alfred Osswald. 18 Jahre lang von 1953 bis 1971 machte er diese nicht ungefährliche Arbeit. Bei einem Grab mußten folgende Maße genau eingehalten werden: Länge 2,20 m, Tiefe 1,80 m, Breite oben 80 cm, unten 70 cm. Wenn die Erde feucht war, mußte während der Grabarbeiten ständig abgesprießt werden, damit von der Seite her die Erde nicht einrutschte. Zwei Stunden brauchte der Totengräber für diese schwere Arbeit bei normalen Verhältnissen. Was denkt der Totengräber, wenn er so ein Grab schaufelt, fragte ich Alfred. »Gar nichts« sagte er, »die da unten machen einem nichts«. Er hat auch bis nachts um 24 Uhr im Loch unten gestanden, wenn er tagsüber keine Zeit fand. Ein Dreibockreuter über dem Grab mit einer Laterne beleuchtete seine Arbeitsstelle.

Nun wird's gruselig. Wenn Alfred nach 25 Jahren den vermoderten Sargdeckel wegschaufelte, sah er oft das Skelett des Verstorbenen. Einmal bewegte sich durch den Luftzutritt der Unterkiefer einer Verblichenen. Alfred kannte die Frau noch persönlich mit Namen. Sein Kommentar dazu: »Net amol im Grab ka se ihr Gosch halta« (nicht einmal im Grab kann sie ihren Mund halten).

Alfred war bei jeder Beerdigung dabei, um mit den Leichenträgern den Sarg fachgerecht in die Tiefe zu versenken. Nachher mußte er sich gleich umziehen, die Erde wieder mit der Schaufel einbringen und den Grabhügel mit Kreuz, Kränzen und Blumen schön gestalten. Für die Grabarbeiten und die obigen Dienste bekam er die erste Zeit 20,– DM, in den letzten Jahren 80,– DM.

1964 fehlten schon die Pferde im Dorf, die den Leichenwagen ziehen sollten. Vier Träger schoben einen niederen gummibereiften Wagen mit dem Sarg des Toten vom Trauerhaus zum Friedhof.

Dieses Jahr übernahm nun das Beerdigungsinstitut Anton Baur, Ehingen, die Aufgaben von Alfred Osswald. Mit dem Bagger wurde das Grab ausgehoben. Das Auto löste den gezogenen und geschobenen Leichenwagen ab. Ein Totengräber, der durch Jahrhunderte seine Tätigkeit ausgeübt hat, wird nicht mehr benötigt.

Ein Blick über unseren Ort hinaus: Willy Brandt erhält den Friedensnobelpreis. Er hat einen wichtigen Beitrag zur Versöhnung verfeindeter Völker Europas geleistet.

Das US-Raumschiff »Appollo 14« mit drei Astronauten an Bord erreicht vier Tage nach dem Start die Mondumlaufbahn. Die beiden Raumfahrer Alan B. Shepard und Edgar D. Mitchell landen am 5. Februar 1971 mit der Mondfähre »Antares« auf dem Erdtrabanten. Sie unternehmen zwei ausgedehnte Spaziergänge von jeweils über vier Stunden. Erstmals steht den Astronauten ein kleiner Wagen zur Verfügung, mit dem sie Arbeitsgeräte und eingesammeltes Mondgestein transportieren.

Auch die Russen starten ein neues Weltraumexperiment. Sie bringen die 17 t schwere Raumstation »Saljut 1« in die Umlaufbahn der Erde. Vier Tage später startet »Sojus 10« mit drei Kosmonauten in der Kapsel. Handgesteuert koppelt diese an »Saljut 1« an. Beide Stationen fliegen fünf Stunden gemeinsam durch das All.

Zwei Monate später dockt »Sojus 11« mit drei Astronauten an Bord an das fliegende Laboratorium »Saljut 1« an. Die Besatzung steigt um. Somit wird »Saljut 1« zur ersten bemannten Raumstation in der Geschichte der Raumfahrt. Nach einem Rekordflug von 24 Tagen landet »Sojus 11« im vorgesehenen Zielgebiet. Als die Luken geöffnet werden, findet man die dreiköpfige Besatzung tot in ihren Sitzen. Ein Druckabfall in der Kapsel, 30 Minuten vor der Landung, war die Ursache. So nahm die sonst erfolgreiche Mission ein tragisches Ende.


# 1972

Ich erzählte schon, daß wir im zugekauften Ökonomiegebäude einen Schweinestall einbauten. Wir hatten es innen ganz ausgeweidet, so daß nur die Außenmauern und das Dach stehen blieben. Vorher war darin ein Pferde-, Kuh- und Schweinestall untergebracht, ebenso ein Keller und die Wagenremise, alles was ein kleiner Hof brauchte. Wir haben uns für die dänische Aufstallung entschieden, also täglich Misten mit Schrapper und Stroh einstreuen. Für einen Tiefstall hätten wir zu wenig Stroh gehabt. Schwemmentmistung mit viel weniger Arbeitsaufwand wollte ich nicht. Mitten im Ort hätte es auch Probleme mit den Düften des Stalles gegeben. Stroh bindet den Geruch. Die Stalleinrichtung und Schrapperbahnen baute wieder unser bewährter Mechaniker Josef Braun. So konnten wir dieses Jahr unseren Schweinebestand mehr als verdoppeln.

Obwohl ich dem Lehrling unseren Acker zeigte, streute er

Kalkstickstoff auf Nachbars Acker. Dieser hatte schon Stickstoff gestreut, Lagerfrucht war vorprogrammiert. Doppelt genäht hält besser, gilt hier nicht. Mit Lehrlingen erlebt man einiges, auch im Stall und beim Einsatz von Schleppern und Maschinen. Auch die eigenen Kinder probierten ihr Können und sorgten immer wieder für Überraschungen. Thomas war mit seinem Freund Rudolf mit dem Schlepper beim Eggen auf einem neun Hektar großen Acker. Längs des Feldes verläuft ein Graben mit tiefer Böschung. Wahrscheinlich haben die beiden Geisterfahrer nicht aufgepaßt und landeten mit Schlepper und 4-m-Egge unverletzt im Graben. Der Zwirnenbach hat an dieser Stelle so ein tiefes Bett, daß wir den Schlepper von weitem nicht sehen konnten. Bis heute weiß ich nicht, wer gefahren ist. Seit diesem Vorfall durfte nur noch ein Fahrer auf den Schlepper.

Nicht nur die Betriebe spezialisierten sich, sondern auch die landwirtschaftlichen Ausstellungen. In Essen fand die erste Fachmesse für Schweinehalter statt, die ich mit Berufskollegen besuchte. Einen Abstecher machte ich auf den Niermannshof, den ich vor siebzehn Jahren verwaltet hatte. Jetzt bewirtschaftet er über 100 Hektar und mästet 185 Bullen. Welch rasante Entwicklung auf den Betrieben!

Unsere Kinder wurden immer mehr flügge. Wir gingen mit ihnen zum Volkswandern, Baden, Grillen. Wir tauschten in den Ferien die Kinder im Bekannten- und Verwandtenkreis aus. Mit einem Boot fuhren wir auf dem Ersinger Baggersee und der Lauter. In Allmendingen verkauften wir auf dem Hasenmarkt sechs Langohren für 56,– DM, die erste Seifenkiste wurde gebaut. Wir besichtigten Zürich, den Rheinfall, bestiegen Burgen und Schlösser. Im Winter machten die Kinder Skikurse im Kleinwalsertal. Auch auf der Alb waren wir beim Skifahren unterwegs. Damals gab es dort noch mehr Schnee. Es war eine schöne Zeit mit den Kindern. Doch alle Freude wurde überschattet von Tagen, die die ganze Familie erschütterten. Unser Bernhard litt an Epilepsie.

Dieses alte Leiden der Menschheit ist mit vielen Vorurteilen belastet. Epilepsie ist keine Geisteskrankheit, sondern ein »Gewitter«, eine Funktionsstörung im Gehirn. Sie kann bei manchen Formen die geistige Leistungsfähigkeit mindern. In der Mehrzahl der Fälle tritt dies jedoch nicht ein. Bedeutende Männer wie Sokrates, Cäsar, Alexander der Große, Peter der Große, van Gogh, Nobel und viele andere geniale Persönlichkeiten haben dies bewiesen. Obwohl es zu jener Zeit keine Behandlungsmöglichkeiten gab, haben diese Menschen Überdurchschnittliches geleistet. Epilepsie zählt auch nicht zu den Erbkrankheiten. Nur die angeborene Veranlagung spielt eine Rolle. Man schätzt, daß 1 Prozent oder jeder 100. Mensch mit dieser Krankheit Probleme hat. Bei manchen Betroffenen tritt sie schwach, oft nur eine bestimmte Zeit auf, andere müssen ein Leben lang mit Medikamenten gegen das Leiden Vorsorge treffen. Von den zahlreichen Erscheinungsformen der Epilepsie sind heute manche heilbar.

Mit Bernhard suchten wir Fachärzte auf. Er sollte nicht zum Baden, Streß, Aufregung und Überanstrengung beim Sport vermeiden. Und dies in der Gemeinschaft der Schule, der Spielkameraden im Alter von zehn Jahren. Auf einem Bauernhof können noch zusätzliche Gefahren auftreten. Bernhard war ein aufgeweckter Junge. Er wollte auch mal mit Vaters Schlepper oder dem Moped des Lehrlings im Hof ein paar Runden drehen, in der Scheune die Leiter hochsteigen und so vieles andere. Die Mehrzahl der Anfälle ereignen sich ohne auslösende Ursachen aus heiterem Himmel. Sie überraschten uns an vielen Orten, auf der Straße, im Auto, in der Kirche, im Stall und im Haus. Einmal hatte ich das Glück, Bernhard im Hausflur im richtigen Moment aufzufangen, um ihn vor dem Aufprall auf den Fliesenboden zu verschonen. Das Kind fällt um wie eine Statue, ohne eigene Hilfe zur Milderung des Sturzes. Gesichts- und Kopfverletzungen, blaue Flecken sind die Folge. Obwohl Bernhard mehrmals täglich Tabletten einnahm, gab es immer wieder Rückschläge. Der Arzt fordert strenge Einhaltung der Regeln, das Kind dagegen braucht viel Zuspruch – eine schwierige Gratwanderung für die Eltern. Geduld, viel Geduld ist gefragt, verbunden mit der Hoffnung auf Besserung.

Sonstige Mitteilungen:
Erstmals erschüttern Krisen die deutsche, auch die euro-

päische Wirtschaft. Im Automobilbau, der Stahlindustrie und bei der Luftfahrt wirkt sich die Konkurrenz aus.
Führende Terroristen der Bader-Meinhof-Gruppe werden verhaftet.
Die Olympischen Sommerspiele finden in München statt und bringen der Bundesrepublik viel Sympathie in aller Welt. Leider wurden die farbigen, frohen Spiele durch den Überfall arabischer Terroristen auf die israelische Olympia-Mannschaft überschattet. Neun Geiseln, ein Polizist und fünf Terroristen fanden den Tod.
Der Kölner Schriftsteller Heinrich Böll erhält den Nobelpreis für Literatur.

# 1973

Dieses Jahr besuchten uns die Hohenheimer Studenten. Nürtingen und Hohenheim pflegten schon immer gute Verbindungen.
Mit dem Arbeitskreis, dessen Vorsitz jetzt Honor Funk übernommen hat, flogen wir dieses Jahr nach England. In Coventry besuchten wir die landwirtschaftliche Ausstellung und verschiedene Farmen. Auch London und Cambridge standen auf dem Programm. Wie immer eine gut organisierte, informationsreiche Studienreise.
Mein Patenkind, Reinhard Funk, feierte Erstkommunion. Ich habe schon erzählt, daß Frau Funk evangelisch, ihr Mann katholisch ist. Ihr Wohnort Gutenzell ist katholisch geprägt. Frau Funk erzog ihre fünf Kinder katholisch, sie selbst blieb dem Glauben ihrer Eltern treu. Eine schwierige Aufgabe für eine Mutter. Sie selbst fühlte sich in der katholischen Kirche nur als Gast, sie konnte z.B. nicht an der Kommunion teilnehmen wie ihre Kinder. Höhepunkte, wie die Erstkommunion, waren für sie ein Trauertag. So ist das Opfer der Mutter, die Kinder der katholischen Kirche zuzuführen, hoch anzusetzen.
Ich wünschte mir immer, daß ich es noch erleben dürfte, daß sich unsere beiden Konfessionen vereinigen würden. Ansätze wurden gemacht, doch was Jahrhunderte trennt, wächst sehr, sehr langsam zusammen.
Toni Munding geht nach dreißigjähriger Tätigkeit auf

unserem Rathaus im Alter von dreiundsiebzig Jahren in den Ruhestand. Sie hat viel Gutes getan für die Einwohner und die Gemeinde. Ich denke hier z.B. an die vielen Rentenanträge. Im Krieg wurden zahlreiche Unterlagen vernichtet, Heimatvertriebene und Ausgebombte hatten oft keine Beweise mehr. Auch meine Rentenanwartschaft – mir fehlten ebenfalls Versicherungsjahre – brachte sie in Ordnung. Für die Ortsgeschichte hatte sie sich sehr interessiert und vieles festgehalten. Professor Stefan Ott widmete ihr als Dank sein Heimatbuch »Oberdischingen«.

Am Sonntag, 2. Dezember, waren die Kinder hier beim Skifahren. Es hatte 20 cm Schnee und 18 Grad Kälte. Meine Frau mußte erstmals mit ihrem Asthmaleiden mehrere Wochen ins Krankenhaus. Ich konnte sie am Sonntag nur mit dem Bus besuchen, und warum? Israel führte wieder Krieg mit seinen Nachbarn. Die arabischen Staaten beschlossen, die Rohölproduktion zu drosseln. Deutschland bezog damals 75% seines Öls aus diesen Ländern. An vier Sonntagen vom 25.11.–16.12.1973 bestand Fahrverbot. Nur Ärzte, Polizei und wichtige Dienste erhielten eine Ausnahmegenehmigung. Die Autobahnen wurden von Fußgängern und Radfahrern bevölkert. Heute wäre dies ein Übungsgelände für Inliner, Windsegler und Sonnenenergiefahrzeuge. So ein Fahrverbot hatte auch positive Seiten. Neun Monate später gab es einen Baby-Boom.


# 1974

Von unserem Hof konnten wir vierzig Ar Baugelände verkaufen, 20,– DM war damals der Quadratmeterpreis. Was machen mit den 80.000,– DM? Eine Wohnung kaufen zum Vermieten wollten wir nicht. Ein Landwirt aus Altheim, 12 km von hier entfernt, der bei uns schon Hafer gekauft hatte, bot Ackerland an. Am Sonntag schauten Oma und ich die Grundstücke an, am Montag einigten wir uns über den Kaufpreis, am Mittwoch gingen wir zum Notar. Obige Summe reichte nicht für die Bezahlung von fast sieben Hektar gutem, ebenem Ackerland. Doch wir erzielten im Wirtschaftsjahr 1972/73 unser bisher bestes

Betriebsergebnis. Diesen Kauf haben wir bis heute nicht bereut. Natürlich hatten wir mit der Entfernung Probleme, wenn während der Arbeit dort uns Regen überraschte und wir sie nicht beenden konnten. Manchmal war es auch ein Vorteil, wenn z.B. in Oberdischingen ein Gewitter niederging, und wir in Altheim dreschen konnten. Die Fläche war von einer Größe, die wir an einem Tag pflügen, säen, spritzen oder düngen konnten. Mähdreschen an einem schönen Nachmittag war auch kein Problem.

Unsere 4-t-Anhänger wurden durch 8-t-Wagen ersetzt. Die Mähdrescher wurden immer größer, der Korntank auch, er wurde immer schneller voll. Der Abtransport mußte angepaßt werden. Wir staunten, was die Maschinen jährlich mehr leisteten. Seit wir den Lohndrusch auf unserem Hof einführten, haben wir an Sonntagen nie gemäht. Die Lohnunternehmer wußten dies und bedienten uns wieder am Montag. Doch wehe, wenn Regen angesagt war – alle Wagen auf dem Hof waren ausgeliehen. Oft mußten wir eine Woche warten, bis wir wieder mähen konnten, dieses Jahr dann mit 23% Wasser. Erst am 9. September wurden wir mit der Ernte fertig. Manchmal kamen bei uns schon Zweifel auf, warum wir so bestraft wurden, wenn wir am Sonntag nicht arbeiteten. Ich fand Trost bei meinem Studienfreund Hermann Schneider, der das Sonntagsgebot schon immer eingehalten hat und trotzdem als Landwirt überlebte. So hielten auch wir durch bis zur Hofübergabe.

Dieses Frühjahr verließ uns der letzte Lehrling, Dieter Braun. Meine durch Asthma angeschlagene Frau brauchte Erleichterung. Jetzt mußte das Essen nicht mehr pünktlich auf dem Tisch stehen, da die Arbeitszeiten flexibel waren; es fiel weniger Wäsche an u.v.m. Nur mit Aushilfskräften ausgestattet, war ich als Betriebsleiter gefordert, alle Arbeiten zu überprüfen, die ich eventuell verringern oder einsparen könnte.

Wie fast jedes Jahr hatten wir wieder Besuch. Ein Omnibus mit Landwirten aus dem Überlinger Raum machte während ihrer Lehrfahrt bei uns Station. Ich mußte die vielen Anfragen zur Hofbesichtigung einschränken, zudem ich nun ohne Lehrling war.

Im Sommer, vor der Ernte, fuhren wir mit dem Autozug

von Kornwestheim nach Lübeck. In neun Stunden erreichten wir den hohen Norden. Die Bahnfahrt Erster Klasse kostete hin und zurück mit Auto zwei Personen 530,– DM, das waren noch Angebote! Wir besuchten dort Berufskollegen, die wir auf der DLG-Schau in Köln kennengelernt hatten. Alle drei Ehepaare waren schon bei uns, doch die sparsamen Schwaben brauchen immer etwas länger für solch weite Reisen. Wir lernten die Holsteinische Schweiz kennen und machten eine Rundfahrt auf dem Plöner See. Wir schauten die schöne Hansestadt Lübeck an und unternahmen eine Hafenrundfahrt in Hamburg. Wir besichtigten die Betriebe der Kollegen und feierten das Wiedersehen. Bei unserem Gastgeber Martha und Kurt Hamann in Söhren bei Bad Segeberg (Karl-May-Festspiele) schabte meine Frau Spätzle für die Kartoffelesser aus dem Norden. Es waren wunderschöne, unvergeßliche Tage, die wir mit den Holsteinern verbringen durften.

Die Leser werden sich fragen, wer zu Hause die Tiere versorgte. Wir fragten ehemalige gute Lehrlinge, ob sie den Stall versorgen würden. Sie sagten zu, Oma bekochte sie und die Kinder. Die Lehrlinge besuchten ihre ehemaligen Freunde, gingen zum Baden oder machten Ausflüge. Sie waren inzwischen auch motorisiert. Da wir mit diesen Vertretungen sehr zufrieden waren, nahmen wir sie öfters in Anspruch.

Martha ging am Muttertag öfters in die Luft. Vom Erbacher Flugplatz aus machte sie Rundflüge. Wenn sie über unser Gebiet flog, fotografierte sie unsere leuchtenden Rapsfelder, obwohl es verboten war. Einmal flog Joachim unser Jüngster mit, doch er war froh, als er wieder festen Boden unter den Füßen hatte, seine Gesichtsfarbe hatte sich verändert. Ausgerechnet er sollte nicht fliegen können, er hatte doch schon so viele Modellflugzeuge gegen den Himmel gesteuert.

Die letzten zwanzig Hasen wurden verkauft, samt dem Hasenstall. Die Jungen hatten andere Interessen gefunden.

Am 27. November wurde das Kätzchen »Mohrle« von einem Auto überfahren. Natürlich ist dies kein Weltereignis, doch für unseren Tierfreund Bernhard war es ganz schlimm. Auf die Grabtafel schrieb er: Sie konnte gar nichts dafür!

Am 1. Dezember 1974 wurde die neue Orgel in unserer Pfarrkirche eingeweiht. Die Firma Späth aus Mengen-Ennetach baute das Meisterwerk mit 22 Registern und 2.200 Pfeifen – Kosten 145.000,– DM. Es war für alle Kirchenbesucher ein Erlebnis, als Elmar Henger, Ehingen, die Orgel zum ersten Mal ertönen ließ. Der Kirchenchor unter Leitung von Rektor Erik Hübner sang aus vollen Kehlen, es war ein musikalischer Höhepunkt für unsere Kirchengemeinde. Im anschließenden Bazar in der Festhalle bat unser Pfarrer Martin Übelhör um ein »kräftiges Opfer« für die Orgel. Mit der Orgeleinweihung fand die Kirchenrenovation ihren krönenden Abschluß. Übrigens haben schon viele auswärtige Gruppen in unserer Kirche Konzerte und Liederabende veranstaltet, sie hat eine gute Akustik.

Die Karmeliter geben ihr Kloster im Paterhaus auf. Elf Jahre wirkten sie hier und in der Umgebung segensreich. Wegen Priestermangel riefen sie die Ordensoberen von Bamberg zurück. Die Diözese als Besitzerin sucht eine neue Verwendung des Hauses. Cursillo zieht ein und hält Einkehrtage ab.

Oberdischingen zählt nun 1500 Einwohner. Die Gemeindereform bewegt viele kleine, selbständige Gemeinden. Bürgermeister Alois Speiser und der Gemeinderat, dem ich angehörte, sind in den Nachbargemeinden zu gemeinsamen Aussprachen unterwegs. Am 20. Januar sollte der Wähler entscheiden. Die Frage lautete: »Sind Sie für die Vereinigung der Gemeinde Ersingen mit den Gemeinden Oberdischingen und Rißtissen zu einer neuen Gemeinde?« Von 482 Ersinger Stimmberechtigten stimmten 59 mit »Ja« und 227 mit »Nein«. In Rißtissen gab es von 736 Stimmen 71 »Ja-Stimmen« und 472 »Nein-Stimmen«. Aus war der Traum von einem Teilverwaltungsbereich Oberdischingen, wir sollten zum Bereich Erbach kommen. Gott sei Dank blieben wir am Schluß allein, selbständig und kamen zum Verwaltungsbereich Ehingen. Ersingen schließt sich wie zuvor Ringingen der Gemeinde Erbach (seit 2002 Stadt) an, Rißtissen entscheidet sich für Ehingen. Die Gemeinde Öpfingen bleibt auch selbständig.

Die Gemeindereform sollte auf Freiwilligkeit aufbauen, doch öfters wurde Druck ausgeübt. So rumort es nach fast dreißig Jahren in unserem Nachbarort Dellmensingen immer noch, sie wollen ihre Selbständigkeit zurück. Siebzehn Ortschaften gehen in die ehemalige Kreisstadt Ehingen, die der Kreisreform zum Opfer fiel. Dies fand ich nicht gut, früher haben sich die Gemeinden von den Städten losgekauft. Verwaltungsreform ja, aber nicht in dieser Größenordnung. Ein ehemaliger Bürgermeister einer eingemeindeten Gemeinde erzählte mir ein kleines Beispiel dieser Sparreform: Wenn früher ein Loch in einer Straße war, hat dies der Fronmeister erledigt. Heute müsse er einen Antrag an die Stadt stellen, ein Fachmann fährt raus und schaut den Schaden an und ein Unimog mit mehrfacher Besatzung erledigt endlich das Problem. Überspitzt ausgedrückt, doch manches läßt sich auf der unteren Ebene leichter, schneller und sparsamer lösen.
Am 26. Juni konnte das Altenheim feierlich eingeweiht werden. Nach der Brandkatastrophe von 1969 wurden die verschonten zwei Gebäudeteile mit dem Neubau zusammengefügt, so daß das Ortsbild möglichst wenig gestört war. Das neue Heim bietet fünfzig Bewohnern Platz, es erfüllt die Wünsche betagter Menschen. Die Kosten betragen 3,5 Millionen DM. Betreut werden die Insassen von den Steyler Schwestern des Klosters Sankt Hildegard und Hilfskräften. Ein Altenheim auf Ortsebene, das war nur zu begrüßen und ein Segen für unsere Gemeinde.

Was gibt es sonst zu berichten?
Bundeskanzler Willi Brandt tritt wegen der Spionageaffäre »Guillaume«, die DDR betreffend, zurück. Er ist menschlich tief enttäuscht vom SED-Staat. Finanzminister Helmut Schmidt wird sein Nachfolger.
Deutschland wird zum zweiten Mal Fußballweltmeister.
Charles Lindbergh stirbt, der in meinem Geburtsjahr 1927 erstmals im Nonstop-Flug allein den Atlantik überquerte.
Der amerikanische Präsident Richard Nixon muß infolge der Watergate-Affäre zurücktreten. Gerald Ford wird sein Nachfolger.

# 1975

Am 13. Januar starb unsere liebe Mutter und Oma im Alter von 88 Jahren. Sie wurde von meiner Schwester Anneliese und ihrem Mann Karl zu Hause liebevoll gepflegt, eine schwere Aufgabe, besonders in ihrem letzten Lebensjahr. Ja, Mutters Leben hätte auch ein Büchlein gefüllt. Neun Kinder hat sie groß gezogen, fünf Söhne im besten Alter für eine verhaßte Diktatur geopfert. Sie bewältigte ihr Leben durch ihren starken Glauben. In der Familie hatte es Mutter nicht leicht. Ich berichtete bereits, daß Vater ab dem fünfzigsten Lebensjahr immer mehr behindert war. So half Mutter viel auf dem Hof mit, viele Stunden hat sie täglich im Stall und im Feld gearbeitet. Karg und einfach hat sie gelebt. Eine stabile Gesundheit half ihr, das Leben zu meistern. Der Pfarrer meinte in der Abschiedspredigt: »Die Verstorbene hat drei Gaben erhalten, wie das Jesuskind in der Krippe. Gold steht für Gebet, Weihrauch für Arbeit und Myrrhe für Leid. Der Herr schenke ihr nun die verdiente, ewige Ruhe«. Nach der Beerdigung beschlossen wir Geschwister, das beschädigte Feldkreuz durch einen Gedenkstein für die gefallenen Brüder zu ersetzen.

Auch Antonie Munding starb, ich habe ihre bleibenden Verdienste erwähnt. Nur kurze Zeit durfte sie im Ruhestand leben. In unserem Hause war sie ein gern gesehener Gast. Sie hat mir meine Meister- und Ingenieurarbeit getippt. Fräulein Munding konnte viel erzählen. Schade, heute könnte sie mir manche Fragen beantworten. Ihr Vater, Dr. Adolf Munding, der »Dischinger Doktor« war hier und in den umliegenden Gemeinden 46 Jahre als Leib- und Seelenarzt tätig. Damals war der Arzt auch öfters als Geburtshelfer gefragt. In Oberdischingen half der Doktor Vierlingen (4 Buben), daß sie gesund das Licht der Welt erblickten.

Zwischen unserem Dorf und dem Nachbarort Öpfingen wurde ein Kernkraftwerk an der Donau geplant. Mit Bürgermeister und Gemeinderat fuhren wir nach Obrigheim am Neckar, um erstmals so eine Anlage zu besichtigen. Dort konnten wir nur Lob hören, die Gemeinde wurde finanziell stark gefördert. Ich war froh, daß durch viel

Widerstand, zum Beispiel in Wyhl und anderen Orten, das Objekt nie verwirklicht wurde. Auch ich wäre dabei gewesen den Platz zu besetzen, um dieses Atomkraftwerk zu verhindern. Bis heute fehlt noch die Lösung der Entsorgungsfrage. Tschernobyl zeigte uns die Gefahren und Grenzen auf, menschliches Versagen eingeschlossen. Der bekannte Physiker Carl Friedrich von Weizsäcker, der Bruder des späteren Bundespräsidenten, ist bis heute gegen die friedliche Nutzung der Atomenergie. Er rät, auf alternative Energien zu setzen. Die Bewahrung der Schöpfung ist ihm ein zentrales Anliegen.

In Zusammenarbeit mit meinem Mechaniker Braun konstruierten wir einen selbstfahrenden Futterwagen. Ein 8-PS-Dieselmotor sorgte für den Antrieb der vier Räder und der eingebauten Pumpe. Darüber war ein Behälter angebracht mit ca. einem Kubikmeter Inhalt. An der Stalldecke war ein Wasserfaß befestigt, das sich nach der Entnahme wieder automatisch mit Wasser füllte. Von diesem Wasser ließ man eine bestimmte Menge in den Futterwagen einlaufen. Unter dem Schrotsilo war eine Waage angebracht. Eine abgewogene Menge Schrot fiel unter ständigem Umrühren ins Wasser. Nun fuhr ich im Stall an den einzelnen Buchten entlang und pumpte diesen Brei in die einzelnen Tröge. Bisher wurde trockenes Schrot in die Futterschalen geschüttet und dort mit Wasser vermischt. Nun erforderte das Füttern nur noch den halben Aufwand an Zeit. Eine stationäre Anlage wäre damals zu schwierig gewesen, da die Tiere in drei auseinander liegenden Ställen gehalten wurden. Dieser Futterwagen hatte eine lange Anlaufzeit, bis er endlich zum Einsatz kam. Wir hatten keine Vorlage um abzuspicken, alles mußte selbst ausprobiert werden. Der Mechaniker hatte immer viel Arbeit und wenig Zeit, solche Versuche auszuführen. Als der Futterwagen endlich zu unserer Zufriedenheit arbeitete, wollten wir ihn beim Patentamt in München anmelden. Ich ging zu einem Patentanwalt, um mich beraten zu lassen. Der Mechaniker sollte Zeichnungen und Pläne einreichen, doch dazu hatte er wieder keine Zeit. So blieb es beim Prototyp, der uns die Arbeit viele Jahre erleichterte.

Nach der Ernte ging ich erstmals über das Winterhalbjahr

abends zum Männerturnen in unsere Turnhalle. Ich war auf dem Hof Mädchen für alles, ich mußte auf meine Gesundheit aufpassen und etwas tun, um fit zu bleiben. Auch beim Skisport stellte ich von Abfahrt auf Langlauf um. Wäre ich beim Skifahren verunglückt, hätten Berufskollegen wenig Verständnis für mich gehabt.

Thomas, der älteste Sohn, begann nach der Mittleren Reife eine landwirtschaftliche Lehre in Schleswig Holstein. Er kam auf einen Ackerbaubetrieb mit Schweinemast und und Geflügelhaltung. Die Produkte verkaufte der Betrieb auf dem Wochenmarkt in Hamburg-Bergedorf. An Markttagen begann für Thomas der Arbeitstag sehr früh. Das Verkaufsangebot sollte sich auf ihrem Stand optimal darstellen. Eimal rief er an, er müsse arbeiten wie ein Bär. Die holsteinischen Berufskollegen hatten diese Stelle vermittelt.

Sorgen machte mir meine Frau Martha. Immer mehr plagte sie ihr Asthma. Obwohl keine Mitarbeiter mehr zu versorgen waren, sie weder im Stall noch bei Feldarbeiten aktiv mithalf, trat keine Besserung ein. Dieses Jahr mußte sie vor Weihnachten wieder ins Krankenhaus. So verbrachten wir erstmals ohne Mutter den Heiligen Abend, das Weihnachtsfest und das Jahresende. Ein Segen für unsere Familie war die Oma. Wir hatten wohl eine Dorfhelferin, Oma konnte sie einweisen und die Kinder betreuen.

So ging das erste Jahr ohne festen Mitarbeiter zu Ende. Ehemalige Lehrlinge und Gehilfen sprangen ein, zum Beispiel Helmut Notz, der hier verheiratet ist. Besonderes Lob gilt auch Gottfried Seitz, einem Landwirt, der zupacken konnte. Schon viele Jahre war er uns eine starke Stütze. Auch der Sohn Herbert half mit, wenn es brannte. Den Nachbar Xaver Enderle erwähnte ich schon.

Das Deutsche Fatima-Apostolat erwarb von den Steyler Missionsschwestern den linken Flügel des Kanzleigebäudes. Als marianische Bildungsstätte sollte er verwendet werden. Das Haus erhielt den Namen »Maria Königin«. Den rechten Flügel kaufte die Gemeinde, um ihn als Rathaus zu nutzen. Vor ca. 175 Jahren hatte Graf Schenk von Castell in diesen Räumen seine Züchtlinge (Malefikanten) eingesperrt. Die stark vergitterten Fenster künden noch von dieser Zeit. Durch das große Raumangebot konnte sich hier die Gemeindeverwaltung entfalten. Auch der Liederkranz und das Rote Kreuz fanden Platz, ein gemeinsames Vereinslokal einzurichten. Am 1. Oktober 1975 tagte der Gemeinderat erstmals in diesem historischen Gebäude.

Noch vier Nachrichten:
In Biblis wird der größte Atommeiler der Welt in Betrieb genommen.
Erstmals konnten badische Umweltschützer den Bau eines Kernkraftwerkes in Wyhl verhindern. Durch die Konzentration der Atomkraftwerke am Oberrhein (Schweiz, Frankreich) befürchten sie Schäden für das Klima und die Landwirtschaft.
Erstes Treffen von Russen und Amerikanern im Weltraum. Eine Schleusenkammer ermöglicht das Überwechseln der beiden Besatzungen.
England fördert erstmals Öl in der Nordsee, hoffentlich bleiben das Wasser und auch die Strände von Verschmutzungen verschont.

## 1976

Dieses Jahr verbrachten wir unseren Urlaub in Norddeutschland auf der Insel Pellworm in der Nordsee. Thomas erhielt Urlaub von seinem Lehrbetrieb und kam auch zu uns. Wir machten dort Ferien auf dem Bauernhof. Eine Insel ohne Auto, ein Badestrand, der bei Ebbe weit weg war. Die Wattwanderung zum Süderkoog (6 km) zwischen Ebbe und Flut haben die Kinder bis heute nicht vergessen. Wir hatten keine Strandschuhe dabei und ab und zu schnitten scharfe Muschelschalen die Füße wund. Doch es gab keinen Aufenthalt, die Flut kam und wir mußten zurück.
Auf dem Hof fuhren wir eine Rekorderte ein, am 21. August waren wir schon fertig. Immer wieder mußte die Schlagkraft der Maschinen erhöht werden. Der kleine Schlepper hatte nun 70 PS, das Strohgebläse eine höhere Leistung. Wir kauften eine neue Sämaschine mit Fahrgas-

senschaltung, die bis 1999 im Einsatz war. Die Fahrgassen im Getreide waren notwendig, um die Spritz- und Düngemittel auf der zwölf Meter breiten Fläche genau zu verteilen. So wurde nichts ausgelassen und nichts doppelt behandelt. Dazu paßte auch die neue 1000-Liter-Feldspritze, die heute noch ihren Dienst tut.

Martha war dieses Jahr wieder ein paar Mal in verschiedenen Krankenhäusern. Immer wieder hatte sie Luftnot. Oma hatte auch Asthma, doch bei ihr war es nicht so schlimm. Damit ich mehr bei der Familie sein konnte, wollte ich nach und nach meine 12 Ehrenämter aufgeben.

Die Wahl zum Pfarrgemeinderat stand an, ich kandidierte nicht mehr, siebzehn Jahre bekleidete ich dieses Amt.

In Ehingen wurde das Erntedankfest mit einem großen Umzug gefeiert. Wir beteiligten uns daran mit einem Wagen, beladen mit fleischigen, fettarmen Schweinen, wie sie der Verbraucher schon damals wünschte.

In Deutschland wird das Anlegen des Autogurtes Pflicht, Motorradfahrer müssen einen Schutzhelm tragen.

Der größte Schaufelrad-Bagger der Welt ersetzt im rheinischen Braunkohlentagebau vierzigtausend Arbeiter. Er ist 225 m lang, 83 m hoch und wiegt 13.000 Tonnen.

Jimmy Carter löst Gerald Ford als amerikanischen Präsidenten ab.

Die Vereinigten Staaten von Amerika feiern 200 Jahre Unabhängigkeit.


# 1977

Martha und ich feierten im kleinen Kreis den 50. Geburtstag. Den Zenit des Lebens haben wir nun überschritten. Was wird die Zukunft bringen?

Ein Preisrückblick: Zur Geburtstagsfeier gingen wir hier mit 13 Personen und fünf Kindern in die gute Speisegaststätte Krone. Der Gesamtpreis für das Essen mit Nachtisch und die Getränke betrug 119,40 DM. In diesem Betrag ist die Mehrwertsteuer in Höhe von 10 Prozent enthalten.

Als Schöffe wurde ich ans Landgericht Ulm berufen. Man

kann dieses Amt nur in schwerwiegenden Fällen ablehnen, eine Wahlperiode muß es ausgeübt werden. Ich wollte doch meine Ehrenämter einschränken, nun diese Überraschung. Es war eine interessante Tätigkeit, die mich nicht nur im Gerichtssaal beschäftigte. Bei der Feldarbeit, bei Nacht, wenn ich nicht schlafen konnte, studierte ich über die Fälle nach. Manchmal dauerten die Verhandlungen mehrere Tage hintereinander, da gab es auch keinen Ernteurlaub. Sie hatten keinen festen Zeitplan. Abends gingen sie auch mal bis 20.30 Uhr. Für einen Landwirt ist dies keine leichte Aufgabe. Morgens stand ich um 4.30 Uhr auf, fütterte die Schweine, duschte mich gründlich, damit ich kein »Gschmäckle« mitbrachte. Da die Sitzungen in der Regel um 8.00 Uhr begannen, fuhr ich die 20 km im Berufsverkehr nach Ulm. In der Eile bin ich einmal an der Ampel auf meinen Vordermann aufgefahren. Ich dachte, er fährt beim Umschalten der Ampel noch durch. Probleme hatte ich anfangs mit dem Schlaf. So ruhig den ganzen Tag im Raum zu sitzen, war ich gar nicht gewohnt. Ein schlafender Schöffe, das war unmöglich und hätte Folgen haben können. Es war nicht immer spannend zuzuhören, wenn zum Beispiel bei Ausländerdelikten die Dolmetscher ihre Klienten in deren Sprache informierten. Damals waren in Neu-Ulm noch Amerikaner stationiert, es gab öfters Probleme mit deutschen Frauen. Schlimm war es für uns Schöffen, wenn Aussage gegen Aussage stand. Wem konnte man glauben, wer lügt? Auch bei Kindern hatten wir Schwierigkeiten, ihre Schilderungen zu bewerten. Alkohol im Verkehr stand öfters auf der Tagesordnung.

Beispiel: Am Samstagabend hat ein Selbständiger mit Bekannten ein Fest gefeiert. Auf der Heimfahrt kam er in eine Kontrolle oder verursachte einen Unfall, da war der Führerschein weg, den er aber als Geschäftsmann dringend benötigte. Oft dachte ich, das hätte mir auch passieren können. Wenn verletzte Opfer eines solchen Unfalles als Zeugen auftraten, mußte als Warnung und Strafe die Härte eines solchen Fahrverbotes folgen.

Als ich am 31. März abends vom Landgericht nach Hause kam, sagte Bernhard zu mir: »Oma ist tot«. Ich war geschockt. Martha erzählte mir dann, daß Oma in der

Mittagszeit über Übelkeit geklagt hat. Fünf Minuten später fiel sie auf der Eßzimmerbank zurück. Der Arzt konnte nur noch den Tod feststellen. Mitten aus ihrer täglichen Arbeit ist sie abberufen worden. Morgens hat sie noch die Kinder geweckt und versorgt, gebügelt und Wintersachen aufgeräumt. Als die Kinder mittags von der Schule heimkamen, war die gute Oma nicht mehr ansprechbar für alles, was Kinderherzen bewegt. Auch für uns Eltern war es ein großer Verlust. Wie oft war sie der ruhende Pol, wenn alles gar nicht nach Plan lief oder Martha im Krankenhaus war. Wir wußten den Hof in guten Händen, wenn wir im Urlaub oder sonst unterwegs waren. Oma ist auf einem kleinen Bauernhof in Obermarchtal aufgewachsen. Sie brachte von daheim die Liebe zur Landwirtschaft mit und konnte in Oberdischingen als Neubäuerin alle ihre Talente zum Tragen bringen. Sie hat von drei Kindern zwei hoffnungsvolle Söhne in den Weiten von Rußland verloren. Mir war sie eine sehr gute Schwiegermutter. Ja die gibt es, ich habe sie fast zwanzig Jahre im Haus erlebt. Wir haben am selben Tisch gegessen und Tür an Tür gewohnt. Die Asthmaerkrankung von Martha hat sie schwer belastet. So waren Oma und ich oft aufeinander angewiesen und haben versucht, mit Kindern, Angestellten und dem Hof über die Runden zu kommen. Auf sie war Verlaß bis zu ihrem letzten Arbeitstag, fast achtzig Jahre wurde sie alt.

Eine große Trauergemeinde begleitete Oma auf ihrem letzten Gang. Wie Opa vor neun Jahren trugen Nachbarn sie zur letzten Ruhestätte neben ihrem Gatten. Ruhe in Frieden. Du wirst uns allen sehr fehlen.

Thomas sorgte immer wieder für eine Überraschung. Für einen Bekannten holte er mit dem Schlepper und einem neuen Anhänger sechs Tonnen Sand. Er wollte die Ladung nach hinten abkippen. Da der nasse Sand schlecht rutschte, mußte er die Kipphydraulik ganz nach oben ausfahren. In diesem Moment kippte der Anhänger um in Nachbars Garten. Zum Glück wurde niemand verletzt.

Ein anderes Malheur: Thomas fuhr morgens los, um unserer bekannten Familie Egle in Ehingen beim Stallbau zu helfen. Nach einer ganzen Weile kam er zu Fuß nach Hause zurück. Er sei beim Jägerhaus in den Graben gefahren. Das Jägerhaus liegt aber nicht auf dem Weg nach Ehingen, sondern nach Ringingen. Wie kam er dort in den Graben? Ganz einfach, bei meinem Kollegen Hans Zink arbeitete eine Praktikantin, die er gerne sah. Diese fuhr am Morgen mit dem Schlepper Richtung Schaile auf den Acker. Thomas vergaß Egles und fuhr hinter ihr her. Nach dem Treff fuhr er zu schnell auf dem Feldweg Richtung Jägerhaus und landete im Graben. Telekom hatte ihm die Falle gestellt. Sonst heißt der Spruch: »Wie sag ich's meinem Kinde?« Thomas wird auf dem langen Fußmarsch gerätselt haben: »Wie sag ich's meinem Vater?« Die Wahrheit ist immer die einfachste Lösung.

Das Auto von Thomas stand wie üblich in der Garage. Um Mitternacht wurde es gestohlen. Wir hörten, wie das Auto zum Hof hinaus fuhr. Thomas schlief im Bett. Die Polizei wurde angerufen und wir fuhren mit unserem Auto die Umgebung ab. Um 3.00 Uhr teilte die Polizei uns mit, daß das Auto in Dellmensingen stehe, den Schlüssel hätten sie. Wie kam es zu dieser schnellen Aufklärung? Der Dieb kehrte in Dellmensingen im Gasthaus Hirsch ein. Dort saß auch ein Vollzugsbeamter vom Gefängnis in Ulm. Dieser kannte den »Autobesitzer«, glaubte ihm aber seine Story nicht. Er zahlte dem jungen Mann noch ein Bier, rief die Polizei an, die ihm nach kurzer Zeit den Schlüssel abnahm. So ein Pech, wenn man im Gefängnis Bekannte hat. – Auch Erfreuliches kann ich von Thomas berichten. Im Berufswettkampf wurde er Zweiter im Kreis, beim Landesentscheid Dritter.

Sehr interessant war eine Studienfahrt mit dem Arbeitskreis nach Irland. Wir schauten gut geführte Farmen an. Da der Golfstrom das Land streift, waren die Stallgebäude oft ganz primitiv. Viel Steine gab es und wenig Brot, so dachten sicherlich die Vorfahren, die die Steine an ihren Grundstücksgrenzen entlang aufschichteten. Die grüne Insel ist landschaftlich wunderschön. Viele alte Burgen und Schlösser geben Zeugnis von einer großen Vergangenheit. In einer solch alten Festung wurden wir zu einem Rittermahl eingeladen, das war aufregend.

Ich fuhr erstmals zu einer Kur nach Bad Wurzach. Die ersten Verschleißerscheinungen traten in den Gelenken auf, vom zweiten Frühling war keine Spur. Moorbäder,

Moorpackungen, Massagen und andere Behandlungen
sollten Linderung bringen. In der ruhigen Winterzeit waren im Kurhaus hauptsächlich Landwirte und Winzer
vertreten. Da wurde in der freien Zeit viel über die Landwirtschaft und den Weinbau diskutiert. Der mitgebrachte
Wein der Winzer beflügelte die Unterhaltung. Die Kur
brachte mir Besserung, deshalb folgten noch mehrere.
Damals dauerte eine Kur vier Wochen, nach zwei Jahren
durfte ich wieder kommen. Ja, das waren noch rosige Zeiten für Kurgäste. Statt Zuzahlungen leisten zu müssen –
wie heute üblich –, erhielten wir ein Taschengeld von
1,50 DM pro Tag.

Die Terroristen in unserem Land wurden immer brutaler.
Generalbundesanwalt Siegfried Buback und Vorstands-
sprecher der Dresdener Bank Jürgen Ponto wurden
erschossen. Der Präsident der Arbeitgeberverbände Hans-
Martin Schleyer wird entführt und ermordet.
Der deutsche Schriftsteller Carl Zuckmayer stirbt 81jäh-
rig in der Schweiz. Er verfaßte bekannte Bühnenstücke
wie »Der Hauptmann von Köpenick« und »Des Teufels
General«.
Die beiden nordirischen Frauen Betty Williams und Mai-
read Corrigan erhalten den Friedensnobelpreis. Sie riefen
Tausende nordirischer Frauen zu Friedensmärschen gegen
Terror und Gewalt auf.
Zum bisher schwersten Unglück in der Geschichte der
zivilen Luftfahrt kommt es auf der Insel Teneriffa. Da auf
dem Flugplatz der Nachbarinsel Gran Canaria mit einem
Bombenanschlag gedroht wird, werden zahlreiche Flug-
zeuge nach Teneriffa umgeleitet. Dort herrscht Nebel.
Zwei Jumbos stoßen am Boden zusammen, als eine der
Maschinen ohne Erlaubnis startet. 575 Menschen starben.

## 1978

Letztes Jahr stellte Professor Stefan Ott sein Heimatbuch
»Oberdischingen« vor. Bei einem Besuch signierte er uns
vier Bücher für unsere Kinder, sein elterlicher Hof (Schul-
zes) liegt in unserer Nachbarschaft.

Sein Heimatbuch gibt reichlich Auskunft über die Entstehung, das Werden und Wachsen unseres Dorfes. Es gewährt Einblick in die Geschichte unserer Heimatgemeinde, über die Herrschaften in den vergangenen Jahrhunderten und die Arbeit und Abgaben ihrer Untertanen. Das Leben von Graf Franz Ludwig Schenk von Castell, der unser »Baurastädtle« schuf, nimmt breiten Raum ein. Professor Ott schildert die Befreiung der Bauern, die Ablösung des Zehnten, für mich als Landwirt sehr interessant. Bis in die heutige Zeit beschreibt er die Entwicklung unseres Dorfes. Jahrelanges Suchen und Forschen nach den Quellen unserer Heimatgeschichte durch den Dischinger Bauernsohn fanden in dem empfehlenswerten Buch ihre Krönung. Für seine Verdienste wurde er von der Gemeinde zum Ehrenbürger erklärt.

Kein Vierteljahr durfte sich Stefan Ott über die Ehrung freuen. Sein Werk war vollendet, er mußte die irdische Welt im Alter von 78 Jahre verlassen. Ich durfte seinen Sarg mittragen, mein Sohn Joachim sein Grabkreuz. In seiner geliebten Heimaterde fand er seine letzte Ruhestätte. Mit seinem Heimatbuch hat sich Professor Stefan Ott ein bleibendes Denkmal gesetzt.

Bei den Kindern wurden Berufsziele diskutiert. Bernhard machte nach der Hauptschule eine Lehre als Landmaschinenmechaniker in Ulm. Cäcilia besuchte nach der Mittleren Reife eine berufsfördernde Schule in Ehingen. Joachim, der Jüngste, drückte die Schulbank im Gymnasium, ebenfalls in Ehingen. Thomas sollte sich das Rüstzeug sammeln zur Übernahme des Hofes. Noch einen kleinen Nachtrag: Als Joachim das Grabkreuz für unseren Ehrenbürger trug, waren seine Augen so gehalten wie bei den Jüngern von Emmaus, so daß er mit ihm voll auf das große Friedhofskreuz donnerte. Dieses stand damals noch in der Mitte des Friedhofes. Alle drei überstanden den Aufprall unverletzt.

Die Schweinehaltung hatte sich so eingespielt, daß jede Woche dreißig Ferkel eingestallt und dreißig Mastschweine verkauft wurden. Unsere Abnehmer sperrten unsere mit fremden Schweinen zusammen, es gab Rangkämpfe, Verluste traten auf. Wir kauften nun einen kleinen, gebrauchten 7,5-t-Lkw, um die Tiere selbst zu befördern.

Am Fahrzeug hinten brachten wir eine lange Rampe an, damit die Tiere bequem hochmarschieren konnten. Die Tierversicherung sparten wir uns, es traten beim Transport selten Verluste auf. Die Schweine kannten unsere Stimme. Wir fuhren die Schweine auf verschiedene umliegende Schlachthöfe. Beim Kollegen Hans Zink holten wir alle Ferkel, den noch fehlenden Rest kauften wir bei den Ferkelversteigerungen in Riedlingen.

Am 3. September um 6.10 Uhr bebte bei uns die Erde, ich war gerade beim Anziehen. In Albstadt erreichte das Beben die Stärke 6 auf der Richterskala. Einmal erlebte ich ein Beben auf der Bühne unseres großen Wohnhauses. Da krachte es so stark im Gebälk, daß ich fluchtartig die Treppe hinuntersauste.

Der Schützenverein hatte eine Unterabteilung, die das Volkswandern pflegte. Im Jahre 1971 wurde der erste internationale Volkswandertag durchgeführt. Über mehrere Jahre trafen sich hier viele Wanderer aus nah und fern. 1974 waren es an einem Wochenende über 10.000 Gleichgesinnte, die in Oberdischingen auf die 10, 20 oder 42,2 km Wanderstrecke gingen. Wir konnten an diesem Sonntag unsere Schrapperbahn zum Entmisten der Schweineställe nicht laufen lassen, der ganze Hof stand voll mit Autos. Die Oberdischinger Wanderer waren das ganze Jahr gefordert, überall zum Gegenbesuch zu erscheinen, eine gewaltige Aufgabe! Unser Bernhard war der Eifrigste in unserer Familie. In der Blütezeit der Volksmärsche hatte der Schützenverein durch die Einnahmen der jährlichen Volkswandertage den Grundstock für den Neubau des Schützenheimes gelegt. Viele freiwillige Helfer, auch Rentner, hatten durch ihren Einsatz das Werk vollendet. Am 18. November 1978 konnte das neue Heim eingeweiht werden. Als Gründungsmitglied freute ich mich sehr über den gelungenen Neubau, auch darüber, daß meine Söhne Mitglieder des Vereins wurden.

Martha war in diesem Jahr dreimal im Krankenhaus. Ihr Asthma wurde immer schlimmer. Als Ehepartner ist man in der Pflicht, zu entscheiden, ob man den Arzt rufen soll oder gleich den Rettungswagen. In der Regel trat der Anfall bei Nacht auf. Im Schlaf arbeiteten Herz und Lunge nicht voll, die Verschleimung nahm zu. Martha saß am

Fenster und japste nach Luft. Oft traten Krämpfe noch zusätzlich in den Beinen auf, welch ein Jammer! Natürlich sagte sie immer: »Es wird schon wieder gehen, keinen Arzt bitte, wer will schon wieder ins Krankenhaus?« Mußte sie dort eingeliefert werden, bekam sie eine hohe Dosis Cortison. Ein Wundermittel, wenn es nicht so starke Nebenwirkungen hätte! Martha brauchte drei bis vier Wochen Aufenthalt im Krankenhaus, bis die Menge zurückgefahren werden konnte, die nicht mehr so gefährlich war. Am 14. Dezember mußte sie wieder ins Laupheimer Krankenhaus eingeliefert werden. Bis eine Dorfhelferin kam, dauerte es ein paar Tage. Da fehlte uns die Oma sehr, sie hätte die Lücke geschlossen. Mit einem kleinen Christbaum überraschten wir Mutter am Heiligen Abend. Sie lag in einem Zwei-Bett-Zimmer, so durften wir auch Weihnachtslieder singen. Nachher daheim fehlten Mutter und Oma uns allen. Es waren sehr traurige Weihnachtstage.

In Rom stirbt Papst Paul VI., sein Nachfolger Johannes Paul I. ist nur dreiunddreißig Tage im Amt. Der polnische Kardinal Wojtyla tritt sein Erbe an, unser heutiger Papst Johannes Paul II.
Österreich baut bei Wien das erste Kernkraftwerk für über eine Milliarde DM. In einer Volksabstimmung wird die Inbetriebnahme des Werkes abgelehnt.


## 1979

Im Frühjahr renovierten wir unser Bauernhaus, Baujahr 1885. Das große, hohe mit Schiefer bedeckte Haus wurde eingerüstet. 64 eichene Fensterläden 94 Jahre alt wurden zum Ablaugen nach Leutkirch gebracht. Hinter einem Laden hatte sich eine Fledermaus versteckt. Nachdem Nikolaus Fuchs sie fotografiert hatte, ließen wir den Laden noch eine Nacht hängen, dann verschwand sie in ein anderes Quartier. Bernhard erzählte mal, daß eine Fledermaus nachts in seinem Zimmer war. Jetzt glaubten wir es ihm, denn sie wohnte hinter seinem Fensterladen. Nun wurde der Putz abgeschlagen. In der unteren Hälfte war Zement im Putz. Wir hängten den Kompressor an ein Seil, weil er auf die Dauer nicht zu halten war, auch von Jüngeren nicht. Als die Gipserkolonne auf den Hof kam, war das erste, was sie abluden, ein Kasten Bier. Ich dachte, das fängt ja gut an. Ein Gipser hatte während der Arbeit immer eine Flasche in seiner Tasche. Heute soll auf den Baustellen ganz wenig Alkohol getrunken werden, eine positive Entwicklung. Das Gebäude mit zwei hohen Stockwerken und drei Bühnen wurde mit einem neuentwickelten atmungsaktiven Putz versehen. Helle dezente Farben werden aufgetragen. Sie sollen dem Haus ein ansprechendes Aussehen verleihen. Wir strichen fleißig auf der Bühne die vielen Fensterläden. Die Simsen, Fensterbänke, Verkleidungen und Dachrinnen mußten repariert und zum Teil erneuert werden. Es war viel Arbeit zu leisten. Als die Gerüste fielen, freuten wir uns alle über die gelungene Renovation. Auch die Eingangstreppe wurde erneuert. Das alte, schöne Geländer wurde entrostet, gestrichen und wieder aufgesetzt.

Die Reise mit unserem Arbeitskreis ging dieses Jahr in den Süden, nach Italien. Wir besuchten Betriebe in der fruchtbaren Poebene und sahen erstmals die Herstellung des bekannten Parmaschinkens. Venedig stand auf dem Programm, eine lustige Gondelfahrt bildete den Abschluß der Reise.

An unserem Hochzeitstag fuhren Martha und ich nochmals zehn Tage nach Italien, nach Rom. Die ewige Stadt mit ihren kostbaren Bauwerken ist eine Reise wert. Die herrlichen Plätze mit den schönen Brunnen, die vielen Kirchen, das Colosseum und die Krönung, die riesige Sankt Peterskirche mit dem gewaltigen halbrunden Platz davor. Eine Papstaudienz durften wir von einem guten Platz aus erleben. Damals war unser jetziger Papst Johannes Paul II. noch zu Fuß unterwegs. Gegenüber nahm er ein kleines Kind auf den Arm, die Italienerinnen sind da nicht zurückhaltend. Da Martha in der vorderen Reihe stand, streifte er auch ihre Hand. Es war ein großes Erlebnis. Viele Völker und Rassen waren vertreten, die allumfassende Kirche war hier Wirklichkeit.

Wir besuchten außerhalb Roms die Wasserspiele in Tivoli, Sorrent und Capri, die schöne Insel, die wir als Jugendliche schon besungen haben. Dem heiligen Franz von Assisi statteten wir auch einen Besuch ab. Dort mußten wir ganz schnell die Kirche verlassen, es gab ein Nachbeben. In der Nacht davor weckte mich Martha mit den Worten: ›Du, es wackelt im Zimmer!‹ Ich merkte nichts und dachte, es wäre ein Traum gewesen und schlief weiter. Am Morgen erfuhren wir, daß die Erde gebebt hatte – ja, daß es sogar Tote gab. Nach einer gemeinsamen Abschlußmesse in Maria Maggiore traten wir die Heimreise an. Martha kam mit dem südlichen Klima zurecht. Im Sommerhalbjahr ging es ihr immer besser. Es waren erlebnisreiche, unvergeßliche Tage.

Die Steyler Missionsschwestern feierten das fünfzigjährige Bestehen des Klosters »St. Hildegard« in Oberdischingen. 1929 konnten sie von der Gemeinde das gesamte Anwesen mit Gebäuden und Grundstücken erwerben, die es zwei Jahre im Besitz hatte. Das Kloster sanierte die vielen Gebäude und begann seine segensreiche Tätigkeit. In der Gemeinde betreuen die Schwestern den Kindergarten und sind in der Krankenpflege tätig. Leider müssen sie sich infolge Nachwuchsmangel immer mehr von diesen Aufgaben zurückziehen. Den Kindergarten können sie nicht mehr allein leiten. Nur Schwester Caecilita gibt bis heute (2002) im Mesnerhäuschen Musikunterricht, früher meinen Kindern Thomas und Cäcilia, jetzt meinem Enkelkind Stefanie.

Von 1933–1972 haben neunzig Missionarinnen von hier aus den Weg in die Weltmission angetreten. Das Kloster hatte schwere Zeiten im Krieg erlebt. Ein großer Teil der Gebäude wurde durch die Nazis beschlagnahmt. Nach der Brandkatastrophe 1969, über die ich berichtete, suchten Kloster, Gemeinde und der Kreis neue Wege, um die Schwestern hier zu halten. Sie gehören zu Oberdischingen, die Bilanz ihrer guten Taten in den fünfzig Jahren ist nicht zu beschreiben. Meine Familie und ich persönlich bauten neben dem Dorfarzt auf die Krankenschwester des Klosters. »Wir Dischinger möget d'Schweschdre« und wünschen ihnen weiterhin segensreiches Wirken.

Cäcilia und Thomas erwarben den Führerschein. Ein zweites Auto auf dem Hof war auch damals schon die Folge. Nun konnte auch Thomas mit dem Lkw Schweine zum Schlachthof fahren. Bernhard fand viel Freude bei den Volkswandertagen. Fast jedes Wochenende war er unterwegs und sammelte Medaillen. Joachim verbrachte seine Freizeit beim Modellfliegen. Oft war er auch in der Werkstatt und in seinem Kellerraum tätig und baute Fahrzeuge aller Art zusammen.

Als wir vor Jahren auf der Insel Pellworm auf einem Bauernhof Urlaub machten, hatte der Hoferbe eine Braut, die ein Kind von ihm erwartete. Die beiden jungen Leute wollten heiraten. Bei den Eltern wäre schon noch Platz gewesen, doch diese hatten schwere Bedenken. Sie vertrauten uns ihre Not und ihre Sorgen an. So auf engem Raum zusammenzuleben, das gäbe bestimmt Reibereien, Feriengäste reisen wieder ab. Wegschicken konnten sie die beiden auch nicht. Hätten wir nur ein Altenteilhaus, war ihr Jammern. Doch in so kurzer Zeit konnten sie keines bauen. Sie wollten doch vieles selber machen. Diesen Notstand merkten wir uns und so planten wir im vergangenen Winter unser Altenteilhaus. Doch wir hatten noch keinen Platz. Ein Maurermeister hatte mehrere Plätze gekauft, die er dann bebaute. Er versprach uns ein Grundstück, wenn wir ihn als Bauleiter akzeptierten. Wir hätten lieber unseren bisherigen Architekten gehabt, der Maurermeister hatte seinen eigenen. Die Handwerker durften wir selbst aussuchen. Im Spätherbst, am 24. Oktober, wurde die Baugrube ausgehoben. Als wir am zweiten Tag die Zwischenfundamente von Hand ausgruben, fuhr es mir ins Kreuz, ich mußte aufhören. Ich dachte, das fängt gut an. Wir standen immer sehr früh auf, versorgten unsere Schweine, so daß Thomas und ich um sieben Uhr mit den Maurern auf der Baustelle waren. Bis Weihnachten konnten wir den Keller mit Decke fertigstellen, alles wurde abgedeckt. Das Wetter hatte ein Einsehen mit uns gehabt, wir hatten unser Ziel erreicht.

Ein Blick zum Dorf hinaus:
Karl Carstens löst Walter Scheel als Bundespräsident ab.
Am 10. Juni 1979 findet in der Bundesrepublik Deutschland die erste Direktwahl zum Europäischen Parlament statt.
Mutter Theresa erhält den Friedensnobelpreis.

In Harrisburg im US-Bundesstaat Pennsylvania ereignet sich der bisher schwerste Störfall in einem Kernkraftwerk. Zweihunderttausend Menschen werden evakuiert, doch es kommt zu keiner Explosion.
Margret Thatcher wird erster weiblicher Premierminister in der Geschichte Englands.
Sowjetische Truppen marschieren in Afghanistan ein. Erst im Jahre 2001 können wir erahnen, welches Elend dieses Volk seither durch Krieg, Flucht und Diktatur erlebt hat.

## 1980

Im neuen Jahr war ich mit Honor Funk im Tannheimer Tal beim Langlaufen. Er ist ein paar Jahre jünger als ich und hat lange Beine, da mußte ich mich anstrengen um mitzuhalten. Auch mit meinem Berufskollegen Alfons Egle und Joachim war ich dort. Joachim machte Abfahrt, wir beide gingen auf die Loipe.
Mit den Ehinger Familien Alfons Egle, Manfred Braig, Karl Hartmann und Anton Kling pflegten wir schon jahrelange Freundschaft. Auch Ernst Haas mit Frau und Rita Link zählten zum Ehinger Kreis. Wir feierten miteinander Geburtstage und andere Feste und erlebten dabei nette Stunden. Gäste bereicherten oft die Unterhaltung.
Im Frühjahr ging der Hausbau weiter. Ernst Haas, der früher schon zwölf Jahre auf dem Hof tätig gewesen war, wurde uns ein guter, fleißiger Mitarbeiter, ebenso Martin Kress, ein ehemaliger Nürtinger, jetzt in Achstetten wohnhaft. Auch die Kinder waren voll dabei, z. B. beim Dachdecken.
Das Haus bauten wir eineinhalbstöckig. Da es an einem Südhang liegt, sahen wir unten eine Einliegerwohnung vor. Von der Straße aus ebenerdig wollten wir wohnen. Auch das Dachgeschoß wollten wir ausbauen, also drei abgeschlossene Wohnungen erstellen. Die obere Wohnung wollten wir für eine Hilfskraft für Mutter vorsehen oder später für eine Pflegekraft im Alter. Wir bauten das Haus ohne Zentralheizung, dafür setzten wir drei Kamine ein für alle Fälle. Zwei Kachelöfen sollten Wärme spenden, eine Elektroheizung diese ersetzen bei Krankheit oder

54  Der Weg vom Schnitter zum Mähdrescher. Jahrhundertelang wurde
    mit Sichel und Sense (Reff, Haberrechen) gemäht. Linksmäher,
    rechte Hand kriegsverletzt
55  Der Ableger oder Flügelmäher ersetzte vor dem Zweiten Weltkrieg
    auf größeren Höfen bereits die Handmahd

56  Der Bindemäher kommt. Da die Schlepperräder in der Notzeit
    wenig Profil hatten, zogen wir auch im Sommer Schneeketten auf
57  Ein gezogener Felddrescher 1951. Leistung 15 Garben/Minute von
    beiden Seiten

58 *Einer der ersten von 30 Pferden gezogener Mähdrescher um 1900 in Nordamerika*

59 *Lanz-Schlepper mit Mähdrescher und Spreuwagen, um auch die Unkrautsamen einzusammeln*

60 Unser erster gezogener Mähdrescher bei der Rapsernte

61 Xaver Enderle – der Nachbar – mit seinem Mähdrescher auf
unserem Feld am 18. August 2002 im Einsatz.
Wie die geschilderte Mechanisierung der Getreideernte über
mehrere Stufen geschah, so wurde auch modernste Erntetechnik für
Kartoffeln, Zuckerrüben, Trauben, Hopfen und andere Früchte
entwickelt. Bei der Bodenbearbeitung, der Grünlandnutzung, in der
Hof- und Stallwirtschaft erleichtern und verbessern neue Geräte und
Maschinen, oft mit Computern ausgerüstet, die Arbeit.

Altersgebrechen. Bei der zentralgesteuerten Elektroheizung schickt der Stromlieferant Wärme in die Heizung, wenn er nicht voll ausgelastet ist, auch am Tag. Wir haben das Haus gut isoliert von allen Seiten. Die Treppen wurden mit Podest gebaut, damit Martha auf halber Höhe verschnaufen kann. Außer dem Keller hatte sie alle Räumlichkeiten auf einer Ebene. Wir haben wegen ihrer Krankheit nur Fliesen und Parkettboden verlegt (wenig Staub).

Bei einem Hausbau werden viele Fehler gemacht. Es fing bei der Planung des Architekten an und ging bei den Bauleuten in der Ausführung weiter. Die haben doch schon so viele Häuser gebaut und Erfahrung gesammelt, sollte man meinen. Jedes Haus ist anders, aber vieles wiederholt sich doch. Manchmal war ich sprachlos, wenn eine Zwischenwand rausgeschlagen und versetzt werden mußte oder eine Balkonbrüstung verkehrt eingesetzt wurde. Und dann die gegenseitigen Schuldzuweisungen, wenn die Vorleistungen nicht stimmten. Der Bauherr steht dazwischen und ärgert sich. Ich kann viele Häuslebauer verstehen, die soviel wie möglich selber machen. Eigenen Murks verkraftet man besser, er ist auch nicht so teuer. Ja, wer ein Haus baut, erlebt manche Überraschung, bis alles fertig ist.

Nach achtzehn Jahren legte ich mein Ehrenamt als Gemeinderat nieder. 1962 sind die Hälfte der Mitglieder des Gemeinderates für sechs Jahre, 1968 für sieben Jahre, nach der Gemeindereform 1975 alle zehn Räte auf fünf Jahre gewählt worden. Mit Bürgermeister Alois Speiser wurden in dieser Zeit viele Vorhaben angepackt. Sehr viel Geld wurde in die Kanalisation und in die Kläranlage gesteckt. Der Wasserhochbehälter wurde gebaut, Straßen und Feldwege (alle Grünen-Plan-Wege) sind geteert worden. Für zahlreiche Neubauten mußte Bauland erschlossen werden, die Einwohnerzahl nahm um über 500 Personen auf ca. 1600 zu. Die Schule mit Turnhalle und Lehrschwimmbecken wurde errichtet, die Herrengasse verschönert und vieles andere mehr. Viele Sitzungen waren durch die Gemeindereform notwendig. Ich glaube, es war gut, daß Oberdischingen bis heute allein überlebte, groß muß nicht immer besser sein. Meine Tätigkeit im

Gemeinderat hatte Höhen und Tiefen. Manche Abstimmung befriedigte nicht. Doch wenn es am Schluß zu einem guten Ergebnis kam, freute ich mich mit dem Bürgermeister und den Kollegen.

Auf dem Hof schritt die Technisierung weiter fort. Der alte Hanomag wurde durch einen Deutz Allrad mit 102 PS ersetzt, dazu kam ein Vierscharvolldrehpflug. Auch der Mercedes war nach fünf Jahren abgeschrieben, ein 240 D folgte. Es war die bisher höchste Investition in einem Wirtschaftsjahr, das Finanzamt veranlaßte uns dazu. Wir hatten nämlich eine prima Ernte und gute Schweinepreise. Da verläßliche Hilfskräfte in der Landwirtschaft knapp und teuer waren, mußte die Arbeit immer schneller erledigt werden. Mit dem neuen Schlepper hatte Thomas anfangs kein Glück. Am Hägele, an einer ca. zwei Meter hohen Böschung entlang zog er die letzte Pflugfurche. Plötzlich gab das unten laufende Schlepperrad nach, der Traktor bekam Schieflage. Thomas stieg ab und holte zu Hause Hilfe. Als wir mit dem anderen Schlepper ankamen, stand der neue Schlepper mit dem Vierscharpflug nicht mehr auf den Rädern, sondern auf dem Kopf. Er war in der Zwischenzeit abgerutscht. Nur gut, daß Thomas abgestiegen war. Am anderen Morgen hoben wir mit einer Raupe den Pflug hoch, um ihn vom Schlepper zu trennen. Gar nicht so einfach, wenn alles spannt und klemmt. Mit zwei Forstschleppern zogen wir den Schlepper wieder hoch. Unglaublich, was solche Seilwinden für Kräfte haben. Mit Fernbedienung konnten sie exakt gesteuert werden. Unser Mechaniker behob die Schäden wieder, Thomas war um eine Erfahrung reicher geworden.

Über den Bauernverband konnten junge Landwirte im Ausland Erfahrungen sammeln. Thomas ging als Praktikant nach Dänemark. Wolfgang Buck aus Obermarchtal, sein Vater war ein Cousin meiner Frau, half mir aus. Seine Eltern zu Hause hatten einen Aussiedlerhof. Er war ein sehr guter, hilfsbereiter Mitarbeiter, auch in der Familie schätzten wir ihn sehr. In Oberdischingen lernte er seine spätere Frau kennen.

Trotz Kuren an verschiedenen Orten ging es Martha dieses Jahr nicht gut – sie mußte wieder ins Krankenhaus.

Immer wieder diese Luftnot, eine fürchterliche Plage! Nicht umsonst sagt man, Luftnot ist die größte Not. Zum Mond konnte man fliegen, einem Menschen Luft zum Atmen spenden, warum war dies nicht möglich? An den finanziellen Mitteln hätte es uns nicht gefehlt. Überall suchten wir Hilfe. Doch immer wieder stießen wir an die Grenzen der Therapie. Bei Bernhard war es ähnlich, auch bei ihm erfolgten immer wieder Rückschläge, auch im Lehrbetrieb. Wir waren in Ulm, Zwiefalten, Weissenau, Dietenbronn und anderen Stellen, doch bisher ohne Besserung. Bernhard hielt sich voll an das Alkoholverbot, doch viele andere Beschränkungen gingen ihm auf den Wecker. Er wollte ähnlich leben wie seine Alterskollegen. So mußten wir öfters hören, wenn er achtzehn Jahre alt ist, geht er. Wir empfahlen ihm, nicht allein zu gehen, wenn ihm etwas zustoßen würde, brauche er doch Hilfe. Er wurde 18 Jahre alt und selbst an diesem Tag verschonte ihn die Krankheit nicht. Immer wieder stellten wir uns die gleiche Frage: Was soll aus unserem Bernhard werden? Am 2. Oktober – kurz nach seinem achtzehnten Geburtstag (22. September) – wollte ich ihn morgens wecken. Doch sein Bett war leer. Er hatte seine Drohung wahrgemacht. Ich fuhr sofort mit dem Auto auf den Ulmer Bahnhof, doch er war schon weg mit einer Fahrkarte Richtung Friedrichshafen. Dort ließ ich ihn ausrufen – er solle sich zu Hause bitte nochmals melden! Er telefonierte dann kurz vom Zug aus Richtung Wien. Das Gespräch wurde aber bald unterbrochen. Joachim ging neun Tage ins Schullandheim, er kam wieder zurück, doch von Bernhard kam keine Nachricht. Von seinem Lehrbetrieb erfuhren wir, daß er bis Allerheiligen Urlaub genommen hatte. Also warteten und hofften wir, daß er an dem Feiertag heimkommt. Die ersten Gedanken am Morgen waren bei Bernhard, die letzten am Abend auch. Mit einer Interrailkarte konnten junge Leute mit dem Zug günstig in ganz Europa herumfahren. Allerheiligen war ein Samstag, Mutter lag im Bett. Bernhard kam nicht, seit vier Wochen kein Lebenszeichen. Am anderen Tag, sonntags, fuhr ich nach Ulm auf den Bahnhof – ich hielt es daheim nicht mehr aus. Wenn ein Fernzug kam, hielt ich Ausschau, vergeblich. Am Montag habe ich dem Lehrbetrieb

Bescheid gegeben, daß Bernhard noch nicht zurück ist. Vielleicht hatte er einen Zug verpaßt. Wir suchten Entschuldigungen für ihn. Daß wir schon wochenlang aufgewühlt waren, behielten wir für uns. Am Donnerstag ging ich zur Polizei nach Ulm und wollte eine Vermißtenanzeige aufgeben. Doch da Bernhard achtzehn Jahre alt und mit seiner Krankheit nicht in Lebensgefahr war, wurde ich abgewiesen. Von der Bank erfuhren wir, daß Bernhard mit Reiseschecks in Südfrankreich Geld abgehoben hatte. Junge reiselustige Leute erzählten uns, daß sie bei Nacht im Zug fuhren, um das Nachtquartier zu sparen. Kein weiteres Lebenszeichen mehr, der November war vorbei. Ist er vielleicht beim Baden im Mittelmeer ertrunken? Diese und hundert andere Fragen stellten wir uns. Am 3. Dezember kam ein Anruf von der Deutschen Botschaft in Wien. Erstmals konnten wir nach genau neun Wochen mit ihm reden. Die Botschaft verlangte von uns eine Geldanweisung, damit sie Bernhard mit der Bahn heimschicken konnten. Er sei mittellos. Ich fuhr sofort nach Ulm, um den Wunsch zu erfüllen. Von hier aus ging es damals noch nicht. Am anderen Morgen kam Bernhard an. Bei Nacht gegangen – bei Nacht zurückgekommen. Und wie? Mit einem zerrissenen Mantel, wie ein Bettler, ein Mann von der Straße, mager und ohne Rucksack, doch es war unser Bernhard. Was war geschehen in über zwei Monaten? Bernhard war von Wien nach Südfrankreich und von dort nach Italien gefahren. Das Ziel war Venedig. Auf dem dortigen Bahnhof mußte er klein austreten. Da es Nacht war, stellte er sich zwischen zwei Güterwaggons. Die Bahnhöfe wurden gut überwacht, weil kurz zuvor im nahen Bologna eine Bombe hochgegangen war, die 83 Tote forderte. So beobachteten Bernhard zwei Polizisten, sie nahmen ihn mit auf die Wache. Er sollte dort 100,– DM bezahlen wegen Verstoß gegen den Anstand. Doch die hatte Bernhard nicht, nur Reiseschecks. Italienisch konnte er nicht. In einem unbewachten Augenblick ergriff Bernhard die Flucht, die Polizisten jagten hinterher. Nach ca. 200 m hatten sie Bernhard, der noch den Rucksack tragen mußte, eingeholt und nicht ganz sanft festgenommen. Dabei soll Bernhard sich gewehrt haben. Dies ereignete sich schon am 16. Oktober, also vierzehn Tage nach Antritt seiner Reise. Ich habe seine italienischen Gerichtsunterlagen übersetzen lassen. Darin erscheint als Hauptanklage: Gewalt durch Schläge gegen die Polizei. Das Hauptverfahren wurde auf den 2. Dezember festgesetzt. An diesem Tage wurde Bernhard mitgeteilt, daß er das Land innerhalb eines Tages verlassen müsse. Doch er war mittellos, der Fahrausweis abgelaufen. Bernhard verhökerte seinen Fotoapparat. Mit dem Geld kaufte er sich eine Fahrkarte nach Wien und erreichte so die dortige Deutsche Botschaft.

Wie verbrachte Bernhard die sieben Wochen im Gefängnis? Nicht mit der Gondel, die die Gondolieri steuern, fuhr er über den Canale Grande, sondern im Polizeiboot ging es ab Richtung Gefängnis. Dort mußte er seinen Rucksack samt Inhalt abgeben, auch die Utensilien in seinen Hosen- und Jackentaschen mußte er abliefern samt Tabletten. Bei den Tabletten vermuteten die Beamten Rauschgift. So hatte Bernhard während der sieben Wochen keine Arznei. Ob er Anfälle erlitten hat, weiß er selbst nicht. Er hat Tag und Nacht viel geschlafen. Morgens hat er nur einen Apfel mit Baguettebrot gegessen, tagsüber Tee getrunken. Die übrigen Mahlzeiten lehnte er ab. Er trat in einen Teilhungerstreik. Acht Kilo an Gewicht verlor er während seiner Fastenzeit. Sein Zimmer war mit Waschbecken, Pritsche mit Laken, Kissen und Decke ausgestattet. Kein Stuhl, kein Tisch, nichts Lesbares. Das Fenster war 50 x 50 cm groß, die Fensterscheibe kaputt. Das schlimmste war für Bernhard, wenn durch das Stehklo Ratten in seine »Wohnung« kamen und Nahrung suchten. Er hatte nichts in der Zelle, um das WC abzudecken. Damit ihm die Ratten nicht mehr über das Gesicht sprangen, zog er sein Laken über den Kopf. Mehr will ich über seine »Haustiere« – wie er sie nannte – nicht berichten. Es ist zu gruselig. Die Kalendertage hat er mit der Gabel in die Zellenwand gekratzt. Bernhard hatte sieben Wochen Einzelhaft, auch beim halbstündigen Freigang war er allein. Nur ein Wachmann mit MP im Anschlag stand auf der Mauer. Er trug sieben Wochen lang dieselben Kleider, mit denen er eingeliefert wurde, sie wurden nicht gewaschen. Der »Urlaub« in Venedig wird Bernhard immer in Erinnerung bleiben.

Was geschah noch in diesem Jahr? Papst Johannes Paul II. besucht Deutschland. Seit 198 Jahren war kein Oberhaupt der katholischen Kirche mehr in unserem Land gewesen.

Die Grünen beschließen eine bundesdeutsche Partei, heute stellen sie den Außenminister, Hut ab.

In Deutschland wird die Sommerzeit eingeführt.

Eine norwegische Bohrinsel kentert, die jedem Orkan standhalten sollte. 123 Menschen kommen ums Leben.

Ronald Reagan wird als 40. Präsident der Vereinigten Staaten gewählt.

Weil sowjetische Truppen in Afghanistan einmarschieren, nehmen fünfzig Nationen nicht an den Olympischen Spielen in Moskau teil, darunter auch Deutschland.

## 1981

Thomas kam von Dänemark zurück. Seine Gastfamilie besuchte uns. Auf ihrem Ackerbaubetrieb werden 120 Muttersauen und 500 Mastschweine gehalten. Für ein weiteres halbes Jahr ging Thomas nach Pennsylvania in die USA. Die dortige Farm hat eine Größe von 580 ha. Es wird hauptsächlich Mais und Getreide angebaut. Die großen Stallanlagen waren mit 500 Muttersauen und 2500 Mastschweinen belegt.

Am Altenteilhaus waren wir jede freie Stunde beschäftigt. Es wurde verputzt, gestrichen, die Öfen gesetzt, Böden gelegt usw.; mal innen, mal außen, je nach Witterung.

Martha hat sich im Hof den Arm gebrochen. Sie hatte doch schon genug zu tragen mit ihrem Asthma. Es wurde immer schwieriger für sie, ausreichend Luft zu bekommen. In Kur wollte sie nicht mehr gehen, wenn sie zurückkomme, hätte sie doch wieder dieselben Probleme. Guter Rat war teuer, aufbauender Zuspruch schwierig. Nach einem Asthmaanfall mußte sie mit dem Rettungswagen ins Laupheimer Krankenhaus gebracht werden. Mit Hilfe von viel Cortison bekam sie wieder Luft und kehrte nach ein paar Wochen nach Hause zurück. Doch eine Besserung auf Dauer war nicht in Sicht.

Bisher brachten wir das Stroh mit Feldhäcksler und Wagen heim. Den Häckselwagen konstruierte unser

Mechanikermeister. Es waren ringsum mit Tuch beschlagene Aufbauten – ca. 2 Meter breit, 5 Meter lang, 2,50 Meter hoch. Das Dach war aus feinem Maschendraht. In diese angehängten Wagen blies der Feldhäcksler das Stroh. Zum Abladen wurden auf einer Längsseite die Seitentüren geöffnet, die andere Längsseite drückte das Stroh über einen Seilzug langsam quer über den Wagen. Mit Misthaken zogen wir es auf das laufende Band, das längs des Wagens stand. Dies förderte es in das Gebläse. Noch heute sind solche Wagen im Einsatz. Der Ladeautomatikwagen ersetzte den Feldhäcksler, da dieser nach der Aufnahme das Stroh selber schnitt. Im flotten Tempo konnten wir mit dem angehängten Wagen über die Strohreihen fahren, bis er prall gefüllt war. Beim Abladen beförderte er das Stroh durch eine Luke aus dem Wagen direkt vor das Gebläse, das Förderband fiel weg. Der Landwirt braucht nur den Zufluß des Strohes richtig steuern. Wieder wurde viel Zeit gespart und die Arbeit erleichtert. Der Wagen blieb mit dem Schlepper verbunden, das lästige Umhängen der Wagen fiel weg. Der Ladewagen war *die große Erfindung* für die Landwirtschaft nach dem Kriege. Er wurde immer größer und mit besseren Werkzeugen versehen. Durch das Schneiden des Grüngutes war es nachher handlicher und besser zu befördern, z. B. auf dem Futtertisch im Stall.

Cäcilia hatte zwei Jahre die Valckenburgschule in Ulm besucht und zwei Praxissemester absolviert. Nun hatte sie ihr Berufsziel als Hauswirtschaftsleiterin erreicht.

Zwei schlimme Nachrichten erschütterten die Welt. Zum siebten Mal in diesem Jahrhundert wurde ein Anschlag auf einen amerikanischen Präsidenten verübt. Ronald Reagan wird von einer Revolverkugel getroffen, er erholt sich nach einigen Wochen. Auch auf Papst Johannes Paul II. wurden drei Schüsse abgefeuert, er überlebt das Attentat.

Die Amerikaner starten mit zwei Astronauten an Bord der ersten wiederverwendbaren Raumfähre Columbia.

# 1982

Wie fast jedes Jahr waren wir im Januar beim Skifahren in Österreich. Auch auf der Alb waren wir öfters, wenn Schnee lag. Einmal haben wir herzhaft gelacht, als Cäcilia in Apfelstetten in den Tiefschnee fuhr und einen tollen Purzelbaum hinlegte.

Fasching wurde immer wieder ausgiebig gefeiert. Übrigens, für Bernhard waren es die schönsten Tage des Jahres. Er war unser Obernarr. Die Ehepaare Zink, Pfund und wir trafen uns abwechselnd jedes Jahr am Rosenmontag. Unsere Sauna-Gastgeberin lud uns am Faschingsdienstag zum Kehraus ein. Als ihr erster Partner sollte ich bei der Polonaise über einen Gartenstuhl steigen. Da ich auf der Sitzfläche zu weit hinten auftrat, klappte der Stuhl zusammen. Die Rückwand schlug mir derart in die Seite, daß mir die Luft fast wegblieb. Ich hielt noch bis zum Ende des Tanzes an der Seite der Gastgeberin aus. Dann verschwand ich auf ein stilles Örtchen und schaute den Schaden an. Äußerlich war die Haut nur abgeschürft, aber ich bekam schlecht Luft. So fuhr ich heim, um im Bett Ruhe zu finden. Drei Mal probierte ich es, doch ich konnte es nicht aushalten. Um zwei Uhr nachts fuhr ich ins Krankenhaus nach Laupheim. Beim Röntgen stellte man fest, daß die zehnte rechte Rippe gebrochen war. Ich mußte noch den Unfallhergang schildern, die Angestellten lachten, ich konnte gar nicht lachen, husten war noch schlimmer. Als ich ein paar Tage später durch meine steife Haltung vom Lkw stürzte, mußte ich eine Woche stationär in dieses Krankenhaus. Linke Rippe gequetscht – also Probleme auf beiden Seiten. Bisher habe ich nicht gewußt, wie schmerzhaft ein solches Malheur ist. Als Landwirt stürzt und fällt man oft von einer Maschine, dem Schlepper, einer Leiter, vom Baum oder wird von einem Tier geschlagen oder umgesprungen. Immer hatte ich einen guten Schutzengel und nun wird mir ein Gartenstuhl beim Tanz zum Verhängnis.

Bernhard hat die theoretische Prüfung in der Schule geschafft. Nun fehlte noch die praktische Prüfung für den Abschluß als Landmaschinen-Mechaniker. Am Prüfungstag morgens, als ihn seine Kameraden abholen wollten, überfiel ihn seine Krankheit erneut. Gern hätten wir ihm einen Berufsabschluß gegönnt. Drei Jahre hatte er sich darauf vorbereitet. Bernhard half vorerst auf dem Hof mit. Doch wir Eltern hatten immer ein ungutes Gefühl, wenn er draußen auf dem Feld Schlepper fahren wollte. Wir konnten ihm auch nicht alles verbieten. Zwischendurch packte ihn wieder das Fernweh. Mit Interrail ging er auf Reisen. Wir regten uns nicht mehr auf, er war zwei Jahre älter. Dieses Mal kam er nach drei Wochen heil zurück.

Thomas besuchte die Meisterschule. Auf den Fremdbetrieben und dem elterlichen Hof hat er bereits Erfahrungen gesammelt. Nicht nur das fachliche Wissen konnte er dabei erweitern, sondern sich auch in anderen Bereichen weiterbilden. Im Ausland verbesserte er seine Englisch-Kenntnisse. Der Landwirt braucht eine breit gefächerte Ausbildung, um den heutigen Anforderungen gerecht zu werden. Durch den Einsatz des Computers in der Landwirtschaft wird zusätzliches Wissen verlangt.

Cäcilia ging über den Bauernverband ein halbes Jahr nach Frankreich, um die weite Welt zu erkunden. Die Praktikanten wurden in Familien untergebracht und arbeiteten dort. Bei Treffen der jungen Leute wurden sie mit dem Gastland bekannt gemacht.

Am Ostermontag unternahmen meine Frau und ich einen Spaziergang zum Öpfinger Stausee. Er bot keinen schönen Anblick. Sein Wasser war abgelassen worden. Nur ein Rinnsal, von der Donau gespeist, suchte sich einen Weg durch den Schlamm. In den 50er Jahren wurde das angeschwemmte Material in die alten Donauarme und Felder gepumpt. Doch nun stellten die Chemiker viele Schadstoffe in dem Schlick fest. Sind es Altlasten, die zum Teil von der Schwabenzell Ehingen stammen? Letzten Sommer wurde dort eine Papierfabrik in Betrieb genommen. Die Firmen haben heute zu Recht hohe Auflagen für den Gewässerschutz. Den Schlamm vom Stausee wollte niemand entsorgen. So blieb er an Ort und Stelle. Deshalb konnte der Wasservorrat für das Kraftwerk nicht erhöht werden. Nur die Turbinen werden erneuert. Das Umweltproblem bleibt bestehen.

Dieses Jahr flog unser Arbeitskreis nach Spanien. Wir besichtigten in der Gegend von Madrid und Valencia Betriebe mit Orangen-, Gemüse- und Melonenanbau und deren Verarbeitung, auch eine industrielle Kaninchenhaltung. Auf dem Programm stand der Besuch von Kathedralen und ein blutiger Stierkampf, bei letzterem reicht eine Vorstellung. Flamencotänzer mit wirbelnden Beinen anzusehen, war dagegen ein Genuß. Wir stellten zum Abschluß unserer Studienreise fest, daß sich die Spanier sehr bemühen, ihrer Rolle in der EU gerecht zu werden.

Dieses Jahr feierten wir unsere Silberhochzeit. Mit Bekannten erlebten wir im Glottertal bei Freiburg und am Kaiserstuhl schöne Tage. Wir waren beim Bruder Theodor, in Furtwangen und in Donaueschingen. Doch Martha mußte sich schonen, sie war angeschlagen. So waren wir froh, daß wir zu Hause eine Praktikantin hatten, Gisela Deufel aus Schmalegg.

Mein Freund Honor Funk kam letztes Jahr in den Bundestag. Er rückte für einen verstorbenen CDU-Abgeordneten nach. Er lud uns zu einer viertägigen Bonn-Fahrt ein. Da für Martha Besichtigungen mit Zeitprogrammen zu anstrengend waren, fuhr ich allein mit. Die Reisegruppe mit 29 Personen, Bekannte und Kollegen von Honor, war sehr kollegial. In Rhöndorf waren wir prima untergebracht. Wir besuchten verschiedene Ministerien im Bundestag, den Bundesrat und das Haus Baden-Württemberg. Den Kölner Dom besichtigten wir, und schauten abends das Musical »My fair Lady« an. Es waren interessante und schöne Tage am Rhein. Als ich abends vom Ulmer Bahnhof heimtelefonierte, daß mich jemand abholen sollte, sagte mir Thomas, daß Mutter im Krankenhaus Laupheim sei. Vor zwei Stunden sei sie dort mit einem Asthmaanfall eingeliefert worden. Familie Funk brachte mich gleich nach Laupheim. Martha war nicht ansprechbar und wurde künstlich beatmet und versorgt. Mein Gott!, dachte ich, ausgerechnet in meiner Abwesenheit muß es wieder passieren. Im März und Juni dieses Jahres war sie schon zweimal im Krankenhaus in Ulm. Sie hatte schon in mehreren Krankenhäusern, auch in der Uniklinik und im Bundeswehrkrankenhaus Hilfe gesucht. Laupheim, ein kleines Krankenhaus, sagte ihr am besten zu. Hier waren die Ärzte mit ihrer Krankheit vertraut. Am nächsten Tag war der Zustand von Mutter noch gleich, der Chefarzt Dr. Riegger machte uns Hoffnung. Dr. Riegger war Miterbe der Hofstelle nebenan, die wir erworben hatten. Die folgenden zwei Tage war ihr Krankheitsbild noch gleich, doch dann verschlechterte es sich täglich. Am sechsten Tag ging es ihr am Vormittag gut, der Blutdruck war besser, ihr Zustand stabil. Bis 16.00 Uhr blieb ich an ihrer Seite, dann fuhr ich heim zum Füttern, da Thomas im Meisterkurs war. Um 17.30 Uhr läutete das Telefon: Mutter ist um 17.17 Uhr gestorben, am 26. Oktober 1982.

Warum? Wo bleibt die Antwort auf diese oft gestellte Frage. Viele andere Fragen begleiten sie, z. B. wie geht es weiter? Die Kinder haben keine Mutter mehr, Joachim der Jüngste war siebzehn Jahre alt. Die Frau mit fünfundfünfzig Jahren verloren, allein mit den Kindern auf dem Hof. Ich fühlte mich immer stark an ihrer Seite.

Am selben Abend fährt Thomas mit dem Zug nach Südfrankreich, um Cäcilia zu verständigen und heimzubringen zur Beerdigung. Als beide zurückkommen, geht die Nachbarin Anna mit Cäcilia, um Trauerkleidung zu kaufen. Eine Dorfhelferin trifft ein für diese trostlosen Tage.

Am Samstag, dem 30. Oktober 1982, begleiten wir Mutter auf ihrem letzten Gang. Eine große Trauergemeinde zeigte ihr Mitgefühl und die Wertschätzung der Toten. Sie war beliebt im Dorf und hatte für alle ein gutes Wort.

Noch in Frankreich weilend schreibt Cäcilia an Mutters Todestag einen vier Seiten langen Brief und wünscht ihr gute Besserung. Er enthält auch den Psalm 139, der ihr Trost und Hoffnung geben sollte. Der Poststempel des letzten Briefes an die Mutter trägt das Datum vom 27. Oktober 1982, einen Tag nach ihrem Tod.

Wie oft standen wir bei Nacht am Fenster, wie oft hast du um Luft gerungen, um das Überleben gekämpft? Immer hast du gehofft und viel gebetet. Neun Jahre hat dich die Krankheit immer wieder belastet. Jammern war nie deine Art. Ging es dir besser, warst du zufrieden, lebensfroh und gerne Neubäuerin. Für die Lehrlinge und Hilfskräfte hattest du ein offenes Ohr. Du warst den Kindern eine liebende Mutter, mir eine treusorgende Gattin. Für all das

Gute, das du für uns getan hast, danken wir dir von Herzen. Ruhe nun im Frieden und bleibe im Geist mit uns verbunden.

Unsere dreizehnte Dorfhelferin Hannelore verließ uns wieder. Sie war klein von Gestalt, doch sie war sehr, sehr tüchtig. Am Schluß erzählte sie noch, daß sie ein schweres Motorrad fuhr, da war ich noch mehr überrascht. Neun Jahre hat Mutter mit ihrer Krankheit gekämpft und mußte immer wieder ins Krankenhaus. Wie froh waren die Oma und ich, wenn eine Dorfhelferin im Haushalt eingesprungen ist. Für die jungen Menschen ist dies eine gute Weiterbildung, für die Betriebe ein Segen.


Blicken wir zurück in unser Land: Die Zahl der Arbeitslosen nimmt zu, zwei Millionen suchen eine Stelle. Die Mehrheit der Deutschen befürwortet die Rückkehr der Ausländer in ihre Heimatländer.

In Oberbayern stürzt der 250. Starfighter ab. 1962 übernahm die Luftwaffe dieses Flugzeug, das die Piloten durch seine Technik überforderte.

Gute Nachricht: Die 17jährige Nicole gewinnt den Grand Prix d' Eurovision mit dem Lied »Ein bißchen Frieden«.

Vier Jahre nach der Geburt des ersten Retortenbabys in London hat in Erlangen eine 30 Jahre alte Frau das erste deutsche Retortenbaby, einen Jungen, zur Welt gebracht.

Helmut Kohl wird mit den Stimmen der CDU/CSU und der FDP in einem Mißtrauensvotum zum sechsten Kanzler der Bundesrepublik Deutschland gewählt. Er löst den SPD-Kanzler Helmut Schmidt ab, dessen Koalition mit der FDP zerbricht. Neuwahlen sind für 1983 geplant. Erstmals wollen die Grünen kandidieren.


## 1983

Durch Mutters Tod ruhte der Ausbau des Altenteilhauses, ich hatte kein Interesse mehr. Nach solch einem Trauerfall soll man sein bisheriges Leben weiterführen, die Arbeit durchziehen, Bekanntschaften pflegen, die Freizeit sinnvoll nutzen. Solche Ratschläge sind anfangs schwer umzusetzen.

Cäcilia kommt von Frankreich zurück. Sie bleibt vorerst, um uns den Haushalt zu führen.

Bernhard geht ins Berufsbildungszentrum nach Wiblingen, vielleicht findet er doch noch eine passende Stelle. Nachher verbrachte er fünf Wochen im Epilepsie-Zentrum in Kehl-Kork. Hier wurde versucht, ihn genau mit der richtigen Dosis Tabletten einzustellen. Zu Hause war er oft mit unserem Hund, einem Irish-Setter, unterwegs.

Thomas legte seine Meisterprüfung ab. Ich freute mich sehr, daß unser Hof weiterhin als Meisterbetrieb geführt wird. – Als Gegenbesuch für Thomas Amerikaaufenthalt kam von dort eine Praktikantin auf unseren Hof. – Thomas brachte die ersten Mädchen ins Haus. Bisher hatte er einen häufigen Wechsel, vielleicht war da ein Gen des Vaters die Ursache.

Zweimal hatte ich viel Glück bei der Arbeit im Hof und auf dem Feld. Beim Haferverladen rutschte mir auf dem Zementboden in der Scheune die Leiter unten weg. Ich fiel mit der Leiter aus vier Meter Höhe so geschickt herunter, daß mir nichts passierte. Hätte sich die Leiter im Sturz gedreht, wäre es schlimm ausgegangen. Die Aluleiter war vorschriftsmäßig unten mit Plastikstollen (Gummi wäre besser) versehen, so daß sie nicht wegrutschen sollte. – Beim Rapsdreschen bei Nacht in Altheim wollte ich auf den langsam fahrenden Mähdrescher hochsteigen. Ich rutschte mit einem Fuß durch die Aluleiter hindurch direkt vor das große Vorderrad des Mähdreschers. Dieses erfaßte meinen Vorderfuß und lief langsam darüber. Dann bekam ich ihn wieder frei und fiel auf den Acker zurück. Da es Nacht war, merkte der Fahrer nichts, bis er die ganze Runde gedreht hatte. Zum Glück war nichts gebrochen, wahrscheinlich weil der Reifen so groß und der Boden weich war. Bei diesem Gewicht des Mähdreschers ein kleines Wunder. Bei den neuen Maschinen kann dies nicht mehr passieren, die Leiter ist hinten abgedeckt.

In der Ernte gab es nochmals eine große Aufregung. Das Stroheinfahren mit dem Automatikwagen lief wie am »Schnürle«. Thomas fuhr mit dem vollen Wagen in den Hof herein, doch der Wagen hinter ihm brannte. Thomas hatte es vorne auf dem Schlepper noch gar nicht bemerkt. Da ich gerade auf dem Hof war, schickte ich ihn wieder hinaus. Die Hitze des Feuers war so stark, daß die Blätter der Linde im Hof verdorrten, nur vom Vorbeifahren. Wären Funken in die Scheune geflogen, hätten sie einen Großbrand ausgelöst. Thomas stellte den brennenden Wagen auf einer Wiese neben dem Friedhof ab. Die alarmierte Feuerwehr löschte den Brand. Ursache war ein heiß gewordenes Lager am Automatikwagen. Der Fahrtwind hatte das Stroh entzündet. Immer wieder im Leben mußte ich sagen, das ist mir doch noch nie passiert. So versulzte mir schon anfangs November durch die Kälte der Diesel im Lkw. Die geladenen Schweine sollten längst in Mengen sein, die Metzger warteten im Schlachthaus auf mich. Ich war unterwegs immer noch dabei, die Filter und Leitungen zu säubern. Hier verursachte der kalte Fahrtwind das Übel.

Ein andermal wollte ich montags früh die Schweine nach Reutlingen fahren. Als wir die Schweine geladen hatten, sprang der Motor nicht mehr an. Um halb sechs Uhr trommelten wir den Mechaniker aus dem Bett. Er baute den Anlasser aus, und stellte fest, daß er defekt war. Woher Ersatz holen um diese Tageszeit? Mit dem Schlepper zogen wir den beladenen Lkw an, der Motor lief. Ich holte noch Geld und ein Abschleppseil, dann fuhr ich los ohne Anlasser. An jeder Stop-Stelle, bei jedem Schalten mußte ich aufpassen, daß der Motor nicht zum Stehen kam. Ich kam gut nach Reutlingen, die Schweine waren im Schlachthof. Froh gelaunt, daß alles gut gegangen war, fuhr ich heimwärts. Im Rückspiegel sah ich, daß die Polizei die Honauer Steige hinter mir her fuhr. Nach Kohlstetten überholte sie mich und winkte mich rechts heran. Ein Polizist lief vor und fotografierte den Lkw von vorne. Der andere kam auf mich zu mit den Worten: »Fahrzeugkontrolle, bitte stellen Sie ihren Motor ab«. Wohl oder übel folgte ich seinem Befehl. Ich zeigte die Papiere und das Blatt vom Fahrtenschreiber. Dieses zeigte an manchen Stellen statt achtzig neunzig Kilometer an. Zweites Übel, ich hatte auf der rechten Fahrerseite ein Plakat hinter der Windschutzscheibe. So könnte ich die rechte Straßenseite nicht genügend einsehen. Dieses bestritt ich und bat sie, hinter dem Steuer zur Probe Platz zu nehmen, doch diesen Wunsch lehnten sie ab. Nun ging es um die

Höhe der Strafe, ich wollte sie mit Geld gleich erledigen. Doch die beiden blieben hart, keine Verwarnung, es kam zur Anzeige. Hinter der Windschutzscheibe hatte Thomas schon längere Zeit ein kleines Werbeplakat für den Oberdischinger Volkslauf angebracht. Thomas, der auch mit dem Fahrzeug fuhr, ist damit nie aufgefallen. Nur ich mußte heute büßen. Ich bin nur wegen dem Wisch aufgefallen, nicht wegen der Geschwindigkeit. Die Polizei verabschiedete sich, Gott sei Dank sahen sie dem Lkw nicht an, daß er keinen Anlasser hatte. Da stand ich nun allein auf weiter Flur und wartete. Ein Bauer mit Schlepper und angebautem Kreiselheuer kam vorbei. Ich hielt ihn an und erzählte ihm von meinem Malheur. Er sagte, er würde daheim seine Maschine abhängen und dann zurückkommen. Der Landwirt hielt Wort und zog mit seinem Schlepper den Lkw an. Hoffentlich kommt die Polizei nicht zurück, dachte ich während dieser Aktion. Schnell bekam der rettende Engel sein Trinkgeld, ich dankte ihm für seine Hilfe und mit Tempo 80 ging es weiter heimwärts. Das war ein aufregender Morgen. Der Mensch braucht doch täglich etwas Streß. Die Geldbuße ging ohne Punkte in Flensburg ab.

Nach kurzer Zeit des Alleinseins lernte ich meine zweite Frau kennen. Wer ist diese Person, die in mein Leben trat? Ihr Name ist Rita Breitenmoser geb. Biegert. Sie ist 53 Jahre alt, Witwe, Mutter von zwei Söhnen, vierzehn und zwölf Jahre alt. Ihr Mann verstarb vor drei Jahren, er hatte Krebs. Rita, wie ich sie nun kurz nenne, wohnt in Erolzheim, 35 Kilometer von hier in einem schönen Einfamilienhaus am Hang. Mit ihrem Mann hatte sie es 1975 erbaut mit viel Eigenleistungen. Rita hatte ich dieses Jahr in Ulm bei einer Veranstaltung kennengelernt. Da sie in ihrer Jugend von 1938–1947 in Oberdischingen gelebt hatte, fanden wir gleich Gesprächsstoff. Bei mir war es Liebe auf den ersten Blick. Rita tat sich sehr schwer mit zwei Problemen. Einen Landwirt heiraten als ehemalige Sekretärin? Noch nie in ihrem Leben hatte sie direkt etwas mit diesem Beruf zu tun. Das zweite noch größere Hindernis war mein Wunsch, sie sollte ihr Haus verlassen und zu mir nach Oberdischingen ziehen, das Haus, für das sie so viel geleistet und nach dem frühen Tod ihres Mannes nebenher gearbeitet hatte, um Schulden abzubezahlen. Die zwei Söhne besuchten das Gymnasium der Schulbrüder in Illertissen. Sie müßten auch die Schule wechseln und ihre bisherige Heimat aufgeben. Nein, das könnte sie nicht. Ich solle nach Erolzheim kommen, Platz wäre vorhanden. Jeden Tag 70 Kilometer fahren, das wollte ich nicht, noch dazu neun Jahre lang, bis zur normalen Hofübergabe mit 65 Jahren. Der Landwirt sollte möglichst auf dem Hof wohnen. Wir überlegten hin und her und kamen zu der Lösung: Aufgabe des Hauses in Erolzheim und Umzug nach Oberdischingen. Dann stand noch ein Zeitproblem im Raum. Nach dem alten Gesetz, das nur noch bis 31. Dezember 1983 gültig war, konnte sie sich bei Wiederverheiratung die Rente ihres ersten Mannes auszahlen lassen. So mußte Rita versuchen, sich in diesem Jahr noch zu entscheiden. Einen so wichtigen Entschluß unter Zeitnot zu fällen, war doppelt schwer. Normal heißt es bei einer Heirat, eins und eins ist gleich zwei. Bei uns war die Formel eins und eins ist acht. Wir setzten den Termin der standesamtlichen Trauung fest. Doch Rita schwankte nachher immer noch zwischen Ja und Nein. Am Tag vor der Trauung bestellte ich von mir aus bei einem mir nicht bekannten Blumenladen in Laupheim die nötigen Gestecke, aber nur auf Abruf. Den Verwendungszweck hielt ich natürlich geheim. Eintrag im Tagebuch am Abend vor der standesamtlichen Trauung in Steno: ›23.00 Uhr endlich Zusage, daß sie kommt.‹ Am 15. Dezember 1983 lief dann alles nach Plan ab. Wir waren zuerst beim Notar, um 16.00 Uhr war die Trauung angesagt. Alle sechs Kinder waren anwesend, meine Schwester mit Mann, der Bruder und die Tante meiner zukünftigen Frau Johanna Wagner. Bürgermeister Alois Speiser hielt eine passende Rede. Wir dankten ihm, daß er das Bürgermeisterzimmer für die Trauung hergerichtet hatte, normal finden Trauungen in einem anderen Raum statt. Das Zimmer des Bürgermeisters war nämlich das ehemalige Wohnzimmer meiner nun zweiten Frau. Ihr Vater wohnte viele Jahre zur Miete in dem Haus. Die Gemeinde erwarb es später vom hiesigen Kloster und baute es zum Rathaus um. Nach dem Jawort saßen wir noch bei Speis und Trank auf dem Hof zusammen. Um 21.00 Uhr fuhr Rita mit ihren Söhnen wieder nach Erolzheim zurück. ›Sehr schöner Tag‹ steht im Tagebuch.

Noch wichtige Nachrichten aus unserem Dorf und aller Welt: Bürgermeister Alois Speiser gab altershalber zum Jahresende sein Amt ab. In 28 Jahren hat er mit dem Gemeinderat in unserem Ort viele Pläne verwirklicht und z.B. mit dem Bau der beiden Schulen sich große Verdienste erworben. Als Nachfolger wurde Bürgermeister Hans Balleisen im ersten Anlauf gewählt.

Bei der Wahl am 6. März wird Helmut Kohl als Bundeskanzler bestätigt. Erstmals ziehen mit 7,5 % die Grünen in den Bundestag ein.

Die Infektionskrankheit Aids, die zumeist tödlich verläuft, hat auch auf die Bundesrepublik übergegriffen.

Als erster Deutscher fliegt Ulf Merbold mit der US-Raumfähre Columbia ins All.

Auf der Internationalen Funkausstellung in Berlin fiel der Startschuß für den Bildschirmtext.

# 1984

Das neue Jahr begann ich mit einer Kur in Bad Wurzach. Moorbäder und Massagen hatten mir bisher immer gut geholfen. In der Freizeit war ich viel zu Fuß im Wurzacher Ried unterwegs, bei Schnee auf Langlaufbrettern.

Rita und ich beschlossen, am Pfingstsamstag uns kirchlich trauen zu lassen. Bis zu diesem Zeitpunkt mußte unser Haus so gerichtet sein, daß Rita mit ihren Söhnen einziehen konnte. Für jedes der sechs Kinder wollten wir ein Einzelzimmer bereitstellen. Türen wurden zugemauert, neue aufgebrochen, die Wände versetzt. Es wurden Leitungen verlegt, gegipst, gestrichen und tapeziert. Eine Baustelle fast wie 1968. Elke, eine tüchtige Praktikantin, war uns in dieser Zeit eine wertvolle Hilfe. Mit einem neu zugekauften Viehanhänger holten wir immer wieder Mobiliar in Erolzheim und räumten es bei uns ein. Was wir nicht aufstellen wollten, das waren die beiden bisherigen Schlafzimmer. So kauften wir uns ein neues. Alles was im Haus keinen Platz fand, oder doppelt vorhanden war, kam in unseren Neubau (Alterssitz). Das Haus in Erolzheim mußte ganz geräumt werden, um es zu vermieten.

Der Hochzeitstag, der 9. Juni, kam schnell auf uns zu. Da ich von der ersten Trauung in Beuron enttäuscht gewesen war, tauschten wir die Ringe dieses Mal in unserer schönen Dorfkirche. Pfarrer Wendelin Zimmermann feierte vor einer Woche hier Investitur. Er wurde Nachfolger vom Hochwürdigen Geistlichen Rat Pfarrer Martin Übelhör, der in den Ruhestand ging. Unser neuer Pfarrer hielt einen feierlichen Gottesdienst und fand die richtigen Worte bei seiner Ansprache. Der Laupheimer Singkreis umrahmte die Feier, Rita war Sängerin in diesem Chor. Nach der Kirche konnten wir bei herrlichem Sonnenschein viele gute Wünsche entgegen nehmen. Im Autocorso ging es zur weltlichen Feier in den Adler nach Ringingen. Mit 132 Gästen feierten wir den großen Tag. Um halb drei Uhr morgens sanken wir müde in unsere neuen Betten.

Die anschließende Hochzeitsreise unternahmen wir mit unserem Pkw über Mittelfrankreich nach Lourdes. Dort wollte Rita den Brautstrauß zu Füßen des heiligen Josef niederlegen, den sie sehr verehrte. Sie fuhr auf den geraden Straßen in Frankreich so schnell, daß ich sie immer wieder bremsen mußte. 3.273 Kilometer legten wir in vierzehn Tagen zurück. Wir kamen wieder heil zu Hause an und schauten auf glückliche Tage zurück.

Nun begann ein neuer Anfang mit meiner zweiten Frau. Wird sie sich hier in der großen Familie, auf dem Hof und im Dorf wohl fühlen? Wie werden die Kinder untereinander auskommen? Wie wird sich das Verhältnis der Kinder zur Stiefmutter, zum Stiefvater entwickeln? Viele Fragen standen im Raum. Rita war eine christliche Frau, so hofften wir beide auf den Segen von oben.

Bernhard hat eine Arbeitsstelle bei der Düngemittelgroßhandlung Beiselen in Ulm gefunden. Er arbeitete dort im Lager. Seit der Behandlung in Kork nahmen die Anfälle ab. Wahrscheinlich hing es auch mit dem Ende der Pubertät zusammen.

Wie verlief das erste Halbjahr in der Großfamilie? Die

zwei Söhne Markus und Reinhold fühlten sich bald wohl auf dem Hof und in Oberdischingen. Wir fuhren sie täglich nach Illertissen in ihr bisheriges Kolleg bis zum Schuljahresende. Dann wechselten sie in das Gymnasium nach Ehingen. Mit den Geschwistern kamen beide gut zurecht, besser als wir dachten. Probleme gab es mit der Stiefmutter und dem Stiefvater. Wir hatten schon vor der Hochzeit ausgemacht, daß meine Kinder – der jüngste war nun zwanzig Jahre alt – Rita mit Vornamen anredeten. Markus und Reinhold sollten zu mir Vater sagen, zu ihrem leiblichen Vater hatten sie Papa gesagt. Das Wort Vater kam anfangs zaghaft über ihre Lippen, Geduld war gefragt. Besonders der nun 15-jährige Markus hatte Probleme mit unserer Heirat. Er hatte vorher in Erolzheim nebenbei Zeitungen ausgetragen und mit dem verdienten Geld Mutter zum Beispiel Schmuck gekauft. Er versuchte, den Vater zu vertreten. Nun kam ich und nahm ihm diese schöne Aufgabe weg. Seine inneren Gefühle richteten sich jedoch nicht gegen mich, sondern gegen seine Mutter. Ich versuchte öfters, Markus die neue Situation zu erklären, doch er war nicht so zugänglich wie Reinhold. Zeit heilt Wunden, auf dieses Sprichwort hofften wir. Wie recht hat Anne Frank in ihrem Tagebuch, wenn sie schreibt: »Ein glückliches Leben ist nie auf bequeme Weise zu erreichen.«

Cäcilia ging über den Bauernverband noch ein halbes Jahr nach Finnland. Wie zuvor in Frankreich konnte sie sich mit der Gastfamilie in Englisch verständigen. Als sie im Herbst zurückkam, besuchte sie die Bauernschule in Wernau. Diese bietet im Winterhalbjahr Kurse für junge Menschen vom Lande an, um deren Allgemeinbildung zu fördern. Cäcilia war schon immer wissensdurstig, liest gerne Bücher und hat Talent zum Schreiben.

Am 2. September feierte die Schützengilde ihr 25jähriges Bestehen mit Festgottesdienst und Fahnenweihe. Ich freute mich sehr, daß der Verein nach Fertigstellung des Vereinsheimes mit Schießanlage nun auch eine Fahne erworben hat. Der Verein bemüht sich sehr um die Jugendarbeit. Die sportlichen Erfolge geben den Betreuern neuen Ansporn. »Oberdischinger Schützen in Hochform« lautete eine Zeitungsüberschrift.

Der Bauernverband Ehingen organisierte ein großes Erntedankfest. Am 3. Oktober zogen bei herrlichem Wetter 112 Gruppen durch die Stadt. Das Bauernjahr und das Leben auf dem Dorf wurden aus verschiedenen Zeitepochen dargestellt. Handwerker, die mit der Landwirtschaft verbunden waren oder noch sind, gestalteten Festwagen, von gepflegten Pferdegespannen gezogen. Aus Oberdischingen kam der Sattlerwagen. Viele Trachtengruppen, ein Hochzeitszug, der Postillion auf dem gelben Wagen belebten den Festzug. Vom Sämann über die Schnittergruppe mit dem Garbenwagen, der alten Stiftendreschmaschine, über die Arbeit des Müllers und Bäckers wurde der lange und mühsame Weg vom Korn zum Brot aufgezeigt. Der Wagen mit der großen Erntekrone und ein Altarwagen erinnerten an den Sinn des Erntedankes. Dem Organisator, Hans Vetter aus Weilersteußlingen und seinen Helfern, gebührt ein hohes Lob. Folgendes Gedicht hat ein Unbekannter diesem Tag gewidmet: Ein Stücklein Brot, du sollst es nie vergessen, / wenn einmal wieder du zu Hause bist, / wie du mit Andacht hast das Brot gegessen, / wie heilig es dir einst gewesen ist. / Was du still geschworen, sollst du halten, / gedenke stets im Glück der Zeit der Not! / Lehr du dem Kind schon früh die Hände falten: / »Gib, lieber Gott, uns unser täglich Brot«.

Ein Jahr ging zu Ende, das Rita und mir glückliche Tage geschenkt hatte. Es stellte uns aber auch vor harte Geduldsproben. Viele behutsame, manchmal auch energische Aussprachen waren notwendig, um den Frieden in unserem Haus zu erhalten. Menschliche Beziehungen standen auf dem Prüfstand, die große Familie mußte erst zusammenwachsen. Ich stand felsenfest an der Seite meiner Frau. Im Buch »Der Kardinal« las ich folgende Zeilen: »Der Mut zu sprechen und der Takt, zur rechten Zeit schweigen zu können, soll der Zunge im gleichen Maß verliehen sein.«

Zwei Begebenheiten des Jahres:
Die Ausreisewelle von ca. 400.000 DDR-Bürgern in den Westen wird von der ostdeutschen Regierung gestoppt.
Richard von Weizsäcker wird zum sechsten Bundespräsidenten gewählt.

Rita hatte – wie berichtet – in einem Chor gesungen. Auch ich war vor der Hofübernahme in mehreren Chören aktiver Sänger. So traten wir beide dem hiesigen Liederkranz bei. Wir wurden gut aufgenommen, es gefiel uns in der Runde. Die Alltagssorgen traten etwas in den Hintergrund.

Der Arzt empfahl mir erstmals eine Mayr-Kur. Meist wird diese Kur auswärts in speziellen Häusern, z. B. in Oberstaufen angeboten. Ich wollte sie zu Hause in der ruhigen Winterzeit durchführen. Da ich arbeitete, durfte ich etwas mehr Milch und zwei altbackene Brötchen pro Tag (normal eins) essen, dazu viel Flüssigkeit wie Tee, Wasser und Gemüsebrühe, vier Wochen lang. Am schwierigsten war jeden Morgen die Einnahme von Glaubersalz und deren Folgen. Am 9. Januar hatten wir minus 28 Grad Celsius. Es war ein strenger Winter. Mich hat es immer gefroren, ich bekam Frostbeulen an den Füßen. Die Mayr-Kur soll den Körper entschlacken, doch viel Energie war notwendig um durchzuhalten. Wir hatten noch Schlachtfest in dieser Zeit und ich knabberte an dem trockenen Wecken herum. Nach der Kur gingen Rita und ich zum Langlauf nach Scheidegg, ich vergaß die Hungerzeit.

Mit Cäcilia fuhren wir im Februar nach München-Pasing. Dort trat sie in einem Privathaushalt ihre erste Stelle als Hauswirtschaftsleiterin an. Zwei Tage später rief sie an, daß es ihr in diesem Hause gar nicht gefalle. Ich fuhr früh nach München in der festen Absicht, Cäcilia nicht heimzuholen. Wir brachten dort ihr Gepäck in meinen Kofferraum. Ich kaufte die Süddeutsche Zeitung, wir telefonierten die angebotenen Stellen ab, und machten uns auf den Weg zu den Interessenten. Abends erhielt Cäcilia eine halbe Zusage in Inning. Ihr Gepäck durfte sie ins Gartenhäuschen bringen. Cäcilia sollte sich am folgenden Tag nochmals vorstellen, sie übernachtete in einer Pension. Ich kam um Mitternacht nach einem aufregenden Tag zu Hause an und hoffte auf einen guten Ausgang meiner Mission.

Rita hatte eine neue Hilfe für den Haushalt; Rita aus Luppenhofen kam als Praktikantin. Markus hatte bereits den Schlepperführerschein, so fuhr er erstmals am 1. Mai mit dem Maienwagen. In Achstetten hatte er Plattfuß, vielleicht fuhr er noch zu stark rechts und hat so einen Nagel aufgelesen. Markus trat unserer Musikkapelle bei, er blies das Flügelhorn. Bei Bernhard gab es auch eine Änderung, die Lagerarbeit befriedigte ihn nicht. Er begann eine Schäferlehre bei Familie Stotz in Münsingen. Auf dem Truppenübungsplatz hatte der Schäfer seine großen Weiden. Da Bernhard ein Tierliebhaber war, hofften wir, daß ihm die Arbeit im Freien zusagt.

Thomas begann noch eine Lehre als Landmaschinenmechaniker in Asch bei Blaubeuren. Er hatte schon längere Zeit eine Freundin namens Ulrike in Pappelau.

Joachim bestand sein Abitur. In dem Jahr, als seine Mutter starb, hatte er eine Ehrenrunde gedreht. Zuspruch, nicht Kritik war notwendig, wer fragt später danach. Er studierte anschließend Maschinenbau/Fahrzeugtechnik in München. Vorher machte er ein Praktikum in Friedrichshafen. Stellen waren sehr knapp, doch Rita hatte Beziehungen. Auto und Motoren waren immer schon sein Steckenpferd. Bei ihm war die Berufswahl vorprogrammiert. Schon mit vierzehn Jahren baute er sich einen Go-Kart zusammen und fuhr damit auf unsere Altenteil-Baustelle den Galgenberg hinauf. Fahrgestell, Lenkung, Bremse, ein 1,3 PS Quickly-Motor und ein 2-Gang-Getriebe machten das Fahrzeug fast TÜV-fähig. Als er den Führerschein hatte, fuhren wir extra nach München, ein BMW 320/6 war gefragt mit Speichenrädern. 11.400,– DM kostete das gute Stück, viel Geld für einen Anfänger. Wir bauten eine Montagegrube in die Garage ein. Joachim konnte viele Autos von unten reparieren und pflegen.

Wie ich schon niederschrieb, haben wir 1958 eine Gemeinschaftsgefrieranlage mit vierzig Fächern eingerichtet, deren Vorstand ich immer noch war. Inzwischen hatten mehrere Besitzer eine eigene Tiefkühltruhe gekauft. So brauchten sie nicht mehr außer Haus zu gehen, um Eingefrorenes zu holen. In 27 Jahren änderte sich viel. Was damals noch eine gute Sache war, ist nun überholt. Wir beschlossen in der Generalversammlung, die Anlage stillzulegen und das Grundstück an den ehemaligen Besitzer Xaver Sommer zurückzugeben. Ich hatte ein Amt weniger. Das Gebäude dient heute der Jugend als Treffpunkt.

Mit Rita fuhr ich erstmals auf eine große landwirtschaftliche Ausstellung zur DLG-Schau nach Hannover. Sie staunte über die vielen Tierrassen und das riesige Angebot an Maschinen und Geräten.

Im Sommer lösten wir einen Gutschein ein, den uns Familie Zoller aus Erolzheim zur Hochzeit geschenkt hatte: Eine Woche Urlaub in ihrem schönen Ferienhaus am Vierwaldstättersee in der Schweiz.

Tante Veronika starb, eine Schwester meines Schwiegervaters, mit 93 Jahren. Sie ist auf unserem Hof aufgewachsen, blieb ledig und lebte zuletzt in der Bäckerei Ott, wo eine Stiefschwester eingeheiratet hatte. Sie war immer kränklich und nun überlebte sie alle Geschwister. Opas Mutter starb im Kindbett, drei Kinder waren da, zwei waren verstorben. Opas Vater heiratete eine Witwe mit fünf Kindern. Dann kamen nochmals drei Kinder dazu. Es gab also meine, deine und unsere Kinder, zwei Linien Schlick, eine Linie Reutemann. Da waren wir im Vergleich noch eine kleine Familie.

Thomas hatte am zweiten Weihnachtsfeiertag infolge Glatteis seinen ersten Autounfall zwischen Oberdischingen und dem Nachbarort Ringingen. Er hatte Glück und blieb unverletzt, am Opel entstand Totalschaden.

Dieses Jahr verlief alles viel besser als im ersten Halbjahr. Rita wurde anerkannt. Wie schon viele Jahre zuvor beschlossen wir mit Bekannten das Jahr in Xavers Hütte. Unser Nachbar hatte unweit unseres Dorfes in einem Obstgarten einen geräumigen rustikalen Eigenbau. Hier konnten wir auf das Neue Jahr anstoßen, niemand wurde gestört. Auch sonst war Xavers Hütte Treffpunkt von vielen Festen, z.B. am Vatertag trafen wir uns dort nach der Wanderung zum Feiern.

Weitere Ereignisse: Im Ruhrgebiet wird erstmals Smogalarm 3 ausgelöst. Der private Autoverkehr wird in den meisten Städten zeitweise verboten.

In Moskau wird der 54jährige Michael Gorbatschow neuer Generalsekretär.

Spanien und Portugal werden Mitglied der EG.

# 1986

Cäcilia und Joachim fahren wieder nach München. Letzterer beschwerte sich, daß er dort sogar das Klopapier selbst kaufen mußte. Die anderen Kinder gingen zum Skifahren, wir zum Langlaufen. Als Thomas morgens mit einem Kollegen zum Landmaschinen-Unterricht nach Kirchheim/Teck fuhr, hatte er erneut einen schweren Autounfall. Auf der Autobahn zwischen Ulm und Merklingen war überraschend Nebel aufgetreten. Über achtzig Autos konnten nicht mehr rechtzeitig anhalten und bildeten beim Auffahren ein Chaos auf der Straße. Von Ulrike erfuhren wir 10.30 Uhr, daß Thomas verunglückt ist. Wir machten uns sofort auf den Weg und entdeckten sein demoliertes Auto. Doch wir konnten nicht erfahren, wo sich Thomas befand. Wir haben alle Krankenhäuser in der Umgebung angerufen. Mittags um 15.30 Uhr erfuhren wir endlich, daß er in das Reha-Zentrum in Ulm eingeliefert worden war. Wir fuhren hin, doch Thomas war im Operationssaal, nur von seinem Zimmernachbarn erhielten wir einige Angaben. Alle Ärzte waren im Einsatz. Erst am anderen Morgen erfuhren wir von ihnen Näheres. Als wir anschließend Thomas besuchten, sind wir über seinen Zustand erschrocken. Bei dem Unfall wurden ihm die Bänder an den Knien abgerissen, außerdem hatte er einen offenen Trümmerbruch am Schienbein. Er jammerte nicht nur über seine Beine, sondern auch über sein Hinterteil. Der Operationstisch war in dem Durcheinander zu stark erhitzt worden, Thomas merkte nichts in der Narkose. Er erlitt Verbrennungen am Gesäß, eine zusätzliche Schmerzquelle beim Liegen.
Wie geschah das Unglück? Als Thomas auffuhr, passierte ihm und seinem Beifahrer nichts. Sie wollten so schnell wie möglich raus aus dem Fahrzeug, bevor der nächste hinten drauf knallte. Sie hätten laufend bätsch – bätsch gehört. Thomas wollte vor einem Auto hindurch zum rettenden Mittelstreifen. Kurz vor dem Ziel fuhr ein Kombi aus Ravensburg auf und schob das Fahrzeug vor ihm nach vorne. Zwischen den Fahrzeugen wurde Thomas eingeklemmt. Als wir zur Unfallstelle kamen, war der Unfallverursacher gerade dabei, seine Ware in ein

anderes Auto umzuladen. Vom Fahrer wollten wir den Unfallhergang wissen, doch seine Frau drängte ihn zum Umladen, sie sollten doch längst zur Messe in Stuttgart sein. Ein Problem der heutigen Gesellschaft – dieser Egoismus! Der Mann fährt einen jungen Menschen zusammen und hat keine Zeit für Fragen der Angehörigen. Auch später kein Anruf, kein Besuch, wo bleibt da die Menschlichkeit? Thomas wurden für die verletzten Bänder an den Knien Kunststoffbänder eingesetzt. Eine sehr gute neue Methode für solche Fälle. Sorgen machte'der Trümmerbruch. Eine Möglichkeit wäre, das Bein um die Trümmerlänge zu verkürzen, aber dann müßte das gesunde Bein auch auf diese Länge verkürzt werden. Mit diesem Gedanken konnten wir uns gar nicht anfreunden. Wir bemühten uns um eine Verlegung nach Tübingen. Dort konnten die Ärzte den Trümmerbruch ohne Verkürzung des Fußes operieren, Nägel wurden eingesetzt, Heilung trat ein. Im Rollstuhl kam Thomas erstmals wieder auf den Hof. Kann er mit diesen Verletzungen Hoferbe werden? Nach über drei Monaten kam er vom Krankenhaus heim, nach über sieben Monaten wurde er gesund geschrieben und war doch nicht gesund. Er sollte nicht über zwanzig Kilo heben, was nun tun? Er begann eine kaufmännische Lehre auf Kosten des Unfallgegners in Blaubeuren.

Auf dem Hof lief alles recht gut. Wolfgang, unser Verwandter, war uns immer eine große Hilfe. Über die Post machten wir einen Versuch mit dem BTX-Programm. Auch in der Landwirtschaft werden die neuen Medien und der Computer immer mehr Einzug halten.

Dieses Jahr feierte Oberdischingen den 250. Geburtstag seines großen Bauherren, des Grafen Franz Ludwig Schenk von Castell. Aus diesem Anlaß ehrte ihn die Gemeinde mit einer Gedenktafel, die über dem Eingang des heutigen Hauses »Maria Königin« angebracht wurde. In diesen linken Flügel des Kanzleigebäudes zog der Graf nach dem Schloßbrand in Jahre 1807 ein. Hier starb er 1821. Für die Leser, die die Berichte und Bücher über den Grafen noch nicht kennen, ein kurzer Abriß seines Lebens: Graf Franz Ludwig Schenk von Castell wurde am

25. August 1736 als Sproß eines alten Adelsgeschlechtes geboren, das schon seit 1661 Grundherr in Oberdischingen war. Unser Dorf wurde von seinem Vater unter seinen vielen verschiedenen Besitzungen, wie Schelklingen, Berg, Bach, Wernau, Einsingen u.a. als Wohnsitz auserkoren. Schon mit 28 Jahren übernahm der große, stattliche Graf mit brandrotem Haar die Herrschaft von Dischingen. In jener Zeit herrschte eine richtige Landplage mit Gauner- und Räuberbanden, die sich durch die vielen kleinen Herrschaftsgebiete der Verfolgung entziehen konnten. Ein Sprung über die vielen Grenzen brachte sie in Sicherheit, die vorhandenen Zuchthäuser waren zudem überfüllt. Bei den Beratungen der Grundherren über ein neues Zuchthaus bot sich unser Graf an, ein solches zu errichten. Die hohe Gerichtsbarkeit, über Leben und Tod zu urteilen, wurde ihm bewilligt. Von 1788–1808 fing er mit seinen Häschern in den benachbarten Gebieten von Oberschwaben, wie Baden, Bayern, Österreich, ja bis in der Schweiz seine Malefikanten ein, was ihm den Beinamen Malefizschenk eingetragen hat. Die Grafschaften, freie Reichsstädte u.a. gaben ihr Einverständnis, daß der Graf die Verbrecher und Räuber auf ihrem Gebiet verfolgen, festnehmen und in Oberdischingen verurteilen durfte. Für jeden eingefangenen »Züchtling« mußten die Grundherren und Städte einen Unterhaltsbeitrag entrichten. Der Malefizschenk und seine Beamten bemühten sich redlich, um die Insassen der Arbeits- und Besserungsanstalt nach Recht und Gesetz zu verurteilen. Etwa vierzig Todesurteile, die von der juristischen Fakultät Tübingen bestätigt wurden, sind hier auf dem Galgenberg vollstreckt worden, Männer wurden in der Regel gehängt, Frauen enthauptet. Doch der Graf war kein Blutmensch, zwanzig Begnadigungen hat er ausgesprochen. Binnen kurzer Zeit war der Name des Grafen gefürchtet, die Gauner machten einen großen Bogen um Dischingen. Die besten Häscher zog der Graf sich aus ehemaligen Häftlingen heran. Diese kannten die Tricks, die Gaunersprache und die Schlupfwinkel der Gesuchten. Ja, der Graf beteiligte sich gelegentlich persönlich am Gaunerfang, zumal ihm die schwarze Lies beim Geburtstag des Herzogs Karl Eugen in Ludwigsburg eine Rolle Dukaten aus der Rocktasche gezogen hatte.

Sechs Jahre später wurde die Sacklangerin mit dem Schwert in Dischingen enthauptet. Der Graf wollte sich und seiner Gemahlin Philippine von Hutten, die ihm sieben Kinder schenkte, hier eine standesgemäße Residenz errichten. Die oft arbeitsscheuen Häftlinge seiner Besserungsanstalt wurden eingespannt, zum Teil an Schubkarren gekettet, einen Bau nach dem anderen zu errichten. Ich zählte die vielen Bauten schon auf, von der Herrengasse bis zur Dreifaltigkeitskirche. Der Malefizschenk, der leidenschaftliche Bauherr, voll mit Geist, Mut und Tatkraft hat unserem Dorf ein neues Gesicht gegeben. Es ist ein Kleinod geblieben bis zum heutigen Tag. Schwer hat es den Grafen getroffen, als ihm entlassene Sträflinge aus Rache sein Schloß in Schutt und Asche legten. Es fehlten ihm die finanziellen Mittel, es wieder aufzubauen, er war damals schon über siebzig Jahre alt. Die Frau des Grafen war von Anfang an gegen die nicht standesgemäße Tätigkeit ihres Gemahls. Sie wohnte oft auswärts, später bei ihren Kindern bis zu ihrem Tod 1813. Auch zwischen dem Grafen und seinen Kindern kam es zu Spannungen, besonders zu seinem Nachfolger Franz Josef.

Nach der Gründung des Königreichs Württemberg untersagte 1808 der König dem Grafen jede Tätigkeit als Gerichtsherr und hob seine segensreiche Anstalt zwanzig Jahre nach ihrer Gründung kurzerhand auf. Ungerechte Willkür bei seiner Rechtsprechung wurde ihm vorgeworfen. Von dieser Schuld konnte er sich im Prozeß reinwaschen. Die Kränkungen durch den König, finanzielle und persönliche Probleme in der eigenen Familie verbitterten dem ehemals stolzen und gerechten Grafen seine letzten Lebensjahre. Er starb 1821 – 85 Jahre alt – und fand seine letzte Ruhestätte in der Familiengruft der Dreifaltigkeitskirche. Sein Schmuckstück, die Schloßkirche, konnte er nur im Rohbau fertigstellen. Der Sohn Franz Josef vollendete sie nach großen finanziellen Schwierigkeiten, 1835 wurde sie feierlich eingeweiht. Mit der Höhe des Kirchturms gaben sich jedoch die Oberdischinger nicht zufrieden. Sie beklagten sich beim Grafen, daß der Turm niedriger sei als die Kuppel, so daß sie das Läuten der Glocken nicht überall hören und die Uhr nicht von allen Seiten sehen könnten. Beide Parteien suchten ihr Recht vor

Gericht. Der Graf starb und neue Herrschaften kamen ins Dorf. Erst 1892 ließ die Kirchengemeinde nach dem Beschluß einer Bürgerversammlung den Turm erhöhen. Nach 100 Jahren der Grundsteinlegung der Pfarrkirche konnte nun auch der Turm trotz zahlreicher widriger Umstände vollendet werden.

Unsere Urlaubsziele wurden nicht mehr allein von der Landwirtschaft bestimmt. So flogen wir nach Kreta und Teneriffa. Über diese schönen Inseln brauche ich nicht zu berichten, viele Urlauber waren schon dort. Auch sonst versuchten Rita und ich Hobbys zu finden, die wir nach der Hofübergabe pflegen konnten. Wir waren öfters mit dem Ehinger Albverein unterwegs. Im Sommer reisen, wandern und Rad fahren, im Winter langlaufen und ab und zu kuren, so wie es der Hof zuläßt.
Mit dem Liederkranz waren wir unterwegs bei Sänger-festen und Ausflügen. Damals hatte jeder Oberdischinger Verein noch eine Tanzveranstaltung in der Festhalle frei. Jahrelang war unsere Halle immer voll. Zum diesjährigen Liederkranztanz kamen gerade noch 38 Personen, sodaß die Kapelle mehr kostete, als der Eintritt einbrachte. Inzwischen hatte fast jedes Dorf in der Umgebung eine eigene Halle. Der Verein mußte andere Geldquellen su-chen. Jährlich sammeln wir seither Alteisen und Altpa-pier; dies kommt der Umwelt und unserer Kasse zugute.

Eine gute und zwei schlechte Nachrichten des vergange-nen Jahres:
Der Friedensnobelpreisträger und Regime-Kritiker Sacha-row wird in der Sowjetunion freigelassen.
Die US-Raumfähre Challenger explodiert, sieben Astro-nauten kommen ums Leben.
Am 26. April 1986 ereignet sich in Tschernobyl (Ukraine) der bisher schwerste Unfall in der Geschichte der Nut-zung der Kernenergie. Die radioaktive Wolke breitet sich bis in die Bundesrepublik aus, die Strahlenbelastung steigt auf ein Vielfaches der üblichen Werte. Milch, Gemüse, Obst u.a. werden bei uns untersucht, bei hoher Belastung vernichtet. Die Bauern werden veranlaßt, die Kühe nicht auf die Weide zu treiben. Über hunderttau-

Quittung
Joseph Schlick Oekonom von hier zahlt heute
seinen restlichen Beitrag zum Kirchturmbau
mit – – – 100 M.
Einhundert Mark
Oberdischingen, den 27. Sept. 1896
        Stiftungspfleger
        Schmid
    Ewiglicht Quittung

send Menschen um Tschernobyl werden evakuiert. Es sterben ca. 8.000 Menschen, mit weiteren 10.000 Fällen von Schilddrüsenkrebs ist zu rechnen. Durch diesen Unfall wird die Diskussion um die Kernenergie neu entfacht.

## 1987

Cäcilia gibt ihre Tätigkeit in München wegen einer Allergie im Haushalt auf. Als Hausdame nimmt sie im großen Tagungshotel ›Schatten‹ bei Stuttgart eine Stelle an. Sie ist für über 100 Zimmer verantwortlich. Am Schluß waren es über neun Jahre, die Cäcilia in der modernen, gepflegten Hotelanlage verbrachte.

Unser Nachbar Franz fuhr zum Skifahren nach Sölden/Österreich. Bei der Heimfahrt saßen auf dem Rücksitz des Autos der Bruder Michael und unser Sohn Reinhold. Auf dem Rücksitz bestand damals noch keine Anschnallpflicht. Als Franz auf der Autobahn bei Vöhringen überholen wollte, kam er durch Aquaplaning ins Schleudern. Das Fahrzeug drehte sich um 180 Grad und schlug gegen die Leitplanke des Mittelstreifens. Durch die Drehung des Autos und die Fliehkraft wurden die beiden sechzehnjährigen Jungen durch die Heckscheibe hindurch auf die Überholspur der Autobahn geschleudert. Auf der nassen Fahrbahn rutschten sie auf dem Rücken dahin. Beide hatten großes Glück, nur Schnitt- und Schürfwunden waren festzustellen. Wenn man das total beschädigte Auto nachher sah, konnte man nicht glauben, daß die beiden Jugendlichen durch die Heckscheibe geflogen waren. Der Fahrer und Beifahrer waren angeschnallt, sie blieben unverletzt. Das Auto hatte nur vorne zwei Türen, diese blieben geschlossen. Die Skifahrer hatten einen guten Schutzengel, besonders die beiden, die auf der Autobahn schlitterten.

Unser Arbeitskreis machte dieses Jahre eine Reise nach Holland. Die dortigen Landwirte sind uns meistens einen Schritt voraus, da sie einen großen Teil ihrer Produktion exportieren müssen. In Amsterdam machten wir eine Grachtenrundfahrt, in Zandvoort badeten wir in der Nordsee. Bei der Blumenversteigerung in Alsmeer schenkte ein Gärtner Rita zwanzig rote Rosen. Es waren schöne und abwechslungsreiche Tage bei unserem Nachbarn.

Dieses Jahr fiel auf unserem Hof eine große Entscheidung. Durch den Unfall von Thomas standen viele Fragen offen. Ich erwähnte schon, daß er nicht mehr schwer heben sollte. Schweinemast geht nicht ohne Kraftanstrengung. Beim Einstallen, beim Nachstellen, beim Auf- und Abladen ist immer viel Muskelkraft gefragt. Verendet ein 100-kg-Schwein, muß man voll zupacken, um es aus dem Stall zu bringen. Ich selbst bin nun sechzig Jahre alt geworden, fünf Jahre wollte ich den Betrieb noch leiten, länger aber nicht. Was ist in fünf Jahren, wenn Thomas den Hof übernimmt? Er kann die Schweinehaltung nicht übernehmen und ich wollte nach der Übergabe nicht wieder weitermachen. Fünf Jahre noch die Tiere halten, dann vor der Übergabe verkaufen, wollte ich auch nicht. Die übrigen Kinder hatten andere Berufsziele, kamen also für eine Übernahme nicht in Frage. So beschloß ich, die Schweinehaltung dieses Jahr auslaufen zu lassen. Den Ackerbau konnte ich bis auf die Spitzenzeiten allein verkraften. Als es dann ernst wurde, die Ställe sich immer mehr entleerten, gingen mir viele Gedanken durch den Kopf. Mit den Schweinen bist du so viele Jahre verbunden gewesen, hast große Erfolge mit ihnen erzielt. Viele Berufskollegen haben sich für den Umbau der Altgebäude interessiert. Sie haben gesehen, daß sich die Schweine wohl fühlten. Mit Wehmut brachte ich die letzten Tiere am 12. Oktober 1987 auf den Schlachthof. Seit Jahrhunderten wurden vielleicht schon Schweine auf dem Hof gehalten, nun sollte Schluß sein? An diesen Gedanken mußte ich mich erst gewöhnen. Wenn man so einen Entschluß faßt, erkennt man die volle Tragweite erst am Ende. Ich ging schweigend durch die leeren Ställe und hörte meine eigenen Schritte, keine Bewegung, kein Laut mehr. Wie freute ich mich, wenn eine Gruppe (10 Stück) im Stall hin und her sprang vor Übermut. Das Aufjauchzen steckte die anderen an, so daß oft der ganze Stall den Schweinsgalopp übte. Auf dem Stroh hatten sie Halt, sie konnten kreuz und quer durcheinanderwirbeln. Der Futterwagen lief nicht mehr, die einst moderne Schrot- und

Mischanlage stand still, auch der Lastwagen hatte ausgedient. Ein Bauernhof ohne Tiere...

Dieses Jahr hatte es in der Raps- und Getreideernte vom ersten bis zum letzten Tag immer wieder geregnet. Am 1. August haben wir die erste Wintergerste gedroschen mit 22,4% Feuchtigkeit, Raps dann mit 18% (normal Getreide 14%, Raps 10%). Den letzten Weizen haben wir am 12. September gedroschen, auch mit zuviel Wasser. Da war die Trocknung voll im Einsatz.

Im Herbst machte ich auf dem Gewann Halde den Acker mit der Egge saatfertig. Als ich die Arbeit beendet hatte, putzte ich die Egge. Um einen Eggenzinken herum hatte sich ein gelbfarbiger Ring festgekrallt. Mit Kraft streifte ich ihn ab, er sah aus wie ein Ehering. So einen kleinen Ring hat ein spitzer Zinken einer vier Meter breiten Egge auf einem fast drei ha großen Feld aufgespießt und festgehalten (Vergleich: Die Nadel im Heuhaufen). Daheim putzte ich ihn blank, so daß ich auf der Innenseite des Ringes das Datum lesen konnte. Auf dem Rathaus stellten wir fest, daß am 31. Mai 1921 meine Schwiegereltern geheiratet haben. Da diese verstorben waren, konnten wir nicht erfahren, wie lange der Ring schon auf dem Acker verharrte. Der Opa verliert den Ehering, der Schwiegersohn findet ihn.

Im Spätherbst flogen Rita und ich erstmals in die USA. Top-Agrar, eine Fachzeitschrift, organisierte eine Studienreise in den Westen des Landes. Landwirte aus ganz Deutschland waren dabei. Kalifornien war unser erstes Ziel. Was gab es hier alles zu sehen? Riesige Baumwollfelder – topfeben –, um sie zu bewässern. Milchviehbestände mit bis zu achttausend Kühen wurden gehalten, unvorstellbar für unsere Verhältnisse. Mit unserem Reisebus sind wir über die kilometerlangen Futterstraßen von hunderttausend Stück Mastrindern gefahren. Rund um die Uhr bringen Lastwagen Futter, das sie seitwärts durch Bänder in die Tröge der Tiere befördern. So viele Rinder auf einem Platz unter freiem Himmel, das habe ich noch nie gesehen. Ich stellte mir vor, die Rinder grasten auf saftigen riesigen Weiden, nun bewegten sie sich hier in ihrem eigenen »Dreck«. Seither esse ich kein kalifornisches Steak mehr.

62 Meine zweite Frau Rita schneidet am 9. Juni 1984 die
   Hochzeitstorte an und legt ihren beiden Söhnen Markus und
   Reinhold ein Stück auf den Teller
63 Es fiel Rita und den Kindern sehr schwer, ihr 1975 in  Erolzheim
   erbautes Haus zu verlassen

64
*Tante Johanna Wagner kam ebenfalls
von Erolzheim nach Oberdischingen.
Sie zog ins Altenheim ein*

65
*Feierliche Primiz von Thomas Augustin
am 7. Juli 1991 in der Oberdischinger
Pfarrkirche*

66
*Einkleidung und Profeßfeier am
8. Dezember 1960 in Oberdischingen.
Die letzte Einkleidung fand hier am
7. Juni 1966 statt*

67
*Die Schwestern Theresildis und
Willibalde im Jahre 1964 mit
60 Kindern im Kindergarten
St. Gebhard. Als Schwester Tabithe
den Kindergarten im Jahre 1991
verließ, endete das lange segensreiche Wirken der Steyler Missionsschwestern*

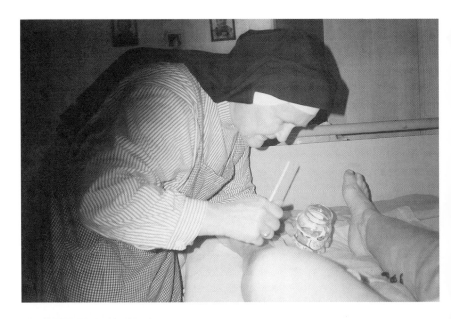

68 *Schwester Maritrude war in Oberdischingen viele Jahre bis 1994*
   *unermüdlich als Krankenschwester tätig*
69 *Musikschwester Caecilita bei einem Konzert am 19. Dezember*
   *1971 mit Sohn Thomas am Klavier. Heute gibt sie noch vielen*
   *Kindern, auch dem Enkelkind Stefanie, Musikunterricht*

Diese riesigen Monokulturen auf den Feldern, die unübersehbare Massentierhaltung, diese Art von Landwirtschaft gefiel mir gar nicht. Manager geben hier den Ton an, keine Landwirte, die den Boden nachhaltig bewirtschaften und die Tiere artgerecht halten. Doch auch diesen Kapitalgesellschaften wachsen im Land der unbegrenzten Möglichkeiten die Bäume nicht in den Himmel. So ist das Wasser aus dem Coloradofluß für die großen Baumwollfelder zu knapp. Es wird immer wieder tiefer gebohrt, doch die Natur zeigt die Grenzen auf. Es kommt Meerwasser, das für die Bewässerung ungeeignet ist. Auf unserer Reise sahen wir auch viel Schönes und Einmaliges, z.B. den Grand Canyon, schöne Parks mit Mammutbäumen. Wir erlebten die Wüste, wir sahen den Sonnenuntergang an der Golden-Gate-Brücke. Der Reiseführer bat uns, sich zu melden, wenn ein Reiseteilnehmer bei Besichtigungen vermißt wird. Im weitläufigen Disney-Land mit den vielen Besuchern hat Rita den Anschluß an die Gruppe verloren. Ich gab sofort den Verlust meiner Frau bekannt. Zitat des Reiseleiters: Nicht schlimm! – der bekommt eine andere. Es war eine großartige Reise, die viele Eindrücke hinterlassen hat.

Ereignisse des Jahres:
Der Jakobsbrunnen am Käppele wird am 25. Juli 1987 eingeweiht.
Bei der Seligsprechung von Pater Rupert Mayer durch Papst Johannes Paul II. waren Rita und ich im Münchener Stadion auch dabei.
Als erster Staatsratsvorsitzender der DDR trifft Erich Honecker in der Bundesrepublik ein. Er äußert sich, daß die deutsch-deutsche Grenze uns eines Tages nicht mehr trennen werde.
Der neunzehnjährige Matthias Rust landet mit seinem Sportflugzeug auf dem Roten Platz in Moskau.
Die Supermächte USA und Sowjetunion rüsten ab. Präsident Ronald Reagan und Parteichef Michail Gorbatschow beschließen erstmals die Verschrottung aller atomaren Mittelstreckenraketen im Zeitraum von drei Jahren.
Die Weltbevölkerung steigt auf fünf Milliarden Menschen an.

# 1988

Im Winter hatte ich jetzt mehr freie Zeit, ich begann eine Kur in Bad Bellingen. Ich wechselte vom Moorbad zum Schwefelbad.

Wir arbeiteten wieder in unserem Haus, das wir nach der Hofübergabe beziehen wollten. Rita hatte andere Vorstellungen als Martha, so mußte manches geändert werden. Bis drei abgeschlossene Wohnungen ausgebaut waren, gab es Arbeit in Hülle und Fülle neben der Hofarbeit. Wir versuchten vieles selbst zu machen, z.B. die zahlreichen Holzdecken aufzunageln, die Außenanlagen herzurichten oder wir halfen den Handwerkern.

Cäcilia stellte am 24. Januar erstmals ihren Freund Christian vor, einen jungen Koch, der im gleichen Hotel in Stuttgart arbeitete.

Im letzten Jahr waren wir schon in der Bauernschule in Bad Waldsee bei einem Hofübergabeseminar. Dieses Jahr gingen Thomas und ich gemeinsam. Auch Rita fuhr mit der zukünftigen Schwiegertochter Ulrike nach Leutkirch zu Vorträgen mit demselben Thema.

Ulrike und Thomas wollten am 8. 8. 88 heiraten. In Pappelau, auf der dortigen Raiffeisenbank, war Ulrike als Bankkauffrau beschäftigt. Dort erlernte sie auch diesen Beruf. Die Bank liegt ganz in der Nähe ihres elterlichen Hofes. So konnte sie daheim auch noch mithelfen. Ein paar Tage vor der Hochzeit war auf unserem Hof der Polterabend angesagt. Thomas hatte außer den Verwandten und Bekannten alle Nachbarn eingeladen. Der Musikverein Hochsträß unterhielt die Gäste bestens. Ulrike ist aktives Mitglied, sie spielt Schlagzeug. Es war ein schöner Abend, der bis in die Morgenstunden dauerte. Am 8. 8. 88 war die standesamtliche Trauung um 11.00 Uhr angesetzt. Trauzeugen waren Cäcilia und Antje, die Schwester der Braut. Die Verwandten, ein gutes Dutzend, begleiteten das junge Paar. Bürgermeister Hans Balleisen gab die beiden zusammen. Mit einem Glas Sekt wurde auf das glückliche Paar angestoßen. Eine Weile später fand die kirchliche Trauung in Pappelau statt. Da Ulrike evangelisch ist, wollte sich das junge Paar von der dortigen Pfarrerin den kirchlichen Segen geben lassen. Es wurde eine würdige Feier, auch die Predigt vom Pauluswort über die Liebe war passend. Nach der Trauung wünschten wir dem Paar alles Gute für den gemeinsamen Lebensweg. Im Sportheim Markbronn war anschließend die weltliche Feier mit über 100 Gästen. Hier muß ich besonders lobend die vielen netten Einlagen der Brautfamilie Guther mit Anhang erwähnen. Unsere Seite konnte da nicht glänzen. Das schöne Fest dauerte sehr lange. Ulrike und Thomas bedankten sich. So hatten wir die erste Hochzeit eines Kindes gut überstanden. Auf dem Hof gab es keine Veränderungen, da das junge Paar auf dem elterlichen Anwesen in Pappelau wohnte. Thomas half während der Umschulung zum Industriekaufmann weiterhin in unserem Betrieb mit.

Gereist bin ich immer schon gerne, auch Rita wollte noch vieles von der Welt sehen. Dieses Jahr fuhren wir mit unserem Auto nach Ungarn. Mit dem ADAC hatten wir eine Reise nach unseren Plänen zusammengestellt, die Übernachtungen gebucht. Ein Höhepunkt der Reise war die sehr schöne Hauptstadt Budapest. Da ich kein Freund von Stadtrundfahrten bin, waren wir viel auf Schusters Rappen unterwegs. Bei einer Donauschiffahrt überraschte uns, daß wir keinen Vogel, kein Wild sahen, wie ausgestorben war die Landschaft. In der Pußta gefielen mir besonders die rassigen Pferde. Mit dem neuen Mercedes hatten wir Probleme. Erst klauten Diebe uns den Stern, dann hatten wir noch einen Unfall mit Blechschaden. In Ungarn sind damals Autos bekannter Marken über Nacht verschwunden auf Nimmerwiedersehen. Reinhold, unser Jüngster hatte recht, er warnte uns, mit einem neuen Fahrzeug nach Ungarn zu fahren. Auf der Heimfahrt besuchten wir Joachim, der in München noch studierte. Unser Auto war sparsam, wir verbrauchten auf unserer 2.700 Kilometer langen Fahrt 7,2 Liter Diesel auf 100 Kilometer. Diesen Mercedes fahre ich heute noch.

Rom war unser zweites Ziel. Rita war noch nicht dort gewesen. Ich habe über diese Stadt schon berichtet. Auf dem Heimflug war in München Nebel. Wir mußten in Nürnberg landen, mit Bussen wurden wir nach München gebracht. Auf dem Bahnhof sahen wir die Rücklichter des letzten Zuges nach Ulm. »Heiligs Donnerwetter nomol« und dies nachts um eins.

Dieses Jahr habe ich als Landwirt die beste Ernte eingefahren, »eine Superernte an Qualität und Quantität« steht im Tagebuch. Am 18. August waren wir schon fertig, letztes Jahr bei viel Regen am 12. September. An einem Sonntag, als viele Bauern mit ihren Mähdreschern bei der Arbeit waren, habe ich mit dem Kollegen Franz Wiest unsere Weizenfelder besichtigt. Es war eine Freude, die gesunden, dichten Bestände zu sehen. Im voraus schätzten wir, daß wir erstmals die Marke hundert Doppelzentner je Hektar überschreiten würden. Wir haben uns nicht getäuscht. Ja, wenn solch reichlicher Segen von oben kommt, steht man ehrfurchtsvoll vor einem solchen Acker. Ich kann mir einen Landwirt im Inneren nur als gläubigen Christen vorstellen. Der Herrgott muß hinter seiner Arbeit stehen. Den Auftrag: »Bebauet die Erde« hat hauptsächlich der Landmann erhalten. Er legt den Samen in die vorbereitete Erde, hegt die junge Saat und begleitet den Bestand fast ein Jahr lang bis zur Zeit der Ernte. Fällt die Ernte schlecht aus wie vor zwei Jahren, obwohl der Aufwand derselbe war, muß er sie annehmen. Wird die Ernte verregnet wie letztes Jahr, darf er nicht fluchen, verzweifeln und die Flinte ins Korn werfen. Er sät wieder und hofft auf ein Neues. Dieses Jahr wurde die Arbeit gekrönt und die schlechten Ernten verdrängt. So sagten wir am Jahresende Dank für ein gutes Jahr in der Familie und auf dem Hof. Als Kind lernten wir schon: An Gottes Segen ist alles gelegen!

Gerne füge ich drei gute Ereignisse des Jahres an:
Die Sowjets ziehen sich aus Afghanistan zurück, nachdem sie dort neun Jahre gekämpft und wenig erreicht haben. Michail Gorbatschow vollzieht diesen radikalen Kurswechsel in der Außenpolitik seines Landes. Der Krieg in Afghanistan hat 1,5 Millionen Tote gefordert. Hoffentlich setzt nun in dem Vielvölkerstaat eine friedliche Entwicklung ein.
Sie bauen ferner in der DDR Raketen ab.
Bei einem EU-Gipfel wird die Währungsunion beschlossen.

# 1989

Bisher hatte ich Ritas Tante Johanna Wagner, die Schwester ihrer Mutter, nur kurz erwähnt. Sie hat mit ihrem Mann auch in Erolzheim gewohnt. Da ihre Ehe kinderlos blieb, galt ihre Zuneigung besonders Rita und den zwei Söhnen Markus und Reinhold. Sie unterstützten auch finanziell den Hausbau und die Kinder. Als der Mann von Tante Johanna verstarb und Rita mit den Kindern nach Oberdischingen zog, wollte sie nachkommen. In unserem Altenheim fand sie einen Platz. Wir räumten in Erolzheim ihre Wohnung. Nur ein kleiner Teil des Hausrates fand Platz in dem Einzelzimmer des Heimes. Den Rest stellten wir wieder in unseren Alterssitz. Schon letztes Jahr lagerten wir dort Mobiliar ein, als Ritas Vater in Leutkirch starb. Wir räumten mit Ritas Geschwistern das Elternhaus, um es zu verkaufen. Die Tante kam fast täglich auf den Hof und half Rita. Wir nahmen sie immer wieder mit auf Ausflügen oder zu Verwandten und Bekannten. Sie lobte zwar die gute Atmosphäre mit den Schwestern im Altenheim, aber sie wollte auch gerne etwas anderes sehen. Dieses Jahr nahmen wir sie mit auf unsere Zugreise nach Schleswig-Holstein. In Grömitz an der Ostsee fanden wir mit Hilfe von unserem dortigen Kollegen Kurt Hamann ein passendes Quartier für Tante. Sie wollte aus Angst nicht ebenerdig schlafen, Treppen steigen ging auch nicht mehr, sie war schon 82 Jahre alt. Rita, meine Schwester Annelies und ich fuhren am anderen Tage nach Travemünde weiter, um mit der »Finjet« nach Helsinki zu kommen. Sie war damals das größte Fährschiff der Welt, von den Finnen gebaut. Da unsere Fahrt 24 Stunden dauern sollte, hatten wir Gelegenheit, das Schiff kennenzulernen. Es gab mehrere Restaurants, Cafes, Spielotheken, Aufenthaltsräume und vieles mehr an Bord. Die Küche bot alles, was das Menschenherz erfreute. Ich versuchte erstmals die verschiedensten Meerestiere, früher hätte mir davor gegraut. Wir erreichten ohne Langeweile unser Ziel, die finnische Hauptstadt Helsinki. Vom Schiff aus fuhren wir gleich weiter im Bus nach Leningrad (heute St. Petersburg). Unser Riesenhotel lag gegenüber dem Schiff »Aurore«. Von ihm aus wurde am 25. Oktober 1918 um 9.20 Uhr ein Kanonenschuß abgegeben. Es war das Signal zur Erstürmung des Zarensitzes im Winterpalast. Wie wir aus der Geschichte wissen, war dies der Beginn einer unheilvollen Zeit für Rußland und die Welt. Wir waren in dieser Stadt überrascht über den guten Zustand der Kirchen und die einmaligen Sammlungen aus der Zarenzeit in den Museen. Nur die Newa, die war arg schmutzig und mit Öl verseucht. Die Straßen, die Bausubstanz der Häuser und der Wohnungen waren zum Teil schlecht, da gab es noch viel zu tun. Als ich abends im Hotel mein Tagebuch schreiben wollte, das sich dort in der Schublade des Tisches befand, fehlte dieses. Warum verschwand es, waren persönliche Aufzeichnungen damals noch verdächtig oder nicht erlaubt? Ich konnte das Tagebuch nicht mehr auftreiben, auch nicht mit Rubel als Belohnung. Schade, siebeneinhalb Monate fehlen in meinen langjährigen Aufzeichnungen. Wir flogen weiter nach Mittelfinnland, über das Land der 200.000 Seen. Wir besichtigten Holzkirchen, Freilandmuseen, finnische Häuser mit ihren Einrichtungen. Per Schiff ging es wieder südwärts von einem See in den anderen. Tausende Baumstämme lagerten im Wasser, Flößer transportierten sie zu den Verladehäfen. Wir schauten Helsinki an, den Dom, die Felsenkirche, die orthodoxe Kathedrale, das Parlament und die Finnlandiahalle. Auf der Heimfahrt nahmen wir unsere Tante wieder mit, auch sie wußte vieles zu erzählen. Ein Schlepper, der heute noch auf dem Hof läuft, erinnert mich an diese Reise. Ich habe den 70 PS-starken Deutz als Importschlepper in Bremen besichtigt und gleich gekauft. Rechtzeitig zur Ernte kam er per Bahn in Ulm an. Manchmal hat man auch Glück mit gebrauchten Autos, Schleppern und Maschinen.

Bernhard hat seine Schäferlehre mit Erfolg beendet, Gott sei Dank hat er nun einen Abschluß. Wie Thomas und Cäcilia ging er nun als Praktikant in die Ferne. Australien und Neuseeland waren das Ziel, eineinhalb Jahre wollte er dort in den Schäfereien Erfahrungen sammeln. Mit seiner Krankheit war es besser geworden, aber immer wieder gab es Rückfälle. So gaben wir ihm den Segen für diese große Reise in der Hoffnung, daß er wohlbehalten heimkehrt. Er ist inzwischen sechsundzwanzig Jahre alt geworden.

Markus weckte uns schon sehr früh, er sei mit dem Auto verunglückt. In Eggingen fuhr er – nicht mehr taufrisch – in den Morgenstunden zu schnell heimwärts. Das Auto überschlug sich und stand wieder auf den Rädern. Nachdem Thomas schon zwei Totalschäden hatte, lud ich nun mit dem Frontlader das dritte Autowrack auf den Anhänger. Markus und sein Freund Bernhard hatten doppeltes Glück. Sie schleuderten an einem großen Findling und an einem Gittermasten vorbei, beide kamen mit Blessuren davon.

Die Ernte schafften wir erstmals mit den eigenen Kindern. Alle halfen mit in den Ferien oder neben ihrer Ausbildung her. Markus studierte nach seiner Bundeswehrzeit Maschinenbau in Kempten.

Im Herbst flogen Rita und ich nach Tunesien. Erstmals betraten wir afrikanischen Boden. Ein Höhepunkt der Reise war die Fahrt mit Geländewagen durch die Salzwüste und der Ritt auf Kamelen in die Sandwüste. Dort übernachteten wir in einem Nomadenzelt, Sand überall, sogar zwischen den Zähnen. Ich machte allein eine Morgenwanderung – bin die Dünen hinab gerutscht und auf allen Vieren wieder hinauf. Nur Sand, kein Strauch, kein Baum, mal die Spuren eines Tieres, das hier überlebt. Als Mensch allein hätte man keine Chance, daher auf jedem erkämpften Dünendamm mein erster Blick: Wo steht unser Zelt? In der Bibel wird die Wüste oft zitiert, Wüste erleben, ja das macht nachdenklich.

*Bürgerinitiative Dischinger Bach*

Im Gemeindeblatt vom 8. Dezember 1988 berichtet das Bürgermeisteramt über die eventuelle Verdolung des Dischinger Baches, Kostenschätzung DM 400.000,–. Über den jetzigen Bach soll nach der Verdolung ein kleiner Ersatz sprudeln, dessen Wasser hoch gepumpt werden muß – jährliche Stromkosten ca. 4.000,– DM. Die elf Rotdornbäume, die jedes Jahr wunderschön blühen, sollten auf die andere Straßenseite umgepflanzt werden. Eine Fläche von 500 qm könnte dadurch gewonnen werden,

Platz um die Straße zu verlegen, Busparkplatz u.a. einzuplanen. Ich sprach am 24. Januar 1989 mit Bürgermeister Hans Balleisen, daß ich und andere Einwohner gegen die Verdolung des Dischinger Baches seien. Er sagte mir, daß der Gemeinderat sich schon dafür entschieden habe. Die Naturschutzbehörde und das Wasserwirtschaftsamt seien mit der Planung einverstanden, es müsse nur Wasser fließen. Ich solle warten, bis die Bürgerversammlung stattfinde, was ich ablehnte. Alle Gemeinderäte informierte ich über mein Vorhaben, eine Bürgerinitiative gegen die Verdolung zu starten.

Einige Sätze aus meiner ersten Anzeige und Einladung in unserem Gemeindeblatt: *Wir wollen keinen Streit in der Gemeinde entfachen, sondern sachlich diskutieren über eine bessere Lösung. Wir wollen den Gemeinderat dafür gewinnen, daß er sich gegen die Verdolung stark macht und die teure ›Kosmetik‹ darüber ablehnt.* Zu meiner Überraschung war die »Alte Post« voll besetzt, mein Gruß galt dem stellvertretenden Bürgermeister Josef Denkinger und Gemeinderat Josef Sommer. Die beiden Herren gaben bereitwillig Auskunft auf die vielen Fragen, z.B. über das Hochpumpen des Wassers für ein Bächlein. Auch sie bemängelten die schwache Information der Einwohnerschaft. Ich wußte, daß ich hier ein sehr heißes Eisen anfaßte. Als Außenstehender einen Gemeinderatsbeschluß in Frage zu stellen, war nicht einfach zu begründen, zumal Reden noch nie in meinem Leben meine Stärke war. Nach reichlicher Diskussion wurden folgende fünf Ansprechpartner der Bürgerinitiative in geheimer Wahl gewählt: Josef Huber (Sprecher), Emma Ott, Helmut Notz (Schriftführer), Klaus Fuchs und Georg Volz.

Eine Woche später fand durch die Gemeinde die angekündigte Bürgerinformationsversammlung in der Turnhalle statt. Neben dem Bürgermeister und allen Gemeinderäten waren Dipl.-Ing. Schwörer vom zuständigen Ingenieurbüro, Prof. Ossenberg (der Planer) und Herr Bennewitz anwesend. Prof. Ossenberg legte in seinen Ausführungen die Gründe dar, warum der Bach verdolt werden und ein kleines Bächlein darüber fließen sollte. Er wollte auf der Straßenseite des heutigen Rathauses einen zwei Meter breiten Gehweg und einen ebenso breiten Grünstreifen

von der Herrengasse über die Hindenburgstraße bis in die Ringinger Straße durchgehend anlegen. Als Anlieger war ich auch gegen diesen Plan. Ich wollte auf *beiden* Seiten der viel befahrenen Durchgangsstraße einen Gehweg. Bürgermeister Balleisen gab mir nun als Sprecher der Bürgerinitiative Gelegenheit, meine Ausführungen gegen die Verdolung vorzutragen. Da ich achtzehn Jahre Mitglied im Gemeinderat gewesen war, wußte ich aus Erfahrung, was öffentlich und was nichtöffentlich verhandelt werden muß. Ich übte Kritik an der bisherigen Informationspolitik des Rathauses. Ich bat Prof. Ossenberg, uns einen Plan vorzulegen, bei dem der Bach offen und der genannte Baumbestand erhalten bleibt. Für eine bessere Verkehrsplanung darf er nicht zubetoniert, sondern er soll schöner gestaltet werden. Ich sagte dem Planer folgendes: Wie kann ich als Laie gegen einen Fachmann auftreten und dessen Plan ablehnen? Meine Lebenserfahrung lehrt mich, daß auch Fachleute und Sachverständige kleine und manchmal auch große Fehler machen. Ich könnte Ihnen mehrere Beispiele nennen. Oft ist die Meinung der Normalbürger gar nicht so übel. Wenn Sie meinen, wir seien nur ein paar Störenfriede, so täuschen Sie sich. Viele hiesige Bürgerinnen und Bürger stehen auf meiner Seite. Mehrere Oberdischinger meinten, die Verdolung und die Spielerei mit dem Rinnsal wäre ein Schwabenstreich. In der anschließenden Diskussion erfuhren auch die Anwesenden vom Bürgermeister, daß der Gemeinderat diesem Plan bereits die Zustimmung gegeben hat. Er soll aber in einer öffentlichen Sitzung verabschiedet werden, Verbesserungsvorschläge könnten noch einfließen. Gemeinderat Josef Sommer machte den Vorschlag, sauberes Wasser vom Erlenbach in das oberirdische Bächlein zu leiten, weil ihm die Pumperei gar nicht gefällt. Dipl.-Ing. Schwörer trug noch eine andere Variante vor: Vom Friedhof her eine Rohrleitung mit natürlichem Gefälle bis zur Quelle des oberirdischen Bächleins zu legen, um Wasser zu zeigen. Nach sachlicher Diskussion schloß der Bürgermeister die Veranstaltung, die von etwa 140 Personen besucht wurde.
Ich brachte im Wasserwirtschaftsamt Ulm meine Bedenken gegen die Verdolung vor. Auch das Ersatzbächlein

darüber sei doch keine Lösung. Der Gemeinderat wollte schon Anfang März über die Verdolung entscheiden. Wir waren also sehr in Zeitnot. Erstmals in unserer Runde konnte ich die angehende Ingenieurin für Landespflege, Rosita Sommer, begrüßen. Ihr erteilte ich den Auftrag, auf meine Kosten einen Gegenplan für die Erhaltung und Gestaltung des Bachabschnittes zu entwerfen. Sie konnte natürlich in den paar Tagen noch keinen fertigen Plan vorlegen. R. Sommer vertrat aber die Meinung, den Bach unbedingt offen zu erhalten; zu den Barockbauten gehöre unbedingt das Element Wasser. Für die dritte Versammlung hatte ich Dr. Uwe Tessenow eingeladen. An der Hochschule für Gewässerkunde in Ulm unterrichtete er. Auch er war der Meinung, daß die Verdolung die schlimmste Vergewaltigung eines Gewässers und das Grab für alle Lebewesen sei. Werner Kreitmeier von hier erläuterte den geschichtlichen Hintergrund und den neu zu gestaltenden Straßenbereich, er verteidigte unsere Ansichten sehr gut. Rosita Sommer stellte ihren Plan vor, um das Rattenloch, wie es eine Oberdischingerin nannte, zu verschönern. Doch die acht anwesenden Gemeinderäte sahen in dem Plan keine Alternative. Planer Prof. Ossenberg war an diesem Abend ganz schweigsam. Etwa 100 Zuhörer kamen ins Musikerheim, das Thema interessierte viele. Die einberufene Gemeinderatssitzung am 2. März wurde am selben Tag wegen Krankheit des Planers abgesagt. Am 20. März ging es in der nächsten öffentlichen Sitzung sehr turbulent zu. Die Gemeinderäte wollten »so einen Zauber« nicht mehr mitmachen, sie waren verärgert über die neue finanzielle Situation. Drei Tage später stand folgende Schlagzeile in der SüdwestPresse: *Neue Diskussion um Dischinger Bach, 35.000,– DM Planungskosten in den Sand gesetzt. Neue Richtlinien – Gesamtkonzept 2,4 Millionen als Zuschußbasis.* Die 35.000,– DM für die bisherige Planung des Bachbettes sind also nach Meinung der Räte überholt. Nach zwei Monaten »Bürgerinitiative Dischinger Bach« bahnt sich eine für uns unerwartete positive Wende an. Die Behörden verlangen ein Gesamtkonzept des Baches vom Friedhof bis zur Einmündung in die Donau, um weitere Zuschüsse zu gewähren. 2,4 Millionen DM sollen im

Laufe von sechs Jahren investiert werden. Bei der nächsten Gemeinderatsitzung am 27. April befaßte sich der Gemeinderat mit der großen Lösung des Dischinger Baches, bei der wir zahlreich als Zuhörer vertreten waren. Am 31. Mai berät der Gemeinderat erneut über die komplette Renaturierung des Dorfbaches, jetziger Kostenpunkt 2,2 Millionen DM. Die Ratsmitglieder waren einhellig der Meinung, den Planungsentwurf zurückzustellen. Es gibt wichtigere Aufgaben in der Gemeinde. Da gab es viel Beifall von unserer Seite.

Planer Prof. Ossenberg bescherte der Gemeinde noch ein finanzielles Nachspiel, außer Spesen nichts gewesen. Gott sei Dank wurden seine ehrgeizigen Pläne nicht verwirklicht. Im Herbst 2002 faßt der Gemeinderat den Beschluß, den Dischinger Bach 2003 in einen Erlebnisplatz umzugestalten.

Steffi Graf und Boris Becker werden Wimbledon-Sieger.
Über politische Veränderungen kann ich dieses Jahr folgendes niederschreiben: Ungarn öffnet die Grenze nach Österreich. Im Zuge der Reformpolitik ist es das erste Land des Warschauer Paktes, das seine Grenze zum Westen öffnet und den Eisernen Vorhang durchlässig macht. Eine Massenflucht von DDR-Bürgern setzt über die offene ungarisch/österreichische Grenze ein. Ungarn ist kein kommunistischer Staat mehr, es bekennt sich zur Demokratie.
Die DDR feiert den 40. Jahrestag ihrer Staatsgründung. Tausende demonstrieren, es ist Erich Honeckers letzter Auftritt. Egon Krenz wird Nachfolger. Die Ereignisse überstürzen sich. Die DDR-Regierung beschließt, daß ihre Bürger ihr Land ohne Formalitäten verlassen können. Am 9. November 1989 trennen Mauer und Stacheldraht die Deutschen nicht mehr, für sie beginnt eine neue Ära. Bundeskanzler Kohl legt im Bundestag ein Zehnpunkte-Programm zur Deutschen Einheit vor. In Rumänien kostet der Umbruch viele Menschenleben, während er sich in den anderen osteuropäischen Staaten ohne Blutvergießen vollzieht.
Gorbatschow kommt auf Staatsbesuch nach Bonn und wird von jubelnden Menschen empfangen.

# 1990

Das neue Jahr begannen wir mit Langlauf in Klosters und Davos. Auch Tante verbrachte dort sonnige Tage.

Da meine Frau gern tanzte, besuchte ich mit ihr den ersten Tanzkurs meines Lebens. Jeden Sonntag war Treffpunkt in Ulm. Obwohl ich der älteste Teilnehmer der Gruppe war, konnte ich noch gut mithalten. Es gab junge Paare, die hatten Probleme miteinander. Meistens hatten die Frauen die Nase vorn, sowohl beim Musikgehör wie mit der richtigen Schrittfolge. Einmal sahen wir, wie eine Frau ziemlich unsanft die Füße des Partners traktierte. Tränen gab es bei Frauen, wenn der Mann der bessere Tänzer war. Wir mußten zu Hause üben, um unseren Platz im Mittelfeld zu behaupten. Auf der großen Parkettfläche im oberen Flur unseres Hauses hatten wir dazu Gelegenheit. Tanzen hatten uns in der Jugendzeit die Mädchen gelehrt, doch nun gab es neue Tänze. Figuren kannten wir noch keine. Im Kurs waren wir eine sehr nette Gemeinschaft, wir erlebten schöne Stunden miteinander. Ich kann so einen Tanzkurs auch im fortgeschrittenen Alter nur empfehlen.

Rita beging dieses Jahr ihren sechzigsten Geburtstag. Wir stellten auf dem Hof ein Zelt auf. Mit Verwandten, Freunden und Nachbarn und dem Liederkranz feierten wir bis in den frühen Morgen. Ein Wermutstropfen trübte das Fest, der Sohn Markus war nicht dabei.

Unser jüngster Sohn Reinhold hatte auch das Abitur geschafft. Anschließend kam er zur Bundeswehr nach Kleinengstingen auf der Schwäbischen Alb. Erstmals waren Rita und ich dort bei einer Vereidigung dabei. Joachim und Reinhold kauften die ersten Modell-Hubschrauber. Sie sind viel schwieriger zu starten und zu landen als die bisherigen Modellflugzeuge.

Dieses Jahr besuchten wir erstmals einen Katholikentag. Er fand in Berlin statt, die Gläubigen aus der DDR durften auch teilnehmen. Wir reisten mit dem Zug an, den Koffer schickten wir voraus, doch er war bei unserer Ankunft nicht in unserem Quartier. Am zweiten Tag kam er endlich an. Wir schoben ihn auf dem Bahnhof in ein Schließfach, denn wir waren auf dem Weg ins Olympia-Stadion.

Doch das Hinkommen war gar nicht einfach, eine riesige Menge von Gläubigen wartete auf die U-Bahn. Junge Leute haben immer wieder nette Einfälle, sie sangen »Herr schick uns eine U-Bahn«. Nach dem Gottesdienst auf dem Heimweg wollten wir den Koffer endlich mit ins Quartier nehmen. Doch wir brachten ihn nicht aus dem Schließfach heraus. Junge Leute wollten uns mit ihrer Kraft helfen. Auch die Bahnpolizei wußte keinen Rat. Ein Kiosk-Besitzer hatte dann eine zündende Idee: Er schob eine passende Kunststoffplatte über den Koffer hinweg und zog ihn heraus. Der Tragegriff hatte sich oben eingehakt. »Ich hatte einen Koffer in Berlin...«

Wir fuhren nach Ostberlin auf den Alexanderplatz, zum Brandenburger Tor, schauten das Schloß Sanssouci in Potsdam an. Für uns war es neu, daß man in Hinterhöfen Ost- gegen Westmark tauschte und daß wir vor der Gaststätte warten mußten, bis andere Gäste heraus kamen. Erst dann durften wir eintreten, obwohl noch viele Tische und Stühle frei waren. Für 700 Ostmark Lohn würden sie als Angestellte nur eine bestimmte Anzahl Gäste bedienen, war ihr Argument.

Andere Erfahrungen machten wir im Herbst auf einer Reise in die DDR mit der Bauernschule Wernau. Sie pflegte schon länger Kontakt zu den ostdeutschen Vertretern der Landwirtschaft. Unsere Gruppe wurde in einem ehemaligen Freizeitlager einer Firma untergebracht. Es lag in Freiberg in Sachsen, einer kleinen Stadt bei Dresden. Unser Massenquartier war nicht das beste. Die Matratzen hatten Mulden, wir konnten nicht herausfallen. Die Betten quietschten bei jeder Bewegung. So beschlossen wir, in der zweiten Nacht die Matratzen auf den Boden zu legen. Familie Schäfer, das Verwalterehepaar, war sehr besorgt um uns, es arbeitete nicht nach Planvorgabe. Jeden Abend, wenn wir zurück kamen, stand pünktlich ein gutes Essen auf dem Tisch. Wir besichtigten die Porzellanmanufaktur in Meißen, eine Stadt mit vielen Schäden an den Häusern und noch ohne Kläranlage. Der Verwalter von Kloster Marienstern schimpfte über die Methoden der westdeutschen Viehhändler, die ihnen die übrigen Kühe für ein paar Mark mitnahmen. Er streute seinen Tieren noch Sägemehl in die Viehtransporter, damit sie einen besseren Stand hatten. Der Viehhändler wollte ihm noch einen Gewichtsabzug machen, da sei ihm doch der Kragen geplatzt. Wir besichtigten eine für uns riesige Milchvieh-LPG (Landwirtschaftliche Produktionsgenossenschaft). Mit Sorben trafen wir uns, einer Minderheit mit eigener westslawischer Sprache und Tracht. Sie konnten sich in der DDR behaupten. Natürlich schauten wir auch die Stadt Dresden, die Semperoper, den Zwinger und vieles andere an. Das schöne Elbsandsteingebirge gab den Blick frei auf die junge Elbe, die verschmutzt aus Tschechien kam. Mit der Umweltverschmutzung war es schlimm. In der Bergarbeiterstadt Freiberg wurde Zinn und Blei verarbeitet. Da das Futter in der Umgebung belastet war, mußte z.B. die Milch gemischt werden mit anderer, die aus noch »sauberen« Gegenden kam. Wir hatten an einem Morgen in unserem Quartier kein Wasser. Im Keller kam nur rostige Brühe, die wir mit dem Putzeimer, der in jedem Raum stand, hochtrugen, um die Toiletten zu spülen. Als wir am Abend heimkehrten, stand ein Wasserwagen im Hof, welch eine Freude. Wieder waren die Putzeimer gefragt. Ein älterer Einwohner erzählte uns, früher hätten sie genug Wasser gehabt. Seit alle Gräben und Böschungen durch die LPG eingeebnet wurden, bekamen sie erst Wasserprobleme. Es war reiner Zufall, daß wir den ersten Tag der Deutschen Einheit im Osten erleben durften. Die Reise war schon geplant, als noch niemand absehen konnte, wie es im Osten weiter ging. Wir waren am 3. Oktober auf einer CDU-Versammlung, die jedoch schlecht besucht war. Die Menschen feierten mehr unter sich. Ein junger Mann, der etwas angeheitert war, stieg in unseren westdeutschen Bus und sagte: »Wir werden uns selbst hochschaffen und Euch nicht auf der Pelle liegen!«

Was geschah noch in diesem runden Jahr?
Der Recyclinghof wurde geboren – eine sehr gute Einrichtung.
In der Nacht zum 1. März tobte der Sturm Wibke über unserem Land und richtete riesige Schäden an. Wir mußten an sechs Stellen unsere Dächer reparieren, doch dies war nichts im Vergleich zu den Schäden in unseren Wäl-

dern. Viele Straßen und Wege waren durch umgestürzte Bäume unpassierbar, elektrische Leitungen unterbrochen. Es war kaum zu glauben, daß der Sturm ganze Abteilungen, besonders Nadelwälder, umlegte oder starke Stämme auf halber Höhe abknickte. Alles lag übereinander, die Wurzelteller zum Teil hoch aufgerichtet. Bei den schwierigen Aufräumungsarbeiten fand mancher Waldarbeiter den Tod, andere wurden verletzt. Der Winter war fast vorbei, das meiste Holz war schon geschlagen. Die Holzpreise fielen durch das gewaltige Angebot in den Keller. An zahlreichen Stellen in Wassernähe wurden Naßlager eingerichtet, um das viele Holz zu erhalten. Als wir in Davos in der Schweiz waren, wurde das Sturmholz an den Steilhängen oberhalb der Stadt mit Hubschraubern abtransportiert, eine schwierige Aufgabe für die Piloten. Der finanzielle Schaden für die Waldbesitzer war und ist enorm, viel Holz war noch nicht schlagreif, schöne Stämme wurden zersplittert und gaben nur Brennholz. Viele Jahre werden vergehen, bis die Lücken sich langsam schließen, besonders an den Steilhängen.

1990 war für uns Deutsche ein besonderes Jahr. Am 1. Juli tritt der Staatsvertrag mit der DDR in Kraft, er ist der entscheidende Schritt zur Deutschen Einheit. Die DDR gibt die Hoheit über die Finanz- und Geldpolitik ab. Die Verhandlungen der vier Siegermächte und der beiden deutschen Außenminister beginnen. Alliierte beenden die Besatzung. Das wiedervereinigte Deutschland erhält am 3. Oktober 1990 seine volle Souveränität. Damit ist die Deutschlandfrage nach 45 Jahren endgültig geklärt. Jubel bricht aus, die Deutsche Einheit ist Wirklichkeit. Der 3. Oktober wird zum Tag der »Deutschen Einheit«, der bisherige 17. Juni als Feiertag aufgegeben. Die erste gesamtdeutsche Wahl bestätigt die Koalition in Bonn.

Deutschland wird Fußballweltmeister.
Michail Gorbatschow erhält den Friedensnobelpreis. Er hat den Rüstungswettlauf in der Welt beendet und vielen Völkern Osteuropas die ersehnte Freiheit geschenkt.

# 1991

Bernhard erlebte eine schöne Überraschung, als er im Januar von Australien kommend auf dem Frankfurter Flughafen landete. Es begrüßte ihn dort ein Bus voll mit Schloßgeistern, einer Faschingsgruppe von hier, der er angehörte.

Jeden Winter habe ich meinen Bestell-Dünger- und Spritzplan entworfen. Der Laie wird denken, das ist doch jedes Jahr dasselbe. Doch fast jährlich kommen neue Sorten, neue Dünge- und Spritzmittel auf den Markt. Dieses Jahr sollte es nach 34 Jahren meine letzte Planung sein. Mit 65 Jahren wollte ich den Hof abgeben, bis zum 31. Dezember 1991 sollte alles geregelt sein. Von einigen Berufskollegen – auch aus meiner engsten Verwandtschaft – haben wir erfahren, daß es nach der Übergabe des Hofes viele Probleme gab. Wie ich schon berichtete, haben beide Parteien, die Hofübergeber und die Hofübernehmer, sich in Seminaren gut vorbereitet. Zu den Referenten zählten Notar, Rechtsanwalt, Steuerberater, ein Vertreter der sozialen Versicherung, ein Vertreter des Bauernverbandes, manchmal war auch ein Pfarrer dabei. Ja es gab sehr viel zu bedenken. Der Notar sagte z.B.: Hofübergabe kommt gleich nach der Scheidung und die kann sehr schwierig verlaufen für die Beteiligten. Ich habe mir extra einen Ordner angelegt für diese Thematik und jahrelang alles gesammelt, was ich für wichtig hielt. Meine »Sekretärin« Rita hat bei den Vorträgen in Eilschrift mitgeschrieben und nachher das Wichtigste mit der Schreibmaschine festgehalten. So hatten wir eine gute Grundlage, auf der wir ein Vertragswerk aufbauen konnten. Dieses sollte jung und alt befriedigen. Ob uns das gelingen wird, fragten wir uns öfters. Die beiden Übernehmer wohnten immer noch in Pappelau bei den Eltern von Ulrike. Mit Thomas hatte ich immer schon Meinungsverschiedenheiten. Meine liebe Rita war immer wieder Vermittlerin. Auch zu Ulrike fand sie besseren Zugang als ich. Rita konnte einfach besser auf Menschen zugehen. Das erste Gespräch führte ich im April mit meinen Kindern ohne Rita und Ulrike. Ich wollte erstmals sondieren, wie die Meinungen waren. Im Juni fand das zweite Gespräch

70
Mechaniker Josef Braun
schaut wie er meinen
Mercedes heil aus dem
Graben bringt

71
Georg Frey, der letzte
Sattler, konnte auch gut
mähen

72
*Matthias Held war nicht
nur Müller, sondern auch
Mühlenbauer*

73
*Schmiedemeister Karl
Hospach (links) und Wagn<sub></sub>
meister Josef Hospach, die
beiden Brüder, haben viele
Arbeiten gemeinsam
erledigt, zum Beispiel
den Wagenbau*

74
*Heinrich Bareiss schwan<sub></sub>
als letzter Amtsbote noc<sub></sub>
die Schelle, um die neues
Nachrichten zu verkünd<sub></sub>*

75
*Maria Bitterle war in der
Gemeinschaftswäscherei
bis zur Schließung am
28. Februar 1971 tätig*

76
*Polizeihauptmeister Stefan Maier sorgte von 1947 bis 1976 (Pensionierung) in Oberdischingen und Umgebung für Ruhe und Ordnung*

77
*Alfred Osswald war unser letzter Totengräber, der die Gräber noch von Hand ausgehoben hat*

Berufsbeispiele, die hier in den letzten 45 Jahren ausgestorben sind und Dienstleistungen, die sich verändert haben oder eingestellt wurden.

statt, die beiden Frauen waren dabei. Dann ging ich zum Notar, dieser sollte einen Entwurf machen. Die Gebäude ließ ich schätzen. Wir richteten unser Altenteilhaus ein, um es im Herbst zu beziehen. Es war halb voll mit Möbeln von Martha, Rita, Tante und dem Elternhaus von Rita. Wir mußten erst Platz schaffen. Da nur die beiden Söhne von Rita in die Beethovenstraße mitziehen wollten, vermieteten wir die Dachgeschoßwohnung möbliert. Das Untergeschoß war für die Jungens vorgesehen, ins Erdgeschoß wollten wir einziehen. Nach der Ernte, die wieder gut ausfiel, begannen wir mit dem Umzug in unser neues Domizil. Rita und ich hatten im letzten Winter Möbel und andere Gegenständen in Listen aufgenommen und mit Nummern versehen. Wir haben nach Rücksprache mit den Kindern festgelegt, wem was nach unserem Auszug gehört. Ritas Mobiliar sollte ins neue Haus gebracht werden. Albert Augustin war uns dabei eine große Hilfe. Am 19. September übernachteten wir erstmals in der Beethovenstraße.

Im Herbst fuhren wir mehrmals zum Notar, um den Vertrag zu vervollständigen. Viele Fragen mußten schriftlich fixiert werden. Wo bleibt Rita mit den Söhnen, wenn ich sterbe, wo ihre Söhne, wenn Rita stirbt oder wir gemeinsam umkommen? Der Notar sagte, es muß so geschrieben sein, wie wenn die ganze Sippe ausgerottet würde. Was geschieht mit dem Hof, wenn Thomas stirbt, welche Entschädigung bekommt Ulrike, wenn noch keine Kinder da sind? Ein schwieriges Problem war die Abfindung der drei Geschwister von Thomas. Wieviel Belastung kann man dem Hofübernehmer zumuten und über welchen Zeitraum? Hier klafften die Meinungen weit auseinander, sowohl von der Beraterseite wie von den betroffenen Personen. Der Hofübernehmer erhält Millionenwerte, die weichenden Erben nur den Kaufpreis einer Eigentumswohnung. Wie soll dies gerecht entschieden werden, um dem Übernehmer eine Chance zu geben, den Hof zu erhalten und die Ansprüche der Geschwister zu befriedigen? Also Fragen über Fragen, auch über die steuerlichen Folgen einer Hofübergabe. Dem Staat wollte man nicht mehr geben, als dies der Gesetzgeber verlangt.

Am 17. Dezember 1991 um 11.20 Uhr war es dann

soweit, mein angetretenes Erbe ging an den Sohn über. Wir hoffen nun sehr, daß Übergeber und Übernehmer mit den Vereinbarungen leben können und der Familienfrieden erhalten bleibt. Zur Feier des Heiligen Abends haben Ulrike und Thomas auf den Hof eingeladen, alle Kinder waren dabei. Wir saßen um den Christbaum beim Raclette-Essen und hielten Rückschau.

Was geschah noch außer der Hofübergabe? Thomas Augustin wurde in der Klosterkirche in Wiblingen zum Priester geweiht. Am 7. Juli feierten wir bei herrlichem Wetter mit dem Neupriester Primiz in unserer schön geschmückten Pfarrkirche. Der Liederkranz sang eine neue Messe, der Musikverein umrahmte das Fest. Endlich nach vielen Jahren wurde ein junger Mann aus unserer Gemeinde berufen, im Weinberg unseres Herrn zu arbeiten. Alle wünschten dem lieben Thomas viel Glück und Segen für sein zukünftiges Wirken. Er gab auch unserem neuen Haus den Segen von oben.

Nach 31 Jahren gab ich mein letztes Ehrenamt bei der Raiffeisenbank ab. Sie hieß vormals noch Spar- und Darlehenskasse, später Genossenschaftsbank. Klothilde Ott (Kasse Hilde), die dieses Jahr verstarb, war viele Jahre die einzige Angestellte. Heute ist unsere Raiffeisenbank mit vielen Mitarbeitern ein modernes Dienstleistungsunternehmen. Nicht nur in der Landwirtschaft, auch im Bankensektor gab es gewaltige Veränderungen.

Glück im Unglück hatte unser Joachim. Er fuhr mit seinem Opel GSI von Ringingen kommend in Richtung Heimat. Kurz vor Oberdischingen sah er bei einbrechender Dunkelheit vor sich einen Rennradler ohne Licht an der rechten Straßenseite fahren. Er zog noch schnell links weg, dann wieder rechts, übersteuerte sein Fahrzeug und fuhr in Duras Garten voll auf einen starken Baum. Den Knall hörte man im ganzen Dorf. Joachim blieb fast unverletzt, am Auto entstand Totalschaden. Das war Nummer vier unserer Schrottautos.

Auf Anraten eines Berufskollegen fuhr ich zu einer Heilstollenkur nach Bad Gastein. In einem ehemaligen Goldbergwerk werden die Kurgäste in vier verschiedene Tiefen des Stollens eingefahren. Die erste Station hat eine Temperatur von 38°, die letzte 41,5° bei einer Luftfeuchtigkeit von 95%. Sie ist 2238 m vom Grubeneingang entfernt. Die Stollenluft enthält Radon, ein Gas, das über die Atmung aufgenommen wird. Die Radon-Therapie ist besonders wirksam gegen Rheuma, Arthrosen und Atmungskrankheiten. Arbeiter, die früher mit diesen Krankheiten Probleme hatten, gesundeten als Bergleute bei der Arbeit im Stollen. So wurde dieses unterirdische Kurhaus, das einzige seiner Art in Europa, bekannt und bringt nun vielen Menschen Linderung oder Heilung.

Rita brachte ich erstmals ins Bundeswehrkrankenhaus nach Ulm. Sie hatte Herzprobleme. Vier Wochen lang wurde sie gründlich untersucht. Es wurde festgestellt, daß die Herzklappen nicht mehr richtig schließen. Ihr Herz arbeitet zwar normal, bringt aber eine zu geringe Leistung. Rita sollte sich in Zunkunft mehr schonen. Der Arzt meinte jedoch, es sei schwierig, Herzkranke zu bremsen.

Die Geschwister Cäcilia, Bernhard und Joachim packte wieder das Fernweh. Ein Billigflug Frankfurt–Los Angeles mit Mietwagen wurde gebucht. Schon nach zwei Stunden Fahrt in Kalifornien stoppte die Polizei mit Sirenengeheul wie im Film die reiselustigen Schwaben. Sie hatten eine rote Ampel übersehen. Doch die Polizisten waren nett, es gab keine Strafe. Das Trio fuhr in drei Wochen durch fünf Staaten der USA, 7000 km weit. Übernachtet haben die Abenteurer in Motels aber auch in der Prärie, Cäcilia im Leihwagen, ein Bruder links, der andere rechts neben dem Auto im Schlafsack. Mit vielen positiven Eindrücken von den dort lebenden Menschen, ihrer Kultur und der einzigartigen Landschaft kehrten die drei Weltenbummler wohlbehalten zurück.

Im Ötztal gibt ein Gletscher eine jahrtausendealte Leiche frei. Haut, Muskeln und Organe des 1,58 m großen Mannes aus der Bronzezeit sind hervorragend erhalten. Der ehemalige Jäger mit Bogen und 14 Pfeilen wird »Ötzi« getauft.

Zwei Nachrichten erschütterten dieses Jahr die Welt. In Jugoslawien kommt es zum offenen Bürgerkrieg, die UN schickt Blauhelme. – Im Golfkrieg wird Kuwait befreit, doch der irakische Diktator Hussein bleibt im Amt.

# 1992

Das neue Jahr begrüßte ich mit Raketen. Unser Haus liegt am Hang, so daß wir noch die Dächer unseres abgegebenen Hofes sehen können. Der nötige Abstand war also vorhanden, ein neuer Lebensabschnitt begann. Da ich seit letztem Jahr Schwierigkeiten mit der Atmung hatte, riet mir mein Lungenarzt, auf einer Insel längere Zeit salzhaltige Meeresluft einzuatmen. Ich hatte Angst, Asthma zu bekommen wie meine erste Frau Martha. Täglich mußte ich inhalieren und Cortison nehmen. Wir entschlossen uns für die Insel Palma. Man nennt sie die Schweiz der Kanaren, sie ist also keine Badeinsel. Wir mieteten dort eine kleine Ferienwohnung am Meer. Der kleine Strand veränderte sich täglich durch die Arbeit der Wellen, mal war Kies, mal feiner Sand angeschwemmt worden. Eine Ecke des Strandes war mit kleinen und großen Findlingen bestückt. Auf einem dieser Brocken saß ich täglich mehrere Stunden mit einem Buch in der Hand. Ich mußte immer wieder meinen Platz wechseln, je nach Ebbe oder Flut. Bei Flut erreichte mich manchmal eine Welle, nach zehn normalen kam auf einmal eine Riesenwelle an. Ich wollte dem Wasser möglichst nahe sein, um viel salzhaltige Luft aufzunehmen. Ja, das Meer war oft unberechenbar. Jeden Morgen vor dem Frühstück sprang ich ein paarmal am Strand auf und ab. In der Nähe des Wassers war der Boden feucht und fest, wie jeder Strandläufer weiß. Kaum hatte ich meinen Frühsport begonnen, kam eine Welle an, warf mich um und spülte mich zurück ans Land. Überall blutete ich durch Abschürfungen auf dem rauhen Kies. Man soll den Wellen entgegen steuern, nicht davon laufen, sagen die Einheimischen. In der Nähe war ein großes Hotel. Die neuen Bleichgesichter kamen bei mir vorbei, um das Meerwasser zu testen. Die Frauen trugen meistens die Schuhe in den Händen, die Männer schossen die ersten Bilder oder filmten. Ich warnte sie öfters vor den Überraschungswellen. Doch Erfahrungen kann man schlecht weitergeben. Oft kam es vor, daß die Fotoapparate und Filmkameras eine Ladung Salzwasser erhielten. Die Frauen ließen die Schuhe fallen, weg waren sie. Schadenfreude soll die reinste Freude sein. Einmal erlebten wir einen Sturm am Meer. Erstmals sahen wir Landratten fast haushohe Wellen, die wie wild geworden gegen den Strand donnerten. Es sah aus, als ob das Meer überkochte. Eine lange Kaimauer führte ins Wasser hinaus – sie wurde bisher nicht überspült. Ich lief hinaus, um das Schauspiel der Natur besser zu betrachten, Rita wagte es nicht. Als ich eine Weile draußen war, prallte eine Welle gegen die Mauer, spritzte hoch und deckte mich mit viel Wasser ein. Sogar der Geldbeutel wurde durchnäßt. Ich hatte Glück, daß ich nicht heruntergespült wurde, wagen gewinnt nicht immer. Wir mieteten ein Auto, um die Insel zu erkunden. Unterwegs auf der Piste brach uns der Auspuff herunter und streifte am Boden, keine Werkstatt befand sich weit und breit. Das kleine Auto war so niedrig, daß wir zuerst eine tiefe Stelle suchen mußten, um den Schaden von unten zu begutachten. Mit einem rostigen Weidedraht band ich den Auspuff mit Hilfe eines jungen Mannes hoch. Wir wanderten durch schöne Wälder, oft sahen wir das Meer zu beiden Seiten der Insel. Auf der Vulkanroute konnten wir Ausbrüche neueren Datums sehen. Abgebrannte Baumstumpen standen im Lavagestein, die ersten Moose und Farne siedelten sich an. Unsere Vermieterin zeigte uns ihre Eigentumswohnung auf dem Friedhof. In mehreren Lagen übereinander werden die Toten bestattet, Blumen über Leitern angebracht. So verging unser erster Rentnerurlaub ganz schnell. Acht Wochen am Stück hatten wir noch nie ausgehalten. Ich persönlich hoffte auf eine Erleichterung mit meiner Atmung, die Gesundheit wollten wir beide in Zukunft pflegen.

Ich kaufte mir ein Fahrrad mit einundzwanzig Gängen und nahm am Freitagabend das Angebot unseres Radsportclubs wahr. Als Mitglied des Ehinger Albvereins wanderte ich mit dieser Gruppe 193 Kilometer durch das Altmühltal. Rita übernahm den Gepäcktransport mit Auto und Anhänger von Quartier zu Quartier, sie mußte ihr Herz schonen.

Am 14. September ging ich erstmals zum Seniorenturnen in den Gymnastikraum unserer Turn- und Festhalle. Seniorenturnen, eine Unterabteilung des rührigen Sportvereins, wurde dieses Jahr gegründet. Lore Schüle versucht, uns junge Ältere, die »Spätlese«, fit zu erhalten. »Rostschutz« nennen dies manche Außenstehende. Eine gemischte Gruppe ist erwünscht, doch der Männeranteil (zwei Aktive) beträgt nur 10 Prozent. Wir sind eine nette Gemeinschaft. Da geht es oft heiter zu. Ich freue mich jede Woche auf das abwechslungsreiche Programm.

Ulrike und Thomas wohnten immer noch in Pappelau, sie wollten das Bauernhaus hier erst umbauen für ihre Verhältnisse. Bruder Joachim wollte im Haus bleiben, daher wurde eine zweite Treppe in den oberen Stock eingebaut, um die beiden Wohnungen zu trennen. Auch Cäcilia und Bernhard hatten noch ein Zimmer. Letzterer war nun als Betriebshelfer in Schäfereien tätig. Er hatte den Führerschein gemacht und war für solche Einsätze beweglich. In seiner Jugend hätte ich nie gedacht, daß Bernhard mal Auto fahren würde. Doch wie seine drei Brüder hatte auch er einen schweren Unfall. Um 2.15 Uhr morgens rief die Polizei an, daß Bernhard auf einen Baum gefahren ist und im Uracher Krankenhaus liegt. Als wir dort anriefen, wurde uns mitgeteilt, daß Bernhard inzwischen in der Tübinger Augenklinik liegt. Von dort erhielten wir den Bescheid, erst um 9.00 Uhr anzurufen, er werde gerade operiert. Wir fuhren nach Tübingen und fanden Bernhard, sein Kopf war eingehüllt. Das Auge sei nicht verletzt, war die gute Nachricht. Bernhard erzählte, er sei auf der Heimfahrt gewesen, wollte sich eine Zigarette anzünden, da krachte es. Der Totalschaden Nummer fünf war eingetreten. Mit 75,– DM Strafe kam er davon.

Immer wieder war ich auf dem Hof tätig, so schnell konnte ich mich nicht von dieser Arbeit trennen. Gleichzeitig wollte ich mir meine Freizeit nicht verplanen lassen. Ulrike arbeitete auf der Pappelauer Bank, Thomas als Kaufmann bei der Firma Kögel im Donautal. Dünger streuen und spritzen wollte ich nicht mehr wegen meiner Atembeschwerden. Ich bereitete oft die Arbeiten vor und war telefonisch mit Thomas in Verbindung. Im Betrieb konnte er bei günstigem Wetter seine Arbeit früher beenden, er hatte Gleitzeit. So konnte mein Nachfolger in der Regel die anstehenden Arbeiten auf dem Hof zur richtigen Zeit erledigen.

Um unser Haus herum gab es noch viel zu tun. Mit Hilfe von Markus und Reinhold legten wir einen Teich an. Die beiden hatten im voraus Bedenken, in der langweiligen Beethovenstraße zu wohnen. Hier fehlten die passenden Alterskollegen, so waren sie fast täglich unten auf dem Hof.

Markus hatte nur zwei Semester Maschinenbau studiert, dieses Fachgebiet sagte ihm nicht zu. Er wollte nun etwas von der Welt sehen. Ohne Fahrpraxis kam er als Fahrer auf einen großen Kühllaster mit Anhänger. Mit diesem Kühlzug fuhr er zwei Jahre lang kreuz und quer durch Europa von Norwegen bis Spanien, sogar bis Marokko. Ich fand es von der Firma mutig, einen jungen Menschen ohne Erfahrung mit so einem großen Fahrzeug allein auf Tour zu schicken. Markus war tüchtig, er brachte sein Kühlgut immer ohne Unfall ans Ziel.

So ging das erste Rentnerjahr gut vorbei, Langeweile verspürten wir nie. Weihnachten feierten wir erstmals gemeinsam hier oben, nur Bernhard fehlte in der Runde. Er war wieder als Betriebshelfer im Einsatz, da der Besitzer erkrankt war.

Noch zwei wichtige Mitteilungen des Jahres: Der Rhein-Main-Donau-Kanal wird eingeweiht, ein sehr umstrittenes Jahrhundertbauwerk. Bei der Altmühltalwanderung im Sommer standen wir noch in seinem trockenen Kanalbett.

Bill Clinton wird neuer Präsident der USA.


# 1993

An Oberdischingen geht – wie berichtet – die viel befahrene B 311 vorbei. An der Kreuzung dieser Straße, die in den Nachbarort Ersingen führt, sind schon mehrere tödliche Unfälle passiert. Ich selbst war einmal Zeuge, als ein siebzehnjähriges Mädchen aus Allmendingen dort tödlich verletzt wurde. Seit Jahren wird daher eine Ampelanlage gefordert. Am 1. Dezember 1992 wurden bei den Haushaltsberatungen des Kreises 60.000,– DM für dieses Vorhaben gestrichen (Sparmaßnahme). Ein paar Tage später am 6. Dezember verlor Thomas Wanke von hier an der Kreuzung mit 26 Jahren sein junges Leben. Das war für meine Frau Anlaß zu einer Bürgerinitiative. In einem Aufruf im Gemeindeblatt am 10. Dezember forderte sie als Sofortlösung eine Ampelanlage. In einer Unterschriftenaktion sollten die Anwohner den Einspruch an den Kreistag unterstützen. Entsprechende Listen wurden überall ausgelegt. Rita ging mit Gleichgesinnten von Haus zu Haus. In vier Tagen wurden hier und in den umliegenden Orten 1.571 Unterschriften gesammelt. Am 14. Dezember fuhr ich mit meiner Frau auf das Landratsamt. Dort überreichte sie den Einspruch, die Listen mit den Unterschriften und Kopien von Leserbriefen der letzten Tage. Rita und die Verfasser der Leserbriefe gingen mit einzelnen Mitgliedern des Kreistages hart ins Gericht, die die Ampel für die schlechteste Lösung hielten. Auch der Gemeinderat verfaßte eine Resolution an den Kreistag und forderte ihn auf, die erforderlichen Mittel bereitzustellen. Am folgenden Tag war Kreistagssitzung, daher diese Eile. Was war das Ergebnis dieser gemeinsamen Aktion? Der Kreistag hat die gestrichenen 60.000,- DM wieder in den Etat aufgenommen. Nachdem auch die Straßenbauverwaltung Mittel zur Verfügung stellte, sollte 1993 die Ampelanlage zur Ausführung kommen. Am 6. September 1993 regelte die Ampel erstmals den Verkehr. Bis heute ist dort in acht Jahren kein schwerer Unfall mehr passiert. An diesem Beispiel können wir ersehen, daß der gemeinsame Einsatz von Bürgern und Verwaltung in der Demokratie etwas bewegen kann. Innerhalb von fünfzehn Tagen wurde eine falsche Entscheidung zurückgenommen. Der Name Rita Huber wurde bei der Einweihung und später nie erwähnt, ich hätte ihr gern ein Dankeswort für ihren Einsatz gegönnt. An den noch vorhandenen Unterlagen erkennt man den Umfang ihrer Arbeit. »Undank ist der Welt Lohn« – wie wahr!

Bernhard besuchte diesen Winter die Landwirtschaftsschule in Ulm. Er hatte vor, eine Schäferei zu pachten. Unser lieber Bernhard will eine eigene Herde betreuen mit all den Risiken, die damit verbunden sind? Da konnte ich nicht gleich ja sagen. Doch schließlich akzeptierten wir seinen Wunsch, Bernhard wollte in der ehemaligen DDR sein Glück versuchen. Er fuhr mit dem Auto die Gebiete ab, wo Schafhaltung möglich war. Ich kam später mit dem Zug nach, in Halle haben wir uns getroffen. Beim dortigen Landesschafzuchtverband erhielten wir viele Adressen. Drei Stunden verbrachten wir in der Zelle mit Telefonieren. Ergebnis gleich Null, im Gegenteil, wir mußten uns viele Vorwürfe als Westdeutsche anhören. Erst die Woll- und Fleischpreise kaputt gemacht, dann viele Schafe für ein paar D-Mark mitgenommen. Schafe können wir selber halten, da brauchen sie uns nicht, so ging es weiter mit Anschuldigungen. Wir kamen uns vor wie unerwünschte Asylanten. In einer solchen Atmosphäre eine Schäferei aufzubauen, da gehört viel Mut dazu. Ich fuhr nach zwei Tagen wieder westwärts, Bernhard suchte noch in anderen Gegenden. Auch dort fand er kein Echo. So probierten wir unser Glück nun in Bayern und in unserem Ländle. An einem Tag fuhren wir über 700 km, auch wieder vergebens. Es war gar nicht so einfach, etwas Passendes zu finden. Mal waren die persönlichen Verhältnisse, mal der Stall, ein andermal die Lage, die Weidefläche nicht unseren Wünschen entsprechend. In Rottweil-Göllsdorf wurden wir endlich fündig. Auf der Heimfahrt meinte Bernhard, zu 98% wäre er sicher, das Richtige entdeckt zu haben. Ein paar Tage später begannen wir mit den Verhandlungen der Übergabe. Der Preis der Schafe war erträglich, aber für seine zum Teil alten Maschinen verlangte der Übergeber zu viel. Diese wollte er mit den Schafen los werden – ohne ging nichts. Schließlich einigten wir uns, in Trauerstimmung fuhren wir heimwärts. Am 10. Oktober brachen Bernhard und ich nach Göllsdorf auf, einem Vorort von Rottweil, um die Schäferei Dembelein zu übernehmen. In der Nähe kauften wir noch 150 Schafe dazu. So hatte er einen Bestand von 448 Mutterschafen. Bernhards Quote betrug 437 Stück. Für diese Tierzahl, die nicht unterschritten werden darf, bekommt der Schäfer Zuschüsse vom Staat. Am Tag darauf hütete unser »guter Hirte« zum ersten Mal seine eigene Herde. Wir übernachteten erst in Gaststätten, später fand ich für Bernhard ein Zimmer. Herr Dembelein war alleinstehend, Anfang sechzig, seine erste Frau war verstorben, später auch seine Partnerin. Die Kinder hatten kein Interesse an der Schäferei. Herr Dembelein war mir behilflich, die arg zerstückelten Weideflächen aufzunehmen. Über die Hälfte der siebzig Hektar sind im Gemeindebesitz. So war ich die ersten Wochen viel unterwegs, um die schriftlichen Sachen zu erledigen. Bernhard hatte mir uneingeschränkte Vollmacht gegeben, er selbst war mit den Schafen beschäftigt. Oft mußte ich auf das Vermessungsamt gehen, um Auszüge vom Liegenschaftskataster von über 200 Einzelgrundstücken anzufordern. Von dort beschaffte ich mir mehrere Flurkarten von Bernhards Weideflächen. Stundenlang suchte ich mir die Parzellen heraus, ein Teil lag noch auf der Gemarkung Rottweil. Dann ging ich zu den vielen Verpächtern – auch auswärts, um einen Pachtvertrag über neun Jahre mit ihnen abzuschließen. Es waren meist ältere Besitzer oder Witwen, die Kinder hatten andere Berufe ausgewählt. Oft kannten die Besitzer die Parzellennummer und die genaue Größe nicht. Beim Landwirtschaftsamt mußte bei der Abgabe alles genau stimmen. Falsche Nummern oder Größen der Grundstücke spuckte der Computer wieder aus. Obwohl Herr Dembelein die Schäferei aus kleinen Anfängen aufgebaut hatte, war der Schreibkram für die einzelnen Zuschußprogramme ihm zuwider. So mußten wir vieles neu aufnehmen, wie die Flächen für Naturschutzgebiete, Trocken- oder Feuchtwiesen. Die Obstbäume mußten gezählt und den einzelnen Grundstücken zugeteilt werden, deren Grenzen oft nicht feststellbar waren. Bernhard hat über 500 Bäume, für die es extra einen Zuschuß gibt. Mit der unteren Naturschutzbehörde hatten wir viel zu besprechen. Die Pflegepläne wurden erstellt für das Naturschutzgebiet und für die vorhandenen Biotope. Die Vogelschützer verlangten, daß der Weidebeginn auf den 1. Juli festgelegt wird, um die Brut nicht zu stören. Viele andere begleitende Vorschriften mußten eingehalten werden.

Ein Esel fehlte noch in Bernhards Schafherde. Bei Wangen stand so ein Exemplar. Wuschel hieß er, war eineinhalb Jahre alt und sollte 800,– DM kosten. Herr Dembelein fand ihn gut, ich hatte keine Ahnung von den positiven Eigenschaften eines Esels. Das Einladen in unseren Vieh-

anhänger erledigte der bisherige Besitzer. Beim Ausladen
war ich allein. Ich hatte Angst vor dem Kerl, hinten
könnte er ausschlagen, vorne beißen. Noch nie war mir
ein Esel so nahe und zugleich so unheimlich. Mit viel
Mut und guten Worten brachte ich ihn rückwärts aus
dem Anhänger heraus. Dann band ich ihn mit dem Strick
an den Pfosten eines Verkehrsschildes. Geschafft, dachte
ich, doch das Tier war bisher Freiheit gewohnt. Der
dumme Esel lief solange um den Pfosten herum, bis der
Strick am Ende war und er mit dem Kopf den Boden
berührte. Mein Gott, der arme Kerl erstickt mir, ein elen-
der Anblick. Wenn ich das Seil abschneide, springt er
zurück nach Wangen, solche Gedanken gingen mir durch
den Kopf. Ich suchte schnellstens nach Bernhard, der ging
ja schon länger mit dieser Tierart um. Der »gute
Wuschel« überlebte die Strangulierung und noch viele
Jahre dazu.

Mit Herrn Dembelein bekam Bernhard bald Schwierigkeiten. Zwei Schäfer verstehen sich selten, besonders wenn
der Altersunterschied so groß ist. Ein Ärgernis war das
fast neue Notstromaggregat – wir hatten es zur Hälfte
übernehmen müssen. Im Spätherbst verlangte er von uns,
Bernhard solle es ganz übernehmen, er brauche es nicht
mehr. Wir sträubten uns dagegen, doch er hatte wieder
ein Druckmittel. Wenn Bernhard nicht bezahlte, ginge er
nicht mit zur Winterweide in die wärmere Pfalz. Da nur
er den weiten Weg kannte, mußten wir nachgeben. Bernhard wollte um die Weihnachtszeit aufbrechen. Vorher
brachten wir ihm den von Cäcilia frischgeputzten Wohnwagen von Herrn Dembelein für die Wanderschaft. Die
liebe Rita schmückte ihn noch mit einem schönen kleinen Christbaum, da er mit uns nicht Weihnachten feiern
konnte. So eine Wanderschaft mit einer Schafherde ist
überhaupt nicht idyllisch. Allen Tieren werden im Herbst
die Klauen geschnitten, damit sie unterwegs gut zu Fuß
sind. Dies ist eine sehr schwere Arbeit, die viel Kraft und
Geschick erfordert. Jedes Tier muß auf den Rücken gelegt
werden, da waren die Schafe strikt dagegen. Beim Veteri-
näramt muß eine Triebgenehmigung angefordert werden,
die den Weg und die Zeitdauer der Wanderung festlegt.
Ein Gesundheitszeugnis über die Tiere wird verlangt,

dieses gilt aber nur bis zur Kreisgrenze. In den folgenden Kreisen muß der Tierarzt erneut die Schafe beschauen und ein Dokument zum Weiterziehen ausstellen. Bei normaler Witterung legen die Wanderer ca. zehn Kilometer am Tag zurück. Die Tiere brauchen sieben Stunden täglich, um beim Hüten satt zu werden. Wird die Herde im Schwarzwald vom Schnee überrascht, muß der Schäfer bei den dortigen Landwirten Heu kaufen und die Tiere im Freien füttern. Für die nötige Verdauungsflüssigkeit sorgt der Schnee. Hatte der Schäfer mit seiner Herde das Kinzigtal erreicht, blieb der Schnee nur kurz liegen. In den Talwiesen des Flusses bedrohte manchmal Hochwasser den Pferch bei Nacht. Fußkranke gab es immer wieder auf der Strecke, z.B. wenn ein Dorn in den Klauenspalt eindrang und dieser sich dort entzündete. Humpelte ein Tier zu stark, durfte es im mitgeführten Anhänger Platz nehmen. Auch Todesfälle gab es bei der großen Tierherde. Oft werden Futter- oder Lebensmittel in der Landschaft achtlos entsorgt. Die Schafe fressen davon, obwohl das Zeug schon schimmelig ist.

Wenn Bernhard die viel befahrene Bahnlinie Karlsruhe-Basel mit der Herde passieren wollte, mußte er die Bahnpolizei anrufen. Diese teilte ihm mit, wann er die Gleise bei einem größeren Zugabstand passieren durfte. Lief Bernhard mit den ersten Schafen los, dauerte es eine ganze Weile, bis sich die letzten der Herde in Bewegung setzten. Wollte er bei Karlsruhe den Rhein überqueren, mußte er die Autobahnpolizei informieren. Diese sperrte dann für kurze Zeit eine Autobahnhälfte – die Schafe hatten Vorfahrt. Das Ziel der Reise war die Gemeinde Hochstadt bei Landau. 240 km Fußmarsch waren geschafft. Eine starke Leistung für den Schäfer, seine Hunde, die Schafe und den Esel.

So, nun habe ich vorerst genug von dem schönen Schäferleben erzählt. Letztes Jahr war Hofübergabe das Hauptthema, dieses Jahr ist die Schäferei eine neue Herausforderung.

Mit der Bauernschule Wernau fuhren wir nach Tschechien. Auf einem Obst- und Weinbaubetrieb nahmen wir erstmals an einer Weinprobe im Freien teil. Wir hatten eine Gesprächsrunde mit Angehörigen des »Todesmarsches an Fronleichnam«. Das war sehr schlimm, ebenso die Vertreibung der Sudetendeutschen, über dieses Thema wurde nirgends gerne diskutiert. Prag war natürlich der Höhepunkt der Reise, wirklich eine goldene Stadt. Wir hatten auch einen Termin in der Deutschen Botschaft. Uns wurde berichtet, wie das ganze Botschaftsgelände mit ostdeutschen Flüchtlingen vollgestopft war. Die Versorgung war am Ende, die hygienischen Verhältnisse brachen zusammen. So waren alle froh, als endlich das Drama ein glückliches Ende in die Freiheit nahm. Die Tschechen haben uns an die Aufbruchstimmung in Deutschland nach dem Zweiten Weltkrieg erinnert. Von einfachen Stangengerüsten aus renovierten sie die Häuser. Am Samstagnachmittag wurden Straßen geteert, am Abend ein Haus angestrahlt zu Verputzarbeiten mitten in Prag. Dieser Fleiß der Menschen bringt sie wahrscheinlich bald zu ihrem erhofften Ziel, Mitglied in der EU zu werden.

Eine erholsame Reise führte uns nach Norwegen. Zuerst ging es mit dem Schlafwagen nach Amsterdam. Bei der kurzen Stadtbesichtigung sahen wir erstmals Inliner fahren, locker und schnell. Wenn ich jünger wäre, dachte ich, würde ich als ehemaliger Schlittschuhläufer dies auch probieren. Abends wurden wir eingeschifft – erstmals eine Schiffahrt ins offene Meer, Richtung Norden.

Nach anderthalb Tagen Fahrt kamen wir in Bergen an. Erster Landgang für uns Landratten eine Wohltat. Norwegen bietet die Möglichkeit, daß die großen Überseeschiffe weit in die Fjorde einfahren können. Die Wassertiefe und die Breite der Fahrrinne reicht aus. Wenn wir mit den Bergbahnen hochgefahren sind, sahen wir unser weißes Schiff im Fjord vor Anker liegen. Die Landschaft ist einmalig schön. Auf der Heimfahrt fing unser großes Schiff auf offenem Meer an zu »wackeln«. Die erfahrenen Seeleute sagten uns, wir sollten Brot essen, damit die Flüssigkeit im Magen nicht mehr schaukelt. Also holten wir uns Brot, aßen soviel wir konnten, legten uns flach und harrten der Dinge, die auf uns zukamen. Wir überstanden die Stürme unbeschadet, nicht umsonst heißt die Nordsee auch Mordsee. Glücklich erreichten wir Amsterdam und hatten damit wieder festen Boden unter den Füßen. Ein

Umstand dieser ersten großen Seereise gefiel uns überhaupt nicht. Obwohl der Gesamtpreis der Reise nicht hoch war, wurde ein zu üppiges Essen aufgetischt. Ab 6.30 Uhr konnten wir frühstücken, in anderen Räumen uns am kalten Buffet bedienen. Zum Mittagessen gab es mehrere Gänge, die alle probiert werden konnten. An unserem Tisch gegenüber saß ein Ehepaar, die haben nur probiert und dann abtragen lassen, daß der nächste Gang aufgetischt werden konnte. Tagsüber konnten wir immer irgendwo essen. Um Mitternacht gab es täglich das Überraschungsbuffet mit bunten Einlagen. Die Vietnamesen an Bord stellten z. B. aus rote Beten wunderschöne Rosen her, aus Kürbissen und anderen großen Früchten schnitzten sie Tiere, Pflanzen und Figuren zu kleinen Kunstwerken. Wer Lust hatte, konnte nochmals essen bis 1.30 Uhr. Die Angestellten, die uns bedienten, kamen durchweg aus armen Ländern, z.B. aus Rußland und Osteuropa. Was mögen diese über unsere Gesellschaft gedacht haben, wenn sie soviel kostbare Nahrung abräumen und in den Müll werfen mußten. Rita und ich wollten eine solche Seereise nicht mehr mitmachen. Wir als Kriegsgeneration konnten diesen Luxuskonsum nicht billigen.

Sehr schön war eine fünftägige Wanderung mit Reinhold, unserem Jüngsten, nach Lech am Arlberg. Die größte Herausforderung für uns zwei war der Mohnfluhsattel 2.530 Meter hoch. Da staunte Reinhold, als ich ihn kurz vor dem Gipfel überholte. Wir hatten die ganze Zeit herrliches Wetter. Danke, Reinhold, für diese gemeinsamen herrlichen Wanderungen. Um glücklich zu sein, bedarf es oft wenig. Unvergeßliche Wanderungen unternahm ich nun alljährlich mit dem Kreis junger Menschen in Neu-Ulm. Dieses katholische Bildungswerk wurde nach dem Zweiten Weltkrieg gegründet, meine Kinder sind schon unter seiner Obhut gereist. Dieses Jahr war unser Ziel Pontresina bei St. Moritz. Der Bus ist immer bis auf den letzten Platz ausgebucht. Die Wanderer teilen sich selbst in drei Gruppen auf. Ich bin bis jetzt noch bei den Hochgebirglern. Als wir den Piz Languard mit 3.226 Meter bestiegen, sahen wir 34 Steinböcke in zwei Herden. Vier Junge wanderten auch gemächlich mit. Die Tiere hatten überhaupt keine Angst vor uns Menschen. Im Tagebuch

steht, daß ich erledigt war nach 1.058 Meter Aufstieg und 1.167 Meter Abstieg. Doch solche Wanderungen vergißt man nicht, trotz der Anstrengungen. Ich mußte selbst staunen, daß es mir in den Bergen mit der Atmung so gut ging. Zu Hause hatte ich oft Probleme, besonders bei Nacht. Immer wieder dieses Pfeifen, wie bei meiner ersten Frau Martha. Mein Lungenarzt empfahl mir eine Kur in Davos. Die gute LKK (Landwirtschaftliche Krankenkasse) genehmigte sie, obwohl ich nun Rentner war. Rita fuhr mich Mitte November hin, die Schlittschuhe waren im Gepäck. Ich wußte, daß dort eine große Eisfläche mitten in der Stadt war, wo auch die Eisschnelläufer von ganz Europa übten. Doch in meinen Kurbestimmungen stand drin, daß Schlittschuhfahren verboten ist. Da das Alter nicht vor Torheit schützt, ging ich heimlich aufs Eis. Wie verhext fuhr nach einigen Tagen ein ca. fünfjähriges Mädchen hinten in mich hinein. Ich stürzte in voller Fahrt nach vorn auf das rechte Schultergelenk. ›Nicht so schlimm‹, dachte ich und ging heimwärts. Doch der Arm schwoll an und ich hatte eine schlimme Nacht. Am Tage dann Visite mit drei Ärzten, doch ich schwieg. Nach zehn Tagen zeigte die Blutkontrolle eine Entzündung an. Jetzt mußte ich beichten, doch ich hatte Angst, ich müßte die Kur abbrechen und würde heimgeschickt. Ich vertraute mich einer Kurärztin an, die mich ins Krankenhaus zum Röntgen schickte. Es war nichts gebrochen, nur gequetscht. Diese Kosten trug ich gerne selbst, auch die der folgenden Behandlung. Es dauerte sehr lange, bis ich diese Sünde abgebüßt hatte. Am Schultergelenk operiert man nicht gern, da laufen so viele Bänder zusammen. Die Kur in Davos brachte mir bisher den größten Erfolg. Mit neuen Medikamenten, die es nur in der Schweiz gab, ging es mir viel besser.
Unser Musikverein feierte dieses Jahr sein 150jähriges Jubiläum. 69 Gruppen mit ca. 200 Musikern zogen bei Kaiserwetter durch das Dorf. Es war ein gelungenes Fest.

Zwei Nachrichten, die uns heute noch beschäftigen:
Das Krisenthema Nummer 1 ist in Deutschland die Massenarbeitslosigkeit. Sie steigt auf über vier Millionen an. 1982 waren es noch zwei Millionen.

Fünf Todesopfer und über tausend Verletzte fordert eine Bombenexplosion unter dem New Yorker World Trade-Center. Jeder Amerikaner glaubte damals, diese riesigen Gebäude seien unzerstörbar.

## 1994

Silvester und Neujahr feierten wir bei Familie Märkle und alten Bekannten von Rita in Erolzheim. Rita ging im Januar drei Tage zur Routineuntersuchung ins Bundeswehrkrankenhaus Ulm. Die Leistung des Herzens war gleich wie bisher.

Im Frühjahr wollten wir auf die Blumeninsel Madeira fliegen. Wir buchten anfangs März zuerst acht Tage Urlaub, dann eine Woche Wandern mit Führung. Da um 6.00 Uhr schon der Abflug in München war, fuhren wir mit der Bahn tags zuvor hin. Rita wollte noch ins dortige Benediktinerkloster, das Obdachlose betreute. Den Bruder Imanuel hatte sie schon längere Zeit finanziell unterstützt. Nun suchte sie das Gespräch mit ihm und den Obdachlosen. In München gibt es ca. elftausend Menschen ohne festen Wohnsitz.

Madeira mit schönen Gärten und Anlagen begeistert jeden Blumenfreund. Auch zum Baden gibt es Gelegenheit, besonders auch auf der Nachbarinsel Porto Santo mit dem langen Sandstrand. Weinbau, Stickerei und Korbflechten ergänzen den Tourismus. Die Wanderungen an den Levadas (künstliche Wasserrinnen) entlang sind nicht anstrengend und bieten herrliche Aussichten. An meinem Namenstag (19. März), den wir immer noch feierten, waren wir wieder zu Hause. Rita verehrte den hl. Josef, er war ihr Ansprechpartner in allen Nöten.

Wir besuchten Bernhard erstmals auf der ca. achtzig Hektar großen Winterweide in der Pfalz. Etwa zwei Monate hütet er dort in diesem milden Klima. Dann tritt er auf einer anderen Tour den Heimweg an. Ende April, Anfang Mai kommt Bernhard mit seiner Herde wieder zu Hause an. In Göllsdorf ebnete ich tagelang mit einem Mulchgerät die Weiden. Schafe sind auch schleckig, viele Pflanzen fressen sie nicht oder nur bei großem Hunger.

Am 2. April feierte der einzige Bruder von Rita den 60. Geburtstag in Laimnau bei Tettnang. Rita und die Schwester Elisabeth sangen ihm ein Ständchen. Am 17. April, einem Sonntag, besuchte uns mein Studienkollege Hermann Schneider mit Frau aus Sonderbuch. Wir pflegen schon über 40 Jahre die Freundschaft. Drei Tage später, am 20. April, kaufte Rita morgens beim Gärtner in Dellmensingen Blumen ein für Tante und andere. Wir aßen zusammen Mittag, legten uns danach wie üblich eine halbe Stunde hin. Rita ging ins Altenheim, um die Tante zu besuchen. Ich fertigte im Gewächshaus ein Regal für Pflanzen, die sie von der Mitsängerin Sylvia geschenkt bekommen hatte. Da Rita zur Vesperzeit noch nicht da war, richtete ich den Tisch – auch einen Teller für sie. Ich dachte, sie macht wahrscheinlich noch irgendwo einen Besuch. Als sie immer noch nicht eintraf, vesperte ich allein. Ich schrieb ihr einen Zettel, daß ich auf den Hof gehe, um mit Thomas eine verstopfte Drainage an der Halde zu öffnen. Ich fuhr mit dem Fahrrad durchs Dorf Richtung Hof. Auf der Höhe des Altenheimes hielt mich Reinhold an. Dr. Metzger, unser Hausarzt, sagte mir, daß meine Frau tot in ihrem Auto sitzen würde. Sie habe wahrscheinlich einen Herzschlag erlitten, einen sogenannten Sekundentod, wo jede Hilfe zu spät kommt.

Mein Gott! warum? Wieviel Gedanken rasen mir durch den Kopf, welche Gefühle brechen sich Bahn? Wie kann es sein, daß Rita ohne erkennbaren Grund so schnell ihr Leben verliert, obwohl sie vor drei Monaten noch untersucht wurde? Zwei Jahre leben wir erst im verdienten Ruhestand. Die beiden Söhne haben, so nahmen wir an, eine zweite Heimat gefunden. Es ging uns allen gut. Wir konnten den Lebensabend genießen, da wir uns noch wohl fühlten. Die Kinder gingen ihren Weg, Bernhard ging es besser mit seiner Krankheit. Die Hofübergabe haben wir miteinander gelöst. Die Großfamilie hielt zusammen, dies merkte ich jetzt besonders in diesen schweren Tagen. Um 15.00 Uhr verließ Rita das Altenheim, da Tante zum Mittagskaffee ging. Sie kehrte zu ihrem Auto zurück, das vor dem Heim stand. Sie schaltete das Vorglühen des Motors ein und wollte gerade den Sicherheitsgurt anlegen. Da ereilte sie der Tod. Über eine Stunde saß sie am Steuer des Autos, der Ortsverkehr ging vorbei. Kinder teilten nach dieser Zeit den Schwestern des Altenheimes mit, daß eine Frau draußen im Auto sitze, die ganz weiß sei. Unser Hausarzt wird gerufen, er stellt den Tod fest und holt Reinhold vor unserem Haus ab.

Markus war elf und Reinhold neun Jahre alt, als ihr Vater starb. Nun haben sie auch keine Mutter, ich keine Frau mehr. Wer tröstete wen? Markus kann seine Gefühle nicht so mitteilen wie sein Bruder. Reinhold kam noch am späten Abend des Sterbetages an mein Bett und sprach drei Worte, sie stehen in Steno in meinem Tagebuch: »Ich liebe Dich!«

Wir drücken zum letzten Mal am Abend vor der Beerdigung der lieben Frau und Mutter die kalten Hände. Tante Johanna trauerte auch sehr um Rita, der letzte Gang führte zu ihr ins Altenheim. Auch heute kommen mir Tränen, wenn ich diese Zeit zu Papier bringe. Es ist zufällig der Karfreitag 2001, der Todestag unseres Herrn. Wenn ich rückblickend an diese Trauertage denke, staune ich, welche Kräfte von oben mich auf den Beinen hielten. Bei Nacht fand ich kaum Schlaf, tagsüber mußte so viel bedacht und erledigt werden.

Worte des Herrn von »Spuren im Sand« kamen mir in den Sinn: *In den Tagen, an denen du am meisten gelitten und mich am nötigsten gebraucht hast, da habe ich dich getragen.*

Am Samstag nach dem Sterbetag hielten wir für Rita das Requiem. Unser Liederkranz, dem sie als Sängerin sehr verbunden war, umrahmte die Messe mit passenden Gesängen. Gemeinsam fuhren wir anschließend auf den Friedhof nach Erolzheim. Markus, Thomas, Joachim und sogar Bernhard trugen den Sarg bergan zum offenen Grab. Nochmals sang der Chor und ein Bläserquartett spielte am Schluß die Melodie vom »Guten Kameraden«. Ja, eine gute Kameradin hatte zehn Jahre mit mir Freund und Leid geteilt. Sie hatte sehr viel gegeben für unsere Familie und die Mitmenschen. Ich habe sie geliebt... Neben Ihrem ersten Mann, Alexander Breitenmoser, und dem Vater von Markus und Reinhold, fand Rita ihre letzte Ruhestätte. »Ruhe in Frieden.«

Fatma, eine Bosnierin, war auch sehr traurig über Ritas Tod. Die beiden Frauen organisierten und verpackten für Bosnien Lebensmittel und wichtige Dinge, die in diesem vom Krieg gezeichneten Land fehlten. Für Fatma war Rita wie eine Mutter, die sie sehr achtete und liebte. Selbstlos stand sie an Ritas Seite und arbeitete mit ihr zusammen.

Das Leben ging weiter. Ich war wieder allein. Im Alter ist der Lebenspartner genau so wertvoll wie in anderen Lebensabschnitten. Doch nun waren die Bande zerrissen. Ich mußte positiv denken, um die Zukunft zu meistern. Ein Wochenende für Trauernde im Haus »Maria Trost« in Beuron war eine kleine Hilfe. Neben mir saß ein Ehepaar, das seinen Sohn durch Selbstmord verloren hatte. Wieviele Fragen plagen diese Eltern? In diesem Kreis spürte ich, daß es Trauernde gibt, die viel größeres Leid verkraften mußten. Ich fand Halt im Glauben, um im Alltag zu bestehen. Dazu half auch eine Wallfahrt nach Fatima in Portugal. Rita und ich hatten die Reise für Mai gebucht. Meine Frau hatte sich für dieses Ziel geistig schon sehr gut vorbereitet. Statt Rita war nun Tochter Cäcilia meine Begleiterin. Der 13. Mai als Erscheinungstag Mariens zieht besonders viele Gläubige an. Es war für uns ein großes Erlebnis, als wir in Fatima vor der Kathedrale mit 500.000 Christen aus aller Welt eine Messe mitfeierten. Betend näherten sich junge und ältere Wallfahrer auf den Knien rutschend ihrem Ziel. Ein Ungläubiger wird mit den Achseln zucken. Auch wir sahen dies zum ersten Mal und staunten über diese Demut. Welche Gründe haben diese Menschen befähigt, ein solches Opfer zu bringen? Wir respektierten diese uns fremde Art des Glaubens wie schon so oft die Rituale anderer Religionen.

Bei Bernhard stand die erste Schafschur an. Schon in aller Frühe um 4.30 Uhr fuhren Thomas, Joachim und ich gegen Rottweil. Fünf Scherer standen bereit, den Schafen ihr Winterkleid abzunehmen. Ein Teil der Tiere mußte jeweils in die vor Sonne schützende Feldscheune getrieben werden. Doch die Schafe, die das ganze Jahr kein Dach über dem Kopf hatten und in Freiheit lebten, konnten nur mit viel Kraft in die Enge des Stadels getrieben werden. Zwei starke Männer mußten in der Scheune der Reihe nach die Schafe einfangen und diese auf dem

Rücken liegend den Scherern übergeben. Joachim – kein Schwächling – hatte mittags schon seine Kräfte verbraucht und hoffte auf Ablösung. Die elektrischen Scheren surrten, bald lag die Wolle zu Füßen der verängstigten Tiere. Manche Schafe regten sich so auf, daß sie nach der Schur eine Weile nicht auf die Beine kamen; andere dagegen rasten mit großen Sprüngen in die goldene Freiheit. Wurde die Haut eines Tieres durch den Scherer verletzt, mußte die Wunde desinfiziert werden. Eine Hilfskraft mußte ständig die Wolle wegräumen und in große Säcke stopfen. Durch das Wollfett wurden die Hände ganz geschmeidig. Mittags streikte unser Notstromaggregat nach erst einundzwanzig Gesamtbetriebsstunden, ausgerechnet das Gerät, das uns bei der Übernahme soviel Ärger gebracht hatte. Die Feuerwehr von Göllsdorf half uns dankenswerterweise mit einem Ersatzgerät aus. Um Mitternacht waren dann 470 Schafe geschoren, Mensch und Tier waren erschöpft nach einem sehr heißen und langen Tag. Die Söhne fuhren noch bei Nacht heim, am anderen Tag mußten sie wieder zur Arbeit. Ich brachte an den folgenden Tagen 1.846 Kilo Wolle auf zwei Autoanhängern in die Wollverwertung nach Neu-Ulm. Der Erlös von fast vier Kilo Wolle pro Schaf deckte gerade die Kosten des Scherens. Daß Schafescheren sowohl für die Scherer wie für die Hilfskräfte eine so schwere Arbeit ist, wußte ich bisher nicht. Kommt Regen oder ein Gewitter auf, ist Feierabend, feuchte Tiere kann man nicht scheren. Ein neuer Termin muß abgewartet werden. Ja so ein Wanderschäfer ist mit seiner Herde das ganze Jahr immer wieder der Witterung ausgesetzt, mal ist die Hitze zu stark, mal der Boden zu trocken oder zu feucht, mal liegt zuviel Schnee, mal bläst der Wind zu scharf ins Gesicht usw.
Schöner als Schafscheren war für Joachim und mich eine Radtour von der Donauquelle bis hierher. Ich fuhr noch weiter bis Regensburg – 490 Kilometer in fünf Tagen ergibt einen guten Schnitt für einen Rentner. Schöne Orte und Städte, wie Beuron, Sigmaringen, Lauingen, Dillingen, Donauwörth, Neuburg und Ingolstadt lagen an der Strecke und luden zur Rast ein.
Es gab noch mehr freudige Ereignisse. Reinhold bestand mit 23 Jahren die Ingenieurprüfung mit 1,9. Wie hätte

sich Mutter mit ihm gefreut, wenn sie den Abschluß noch erlebt hätte.

Die diesjährige Wanderung der Neu-Ulmer Gruppe führte uns in die Umgebung von Davos. Neben anderen Zielen bestiegen wir das 3.147 m hohe Schwarzhorn. Der Wanderführer Hans überließ mir als dem Ältesten unterhalb des Gipfels den Vortritt. So durfte ich als erster der kleinen Gruppe dankbar den anderen bei der Ankunft oben »Bergheil« zurufen. Immer wieder stellt sich ein Hochgefühl ein, wenn man einen Berg erklommen hat und dem Himmel ein Stück näher ist. Beim Rundblick fallen oft wenige Worte, jeder staunt über die Größe und Schönheit der Natur. In der Stille der Natur verberge sich Gott, dort könne man ihn finden. Wie wahr!

Noch einen Freudentag gab es am 2. Juli des Jahres. Mein Patenkind Reinhard Funk heiratete seine Auserwählte, Christine mit Namen. Die Trauung fand in der wunderschönen Barockkirche in Gutenzell statt. Nach dem Gottesdienst gratulierte ich dem jungen Paar. Dabei kämpfte ich mit Tränen, gerade bei einem solchen Fest vermißt man den Partner sehr. So verabschiedete ich mich und fuhr ins benachbarte Erolzheim an Ritas Grab.

Doch wie nahe liegen Freud und Leid beisammen. Zwei Monate später ereignete sich folgende Tragik: In Gutenzell war ein Motorradtreffen. Reinhard war Mitorganisator des Festes. Um 22.00 Uhr brachte er seine Frau, die sich im achten Schwangerschaftsmonat befand, nach Hause und kehrte danach zum Fest zurück. Nach Mitternacht klingelte ein ehemaliger Erntehelfer bei Christine Funk. Er wollte einen Traktor holen, um das Auto seines Freundes aus dem Graben zu ziehen. Da Frau Funk bemerkte, daß er betrunken war, wollte sie ihm den Schlepper nicht geben. Sie bot ihm an, mit ihm zum Fest zu fahren und die Sache mit ihrem Mann zu besprechen. Doch der 37-jährige Mann rastete aus und wurde derart brutal, daß er die junge Frau im Flur des Hauses schwer verletzte. Als ihr Mann Reinhard später nach Hause kam, waren Christine und ihr Kind bereits tot. Der Mann konnte noch am selben Tag festgenommen werden. Familie Funk und die Angehörigen erlebten sehr, sehr schwere Tage. Zu dem Unglück kam noch der Medienrummel, da der Vater von Reinhard Mitglied im Europaparlament war. Eine große Trauergemeinde füllte die Kirche, in der vor zwei Monaten zwei hoffnungsvolle junge Menschen sich das Jawort gegeben hatten. Beim Lied »So nimm denn meine Hände« versagte vielen Mittrauernden die Stimme. Es war einfach nicht zu fassen, daß Christine mit ihrem ungeborenen Kind so gewaltsam sterben mußte. Viele Tränen, auch von jungen Menschen, zeigten, wie »Mitleid« das Innerste des Menschen erschütterte. Ich selbst war natürlich auch tief betroffen. Vor fünf Monaten stand Familie Funk an Ritas Grab; ich empfand ihre Mittrauer. Nun dieser tragische Tod in ihrer Familie, kein Vergleich zu meinem Leid. Stumm umarmten wir uns, Worte fehlten.

Allerheiligen ist es alter Brauch, daß man die Gräber besucht. Ritas letzte Ruhestätte besuchten die Söhne, Heike und ich. Meine erste Frau Martha liegt hier auf dem Friedhof bei ihren Eltern im Grab. In Zukunft wollte ich abwechseln, da der Gang zu den beiden Friedhöfen zur gleichen Zeit stattfindet.

Endlich war das alte Bauernhaus so wunschgemäß verändert und gut renoviert, daß Ulrike und Thomas von Pappelau nach Oberdischingen umzogen.

Der 4. Dezember, ein Sonntag, war ein ganz besonderer Freudentag. Ulrike brachte um 10.05 Uhr ihr erstes Kind zur Welt. Welche Freude! Ein gesundes Mädchen! Stefanie Rita soll mein erstes Enkelkind heißen. Am Sonntag danach kocht Reinhold Rinderzunge, die Rita noch eingelegt hat. Er lädt die junge Familie ein, das erste Kindergeschrei ertönt in unserem Männerhaus. Jeder möchte dem Winzling nahe sein. Stolzer Opa bin ich nun, das schönste Geschenk im Alter. Rita hatte nicht mehr erfahren, daß Ulrike in Hoffnung war. Sie hätte sich besonders über den ersten Sprößling in der Familie gefreut. Immer zog es sie zu kleinen Kindern, auch im Ausland. Die Hautfarbe spielte keine Rolle. Einmal hat sie das Nachbarkind Denis »ausgeliehen«, um mit ihm zu einer Veranstaltung zu gehen. – Weihnachten war dieses Jahr ein besonderes Fest. Wir hatten ein kleines Kind in unserer Mitte. Alle kamen am Heiligen Abend auf den Hof, sogar Bernhard fand Zeit. Auch Tante war voll Freude bis kurz vor Mitternacht dabei. Am Weihnachtstag kochten Reinhold und Christian hier oben Sauerbraten. Alle waren friedlich vereint. Wie so ein kleines Kind das Umfeld positiv verändern kann! Obwohl Rita fehlte, waren es ruhige, zufriedene Weihnachtstage. Jeder merkte, daß das Leid und nun die große Freude über Stefanie die Familie zusammenschmiedete. So ging ein trauriges Jahr zu Ende, das mein Leben stark veränderte. Zum zweiten Mal allein, Essen in den Gaststätten, als Einzelperson am Sonntag dort manchmal an einen Katzentisch verbannt. Tagsüber fand ich Arbeit auf dem Hof und beim Schäfer, doch am Abend, am Sonntag fehlte der Gesprächspartner. Beim Besuch von Freunden saß ich allein bei Ehepaaren. Reinhold muß ich loben, er kam oft in meine Wohnung und sagte guten Morgen oder gute Nacht. Am Wochenende kochte er öfters für uns drei Männer und lud auch Joachim ein, der auf dem Hof wohnte.

Was geschah noch in diesem Jahr?
Roman Herzog wird neuer Bundespräsident. Er tritt die Nachfolge von Richard von Weizsäcker an.
Michael Schumacher ist neuer Formel-1-Weltmeister.
Rußland marschiert in Tschechenien ein.
Der Tunnel unter dem Ärmelkanal wird eröffnet. Er ist fünfzig Kilometer lang, das kühnste Bauwerk dieses Jahrhunderts.


## 1995

Das neue Jahr fing mit einem Unfall an. Joachim hatte sich beim Snowboardfahren das Wadenbein gebrochen. Dieser Freizeitsport ist nicht ungefährlich. Vor vier Jahren hatte er die Hand angebrochen, vor drei Jahren nach einem Sturz eine Gehirnerschütterung erlitten. Und trotzdem will Joachim nicht mehr zum Skifahren zurück, Snowboardfahren reizt mehr.
Bei Bernhard streikt auf der Wanderschaft sein VW-Bus. Ohne Fahrzeug kommt heute ein Schäfer nicht mehr zurecht. Joachim, der schon länger das Studium zum Maschinenbauingenieur abgeschlossen hatte, arbeitete in

Ulm bei einem Gutachter. Autos haben ihn schon immer interessiert, er war also der Fachmann in der Familie für Fahrzeugkauf. Da er noch einen Gips am Fuß hatte, konnte er mich begleiten. Mit einem Autotransporter am Pkw fuhren wir ins Unterland und kauften ein Ersatzfahrzeug. In Rottweil holten wir die Zulassung. Dann ging es durch den Schwarzwald ins Rheintal. Dort überraschten wir Bernhard mit dem neuen Gebrauchten und luden den kranken VW-Bus auf. Am anderen Tag ging es langsam heimwärts. Der VW-Bus war schwerer als der ziehende Mercedes. Die Gesamtstrecke der Tour betrug 540 Kilometer. – Noch ein Problem kam auf dem Heimweg mit der Herde auf Bernhard zu. 18 Lämmer wurden auf der Wanderschaft geboren, sie konnten nicht mitziehen. Irgendwann hatte ein Jungbock für zu frühen Nachwuchs gesorgt, die richtigen »Schafböcke« werden nur zu bestimmten Zeiten der Herde zugesetzt. Die Lämmer mußten mit den Müttern mit dem Autoanhänger nach Rottweil in die Scheune gebracht werden. Es blieb nicht bei den 18 Stück. Bei unserem Bernhard war immer etwas los. Da er über die Wintermonate seine letzte Wohnung aufgegeben hatte, mußten wir nach der Rückkehr von der Winterweide eine neue suchen. Es war nicht so einfach, für einen Schäfer eine passende Unterkunft zu finden, Schäfer = gleich Schmutz, Dreck und Nässe. Wir fanden in einem alten Haus eine Bleibe für ihn. Reinhold und ich räumten das alte Gerümpel fort, putzten die Räume und stellten Bernhards Möbel auf. Ja, den Reinhold muß ich immer wieder loben.

Bernhard wollte einen zweiten Schlepper, der bisherige war zu schwach. Bei Schwäbisch Gmünd holte ich einen 80 PS Deutz-Schlepper, bei unserem Mechaniker reparierten wir ihn. Dann fuhr ich mit ihm Richtung Rottweil. 115 Kilometer beträgt die Strecke, 20 km/Stunde sind erlaubt.

Zum ersten Mal sah ich Bernhard beim Schäferlauf in Bad Urach. Von zehn Läufern belegte er den sechsten Platz. Er war mit dreiunddreißig Jahren nicht mehr der Jüngste. Auch elf Schäferinnen sprangen um die Wette. Es dürfen nur ledige Frauen und Männer daran teilnehmen. Das war ein schönes Fest, auch der Umzug durch das malerische

Städtchen gefiel. Als Bernhard am Abend nach Hause kam, war seine Herde ohne Schäfer auf Wanderschaft. Bis heute wissen wir noch nicht, wer den Zaun geöffnet hat. Es wurden noch andere Lausbubereien in der Nähe verübt. Der Schaden, den die Schafe vor der Ernte anrichteten, war groß. Die Schätzung der vielen kleinen Parzellen und die Regulierung der Ernteausfälle war aufwendig und schwierig.

Franz Simon organisiert schon seit längerer Zeit alljährlich eine Wanderwoche in Südtirol zusammen mit dem Wanderführer Fritz Walz. Dieses Jahr war Vals nahe dem Pustertal unser Ziel. Die 20 Personen unserer Gruppe sind meist Mitglieder des Ehinger Albvereins. Wir machten herrliche Wanderungen durch die Täler und auf den Höhenzügen. Am letzten Tag, der zur freien Verfügung stand, starteten Anton als Führer, Hildegund, Walter und ich zur Wilden Kreuzspitze, 3.135 m hoch. Der Aufstieg betrug 1.406 m. Am Gipfelkreuz trugen wir ins Bergbuch neben unseren Namen unser Gesamtalter mit 280 Jahren ein. Vermerk im Tagebuch: »Sehr gut gelaufen!«

Bereits um 1990 gründeten wir in Ulm die Bürgerinitiative »Das bessere Müllkonzept«. Wir wandten uns gegen den geplanten Bau einer Müllverbrennungsanlage in Ulm-Donautal. Etwa 100 Gleichgesinnte spendeten und sammelten Geld für Anzeigen, Gutachten, Gerichts- und Anwaltskosten. Wir waren der Meinung, daß durch Müllvermeidung, Recycling und Kompostierung viel weniger Restmüll anfällt, als dies der bekannte »Müllprofessor« Tabaseran vorhersagte. 100.000 Tonnen Restmüll pro Jahr sollen in Ulm und im Alb-Donau-Kreis anfallen und im Donautal verbrannt werden. Wir sammelten 18.000 Unterschriften, die sich gegen den Bau der Anlage aussprachen. Unser Begehren ging bis vor das Verwaltungsgericht in Mannheim. Am 25. September 1995 stand folgendes in der SüdwestPresse zu lesen: *Verbrennungsgegner beenden Verfahren um den Müllofen. Initiative ›Das bessere Müllkonzept‹ hat 140.000,– DM verklagt.* Ja, wir haben uns umsonst gewehrt und dabei viel Geld verloren. Die Anlage war politisch gewollt und wurde daher gebaut. Als der Müllofen 1997 in Betrieb ging, wurde bereits Müll von weiteren Städten wie Sigmaringen, Memmingen und

Heidenheim angeliefert, um die Anlage auszulasten. Ab dem Jahr 2005 sollen weitere Partner folgen. Ob dieser Mülltourismus sinnvoll ist?

Cäcilia und Christian wollten aus der Stuttgarter Gegend in den Ulmer Raum ziehen und hier eine Doppelhaushälfte kaufen. Schon über ein halbes Jahr schauten wir gemeinsam Häuser an, doch bei dem großen Angebot war die Wahl recht schwierig. Bei einem Haus sind die Kellerwände feucht, beim anderen gefällt das Umfeld nicht, beim nächsten Objekt paßt das Raumangebot nicht oder ist der Preis überhöht. Ein halbfertiges Haus stand dann zur Debatte, das zuerst günstig in der Kalkulation war, dann wieder ein Neubau, der in Planung war. Am Schluß fanden wir endlich eine Doppelhaushälfte in Unterelchingen, die ihren Wünschen entsprach. In der Umgebung fanden Christian als Koch und Tochter Cäcilia als Hausdame in einem Hotel eine Arbeitsstelle. Das junge Paar fühlte sich wohl in seinem fast neuen Haus.

Goldene Hochzeit feierte mein ältester Bruder Theodor mit seiner Frau Sofie, den drei Söhnen mit Frauen und sieben Enkelkindern. Das Jubelpaar übernahm nach dem Krieg den Hof des Onkels. Nebenbei war mein Bruder noch Bürgermeister in der kleinen Schwarzwaldgemeinde Mistelbrunn bis zur Eingemeindung nach Bräunlingen. Er hat ein bewegtes Leben hinter sich. Nach der Volksschule war er Arbeiter bei der Firma Kramer, Traktorenbau, dann Bergmann, Ausbildung bei der Reichsbahn bis zum Zugführer, anschließend Landwirt. Er war vor dem Krieg zwei Jahre Soldat (Wehrpflicht) und mehrere Jahre im Kriegseinsatz. Obwohl das Jubelpaar in seinem Leben viel gearbeitet hat, konnten sie das Fest bei guter Gesundheit feiern. Es war für alle ein sehr schöner Tag.

Jedes Jahr plane ich ein paar Wochen für die Erhaltung meiner Gesundheit ein. Dieses Jahr war Bad Kohlgrub das Ziel meiner Kur, eine sehr schöne Gegend im Allgäu. Oberammergau, Kloster Ettal, Schloß Linderhof, Garmisch-Partenkirchen, Zugspitze, die Wieskirche und Steingaden lockten zu einem Besuch.

Neben der Arbeit auf dem Hof und beim Schäfer verwalte ich noch die drei Mietobjekte mit fünf Mietparteien, über die ich bereits berichtet habe. Da stehen Reparaturen an, es gibt Mieterwechsel und ab und zu Ärger. Auch das eigene Haus und der Garten müssen unterhalten werden. Der Terminkalender ist voll, auch mit Aktivitäten in der Freizeit. Mit dem Enkelkind Stefanie ausfahren, das machte besonderen Spaß. Es ist schön und befriedigend, wenn man den Kindern noch helfen kann.

Das Altenheim St. Hildegard wird vom »Deutschen Orden« übernommen. Etwa 15 Schwestern mit Angestellten und vielen Teilzeitkräften betreuen unter der neuen Leitung weiterhin 60 Heimbewohner. Sie vermitteln ihnen eine Atmosphäre der Geborgenheit und bemühen sich redlich, den sehr guten Ruf des Hauses zu erhalten.

Gute und schlechte Nachrichten vom abgelaufenen Jahr:
Schweden, Norwegen, Finnland und Österreich werden neue Mitglieder der EU. Die Union ist mit fünfzehn Staaten der weltweit größte gemeinsame Markt.

Nach vielen vergeblichen Versuchen gelingt es, einen Frieden für Bosnien-Herzegowina zu vermitteln.

In Israel wird Ministerpräsident Rabin ermordet und dies bei einer Friedenskundgebung.

## 1996

Bernhard hat erneut Pech mit seinem VW-Bus. Ausgerechnet auf der Winterweide, weit weg von Rottweil streikt er wieder. In Ulm kaufen wir ein jüngeres Modell dieses Fabrikats. Ich fahre wieder wie im letzten Jahr dieselbe Tour mit diesem Monstrum auf dem Anhänger. Als ich wieder zu Hause bin, besucht mich die Polizei. Einen Gartenpfosten hätte ich im Rheintal mit meinem langen Zug beim Rückwärtsfahren beschädigt. Ich hatte es gar nicht bemerkt, somit war es keine Fahrerflucht. Der Führerschein ist im Alter noch sehr wertvoll. Seit Bernhard in Rottweil ist, fahre ich noch ca. 20.000 km im Jahr.

Ich berichtete schon über die Tante, die hier im Altenheim wohnt. Sie ist inzwischen 88 Jahre alt geworden, geistig ist sie noch sehr rege. Als ich ihr erzählte, daß in meinem Haus der obere Mieter auszieht und nun Reinhold mit seiner Freundin Heike einziehen wolle, war sie mit diesem Vorschlag gar nicht einverstanden. Das junge Paar war nämlich noch nicht verheiratet, der Schlager »vom ehrenwerten Haus« fiel mir ein. Sollte ich fremde Mieter ins Haus nehmen und Heike und Reinhold ziehen in eine andere Wohnung? Ich hatte schon mehrfach junge Leute als Mieter, die nach ein paar Jahren geheiratet haben. Gegen den guten Rat der Tante zogen die beiden in das Obergeschoß ein. Markus hatte nun unten die Einliegerwohnung für sich alleine. Er hat seine Lehre als Groß- und Außenhandelskaufmann in einer Arzneimittelgroßhandlung in Ulm-Donautal beendet. Die Firma übernimmt ihn, im Rechenzentrum findet er Arbeit, die ihm Freude macht.

Mit 69 Jahren machte ich erstmals eine Kur im Sommer. Bisher plante ich sie in der arbeitsruhigen Winterzeit ein. In Oberjoch, im Allgäu, erlebte ich sehr schöne Wochen. Die Umgebung hat zum Wandern eingeladen, in der Gruppe ist dies besonders schön. Da ist man einfach stärker motiviert und erbringt höhere Leistungen. Ich erlebte dies auch auf unserer diesjährigen Wanderung im Brentagebiet in Italien. Mit Sicherheitsgurten ausgerüstet, startete die Gruppe mit dreizehn Frauen und Männern in dieses gefährliche Gebiet. Die Gruppe wuchs zusammen, man half sich gegenseitig über die Klippen, alle gaben ihr Bestes. Es war die bisher schwierigste, aber auch schönste Tour in meinem Leben. Ich war dankbar, daß ich dies in meinem Alter noch erleben durfte. Der Wanderführer Hans, mit dem ich das Zimmer teilte, glaubte an meine Kräfte und ich an seine Einschätzung. Ich kann jungen Menschen nur empfehlen, die Welt zu durchwandern und auch kleinere oder größere Berge zu erklimmen. Auf jedem Gipfel fühlte ich mich glücklich, wenn ich meinen Gefährten die Hand schüttelte und »Berg heil« wünschte.

Dieses Jahr hatte ich selbst einen kleinen Unfall. Ich wollte die große Frontladerschaufel am Schlepper anbringen. Als sie in der Frontladerschwinge hing, probierte ich das Kippen der Schaufel mit dem elektrischen Auslöser. Es funktionierte, die Schaufel war auf Arbeitsstellung in Augenhöhe. Ich stieg vom Schlepper ab und wollte in der

Nähe der Schaufel einen Hammer vom Boden aufheben. Als ich mich aufrichtete, kippte die 2 Meter breite Schaufel nach unten und traf mich mit der vorderen Kante an der Nase. Da der Schleppermotor noch lief, hatte sich wahrscheinlich die Verriegelung gelöst, die vielleicht nicht voll eingerastet war. Ich konnte wieder aufstehen, aber das Blut floß in Strömen. Da ich alleine auf dem Hof war, lief ich so schnell ich konnte heimwärts, verband mich notdürftig und fuhr mit dem Auto ins Krankenhaus nach Ehingen. Dort wurde ich geröntgt und die Nase mit 10 Stichen zusammengeflickt. Alles war sehr, sehr schmerzhaft, es konnte örtlich nicht betäubt werden. Die Verletzung verheilte gut, die Narbe sieht man heute noch. Ich hatte großes Glück im Unglück. Hätte mich die schwere Schaufel voll auf den Kopf getroffen, wer weiß, ob ich noch einmal auf die Füße gekommen wäre. Wie oft habe ich die Schaufel ohne Probleme an- und abgebaut, doch immer wieder ist man im Beruf gefährdet, selbst wenn man in vielen Jahren Erfahrungen gesammelt hat.

Dieses Jahr kommt erstmals Margret Schmid in unser Haus. Bei Wanderungen habe ich sie kennengelernt. Ich verwende künftig ihren Vornamen. Ich darf sie vorstellen: Margret ist Witwe, ihren Mann verlor sie vor sieben Jahren durch einen tragischen Autounfall, den ein anderer Verkehrsteilnehmer verschuldet hat. Sie ist Mutter von fünf Kindern, vier sind bereits verheiratet. Elf Enkelkinder halten die Oma auf Trab, wenn alle einmal beisammen sind. Margret lebt in Bremelau bei Münsingen, 27 km von hier. Mit ihrem Mann betrieb sie dort einen größeren Bauernhof, einen Fuhrbetrieb und eine Gaststätte. Nach dem Tod ihres Mannes wurde die Gaststätte geschlossen. Der Sohn übernahm mit seiner Frau den elterlichen Betrieb und führte auch das Fuhrgeschäft weiter. Das junge Paar baute ein neues Haus auf dem Hof und richtete für Margret eine nette Wohnung im Obergeschoß ein. Jung und alt zogen nun von der Gaststätte in die schönen Räume um. Margret ist 65 Jahre alt, also auch Rentnerin. Wir dachten anfangs nicht an Heirat, den Herbst des Lebens und die Freizeit wollten wir miteinander teilen. Seit Margret allein lebt, hat sie zahlreiche Rei-

sen gemacht, vorher fand sie dafür keine Zeit. Diese Neigung kam mir sehr gelegen, denn ich hatte auch noch viele Wunschziele. Zu Kuren begleitete sie mich, zum Beispiel nach Ischia und Abano. Es ist sehr schön, wenn man wieder eine Partnerin zur Seite hat. In jungen Jahren studierte Margret in Ochsenhausen und Kirchheim. Dort machte sie das Staatsexamen als Hauswirtschaftslehrerin. Bis zu ihrer Heirat gab sie an verschiedenen Orten Unterricht für junge Damen, um sie mit der Führung eines Haushaltes vertraut zu machen. Auch ich lernte bald ihre Kochkunst kennen und schätzen. Durch mein häufiges Essen in Gaststätten und durch meine Schwäche für Schokolade stieg mein Cholesterinspiegel über 300. Mein Arzt warnte mich vor den Folgen. Ich versuchte daher einfache Speisen selbst zuzubereiten, am Telefon erhielt ich bei Bedarf kostenlosen Rat. Margret kochte auch öfter mal größere Portionen und brachte die Hälfte für mich in die Tiefkühltruhe. Sie backt selbst Brot für alle im Haus, mich versorgt sie mit Vollkornbrot. Also wenn Liebe durch den Magen geht, dann sollte bei uns nichts fehlen. Da wir uns sehr gut verstanden, machte ich Margret einen Heiratsantrag. Doch sie und ich wollten die eigene Wohnung nicht aufgeben. Mal hier und mal dort wohnen, Lebensmittel hier und dort aufheben, immer wieder umziehen, wäre auch keine gute Lösung. Solange wir beide noch Auto fahren können, geht es schon, doch was kommt danach? Fragen, die wir später beantworten müssen. In der Regel kommt es anders als man plant. Ich hoffe auf die Meinung eines chinesischen Philosophen: Die Entfernung ist für die Liebe wie der Wind für das Feuer, das starke facht er an, das schwache bläst er aus.
Das Jahresende verbrachten wir gemeinsam in Oberstaufen. Dort stürzte Margret und mußte ins Krankenhaus. Es wurde eine Gehirnerschütterung festgestellt, eine Woche mußte sie das Bett hüten. So fuhr ich allein heim, gerne hätte ich mit ihr meinen runden Geburtstag gefeiert.

Zwei Meldungen des Jahres sorgten für große Unruhe. In Afghanistan übernehmen die Taliban-Milizen die Macht. Die britische Regierung räumt ein, daß die Rinderkrankheit BSE auf Menschen übertragen werden kann.

Das neue Jahr begann mit einem Fest, ich feierte meinen 70. Geburtstag. Ich hatte kurzfristig meine Verwandten, ehemalige Hofnachbarn, Freunde und Bekannte eingeladen. Fast alle folgten der Einladung, ich war überrascht. Als ältesten Gast konnte ich Tante Johanna und als jüngstes Familienmitglied die kleine Stefanie begrüßen. Sogar unser Pfarrer Wendelin Zimmermann mit seiner Schwester fand Zeit. Er schenkte mir einen Gutschein für einen Platz in unserer Kirche. Da kann ich nur hoffen, daß es im Laufe der Jahre in unserem Gotteshaus nicht zu eng wird. Mein Freund Honor Funk hob die langjährige Freundschaft (45 Jahre) hervor. Traurige Anlässe verstärkten unsere Bande sehr. Menschen, denen man Stütze sein darf, geben uns Halt im Leben. Sein Lob war natürlich übertrieben, Politiker verwenden gerne starke Worte. Der zweite Studienfreund Hermann Schneider hätte nicht unbedingt sein Leben als Landwirt auf dem elterlichen Hof verbringen müssen. In der Kirche wären seine Talente beachtet und gefragt gewesen. Er geht jetzt im Alter dieser Berufung nach. Seine Worte waren besonders auf unser Lebensziel gerichtet, Früchte zu sammeln nach Jesu Wort. Ernst Haas überraschte und erfreute mit seinem Liedvortrag die Gäste. Viele Gedanken wurden an den Tischen ausgetauscht, die Zeit verging rasch. Am Abend konnte ich allen danken, die mir bisher Weggefährte waren. Ich verabschiedete meine Gäste mit dem Vers: »Wir wollen nicht klagen über die Dunkelheit in dieser Welt, sondern voll Hoffnung auf die Zukunft ein Streichholz anzünden«. Am Abend überraschten mich meine jetzigen Nachbarn, die Familien Fohr, Rentschler und Ruß mit Reimen und gratulierten zum Feste. Es besuchten mich die Vertreter der Vereine und der Raiffeisenbank. Frau Barreis, eine waschechte Kölnerin von der Gymnastikgruppe, widmete mir auch ein Gedicht. Im Liederkranz feierte ich zusammen mit den Sängerinnen Meta und Mina, wir haben etwa zur selben Zeit Geburtstag. Zwischen uns liegen jedoch Welten, die beiden Damen sind genau 10 Jahre jünger. Auf einer Glückwunschkarte stand folgender Vers: »Du bist nie zu alt, wenn du langsam ißt, gut lebst, hart arbeitest, viel schläfst und dein Alter verschweigst«.

Im Frühjahr erlitt Tante Johanna mehrere Schlaganfälle. Am 11. April schloß sie die Augen für immer mit fast 90 Jahren. Markus, Reinhold, mein Schwager Hans und ich trugen sie zur Ruhestätte. Auf dem Erolzheimer Friedhof fand sie an der Seite ihres Mannes die letzte Rast. Oh Herr, gib auch ihr die ewige Ruhe.

Die Tante war mit ihrem Mann Rita sehr zugetan, obwohl sie ganz verschiedene Charaktere waren. Als Rita die beiden Söhne zur Welt brachte, waren dies auch ihre Kinder. Ich habe schon erzählt, daß sie Rita und ihren Mann beim Hausbau finanziell unterstützten und von Ulm nach Erolzheim zogen. Bei jedem Anlaß beschenkten sie die beiden Jungen. Nur eines störte Rita sehr, über all die Zuwendungen wurde Buch geführt. Wenn sie das Geld nicht dringend gebraucht hätte, besonders nach dem Tod ihres Mannes, hätte sie es am liebsten nicht angenommen. Ein Bibelwort: »Die linke Hand soll nicht wissen, was die rechte tut.«

Doch wo Schatten ist, da ist auch Licht. Tante hat geholfen wo sie konnte. Bis ins hohe Alter hat sie gestrickt und gehäkelt. Wenn sie erfuhr, daß irgendwo im Verwandten- oder Bekanntenkreis ein Baby unterwegs war, strickte sie ihm schöne Schuhe und Jäckchen. Mit wieviel Sorgen und Nöten kam Rita zur Tante, sie solle beten für dieses oder jenes Anliegen. Immer wieder betete Tante den Rosenkranz, wenn wir sie im Altenheim besuchten. Als Rita nun vor ihr starb, war sie sehr traurig. Sie sollte als Testamentsvollstreckerin ihr Erbe verwalten, verteilen, ihren letzten Willen erfüllen. Nach Ritas Tod übertrug sie mir diese Aufgabe. Auch ich kam mit vielen Problemen zur Tante und bat um ihr Gebet. So haben alte Menschen, die körperlich nicht mehr viel bewegen können aber geistig noch rege sind, einen hohen Stellenwert als Fürsprecher für viele Notlagen. Das kleine Heer der alten Beterinnen und Beter in der Kirche, aber auch zu Hause im stillen Kämmerlein kann Berge versetzen. Hoffentlich habe ich später auch die Geduld und die Gnade für andere zu beten.

Als Testamentsvollstrecker hatte ich es anfangs nicht

schwer. Tante hatte in ihrem Testament ihre »Kinder« Markus und Reinhold als Alleinerben eingesetzt. Andere Verwandte, die bestimmte Gegenstände oder Teile von ihrem schönen Schmuck erhielten, waren genau aufgeführt. Viel Arbeit kostete es, das Zimmer zu räumen. Tante gehörte zur Kriegsgeneration, sie hatte fast alles aufgehoben. Jedes Geschenkpapier und Schmuckband wurde sorgfältig geöffnet, gebügelt, glattgestrichen, zusammengefaltet und irgendwo verstaut. Auch von Kleidern und anderen Gegenständen konnte sie sich schlecht trennen. So waren alle Schränke und Schubladen voll. Markus und Reinhold, die Schwester von Rita mit Tochter Andrea halfen bei der Räumung mit. Doch die Arbeit begann erst Zuhause. Der Nachlaß mußte handverlesen werden. Was soll man aufheben? Wer von den Verwandten hat eventuell Interesse an bestimmten Sachen? Mehrere Wochen zog sich das Sortieren und Verteilen hin. Die beiden Söhne legten keinen großen Wert auf die alten Sachen. Die Möbel stellten wir auf dem Bauernhof ab, vielleicht nimmt sie mal eine Schwiegertochter in Gebrauch. Da Tante mit ihren Sachen sehr sorgsam umging, konnte ich sie nicht leichtfertig weggeben.

Zwölf liebe Menschen, die mir sehr nahe standen, sind bisher in eine andere Welt abberufen worden. Es sind dies meine fünf gefallenen Brüder, meine Eltern, Schwiegereltern, die beiden Ehefrauen und nun Tante. Viele Jahre begleiteten sie einen Abschnitt meines Lebens; ich teilte mit ihnen Freud und Leid. Gerne bepflanze ich die drei Doppelgräber von Martha, Rita und Tante und schmücke sie jedes Jahr zum Dank mit Blumen. Die anderen Angehörigen, deren Gräber längst eingeebnet sind, werden mir in guter Erinnerung bleiben.

Von Göllsdorf kam wieder schlechte Nachricht. Bernhard war mit seinem VW-Bus auf einen Brückenpfeiler gefahren. Ich fuhr gleich los und besuchte ihn im Krankenhaus Rottweil. Er schlief, wie immer nach einem Anfall. Er wollte seiner Herde, mit der er unterwegs ins Rheintal war, Heu bringen. Im Moment des Anfalls steuerte sein Fahrzeug schräg über die Straße und kam an der Betonwand zum Stillstand. Glücklicherweise war kein Gegenverkehr, so daß er niemand gefährdete. Auch Bernhard hatte Glück im Unglück und konnte am anderen Tag das Krankenhaus verlassen. Wir schleppten den stark beschädigten Bus ab, den ich ihm letztes Jahr gebracht hatte. Bernhard brauchte vorerst keinen mehr. Uwe, ein Bekannter, fuhr mit Bernhard zu den Schafen. Gemeinsam zogen sie mit der Herde weiter. Nach vier Monaten durfte Bernhard wieder einen Schlepper fahren. Den Pkw-Führerschein erhält er in zwei Jahren wieder, wenn er keinen Rückschlag erleidet und der Arzt ihm gute Werte bescheinigt. Natürlich war dies für Bernhard eine sehr große Einschränkung, besonders im Winter. Er fügte sich in sein Schicksal, es mußte sein, ich hatte volles Verständnis für diese Maßnahme. Eine Woche nach dem Autounfall kam eine weitere Hiobsbotschaft von Bernhard. Als ich kurz vor Mitternacht von der Singstunde heimkam, rief sein Kollege Uwe an, daß Bernhard in der Augenabteilung des Krankenhauses Offenburg liege. Ein fremder Schäferhund hätte ihn ins Gesicht gebissen. Nach wenig Schlaf fuhr ich am Morgen nach Offenburg ins dortige Krankenhaus. Bernhards Kopf war vollständig eingebunden, ebenso eine Hand. Was war passiert? Bernhard richtete abends den Pferch, um die Schafe über Nacht einzusperren. Da kam ein fremder Schäferhund und biß sich am Hinterteil eines Schafes fest. Die anderen Tiere sprangen weg. Bernhard wollte den Hund verscheuchen, doch vergebens. Seine Hündin verjagte den Rüden auch nicht. So ging Bernhard von hinten an den Hund heran, er wollte ihn am Halsband packen – doch der Hund drehte blitzartig den Kopf und biß Bernhard ins Gesicht. Durch die Drehung schlüpfte er mit dem Kopf aus dem Halsband und Bernhard hatte es leer in den Händen. Er warf sich blutend auf den Hund, streifte ihm das Halsband wieder über den Kopf und drehte es zu. Dabei erlitt er Bißwunden an Händen und Füßen. Bernhard brachte den Rüden zu einem Hundezüchter, der in der Nähe wohnte. Er fragte ihn, ob der Hund ihm gehöre. Dieser bejahte es. Der Hundehalter alarmierte den Krankenwagen. Bernhard sperrte noch seine Schafe ein, bis ihn der Rettungswagen ins Krankenhaus brachte. Unser Schäfer war schon immer hart im Nehmen, er war auch stark und machte eine Weile Kampfsport. Bernhard hatte wieder

Glück, das Auge blieb unverletzt. Über dem Auge an der Stirn und auf dem Nasenrücken mußte er genäht werden. Nach einer Woche Krankenhaus-Aufenthalt durfte er wieder zu seinen Schafen. Neue Narben kamen zu den bisherigen, die er beim früheren Autounfall erlitten hatte. Über die Höhe des Schmerzensgeldes und der sonstigen Schäden stritten die Rechtsanwälte für ihren Mandanten zweieinhalb Jahre lang.

Es gab auch wieder schöne Tage. Mein Freund Hans Zink, ein gebürtiger Ostpreuße, wurde 75 Jahre alt. Ich durfte Gast bei seiner großen Geburtstagsfeier sein. Hans Zink ist weit über unser Dorf hinaus bekannt. Ich erwähnte ihn schon als erfolgreichen Schweinezüchter. In unserer Berufsvertretung, dem Bauernverband, war er viele Jahre ein großer Verfechter unserer Anliegen. Er bekleidete noch andere Ehrenämter und wurde für seine Verdienste mehrfach ausgezeichnet. Ich selbst habe bei Hans Zink über 20 Jahre fast wöchentlich Ferkel geholt. Manchmal war auch ein Nachzügler im Wachstum dazwischen, die besten benötigte er selbst für seine Zucht. Doch über den Preis konnten wir uns stets einigen. Wir halfen uns gegenseitig auf Dorfebene aus. Schön, daß auch unsere Nachfolger diese Hilfsbereitschaft pflegen. Ein besonderes Lob gebührt Gertrud Zink. Wenn ihr Mann für seine vielen Ämter tagsüber unterwegs war, vertrat sie ihn auf dem Hof beispielhaft und war Ansprechpartnerin für viele Fragen. Als Lehrherrin gab sie zahlreichen jungen Menschen gutes Rüstzeug mit für ihr Leben. Martha und Rita schätzten die Freundschaft mit dem Ehepaar Zink sehr. 45 Jahre währt nun unser ungetrübtes freundschaftliches Verhältnis, begleitet von Freud und Leid, wahrlich ein Geschenk.

Die Oberdischinger wählten im ersten Wahlgang unter sechs Bewerbern Benno Droste aus Scheer zu ihrem neuen Bürgermeister. In der Vorhersage des Wahlausganges erhielt ich einen Buchpreis für den dritten Platz, zwei Prozent lag ich neben dem Wahlergebnis.

Für die Renovation unserer Pfarrkirche wurde ein Sponsorenlauf vor der Festhalle durchgeführt. Ich nahm auch teil. Natürlich drehten die jüngeren Läufer viel mehr

Runden in der gelaufenen halben Stunde als ich. – Dieses Jahr fuhr ich erstmals mit dem Fahrrad um den Bodensee herum, 311 Kilometer zählte der Tacho. Eine schöne Radtour machten Margret und ich von Rothenburg ob der Tauber durch das Taubertal bis Miltenberg am Main bei herrlichem Wetter.

Auf dem Hof gab es auch eine Änderung. Thomas gab seine Stelle als Kaufmann bei der Firma Kögel im Donautal auf. Ein hiesiger Chemiker, aus Ungarn stammend, suchte ein Zwischenlager für chemische Produkte. Thomas baute im Ökonomiegebäude und im ehemaligen Schweinestall mit viel Aufwand ein gut isoliertes Lager ein. Da der Ort Oberdischingen im Wasserschutzgebiet liegt, mußte der Untergrund besonders gut abgedichtet werden. An einem Tag wurden auf einer Fläche von 230 qm auf einer starken Folie zweiundvierzig Tonnen bester Beton eingebaut. Thomas übernahm den Auftrag, Lastkraftwagen, die Waren aus Westeuropa bringen, mit dem Stapler zu entladen und die Güter einzulagern. Im Anschluß muß er gewünschte Partien zusammenstellen und sie auf Fahrzeuge, die aus Osteuropa kommen, verladen. Das geht zeitlich gut neben dem Ackerbau her, natürlich geht diese Dienstleistung vor. So haben die Gebäude wieder eine sinnvolle Nutzung erfahren. In einer Doppelgarage ist ein Kaffeelager, in einer anderen läuft eine Drehbank für Lohnarbeiten. Einen ehemaligen Stall teilen sich ein Buchhändler und ein Plattenleger. Der eine stapelt darin seine Bücher, der andere Werkzeug und Hilfsmittel. Was so alles auf einem Bauernhof Platz findet!

Dieses Jahr fuhren Margret und ich nach Ungarn, Heves war unser Ziel. Mit Bädern und Packungen sollten unsere Gelenke aufgefrischt werden. Heves hat einen großen natürlichen Thermalsee, von dem auch die Bäder der umliegenden Hotels versorgt werden.

Vor Weihnachten fuhr ich mit einem Schlepper mit Heizung und einem neuwertigen Viehanhänger nach Rottweil. Thomas hat Bernhard den Schlepper über den Winter ausgeliehen, damit er auf seiner Winterreise ohne Auto nicht frieren muß. Hilfsbereit war unser Thomas immer, da muß ich ihn loben.

Das Jahr beschlossen Margret und ich bei Bekannten in einer Hütte bei Lauterach.

Aktuelles aus unserem Land:
Eine Überraschung gab es im Radsport: Als erster Deutscher gewinnt Jan Ullrich die Tour de France, das bedeutendste Radrennen der Welt.
Mehr als drei Wochen lang führen 45.000 Helfer einen Katastropheneinsatz gegen die Hochwasserfluten der Oder durch.

# 1998

Joachim hatte fünf Jahre als Gutachter bei seinem Chef in Ulm gearbeitet. Da die Versicherungen immer mehr eigene Sachverständige beschäftigten und die Aufträge zurückgingen, wurde meinem Sohn gekündigt. Joachim bildete sich fort zum Prüfingenieur in Michelstadt. Er hatte nun vor, sich selbständig zu machen. Seit einiger Zeit dürfen neben DEKRA und TÜV auch private Unternehmen eine Prüfstelle für Kraftfahrzeuge betreiben. Gemeinsam suchten wir einen passenden Platz in Ulm, Neu-Ulm, Biberach, doch wir konnten kein geeignetes Areal finden. So fragte Joachim seinen ehemaligen Chef, der allein seine Tätigkeit weiterführte. Sie wurden einig, die Kosten der Miete und ein Teil der Arbeit wurden geteilt. Joachim schätzt den Schaden am Fahrzeug, der ehemalige Arbeitgeber erstellt das Gutachten. Da die Schätzungen wie bisher gering waren, wollte Joachim hauptsächlich Fahrzeuge prüfen. Wir bauten einen Bremsenprüfstand ein und Joachim schaffte die nötigen Prüfapparate an. Im Mai begannen wir mit der Werbung. Ich teilte mein Betreuungsgebiet in Ulm in vier Bezirke ein, Joachim ging mit seinem Roller in die bergigen Außenbezirke und nach Neu-Ulm. Wir brachten an alle Autos und Motorräder, die zur Prüfung fällig waren, einen kleinen Werbezettel an. An den Plaketten werdet ihr sie erkennen, hieß unsere Aufgabe. Bisher wurden alle von TÜV und DEKRA bedient. Nun kommt der erste private Prüfer nach Ulm. Wir mußten also der Konkurrenz die

Kunden weglotsen. Anfangs ging es sehr schleppend und Joachim konnte während der Öffnungszeit Däumchen drehen. Der Platz der Prüfstelle hat einige Nachteile, er ist schlecht einzusehen, da er in einem Hinterhof der Blaubeurer Straße liegt, die Zu- und Ausfahrt ist schwierig, die Parkfläche zu klein. Neunzig Prozent der Kunden, die Joachim aufsuchten, brachten den Werbezettel mit, also mußten wir die Werbung intensivieren. Mein Sohn druckte drei verschiedene Zettel, Ablauf diesen Monat, nächsten Monat, oder bereits abgelaufen. Vier Tage im Monat war ich mit dem Fahrrad unterwegs in den vier Stadtteilen. So zwanzig bis dreißig Kilometer fuhr ich die Straßen rauf und runter an einem Tag. Mein Tagesziel waren etwa zweihundert Fahrzeuge, mal mehr – mal weniger. Alle 24 Monate müssen Fahrzeuge im Normalfall geprüft werden, die Rechnung lautete daher 24 x 200 = 4.800 Autos, die ich »kontrollieren« mußte. Die Mühe zahlte sich aus. Jeden Monat stieg langsam der Umsatz. Die Empfehlung von Mund zu Mund kam dazu. Bis zum Jahresende war die Durststrecke überwunden; Joachim war zufrieden mit dem Start. Ich selbst gehe gerne auf Werbetour, in Ulm gibt es immer etwas zu sehen. Sie wirkt sich gut auf meine Gesundheit aus und Joachim hilft sie auch. Als Dank finanziert er mir jährlich eine größere Reise.

Die Hilfe für Bernhard war schwieriger. Er hatte vor, langfristig einen Stall zu bauen, damit er nicht mehr auf die Wanderschaft muß. Der zunehmende Verkehr, die Empfindlichkeit der Mitmenschen gegen kleine Schäden nervten ihn. Um Zuschüsse für einen Bau zu bekommen, mußten jedoch viele Bedingungen erfüllt werden. Als erste Auflage mußte er mehrjährige Buchführungsergebnisse nachweisen. Eine mühselige Arbeit, da ein Schäfer nicht gerne mit Bürokram umgeht und eine Sekretärin fehlt. Bernhard hatte von Kindheit an keinen ausgeprägten Ordnungssinn. Tagelang sortierte ich die Belege der Ein- und Ausgaben von vier Jahren. Am Schluß brachte ich die Zahlen auf den Einkommensteuerbescheiden zu Papier und gab sie bei dem dortigen Finanzamt ab. Einkommensteuern mußte Bernhard nicht nachbezahlen, aber nun war Buchführungspflicht über ein Steuerberatungsbüro Vorschrift. Langsam führte ich Bernhard in die Arbeit der Buchführung ein – nun geht es ohne Vater. Mit den Wohnungen hatte Bernhard immer Probleme. Bei der zweiten Wohnung ist im Winter das Wasser eingefroren, ich konnte auch nicht immer dort sein. Die dritte Wohnung vermietete er im Winter an einen Kollegen, doch dieser mußte ausziehen. In der vierten Wohnung war er Untermieter, doch da gab es auch Spannungen. Wir luden Bernhards Möbel auf, nahmen sie heim und lagerten sie bei Thomas ein. Unser Schäfer wollte das Sommerhalbjahr auch in seinem Wohnwagen verbringen, er hatte bereits den dritten, jedesmal einen größeren. Dieser stand neben der Heuscheune, einen Kilometer außerhalb des Dorfes. So hatte er keine Postanschrift, keine Straße, keine Hausnummer. Frau Verona, eine hilfsbereite und liebenswerte Mutter, besorgte bisher Bernhards Wäsche. Sie nahm nun auch die Post für ihn entgegen, er durfte ihre Adresse verwenden. Als Vater schätze ich diesen Akt der Nächstenliebe und bin ihr sehr dankbar. Auch bei einem Schäfer macht die Mechanisierung nicht halt. Übriges Futter, das im Mai anfiel, wurde in Siloballen gepreßt, die immer größer wurden. Die Quaderballen konnte sein alter Ford, den er übernommen hat, nicht heben. Bernhard brauchte einen stärkeren Schlepper. Im hiesigen Nachbarort bei einem Verwandten stand die richtige Größe, wir bauten noch einen neuen Frontlader an. Nun zottelte ich mit dem Fahrzeug wieder Richtung Rottweil, im Frühjahr holte ich Thomas Schlepper zurück.

850 Jahre Oberdischingen feierten wir in diesem Jahr. Ein anspruchsvolles buntes Programm wurde von der Gemeinde und dem Festausschuß vorbereitet. Prof. Rudolf Sautter vollzog in seinem Festvortrag einen historischen Streifzug durch unsere Dorfgeschichte. Er schilderte ausführlich die Entwicklung des Ortes durch die Jahrhunderte. Nicht immer war es »die gute alte Zeit«. Manche Episode brachte er ans Tageslicht, die er in den verstaubten Akten auf der Rathausbühne ausgegraben hatte. Vieles gab es über die interessanteste Persönlichkeit der Ortsgeschichte, den Grafen Franz Ludwig Schenk von Castell (Malefizschenk) zu berichten. Er gestaltete hauptsächlich

unser heutiges Ortsbild. Nach dem Festgottesdienst am Sonntag war großer Markt in der Herrengasse. Für eine Überraschung sorgte auf dem Kirchplatz das »Volzebeck-Team« mit seinem 47 Meter langen Zopf, der in kurzer Zeit verspeist war. Ich selbst holte einen alten eisenbereiften Schäferkarren im Butzental und stellte mich als Schäfer davor. Das barocke Festmenü »Der Malefizschenk lädt ein« erfreute viele Festgäste im Schloßhof. Die Freilichtaufführung des Theaterstückes »Jedermann« von Hugo von Hofmannsthal im Schloßhof war ein Erlebnis besonderer Art. Erwähnenswert sind auch die Dokumentation im Rathaus und im Haus Maria Königin, die Kunstausstellung im Schloßpark und viele andere Aktivitäten. Ein ökumenischer Schlußgottesdienst mit Tanz und Rock bildete den Abschluß der Jubiläumsveranstaltungen. Der Gemeindeverwaltung, besonders auch dem Festausschuß muß ein hohes Lob ausgesprochen werden. Es waren unvergeßliche, wunderschöne Tage für uns und unsere Gäste.

Eine eindrucksvolle Reise erlebten Margret und ich in Rußland. Von St. Petersburg, über das ich schon berichtet habe, fuhren wir mit dem Schiff Richtung Moskau, 1.387 Kilometer. An den Wäldern Kareliens vorbei ging es in den Onega-See, dann in den Rybinski-Stausee, den größten der Welt. 600 Ortschaften mußten geräumt werden. Bis er voll geflutet war, dauerte es sieben Jahre. Täglich schauten wir auf der Strecke Klöster, Kirchen, auch Holzkirchen mit Zwiebeltürmen, Museen und Städte an. Nach Überwindung zahlreicher Schleusen kamen wir über die Wolga nach fünf Tagen in Moskau an. Auf dieser Schiffsreise lernten wir ein kleines Stück von der Weite Rußlands kennen. Hier in diesen oft sumpfigen Gegenden und riesigen Wäldern kämpften und starben meine Brüder. Schon lange war es mein Wunsch, dieses Land kennenzulernen. St. Petersburg und Moskau sind als Touristenziele schon gut hergerichtet worden, aber auf dem flachen Land herrscht oft noch bittere Armut. Alte Frauen mit Eimer, Besen und Schaufeln ausgerüstet sorgen überall in den Parkanlagen für Sauberkeit. Sie wachen in Museen ärmlich gekleidet, um mit ein paar Rubel ihre dürftige Rente aufzubessern. Nachdem wir die Sehenswürdigkeiten Moskaus besichtigt hatten, verließen wir unser Schiff. Wie alle Wolga-Schiffe wurde es in der ehemaligen DDR gebaut. Es war kein Luxus an Bord, dafür verspürten wir viel Einsatz und menschliche Wärme von der Besatzung und dem Personal. Wir wünschen diesem riesigen Land, das nicht einfach zu verwalten ist, eine bessere Zukunft.

Am 17. Oktober ist Regen gemeldet worden. Ich wollte für Thomas vorher noch das Flurstück Steingärtle, 8,86 ha groß, mit Weizen einsäen. Das Grundstück hat schweren Boden und ist hinten und vorne viel breiter als in der Mitte. Pausenlos ohne Essen und Trinken fuhr ich achteinhalb Stunden mit der 3-m-Saatbeetkombination hin und her, bis die letzte Ecke des unförmigen Ackers eingesät war. Schwarze Wolkenfelder haben die ganze Zeit mit Regen gedroht, doch sie hielten dicht bis zum Ende der Arbeit.

Noch zwei festliche Anlässe möchte ich erwähnen. Die Raiffeisenbank Oberdischingen-Donaurieden feierte ihren 100. Geburtstag, ein Geldinstitut, das sich aus kleinen Anfängen zu einer beachtlichen Größe entwickelt hat.

Unser Pfarrer i.R. und Geistlicher Rat Martin Übelhör beging das seltene Diamantene Priesterjubiläum. Nach dem Gottesdienst wurde dem Ehrenbürger das Bundesverdienstkreuz am Bande verliehen.

An Allerheiligen wurde der neue Friedhof eingeweiht. Bereits am 11. September fand hier die erste Beisetzung statt (Matthäus Kreitmeier). Die bisherige Ruhestätte der Verstorbenen, die mit dem neuen Teil verbunden ist, wurde 1878 angelegt und damals mit einer Mauer umgeben. Das Grundstück für den neuen Friedhof stammt von unserem Hof. Jahrelang habe ich es als Acker bearbeitet.

Das schönste Weihnachtsgeschenk war für Bernhard wieder die Aushändigung seines Pkw-Führerscheines.

Neues aus Bonn und Berlin:
Bundeskanzler Helmut Kohl muß nach sechzehn Jahren den Platz im Kanzleramt räumen. Gerhard Schröder (SPD) wird sein Nachfolger.
Der Deutsche Bundestag nimmt im Berliner Reichstag seine Arbeit auf.

# 1999

Das Jahr begann mit der Verabschiedung von Pfarrer Wendelin Zimmermann, der hier vierzehn Jahre segensreich gewirkt hat. Im Mai konnte unser neuer Pfarrer Dr. Harald Talgner Investitur feiern. Wir hatten Glück, daß wir zusammen mit der Nachbargemeinde Öpfingen einen verhältnismäßig jungen Seelsorger bekommen haben. Hoffentlich bleibt er uns lange erhalten. Ein paar Monate ohne Pfarrer, da spürten wir erstmals den Priestermangel. Sonntage ohne heilige Messe, da fehlte der Höhepunkt des Tages, besonders für ältere Menschen, die nicht in die Nachbargemeinden fahren konnten.

Am Himmelfahrtstag bei der Öschprozession pilgerte man früher zum Kreuz, das an der Straße nach Niederhofen liegt. Da dieser Gang durch den zunehmenden Verkehr nicht mehr möglich war, wurde diese Station in den Friedhof verlegt. Dieser Wechsel gefiel mir als Landwirt gar nicht, ins Ösch wollte ich an diesem Tage ziehen. Nach Rücksprache mit dem Pfarrer und der Zustimmung des Gemeinderates durfte ich ein Feldkreuz am Oberen Wiesenweg errichten lassen. Am Himmelfahrtstag bei schönem Wetter wurde es eingeweiht. Am Sockel trägt es folgende Inschrift: »Herr, hilf uns Deine Schöpfung gut verwalten, sie dankbar benutzen und erhalten. Bittage 1999«. Eine Bank nebenan lädt zum Verweilen ein. Ja, die Schöpfung erhalten, dazu sollte auch die Politik gute Rahmenbedingungen schaffen. Da die lange führende CDU meine Vorstellungen nicht erfüllte, bin ich vor Jahren aus dieser Partei ausgetreten. Wachsen um jeden Preis verträgt unsere Natur auf Dauer nicht. In der ÖDP (Ökologisch demokratische Partei) fand ich eine Partei, deren Programm mir zusagte. Natürlich ist sie eine ganz kleine Minderheit, die noch nichts bewegen kann. Aber die Grünen haben auch mal unten angefangen. Heute stehen sie in der Regierungsverantwortung und stellen sogar den Außenminister. Ich hoffe fest, daß die ÖDP ihren Weg geht, vielleicht im Bündnis mit anderen.

Für Bernhard suchen wir mit den zuständigen Behörden einen geeigneten Platz für den Stall. Im Februar hatte es soviel Schnee, daß der Schneepflug den Weg zu dem geplanten Standort nicht räumen konnte. So stapfte der Ortschaftsrat Göllsdorf abends durch den Schnee bergauf Richtung Furneck. Auch die Vertreter der Ämter marschierten im Gänsemarsch zur Ortsbesichtigung mit. Da Bernhard im Rheintal war, bedankte ich mich für diese ungewöhnliche Tour. Alle fanden den Platz für geeignet. Nun mußte ich mit den vier Grundstücksbesitzern reden, Bernhard sollte auf eigenem Grund bauen können. Von zwei Eigentümern konnten wir das Gelände erwerben, mit dem dritten tauschen, doch der vierte sagte nein zu unserem Vorhaben. Er ist außer Landwirt und Hühnerhalter auch noch Jäger. Wo der Stall hinkommt, bellen nachher die Hunde. Im Winterhalbjahr wollte er die Schafe nicht in seinem Jagdrevier haben. Wo Schafe gefressen haben, kommt eine Weile kein Reh hin. Das Wild kommt weniger aus dem Wald heraus – so lauteten seine Einwände. Also vorerst Stop für den Stallbau. – Eine neue Entscheidung sollte Bernhard treffen. Der Besitzer der Scheune hatte ihm die Pacht gekündigt, er wollte sie verkaufen. Bernhard war der Preis zu hoch, der Verpächter verlangte die Räumung. Notgedrungen räumten wir mit vier Mann den Stadel aus. Heu, Stroh, Futtermittel und viel Kleinkram, was ein Schäfer so braucht, setzten wir auf Nachbars Wiese und deckten alles mit Planen ab. Wie soll das nun weiter gehen? Bernhard brauchte doch einen Schutz für kranke Tiere, ein trockenes Plätzchen für so viele Sachen. Doch Bernhard wollte eine bestimmte Summe nicht überschreiten. Der Verkäufer und ich fanden einen Kompromiß, immer noch über Bernhards Limit. Ich sagte telefonisch auf eigenes Risiko dem Verkauf zu. Am nächsten Tag fuhr ich zu Bernhard. Ich wollte, daß er die Scheune erwirbt – doch wie sag ich's meinem Kinde? Am Abend stimmte er dem Notartermin endlich zu, Gott sei Dank! Schwierig, wenn zwei Menschen stur sind, er und ich. Der Besitzer wollte das Geld bar. Ich holte es hier auf der Bank, fuhr 120 Kilometer bis zum Notar nach Rottweil und blätterte es dem schwierigen Verkäufer hin. Er erinnerte mich an die Worte von Konrad Adenauer: »Nehmt die Menschen wie sie sind, es gibt keine anderen.« Um die Scheune liegt noch über ein Hektar Land. Bernhard hatte wieder ein Dach über dem Kopf.

Reinhold fuhr fast fünf Jahre lang zur Arbeit nach München, war täglich fast vier Stunden unterwegs mit Auto, Zug und S-Bahn. Der Grund, seine geliebte Heike wohnte hier. Da die Firma Liebherr in Ehingen erweiterte, fand er dort einen neuen Arbeitsplatz. Fahrzeit jetzt zwanzig Minuten.

Ein Höhepunkt des Jahres war für uns die Hochzeit von Heike und Reinhold. Am 9. 9. 99 gaben sie sich ihr Jawort, so wie vor elf Jahren Ulrike und Thomas am 8. 8. 88. Bei herrlichem Wetter fand die kirchliche Trauung statt. Auch der Liederkranz sang für das junge Paar in unserer Kirche und abends in der Festhalle in Schwörzkirch. Es war ein schönes Fest für unsere Familie und die Gäste.

Im Oktober bewarb sich Reinhold erstmals als Kandidat für den Gemeinderat und wurde gewählt.

Und noch ein freudiges Ereignis durften wir erleben. Ulrike schenkte uns einen Sohn, er wog 3800 Gramm. Eine Leistung für Ulrike, sie zählt nämlich zu den superschlanken Frauen. Der zweite Enkel erhielt den Namen Manuel. Stefanie, die Schwester, fand bereits das Gleichgewicht beim Radfahren. Viel Spaß machte uns beiden das Mutter-Kind-Turnen. Ulrike war um diese Tageszeit verhindert, da sie nebenbei in ihrer »geliebten« Raiffeisenbank tätig war.

Von meiner Schwiegertochter Ulrike starb der Vater, er war mein Jahrgänger. Geburt, Hochzeit und Tod begleiten uns ein Leben lang. Unser Nachbar und Berufskollege Georg Ott feierte am Sonntag mit den Jahrgängern den siebzigsten Geburtstag. Am Tag darauf hatte er mittags bei uns noch Getreide auf Feuchtigkeit gemessen. Kurze Zeit später erlag er einem Herzversagen. Es ging ihm wie Rita und letztes Jahr meinem geschätzten Sängerkamerad Josef Hermann. Völlig überraschend war seine Lebensuhr mit 51 Jahren abgelaufen.

Wie jedes Jahr im Rentenstand gingen wir wieder auf Reisen. Am 16. April starteten wir morgens um 6.00 Uhr mit den Jahrgängern im vollen Bus nach Süden. »Das Frühlingserlebnis besonderer Art« nannte sich die Reise, drei Tage an die schweizerische Riviera nach Lugano. Doch unterwegs erfuhr unser Fahrer, Herr Fuchs, daß der

St.-Gotthard-Paß gesperrt ist. Er änderte seine Route und fuhr Richtung St.-Bernardino-Paß. Doch auch hier schneite es, Lawinengefahr bestand. Der Verkehr stand, 94 Fahrzeuge, meist Lkw, zählte ich. Nach langem Warten war die Mehrheit dafür, daß wir umkehren und heimwärts fahren sollten. Tochter Gerlinde verbrachte den Abend allein zu Hause im Erdgeschoß, die Eltern sind ja drei Tage in der schönen Schweiz. Vor 23.00 Uhr hörte sie Schritte im oberen Stockwerk, dachte an Einbrecher und hatte Angst. Als diese die Treppe herunterkamen, steigerte sich die Spannung. Wer kam? – die Eltern... Wer eine Reise tut, kann etwas erzählen. Ohne Schwierigkeiten verlief unsere Studienreise nach Marokko. Wir besuchten die vier Königsstädte Marrakech, Fès, Meknès, Rabat und erlebten das bunte Treiben auf ihren Bazars. Fast Unmögliches verlangten die früheren Sultane von ihren Untertanen und Sklaven. In Tag- und Nachtarbeit wurden Getreidespeicher und Stallungen für 12.000 Pferde gebaut und ein Wasserspeicher vier Hektar groß, fünf Meter tief angelegt. Das kostbare Naß mußte aus siebzig Kilometer Entfernung hergeleitet werden. Auf unserer Rundfahrt sahen wir den Sonnenaufgang in der Wüste, Nomaden mit Schaf- und Kamelherden, Ziegen saßen auf den Ziegenbäumen und fraßen in luftiger Höhe die Blätter ab. Erstmals sah ich einen Landwirt, der mit zwei Eseln und einem Holzpflug den Boden aufriß. In der Hosentasche hatte er Maiskörner, die er der Erde anvertraute. Der Ackerbauer strahlte, wahrscheinlich gehörte er schon der Mittelschicht an, besaß eigenes Land und ein eigenes Gespann. An unserem Abflugtag, dem islamischen Opferfest, wurden allein in diesem Moslemstaat vier Millionen Schafe geschlachtet, fünfzehn Millionen dieser Tiere ziehen in Herden über das Land. Marokko ist ein buntes Land mit Prachtbauten und bitterer Armut. Für uns war es eine interessante Reise mit bester Reiseleitung.
Schon immer wollte ich nach Israel reisen. Doch meine beiden ersten Frauen hatten immer Bedenken wegen der dortigen politischen Lage. Nun reisten Margret und ich in dieses unruhige Land. Wir hatten Glück, es verlief alles nach Programm. Ich will nicht auf die vielen Sehenswürdigkeiten eingehen. Es wird soviel berichtet, besonders

über Jerusalem, wo drei Weltreligionen ihre heiligen Stätten verehren. Auch diese Reise war einmalig; wir haben nun eine andere Einstellung zu diesem heiligen Land. Wir wünschen den Bewohnern, egal ob Juden, Araber oder Palästinenser eine friedliche Zukunft in gesicherten Grenzen.

Ein seltenes Naturerlebnis gab es am 11. August 1999. Über die Mittagszeit verfinsterte sich die Sonne. Am hellen Tag wurde es kurze Zeit dunkel und gleich kühl. In Oberdischingen war die abnehmende Sonne noch zu sehen, bei der totalen Finsternis bedeckten Wolken den Himmel. Viele Menschen fuhren an bestimmte Ziele, um das Naturschauspiel gut zu verfolgen und hatten Pech mit der Sicht. Andere blieben zu Hause und hatten Glück.

Unser Rathaus, das den rechten Flügel des Kanzleigebäudes umfaßt, wurde saniert und umgebaut. Es ist dem Architekten, den Bauleuten in Zusammenarbeit mit dem Gemeinderat und den zuständigen Stellen gelungen, ein schönes, ansprechendes neues Rathaus zu gestalten. Besonders der große Kultur- und Sitzungssaal überraschte mich. Auch das Umfeld um den Treppenaufgang wurde gut gelöst. Ein Lob gebührt allen, die das Erbe unseres Grafen Schenk von Castell aufgewertet haben.

Am zweiten Weihnachtstag überraschte uns mittags der Orkan »Lothar«. Sturmböen pfiffen um das Haus, im Radio wurden die ersten Schäden gemeldet. Zahlreiche Straßen und Eisenbahnlinien wurden gesperrt, Hochspannungsleitungen zerrissen. Viele Menschen bereiteten gerade das Mittagessen, da fiel der Strom aus. Schäden an Häusern, herabgeschleuderte Dachziegel verletzten Personen und beschädigten Autos. Reinhold und Heike saßen mit Gästen gerade beim Mittagessen im Eßzimmer des Obergeschosses. Auf einmal klapperte und krachte es fürchterlich. Die Scheibe des Wohnzimmers nebenan auf der Westseite ging zu Bruch, Dachplatten und Lattenstücke flogen herein. Was war geschehen? Beim Nachbarn, Kurt Karg, hob der Orkan das Dach über den Balkon mit drei Balken, Verschalung, Dachlatten und Ziegeln hoch und schleuderte Teile davon an unseren Giebel und auf den Balkon. Der Nachbar hatte allein einen Schaden von 62.000,– DM. Sein Haus wurde vor zwanzig Jahren erbaut und grenzt im Westen an ein freies Feld. Dem Orkan Wibke vor zehn Jahren hielt das Dach stand.

An den folgenden Tagen wurde das Ausmaß der Schäden sichtbar. Wie beim Sturm Wibke wurden ganze Waldstücke niedergewalzt. Die Waldbesitzer hatten vor Weihnachten noch wenig Holz geschlagen. So konnte ein Teil des Sturmholzes gleich verwertet werden. Doch viele Fuhren wurden wieder zu riesigen Naßlagern aufgeschichtet, um das Holz für kommende Jahre frisch zu erhalten. Die Langholzfahrzeuge durften auch sonntags Holz abtransportieren. Bis die Wunden von Lothar in den Wäldern verheilt sind, wird es viele Jahre dauern.

Was gab es noch Neues im letzten Jahr dieses Jahrtausends?

Unser Bernhard ist nicht mehr allein. Ines, nebenbei noch eine Pferdeliebhaberin, teilt mit ihm die Freuden eines Schäferlebens und packt bei allen Arbeiten kräftig zu.

Die CDU steckt tief in einem Spendensumpf. Altkanzler Helmut Kohl nennt keine Namen der Spender.

Johannes Rau (SPD) wird neuer Bundespräsident – er löst Roman Herzog (CDU) ab.

Wladimir Putin wird Rußlands neuer Präsident. Er wird Nachfolger von Boris Jelzin.

In elf Ländern der EU wird der EURO als gemeinsame Währung eingeführt. Ein EURO hat einen Wert von 1,95583 DM. Deutsche Mark und Pfennig werden durch EURO und Cent abgelöst, doch Bargeld kommt erst am 1. Januar 2002 in Umlauf.

Ein Jahr mit Höhen und Tiefen ging zu Ende.

Als junger Mann dachte ich nie, daß ich das Jahr 2000 erleben würde, damals wurden die Menschen noch nicht so alt. Und nun ist es soweit. Dankbar freue ich mich, ich kann es bei guter Gesundheit beginnen. Wir feierten in unserer Hütte den Beginn des neuen Jahrtausends. In aller Welt wurde er groß angekündigt und festlich begangen. Was werden die Jahre des dritten Jahrtausends den Menschen bringen?

# 2000

Wie jeden Winter fuhren wir wieder zum Langlaufen. In Klosters, in der Schweiz, waren wir unterwegs. Wir stärkten uns in einer Hütte, von der ein Teil letzten Winter von einer Lawine weggerissen worden war. Sie war nun wieder lawinensicher aufgebaut. Auf dem Rückweg staunten wir, als unsere Loipe ca. 2 Meter hoch durch eine Lawine verschüttet war. Morgens wurde diese Loipe gezogen. Es wurde keine Lawinenwarnung gegeben. Da wandert man gut gelaunt durch die schöne Landschaft und nicht weit weg lauert der weiße Tod.

Bernhard hatte die Scheune kaum erworben, da deckte »Lothar« ein Teil des Daches ab. Da Bernhard mit den Schafen im Rheintal war, deckten wir neu ein. Die halbe Familie half mit, Heikes Vater erlitt dabei noch einen kleinen Unfall. Wir versuchten, einen Stall neben die Scheune zu bauen, doch dieser Plan wurde vom Wasserwirtschaftsamt verworfen. Wieviel Energie, Zeit, Ortstermine und Behördengänge haben wir schon in die Stallbauplanung gesteckt? Für die Schäfer gibt es eine neue Variante der Förderung. Blumenreiche Wiesen und Weiden sollen bei der Bewirtschaftung erhalten werden. Nicht nur das Auge des Betrachters soll die Farbenpracht erfreuen, sondern auch für viele Insektenarten ist dieser Lebensraum von großer Bedeutung. Ein Katalog von Wiesenblumen wurde vorgelegt, mit dem es möglich ist, extensives und artenreiches Grünland sicher zu erkennen. Da Bernhard weder spritzt noch düngt, hat er viele Weiden, die diese Bedingungen erfüllen. Die Grundstücke mußten beim ersten Aufwuchs im Mai/Juni nach bestimmten Vorgaben abgeschritten werden und dabei mindestens vier verschiedene typische Kennblumen entdeckt werden. Da bei Bernhard zu diesem Termin Lämmer anfallen, war ich tagelang unterwegs, um die Blumenwiesen aufzunehmen. Es war gar nicht einfach, Grenzen zu ziehen, bei Kontrollen hinterher muß alles genau stimmen.

Sehr schön war eine Flußreise von Passau über Wien nach Budapest. Obwohl es unterwegs Halt für Besichtigungen gab, ist so eine Schiffsreise sehr erholsam.

Schottland mit seiner ursprünglichen Landschaft war

78  Oberdischingen, Bachstraße 3, Karl Merkle. Einer von vielen Höfen
    ohne Nachfolger. Abbruch 1995, heute Mehrfamilienhaus
79  Anna Reutemann fährt den Galgenweg hinunter. Sie verköperte den
    Gegensatz zur heutigen Wegwerfgesellschaft durch ihr einfaches
    Leben und ihren Sammeleifer

80 Ruth Schenk und Anton Schlick bringen die Milch zum
Abholplatz. Sie melken auf den zwei letzten Milchviehbetrieben
in Oberdischingen. 1957 gab es noch 46 Milchlieferanten.
Foto vom 13. September 2002

81 Baders Kühe hatten bis 1981 Vorfahrt in der Oberdischinger
Herrengasse

unser zweites Reiseziel. Ich will über die Reisen in unsere Nachbarländer nicht viel berichten, weil unsere Kinder und Enkel diese Länder oft schon in jungen Jahren besuchen.

Am 15. August fand ein besonderes stelldichein im Nachbarort Ersingen statt. Zwölf Störche machten auf den dortigen Dächern halt und zogen am anderen Tag weiter. Für unsere Gegend ist dies ein seltenes Ereignis.

Unser Kindergarten feierte den 100. Geburtstag. Es war damals im Gründungsjahr schon ungewöhnlich, in einem Dorf einen Kindergarten einzurichten. Heute wird die Arbeit im Kinderhort hoch geschätzt. Es gibt Stimmen, die den Besuch in den »oberen Klassen« zur Pflicht machen wollen. Nach der Pisa-Studie soll er voll ins Bildungssystem einbezogen werden.

Die Weltausstellung, die Expo 2000, fand in Hannover statt. 180 Nationen stellten sich mit verschiedenen Themen vor. In den fünf Ausstellungsmonaten kamen 18 Millionen Besucher, 40 Millionen sind erwartet worden. Am Schluß fehlten in der Bilanz 2,4 Milliarden DM. Doch schön war die Expo, so das Urteil vieler Besucher.

Tochter Cäcilia und ihr Christian hatten zuerst vor, in ihrem Haus in Unterelchingen zu bleiben. Doch nun lockte sie die Selbständigkeit. Besonders Christian wollte als Koch, wie schon sein Vater, eine kleine Gaststätte selbst führen. Ich durfte bei der ersten Erkundungsfahrt dabei sein. Auf der Hinfahrt sagte ich zu den beiden: »Da müßt ihr sicherlich oft auf Suche gehen, bis ihr die passende Gaststätte findet.« Als sie vor ein paar Jahren ihr jetziges Haus suchten, waren sie lange Zeit unterwegs, bis sie aus dem großen Angebot das passende Objekt fanden. So ähnlich wird es dieses Mal auch gehen, dachte ich, viele Gaststätten suchen Nachfolger. Drei Objekte wollten wir im Allgäu besichtigen. Schon beim zweiten Angebot, es stand in Nesselwang, sagte ich im Keller zur Tochter: »Des kaufet dr'.« Christian war zu dieser Zeit oben in der Gaststube. Als wir beide oben ankamen, sagte er: »Des isch's«. Vier Tage später haben sie das Anwesen gekauft. Vierzig Sitzplätze in der Gaststube und sechs Doppelzimmer, das war die passende Größe. Infolge eines Todesfalles und anderer Probleme war es zur Zwangsversteigerung gekommen. Die Gaststätte war schon über ein Jahr geschlossen. Viel Arbeit wartete auf die Übernehmer. Ulrike, Reinhold und Joachim halfen mit, daß Cäcilia und Christian vor Weihnachten in die Wohnung der Gaststätte einziehen konnten. Nun kam das Renovieren und das Einrichten der Gaststube, der Küche und der Zimmer. In der Gaststube sorgt ein Kachelofen für eine heimelige Atmosphäre. Da er vom Keller aus beheizt wird, wäre Buchenholz anzuraten, das die Glut lange anhält. Dieses ist jedoch im Allgäu rar. So fuhr ich von hier mit Schlepper und 10 Raummeter trockenem, gespaltenem Buchenholz auf dem Wagen Richtung Nesselwang. Bei gutem Wetter war es eine zwar weite (120 km einfach), aber schöne Fahrt vom Donautal ins Allgäu und zurück. Mit Cäcilia und Christian wagten nun vier meiner sechs Kinder den Weg in die Selbständigkeit.

Am 2. Juli ereignete sich zwischen Gamerschwang und Ehingen ein folgenschwerer Unfall. Vier junge Menschen verloren dabei ihr Leben. Seit 1970 kann ich mich nun an 17 Verkehrstote erinnern, die auf der Straße von Oberdischingen bis Bremelau verunglückt sind. An der 27 km langen Strecke, die ich fast jeden Sonntag befahre, mahnen acht Gedenkkreuze an den Unfallstellen. Acht weitere Verkehrstote gab es in dieser Zeit an der örtlichen Kreuzung der B 311 und auf den Straßen unserer Gemarkung. Hoffentlich senkt die Eigenverantwortung aller Verkehrsteilnehmer die viel zu hohe Zahl der Unfallopfer.

Die Ortskernsanierung beschäftigte unseren Gemeinderat und die Verwaltung in vielen Sitzungen. Der Kreisverkehr wurde vom neuen Gemeinderat abgelehnt und neue Planungen besprochen. Unser Zentrum, die Herrengasse, dem wachsenden Verkehr anzupassen und die Sicherheit der Fußgänger, besonders der älteren Generation und der Kinder zu gewährleisten, war nicht einfach. In einer Bürgerversammlung konnten Bürgermeister Benno Droste und die Planer ihre Konzepte vorstellen, auch die ersten Entwürfe eines neuen Brunnens in der Herrengasse. Bei der Sanierung wurden zuerst große Baumaßnahmen im Abwasserbereich vorgenommen. Riesige Baugruben entstanden in der Herrengasse.

Unser verdienter Ehrenbürger, Bürgermeister a.D. Alois Speiser, feierte seinen 80. Geburtstag. Auch wir im Gemeinderat beschäftigten uns in seiner Amtszeit mit dem Bau der Kanalisation und Kläranlage und gestalteten die Herrengasse neu.

Im Herbst wurde hier in Zusammenarbeit mit den Nachbargemeinden die Volkshochschule gegründet. Diese Möglichkeit zur Weiterbildung hat sich in den Städten schon Jahrzehnte bewährt. Nun steht allen Bevölkerungsgruppen und Altersstufen ein breit gefächertes Bildungsprogramm in Wohnortnähe offen. Dieses kulturelle Angebot soll auch im Rahmen der Agenda 21 das Verständnis der Bürgerinnen und Bürger für Gemeinwohl und zur Demokratie fördern und stärken.

Am zweiten Weihnachtsfeiertag faßte ich den Entschluß, für meine Enkel den ungefähren Ablauf meines Lebens zu Papier zu bringen und wichtige Ereignisse festzuhalten. Sie sollen aus Opas Leben Begebenheiten erfahren, die sonst in Vergessenheit geraten. Erzählt man den eigenen Kindern von früher, ist das Interesse nicht sehr groß. Unsere damalige einfache Lebensweise ist vorbei und nicht mehr gefragt.

Ich berichtete, daß wir Silvester in den letzten Jahren in einer Hütte bei Lauterach feierten. Margrets Sohn ist mit der Tochter des Besitzers, Otto Bauer, verheiratet. Im Dezember starb seine Frau Elfriede mit 62 Jahren. Sie war der gute Geist zu Hause in Munderkingen aber auch in der Hütte. Sie sorgte immer für einen gemütlichen Aufenthalt. Da für Otto die Hütte zur zweiten Heimat geworden ist, feierten wir wieder mit ihm dort den Jahreswechsel. Um Mitternacht war ein schöner Sternenhimmel zu beobachten, der Ort Lauterach lag unten im Nebel. Die Raketen, die dort abgefeuert wurden, kamen über dem Dunstschleier zur Entfaltung. Ein einmaliges Feuerwerk wie aus einer anderen Welt!

# 2001

Das Neue Jahr begann ich mit einem Verzicht, ich meldete meinen Fernseher ab. Ich wollte die gewonnene Zeit für meine Aufzeichnungen verwenden. Aus Erfahrung wußte ich, daß ich sonst immer einen Grund finden würde, interessante Sendungen anzuschauen. Ich möchte das Büchlein bis Weihnachten 2002 vollenden und im Januar 2003 den Fernseher wieder aus seinem Dornröschenschlaf erwecken. Ob mich unser Herrgott so lange gewähren läßt und sich in dieser Zeit mein Gedächtnis nicht trübt? Um meine Erinnerungen aufzufrischen und zu ergänzen, besuchte ich meine Geschwister mit ihren Partnern. Meine Schwägerin Regina hat großes Interesse an den Verhältnissen in früheren Zeiten, sie sollte auch ein Büchlein schreiben. Leider hat mein bester Jugendfreund Otto, in dessen Elternhaus wir oft spielten, einen Schlaganfall erlitten. Ich wünsche sehr, daß er wieder auf die Beine kommt und mir manche Frage beantworten kann. Bis zum Frühjahr wollte ich einen Teil meiner Lebensgeschichte aufschreiben, doch auf das Langlaufen wollte ich nicht verzichten. Wenn die Natur erwacht und die Tage länger werden, habe ich doch keine Lust mehr zu schreiben, da zieht es mich hinaus ins Freie.

Markus begann neben seiner Tätigkeit im Rechenzentrum im Donautal mit Autoreifenhandel und Altreifenentsorgung. Er mietete eine neue große Halle in Munderkingen an. Am 31. Januar des Jahres gab er seine Arbeit in der Arzneimittelgroßhandlung auf und stieg voll in das Reifengeschäft ein. Das fünfte Kind wagte nun den Schritt in die Selbständigkeit. Seit einigen Jahren kommt seine nette Freundin Undine ins Haus. Sie ist als Sozialpädagogin im Konradihaus in Schelklingen tätig.

In unserem Ort, der sich über die Fasnet »Klein Paris« nennt, war in diesem Jahr großes Narrentreffen. 4000 Hästräger und zahlreiche Musikkapellen zogen beim Umzug tausende Besucher an. Mir persönlich gefällt diese Reisefasnet nicht. Vor 25 Jahren wurden noch schöne Wagen gebaut, alles spielte sich mehr auf Ortsebene, in den umliegenden Dörfern und in Ehingen ab. Meine Kinder, die heutige Generation, feiern auf ihre Art.

Dieses Jahr lag der Schwerpunkt meiner Hilfe in Nesselwang bei Cäcilia und Christian. Sie wollten so schnell
wie möglich ihre Gaststätte eröffnen. Doch da gab es
beim Umbau noch manche Überraschung, was nicht ein-
geplant und vorhersehbar war. Zum Glück haben sie viele
gute Bekannte, die sie tatkräftig bei ihrer Arbeit unterstützten. An Ostern konnte das Haus »Zillhalde-Stuben«
als Restaurant, Café und Pension eröffnet werden. Da das
Haus fast zwei Jahre geschlossen war, hatten sich die
Gäste verlaufen. Sie müssen neu gewonnen werden, von
Touristen alleine können die Wirte nicht leben. Nesselwang hat viele Gaststätten, die Konkurrenz ist groß. Nun
hoffe ich mit den Wirtsleuten auf einen guten Start und
viel Freude in ihrer Selbständigkeit.

Am Kriegerdenkmal in Nesselwang las ich die Namen der
vielen gefallenen und vermißten Angehörigen der Heimatvertriebenen vom Zweiten Weltkrieg. Den Vater,
Mann oder Bruder und die Heimat verlieren, diesen
Schmerz kennen nur die Betroffenen. Es ehrt die Gemeinde, wenn sie auch die Namen dieser Kriegsopfer in Stein
meißeln ließ, deren Angehörige in ihrem Ort ein zweites
Zuhause gefunden haben.

Die Ortskernsanierung fand dieses Jahr ihren Höhepunkt.
In der Herrengasse wurden neue Wasserleitungen verlegt,
ebenso am Kapellenberg. Dort wurde auch die Kanalisation erneuert, unter dem Dischinger Bach hindurchgeführt
und an der Kirche vorbei zur Kläranlage neu verlegt. Um
die Fundamente der Kirche nicht zu gefährden, wurde
dort der Kanalbau unterirdisch bewerkstelligt. Nach Herstellung einer Preßgrube an der Kreuzung Parkweg/Breite-
weg mit einem Durchmesser von 8,50 m und einer Tiefe
von 7 m begann diese schwierige Arbeit. Rohre mit
3,50 m Länge und 1,60 m Durchmesser wurden in Richtung Herrengasse und Breiteweg vorgetrieben. Vor den
Rohren wurde das unterirdische Material abgefräst und
mit einem Förderband in einen Container befördert. Beide
Zielpunkte wurden erreicht, wahrlich eine technische
Meisterleistung. All die vielen Gräben und Schächte wurden eingeebnet und verfestigt. Randsteine wurden gesetzt,
die Straßen geteert, Gehwege und Parkflächen mit schönen Platten versehen und Grünstreifen angelegt. Auch der

Platz vor der Kirche wurde neu gestaltet, das Zentrum zwischen Schloßplatz und Kirche mit Pollern abgegrenzt. Aber nicht nur im Dorfzentrum wurde gewerkelt und geschafft, auch ein neues Baugebiet an der Ringinger Straße wurde erschlossen. Ebenso begannen die Erschließungsarbeiten für das Gewerbegebiet »Unter der Halde«. Einen Höhepunkt und den Abschluß des ersten Sanierungsabschnittes bildete die Einweihung des neuen Herrengaßbrunnens am 23. September 2001. Er wurde von Pfarrer Dr. Harald Talgner und Pfarrer Uwe Quast gesegnet. Die Festansprache hielt Bürgermeister Benno Droste. Der bisherige Brunnen wurde am 13. Oktober 1933 eingeweiht. Unser Ehrenbürger, Dr. Adolf Munding, hielt damals die Festansprache. Da die Nazis seit Januar an der Macht waren, sollte er Adolf-Hitler-Brunnen getauft werden. Doch Dr. Munding bestand darauf, daß der Name »Herrengaßbrunnen« bleibt. Er setzte sich durch, später brachten die Freunde des tausendjährigen Reiches einen Adler über der Brunnensäule an. Am 12. März 2001 sah ich zu, wie der alte Brunnen sich massiv wehrte, seinen Platz aufzugeben. Es war eine schöne Geste an die Vergangenheit, als Bürgermeister Droste zum Abschluß seiner Ansprache das Brunnengedicht vortrug, das Dr. Munding 1933 erstmals bei der Einweihung den Oberdischingern zu Gehör brachte. Ich will es niederschreiben, wahrscheinlich stammt es aus der Feder seiner Tochter Toni Munding.

Horch! Was murmelt die Gasse entlang,
Bald sanfter, bald kräftig und laut?
Bald tönt es wie Schwatzen, bald wie Gesang.
Es klingt mir so seltsam vertraut.

Der alte Brunnen steht wieder hier,
Der muntere, lange entbehrte!
Wie traurig schien unsere Gasse mir,
Als nimmer sein Plätschern ich hörte.

Nun zeigt er sich heute im neuen Gewand,
Der liebe, alte Geselle!
Aus ihrer Verbannung zurück sie fand,
Die fröhlich sprudelnde Quelle.

So spende uns wieder bei Tag und bei Nacht
Geschäftig dein köstliches Naß!
Erfülle mit neuem Mut zur Tat
unsre wackere Herrengaß!

Erzähle uns Märchen aus alter Zeit
Von Liebe, von Schmerzen und Wonnen
Und sei den neuen Geschlechtern von heut
Ein ewiger Jungendbronnen!

Du Herrengaßbrunnen! Wir grüßen Dich
An deiner heutigen Taufe!
Du Herrengaßbrunnen! Wir wünschen dir Glück
Zu nimmerversiegendem Laufe!

Der Bürgermeister, Gemeinderat und die Verwaltung hatten in den beiden letzten Jahren sehr viel beraten, geplant und ausführen lassen. Millionen wurden für Wasser und Abwasser vergraben, vom Käppele bis zur Allee wurde das Dorfbild verschönert. Natürlich können die Planer nicht jedem Bürger gerecht werden, es wird Kritik geübt. Ich persönlich hätte mir zum Beispiel weniger Platten und mehr Grün in der Herrengasse gewünscht, doch auch hier gab es Gegenargumente. Viele Oberdischinger werden fragen, »wer soll das bezahlen?« Werden die Förderprogramme nicht genutzt, bekommen »die da oben im Rathaus« auch kein Lob.
Natürlich steigen die Gebühren und Schulden der Gemeinde, doch unser guter »Finanzminister« Robert Fiderer und die Verwaltung passen auf, daß sie sich in Grenzen bewegen und alle Vorhaben solide finanziert sind und der späteren Überprüfung standhalten werden. Als Bürger unserer schönen Gemeinde möchte ich nicht nur Kritik an den Gremien auf dem Rathaus üben, sondern ihnen Anerkennung und Dank für die geleistete Arbeit aussprechen.
Auch die katholische Kirchengemeinde konnte den umfangreichen Umbau des 1999 erworbenen Hauses »Maria Königin« abschließen und das Gemeindehaus am 14. Oktober 2001 feierlich einweihen. Nun hat sie in der Nähe der Kirche eigene Räume, um sich auf verschiedenen Gebieten zu entfalten. Die beiden Flügel des Kanzleige-

bäudes sind nun grundlegend saniert und erfüllen als Gemeinde- und Rathaus wichtige Aufgaben in unserem Dorf. Käme der Erbauer Graf Schenk von Castell im Geiste zurück, er würde sich wundern und freuen, daß sich sein Kanzleigebäude nach 234 Jahren in solch tadellosem baulichem Zustand außen und innen präsentiert.

Unsere diesjährige Flugreise galt der Insel Malta. Wir bestaunten die Leistungen aus der Megalithzeit, ca. 5000 Jahre v. Chr. Ein kleines, selbständiges Land, das viel vorzeigen kann an Kultur und landschaftlicher Schönheit.

Eine neue Art sich fit zu halten, führte der hiesige Sportverein ein – Walking. Auf dem Waldparkplatz bei der Marienstätte werden die Gelenke und Muskeln gelockert und gedehnt. Dann geht es ab auf die fast 6 km lange Runde durch den Wald. Die Schnellen voraus mit Uli unserem Liederkranz-Dirigenten an der Spitze, dann das starke Mittelfeld und hinten die Anfänger oder andere, die mit diesem Tempo zufrieden sind. Auch ich versuchte mein Glück, es ging ganz gut, ich bewege mich im Mittelfeld. In der Gruppe ist man stärker und nicht allein, wenn etwas passieren würde.

Wie in den vergangenen Jahren waren Margret und ich eine Woche mit unserer netten Wandergruppe in Südtirol unterwegs. Wir lernten den oberen Vinschgau kennen.

Am Fronleichnamsfest fuhren wir nach Hüfingen in der Nähe von Donaueschingen. Dort konnten wir einen 600 Meter langen und ca. 1,5 Meter breiten Blumenteppich bewundern. Alljährlich, wenn die Natur genügend Blumen zur richtigen Zeit hervorbringt, werden diese im großen Umkreis gesammelt. In vielen Stunden entstehen kleine und große Kunstwerke mit den verschiedenen Blumen. Ein Gemeinschaftswerk aller Beteiligten entsteht, das wirklich sehenswert ist. Das hübsche Städtchen und das kleine Bächlein, das den Prozessionsweg begleitet, gibt den passenden Rahmen – besonders wenn die Sonne die Blumen erstrahlen läßt.

Dieser Feiertag weckt Erinnerungen an meine Kindheit. Damals wurden in meinem Heimatort an dem noch ungeteerten Prozessionsweg entlang in kurzen Abständen Löcher in den Boden geschlagen, in die ca. 3 m lange jun-

ge Buchen gesteckt wurden. In der Mitte des Weges wurde
ein schmaler Streifen mit Blumen bestreut, auch mal mit
einem schönen Motiv versehen.

Unsere dritte Flußreise machten wir in deutschen Landen. Sie begann in der alten Römerstadt Trier. Auf der
Mosel schlängelte sich unser Schiff in vielen Windungen
an steilen Rebhängen vorbei dem Deutschen Eck in
Koblenz entgegen. Dann ging es den Rhein stromaufwärts
bis Mainz. Burgen, Schlösser, schöne Städte und Dörfer
grüßten uns von beiden Ufern des Stromes. Nun ging es
den Main hinauf – Würzburg war unser Ziel. Immer wieder machten wir halt und schauten Sehenswertes an der
Strecke an. Zum Abschluß der abwechslungsreichen
Flußfahrt besichtigten wir das stattliche Würzburger
Schloß. Die Bundesbahn hat uns bequem nach Trier
gebracht und von Würzburg wieder nach Hause.

Erstmals nahm ich fünf Tage an der Tour de Ländle teil.
Es ist eine Radtour, die alljährlich durch verschiedene
Gegenden von Baden-Württemberg führt. Gerne wäre ich
die vollen neun Tage dabei gewesen, um mich langsam
einzufahren, doch als Rentner hat man immer wieder
Terminschwierigkeiten. Meine erste Etappe war gleich
die Königstour der gesamten Strecke. Von Titisee über
den Äule und Notschrei nach Bad Krotzingen mußten
über 1.000 Höhenmeter überwunden werden. Und dies
bei hohen Mittagstemperaturen, die uns bis zum letzten
Tag viel Schweiß kosteten. Fünf bis sieben Liter Flüssigkeit nahmen wir täglich zu uns. Es war alles prima organisiert, an drei Stellen gab es während des Tages Getränke, mittags auch Essen. Am zweiten Tag ging die Fahrt
weiter nach Wolfach. Von dort muß ich noch ein kleines
Erlebnis erzählen: Da ich zur Tour nicht angemeldet war,
mußte ich am Zielort selbst nach einem Quartier schau-
en. In Wolfach wurde ich zuerst nicht fündig, zudem
drückte mich beim Treten und Gehen der kleine rechte
Zeh. So suchte ich zuerst eine Fußpflege, bevor
Geschäftsschluß war. Bei Fußpflege und Massage Waist
klingelte ich. Eine Frau im ersten Stock schaute zum Fenster raus und sagte, daß sie heute Mittag geschlossen
hätten. Glücklicherweise fragte sie weiter nach meinem
Problem. Ja, sie komme herunter und schaue nach mei-

nem Malheur. Erst teilte ich ihr mit, daß ich weder saubere Füße hatte, noch geduscht war nach der Schwitztour. »Macht nix«, sagte sie und stellte anschließend als Ursache ein Hühnerauge fest. Sie entfernte es und fragte, ob sie beide Füße richten sollte, was ich gern bejahte. Nun wagte ich eine weitere Frage. Ob sie auch Massagen gibt? »Nein, das macht mein Mann« , der sei aber bereits berufsunfähig und mache dies nur noch in Ausnahmefällen. Zudem sei er auswärts bei der Tochter zu Besuch, aber sie könne ihn nachher mal anrufen. Als die Füße immer leichter wurden, sagte ich, daß ich schon vergeblich auf Quartiersuche war. Ob sie mir einen Tip geben könnte? Sie überlegte kurz und sagte: Im Dachgeschoß hätte sie ein Zimmer mit Dusche und WC, wo früher ihr Sohn gewohnt habe. Dies könne sie mir anbieten. Ich sagte freudestrahlend gleich zu. Als der Mann nach einiger Zeit eintraf, hatte auch dieser schnell Kontakt mit dem Fremdling. Er bot mir ein Wannenbad mit Schlauchmassage an. Von den Kuren her kannte ich diese Behandlung. Nach solch einer anstrengenden Fahrradtour war sie für Leib und Seele eine Wohltat. Erholt durch tiefen Schlaf und gestärkt durch ein reichhaltiges Frühstück, begann ich den neuen Tag. Nach der Bezahlung bedankte ich mich ganz herzlich für die überraschend freundliche Aufnahme. Letzte Woche kam ein Foto an, das den Radfahrer vor ihrem gastfreundlichen Haus zeigt. Zu Weihnachten sende ich ihnen eine Dauerwurst vom Demeter-Hof, die ihnen so gut mundete. Das nächste Ziel war Rottenburg. Hier hat mir eine Familie ein Bett im Gartenhaus aufgeschlagen, das Haus war mit Radlern bereits voll. In Calw machten wir wieder Station. Das Ziel der Tour war Karlsruhe, wo uns zahlreiche Fans begrüßten. Der Tacho zeigte 440 Kilometer nach fünf Tagen an, doch die Kilometer waren nicht das Problem, sondern die vielen Aufstiege über die unzähligen Schwarzwaldberge. Sehr schön waren die durch die Polizei gesicherten Abfahrten. Da wagte ich als Rentner auch 50 bis 60 Stundenkilometer. Mein 21-Gang-Radel lief sehr gut, kein Plattfuß, kein Sturz, keine Berührung mit dem Vordermann. Bei etwa 2.000 Radlern täglich war Konzentration gefragt, besonders beim Start. Ich dankte meinem Schutzengel, daß er mich sicher durch den Schwarzwald begleitete und mich heil ans Ziel brachte. Es waren anstrengende Tage für Opa, doch freiwillig gesteckte Ziele weckten immer wieder neue Kräfte.

Ich werde oft gefragt, ob ich ein Geheimrezept habe, daß ich in meinem Alter noch so fit bin. Nein, ich habe kein Rezept, ich nehme an, daß mein Erbgut eine Rolle spielt. Meine Mutter hatte eine robuste Gesundheit. Was tue ich im Alter für meine Gesundheit? Jeden Morgen spüle ich nüchtern meinen Mund eine Viertelstunde mit Sonnenblumenöl, eine Empfehlung von Frau Dr. Carstens, der Ehefrau des früheren Bundespräsidenten. Zum Frühstück koche ich in fettarmer Milch frisch gemahlenen Hafer auf. Vor dem Essen füge ich der Mischung noch Rosinen, Walnüsse und Honig bei, daß sie süß schmeckt. (Früher gab ich meinen Pferden Hafer, damit sie Kraft entwickelten.) Täglich nehme ich Magnesium- und Knoblauch-Dragees ein und esse Kürbiskerne. Da ich nicht gern koche, bereite ich mittags einfache Gerichte. Rind- oder Lammfleisch, mal eine Süßspeise, mal Meeresfisch mit Beilagen gibt es öfter bei mir. Nachmittags esse ich einheimische ungespritzte Äpfel, außer Zitronen kaufe ich keine Südfrüchte. Ich bevorzuge Nahrungsmittel und Getränke aus unserer Region. Zum Vesper gibt es Dinkelvollkornbrot, wenig Butter, eigene Marmelade, Quark, Joghurt oder fettarme Wurst. Nur von der fetthaltigen Schwarzwurst kann ich mich nicht ganz trennen. Um meine Schwäche für Schokolade und andere süße Sachen etwas auszugleichen, versuche ich fettarm zu essen. Mein Cholesterinspiegel ist erhöht. Am Sonntag geht es mir sehr gut, da esse ich bei Margret. Sie kocht auch Gsälz (Marmelade) ein und macht die Beerensäfte haltbar. Ich ernte die Früchte.

Wunschziel beim Trinken sind täglich 2 Liter Flüssigkeit. Den verschiedenen Sprudelmarken in grünen Flaschen mische ich eigene oder gekaufte Bio-Obstsäfte bei. Bei Durst oder nach der Sauna genieße ich auch ein Weizenbier. Gerne trinke ich ein Viertele Rotwein, die Milch des Alters.

Im Urlaub oder auf Reisen lege ich Wert auf landesübliche Kost und Getränke. Da sündige ich, fettarme Kost ist oft ein frommer Wunsch. Stets versuche ich, bei 1,68 m Körpergröße (früher 1,72 m) mein Gewicht zwischen 72–75 kg zu halten. Über meine körperlichen Aktivitäten habe ich berichtet. Wenn es möglich ist, mache ich morgens eine Viertelstunde Frühgymnastik. Damit sich meine Füße wohlfühlen, reibe ich sie täglich ein. Eine betagte, flotte Ärztin sagte uns im Urlaub: Im Alter ist Fußpflege wichtiger als Gesichtspflege!!

Für Geist und Seele muß man im Alter auch sorgen. Hobbys pflegen, Freunde, Verwandte, Bekannte besuchen, Feste feiern, sich kleine Wünsche erfüllen erhöht die Zufriedenheit. Natürlich brauche ich jedes Jahr mehr Energie, um zum Turnen, in die Sauna oder zu einer Veranstaltung zu gehen. Immer mehr muß ich gegen die Bequemlichkeit ankämpfen, zu Hause im Sessel zu bleiben. Habe ich sie überwunden, freue ich mich, denn wer rastet der rostet. Eine Brille brauche ich noch nicht, die Zähne sind noch fest und einen kurzen Scheitel kann ich auch noch ziehen. Doch schon morgen kann ein Schlaganfall, wie bei meinem Freund Otto, alle Pläne durchkreuzen. Ich danke dem Herrgott für jeden Tag, den ich gesund erleben und ausfüllen darf.

Die Getreideernte fiel dieses Jahr in eine Schönwetterperiode, bis zu 35 Grad zeigte das Thermometer an. In vier Tagen war die Ernte unter Dach, keine Trocknung notwendig, Ertrag und Qualität gut. So eine leichte und kurze Ernte habe ich bisher in 44 Jahren nicht erlebt. Schöne Raps- und Getreidebestände, die Thomas das Jahr über gut betreute, erfreuten ihn und mich.

Die hiesigen Landwirte wählten Thomas zu ihrem Obmann. Er ließ sich auch als Hagelschätzer ausbilden. Ein älterer erfahrener Kollege und er schätzen die geschädigten Früchte der Ackerbauern. Oft müssen die beiden Schätzer einen Kompromiß suchen zwischen der Forderung des Landwirts, der Prämie bezahlt und der Versicherungsgesellschaft, die den Schaden begleichen soll. Ich habe es selbst erlebt, daß innerhalb meines Feldes nur ein Streifen Hagelschaden entstand. Wie soll man hier die genauen Schadensgrenzen ziehen? »Schätze ka fehle!«

Es freut mich sehr, wenn auf unserem Hof die jungen Landwirte beieinander stehen und diskutieren. Die Kollegen mit viel oder weniger Fläche arbeiten zusammen und ergänzen sich mit Arbeitszeit und Maschinen. Auch Feste feiern sie gemeinsam mit Frauen und Kindern. Macht weiter so und steht zusammen – es kommen wieder bessere Zeiten für die Landwirtschaft. Thomas möchte ich für seinen Anteil ein Lob aussprechen. Sein heutiger Einsatz mildert die Erinnerung an Generationsprobleme, die wir früher miteinander hatten.

Joachim beginnt hier ein Wohnhaus zu bauen. Für das Haus am Ziegelweg sind drei Wohnungen vorgesehen, zwei davon will er vermieten. Den Rohbau erstellt zur Zeit eine Firma, die sehr sauber arbeitet. Joachim will im Innenausbau mit den Brüdern und Freunden viele Arbeiten selbst erledigen. Da er noch bei Thomas wohnt, hat er keine Eile. Mal abwarten, ober er auch solche Überraschungen beim Hausbau erlebt wie ich.

Das Jahr 2001 wird überschattet von den schrecklichen Terroranschlägen auf das World-Trade-Center in New York und auf das Pentagon in Washington. Selbstmord-Attentäter, die vier vollgetankte Flugzeuge mit 266 Menschen an Bord wie fliegende Bomben benutzten, brachten Schrecken und Tod in ein Land, das bisher als sicher galt. Fernsehbilder gingen um die Welt, sie haben die Menschen mit Fassungslosigkeit erfüllt. »Die USA ins Mark getroffen, eine Supermacht im Schockzustand, fast viertausend Tote« – solche Schlagzeilen konnten wir lesen. Das Drama wäre noch furchtbarer ausgefallen, wenn die Terroristen in der Hauptgeschäftszeit zugeschlagen hätten, ca. 50.000 Menschen arbeiten im World-Trade-Center. Zum Glück erreichte das vierte Flugzeug das Ziel nicht, es stürzte auf freiem Feld ab. Die Welt hat Angst, Zielscheibe von weiteren fanatischen Terroristen zu werden. Der 1. September 1939, der Beginn des Zweiten Weltkrieges, der 9. November 1989 als der Eiserne Vorhang brach und nun der 11. September 2001 veränderten die Welt. Fast alle Staaten wollen nun vereint gegen die unsichtbaren Feinde vorgehen. Die Amerikaner vermuteten, daß der in Afghanistan lebende saudische Multimillionär Osama bin Laden hinter den Anschlägen steckt. Da die dortige Taliban-Regierung ihn nicht auslieferte, begannen am 7. Oktober 2001 die ersten Militärschläge gegen das Netzwerk der Terroristen und das dortige Regime. Über 40 Länder haben der USA Unterstützung zugesagt. Die Amerikaner vertrieben die Taliban, doch bin Laden wurde noch nicht gefaßt. Das in mehr als 20 Jahren von Krieg und Diktatur arg geschundene Afghanistan erhält vor Weihnachten eine Übergangsregierung. Eine internationale Truppe der UN soll sie beschützen und das Land befrieden. Die Völkergemeinschaft will helfen, es in eine bessere Zukunft zu führen. Der 11. September hinterläßt Spuren in der ganzen Welt. Wir müssen mit der Realität leben, daß es eine absolute Sicherheit nirgends gibt. Wir müssen Gott danken, daß die Terroristen seitdem ihren Dschihad (heiligen Krieg) mit solchen Anschlägen nicht fortgesetzt haben.

Für Schlagzeilen sorgte dieses Jahr die Ausbreitung der Rinderseuche BSE, sie trat nun auch vereinzelt in Deutschland auf. In England, wo die Krankheit herkommt, bricht zudem die Maul- und Klauenseuche (MKS) aus. Furchtbare Bilder von dort gingen durch die Medien. Rinder wurden auf freiem Feld verbrannt, weil die Tierkörper-Beseitigungsanstalten überlastet waren. Die MKS schwappte auf das Festland über, bei den westlichen Nachbarn müssen viele tausend Rinder sterben. Deutschland hat Glück, es wird von MKS verschont. Die beiden Krankheiten verunsicherten die Verbraucher, Rindfleisch verschwand kurzfristig auf den Speisekarten und an der Ladentheke. Der Rindviehmarkt brach zusammen; es war ein Unglücksjahr für diese Viehhalter. In Deutschland wurden zum Jahresende 130 BSE-Fälle registriert, ein ganz geringer Anteil der Schlachtungen, doch jeder Fall ist einer zuviel. Inzwischen hat sich der Verzehr von Rindfleisch fast wieder normalisiert, doch die Preise für den Erzeuger sind noch unbefriedigend.

Ein freudiges Ereignis des Jahres war die Hochzeit meines Patenkindes Reinhard mit Andrea. Ich habe berichtet, wie 1994 im Flur des Wohnhauses auf dem großen Gutshof in Gutenzell junges Glück zerstört wurde. Nun bringt die junge Frau neues Leben in dieses Haus. Andrea und Reinhard dürfen ihr erstes Kind Lukas in die Arme schließen. Mein Freund Honor mit seiner Frau Elsbeth freuen sich über den geliebten Enkel Lukas, der den Namen Funk weiterträgt. Wir alle wünschen der jungen Familie viel Glück und reichen Segen für die Zukunft.

Die letzten Zeilen des Jahres will ich der scheidenden D-Mark widmen. Sie ist untrennbar verbunden mit dem Wiederaufbau, dem Wirtschaftswunder und der erfolgreichen Entwicklung Deutschlands bis zum heutigen Tag. Am 20. Juni 2001 feierte sie ihren 53. Geburtstag. Ich erzählte bereits von der Umstellung von R-Mark auf D-Mark. Wie berichtet, kaufte ich mir im Herbst 1948 mit 21 Jahren mein erstes eigenes Kleidungsstück, einen warmen Wintermantel für 118,– selbstverdiente D-Mark. Für uns, die Kriegsgeneration, bedeutete die D-Mark den Beginn eines neuen Lebensabschnittes, daher fällt uns der Abschied schwer. Als wir 1985 mit Ostdeutschen in Ungarn auf Urlaub waren, merkten wir den gewaltigen Unterschied vom Wert der D-Mark zur Ost-Mark. Wie freuten sich unsere Landsleute, als mit der Wiedervereinigung die stabile D-Mark zu ihnen kam. Die D-Mark wurde zum Symbol unseres Landes. Mit ihr erlangten wir wieder Weltgeltung als Wirtschaftsmacht. Danke, daß du uns so viele Jahre ein treuer und zuverlässiger Begleiter warst. Ob wir dies von deinem Nachfolger, dem EURO, später auch sagen können?

## 2002

Europa heißt den EURO willkommen, so lauten die ersten Nachrichten im neuen Jahr. 1992 wurde in der holländischen Kleinstadt Maastricht die Einführung einer gemeinsamen Währung von der EU beschlossen und die Kriterien für den Beitritt festgelegt. Vor sechs Jahren einigten sich die EU-Länder auf den Namen EURO für die neue Währung. Am 1. Januar 1999 wurde er als Buchgeld geboren, am 1. Januar 2002 löst er auch als Bargeld die D-Mark ab. Ab 17. Dezember 2001 konnte jede und jeder Deutsche für 20,– DM die ersten EURO-Münzen auf der Bank erwerben, um sie kennenzulernen und zu »begreifen«. Es ist schon einmalig, wenn wir nun in zwölf EU-Ländern mit über 300 Millionen Menschen von Finnland bis Spanien, von Norwegen bis Sizilien mit demselben Geld bezahlen können. Nur die drei EU-Mitglieder England, Schweden und Dänemark warten vorerst ab. Die Schweiz als Insel mitten in Europa nimmt eine Sonderrolle im internationalen Geldgeschäft ein. Ich wünsche mir, daß neben den oben genannten weitere osteuropäische Staaten der EU beitreten und die Kriterien von Maastricht erfüllen. Es würde die Völker Europas einigen und stark machen. Ich habe Vertrauen zur dritten Währung in meinem Leben nach Reichsmark und Deutsche Mark und hoffe, daß der EURO die Stabilität der D-Mark übernimmt.

Am 2. Januar feierte ich meinen 75. Geburtstag. Für eine Überraschung sorgten meine Nachbarn, Musik und nette Liedvorträge erklangen vor dem Haus. Sogar Oma Ruß mit 82 Jahren sang aus voller Kehle mit, ebenso der Jugendchor. Mit dem Liederkranz werde ich nachfeiern, im Frühjahr auch mit meinen Verwandten und Bekannten bei Cäcilia und Christian in Nesselwang. Das Durchschnittsalter der Männer habe ich nun überschritten, es beginnen die geschenkten Jahre. Ich bin dankbar, daß ich dieses Alter bei noch guter Gesundheit erreichen durfte. Zwei Tage später war wieder ein Freudentag, Anna Sophie wurde geboren, Heike und Reinhold werden erstmals glückliche Eltern. Der vierte Januar war schon lange als Geburtstag errechnet, Heike machte ihn wahr. Ich freue mich sehr über das dritte Enkelkind, es wird Leben in unser Haus bringen.

Meinen 56. Kalender habe ich mit kurzen Eintragungen über den EURO und die beiden Geburtstage begonnen. Mit diesen ersten vier Tagen des neuen Jahres will ich zeitlich meine Berichte von 75 Lebensjahren beenden.

82   *Oberdischingen. Feldkreuz im Gewann Untere Wiesen.*
      *Inschrift: Herr, hilf uns Deine Schöpfung gut verwalten, sie*
      *dankbar benutzen und erhalten. Bittage 1999*
      *Folgende Doppelseite*
83/84  *Tagebücher von 1947–1974 und 1975–2002.*
      *Nur die Originalausgabe 1989 fehlt. Sie wurde von den Russen*
      *in Leningrad »beschlagnahmt«*

DLG KALENDER 1951

Deutscher Bauern Taschen Kalender 1950

1948
Termin- und Notizkalender
Mit dem Sekretärbuch

1949
Termin- und Notizkalender
Für das Schreibtisch

Wäre's Schreib-Kalender für schweizerische Landwirte 1952

Mentzel Landwirtschaftlicher Kalender 102. Jahrgang 1953

Mentzel Landwirtschaftlicher Kalender 103. Jahrgang 1954

Mentzel Landwirtschaftlicher Kalender 104. Jahrgang 1955

Mentzel Landwirtschaftlicher Kalender 105. Jahrgang 1956

Mentzel Landwirtschaftlicher Kalender 107. Jahrgang 1958

Mentzel Landwirtschaftlicher Kalender 108. Jahrgang 1959

Mentzel Landwirtschaftlicher Kalender 109. Jahrgang 1960

Mentzel Landwirtschaftlicher Kalender 110. Jahrgang 1961

Mentzel Landwirtschaftlicher Kalender 111. Jahrgang 1962

Mentzel Landwirtschaftlicher Kalender 112. Jahrgang 1963

Mentzel Landwirtschaftlicher Kalender 113. Jahrgang 1964

Mentzel Landwirtschaftlicher Kalender 114. Jahrgang 1965

Mentzel Landwirtschaftlicher Kalender 115. Jahrgang 1966

Mentzel Landwirtschaftlicher Kalender 116. Jahrgang 1967

Mentzel Landwirtschaftlicher Kalender 117. Jahrgang 1968

Mentzel Landwirtschaftlicher Kalender 118. Jahrgang 1969

Mentzel Landwirtschaftlicher Kalender 119. Jahrgang 1970

Mentzel Landwirtschaftlicher Kalender 120. Jahrgang 1971

Mentzel Landwirtschaftlicher Kalender 121. Jahrgang 1972

Mentzel '73 Landwirtschaftlicher Kalender Verlag Paul Parey 122. Jahrgang

Mentzel '74 Landwirtschaftlicher Kalender Verlag Paul Parey 123. Jahrgang

85  *Liederkranz Oberdischingen am 14. November 1992.*
   *Vordere Reihe von links: Elfriede Hilpert, Doris Seitz, Annelies
   Strobel, Helga Eberhardt, Paula Braun, Veronika Haibt, Frida
   Hospach, Betty Weishaupt, Brigitte Lalka, Elisabeth Lalka, Rita
   Huber.*
   *Zweite Reihe: Hilde Bareiss, Christa Eh, Rosemarie Holl, Ingeborg
   Glasse, Anni Hermann, Rita Reich, Meta Roser, Franziska
   Tritschalleck, Irmgard Kretschmer, Christine Hermann, Gisela
   Maucher, Berta Schien.*
   *Dritte Reihe: Vorstand Frieder Schien, Albert Erne, Walter Reiser,
   Stefan Reutemann, Herbert Seitz, Eberhard Köninger, Peter Birk,
   Alfred Wieder, Hans Kneer, Franz Braun, Josef Huber, Anton
   Hospach, Max Schlick, Manfred Herrmann, Paul Herrfurth, Josef
   Denkinger, Chorleiter Ulrich Spies, Heinrich Schmid*

Ich will nochmals Rückschau halten, wie sich das Leben in unseren Dörfern, so auch in Oberdischingen fortentwickelt hat. Was hat sich seit 1957, als ich hier seßhaft wurde, in unserem Ort verändert?

Manches habe ich notiert, Wichtiges oft vergessen. Hätte ich doch früher den Einfall gehabt, es aufzuschreiben, nicht erst vor einem Jahr. Als Landwirt habe ich einiges über die technische Entwicklung in meinem Betrieb und im Umfeld berichtet. Gerade in der Landwirtschaft gab es einen gewaltigen Strukturwandel. Ich berichtete bereits, daß viele Betriebsleiter mit wenig Fläche einen Zuerwerb suchten und fanden. Eine Umstellung in so kurzer Zeit hat es noch nie gegeben. Nebenerwerbslandwirte nahmen immer mehr zu, die Hauptberuflichen wurden weniger. Anschaulich sehen wir diese Entwicklung bei den Milchlieferanten, deren Zahl in unserem Ort dramatisch zurückging. Folgende Höfe lieferten 1957 noch Milch an unsere Molkerei:

*Oberdischinger Milchlieferanten 1957*

|    | 1957 | heute | Hausname |
|----|------|-------|----------|
| 1  | Bader Konrad | Bader Konrad | Geiseles |
| 2  | Bader Stefan | Bader Stefan jun. | |
| 3  | Braig Anton | Ökonomie abgerissen Wohnungen, Herrengasse 23 | Hausbäuerles |
| 4  | Braig Peter | Kreps Alexander | Schuhpeters |
| 5  | Braun Konrad | Braun Franz | Mauchers |
| 6  | Bronner Josef | Bronner Josef | Modelwebers |
| 7  | Denkinger Josef | Denkinger Josef jun. | Monningers |
| 8  | Denkinger Konrad | Denkinger Franz | Adlerwirts |
| 9  | Denkinger Max | Gapp Hermann | Deises |
| 10 | Dosch Josef | Dosch Josef | |
| 11 | Dreutz Josef | Enderle Xaver | Nolles |
| 12 | Dreutz Lukas | Schenk Josef | Kutschemaiers |
| 13 | Enderle Xaver | z.T. abgerissen, Hospach Richard | Leates |
| 14 | Fischer Georg | Fischer Johanna | Nolles |
| 15 | Fischer Johann | Fischer Hans | Darradommes |
| 16 | Fischer Josefine | Dosch Josef | Fischerwangers |
| 17 | Häußler Alois | Häußler Alois | Semes |
| 18 | Häußler Josef | Häußler Josef | Haberhannes |

| | 1957 | heute | Hausname |
|---|---|---|---|
| 19 | Hermann Franz | Ökonomie abgerissen, Hermann Thadäus | |
| 20 | Hermann Josef | Hermann Ludwig | Stallhannes |
| 21 | Hermann Vinzenz | Hermann Vinzenz Wohnhaus abgerissen | Kommehanses |
| 22 | Huber Josef | Huber Thomas | Neubaus |
| 23 | Kneer Anton | Miller Constantin | |
| 24 | Kolb Alois | Kolb Josef | |
| 25 | Manz Karl | Herrmann Magnus | Manzabeck |
| 26 | Merkle Karl | Hofstelle abgerissen, Wohnungen, Bachstrasse 3 | |
| 27 | Osswald Engelbert | Osswald Alfred | Kästles |
| 28 | Ott Alfons | Ott Alfons | Herregaßbecks |
| 29 | Ott Josef | Ott Franz | Baus |
| 30 | Ott Josef | Ott Mia | Wolfes |
| 31 | Ott Josef | Ott Josef | Löwewirts |
| 32 | Ott Vinzenz | Ott Klara | Schulzes |
| 33 | Rapp Georg | Rapp Hans | |
| 34 | Reutemann Stefan | Reutemann Franziska | Härles |
| 35 | Schlick Anton | Schlick Anton | Hoides |
| 36 | Schmucker Rupert | Schmucker Maria | |
| 37 | Seitz Gottfried | Seitz Herbert | |
| 38 | Sommer Xaver | Hofstelle abgerissen Wohnhaus Sommer Rudolf | Knables |
| 39 | Stolz Raimund | Enderle Karl | |
| 40 | Ströbele Rupert | Ströbele Mathilde Ökonomie abgerissen | Glonzes |
| 41 | Tonak Oswald | Tonak Frida | Balzes |
| 42 | Volz Agnes | Volz Josef | Rußes |
| 43 | Volz Georg | Volz Luise | Zyprianers |
| 44 | Walser Kreszentia | Schiedel Rafael | |
| 45 | Zink Johann | Wichert Hans-Benno | im Kloster |
| 46 | Zugmaier Anton | Zugmaier Alfred | |

1971 wurde die hiesige Molkerei geschlossen, da die Zahl der Milchlieferanten sich halbiert hatte, wie der letzte Vorstand Stefan Bader sen. erzählte. Viele Landwirte spezialisierten sich auf die Schweinehaltung, andere gaben infolge Generationswechsel oder anderer Gründe die arbeitsintensive Milchviehhaltung auf. Langjährige Molkerinnen waren Theresia Sommer mit Johanna Walter und am Schluß Thea Waschlewski mit Josefine Held.

Ich erzählte bereits von meiner Heimat, daß die Molke nicht nur Treffpunkt der Lieferanten und Milchabnehmer

# Molkereigenossenschaft Oberdischingen

Name: _Huber Josef_ № 12

Milchauszahlung für Monat _Mai_ 1963

| | kg-Milchpreis | |
|---|---|---|
| | DM | Pf |
| Grundpreis Milchpreis sind je kg Milch 27 Pfg. | | |
| Fettpreis ersparte Umsatzsteuer enthalten Pf je F.E. | | |
| Stützung . . . Pf je F.E. | | |
| Der Fettgehalt ___ %× ___ Pf je F.E.= | | |
| | | |
| | | |
| FEB | 65 | 46 |
| Kilopreis zur Auszahlung | 4.2% 21 | 82 |
| Gesamtanliefg 2503 kg {× Kilopreis 29.0 | 725 | 87 |
| {× Fettgeh. ___ % ___ FE | | |
| Abzüge / Rückgabe: | DM | |
| 14 kg Butter . je ___ DM 36 52 | 813 | 15 |
| ___ Ltr./kg Magermilch je ___ Pf | | |
| ___ Ltr./kg Buttermilch je ___ Pf | | |
| ___ kg 4.740 Käse je ___ DM 10 85 | | |
| Watteschelben . . . . | | |
| Vorschuß . . . . . | | |
| | 47 | 37 |
| **Auszahlungsbetrag** abzüglich Rückgabe | 765 | 78 |

*Milchabrechnung der ehemaligen Molkereigenossenschaft*

war, sondern auch von anderen Einwohnern. Hier wurden Neuigkeiten ausgetauscht, für die Jugendlichen war sie abends ein beliebter Anziehungspunkt. Durch die Spezialisierung der landwirtschaftlichen Betriebe und die Technik der Milcherfassung wurde die Molke als zentraler Sammelpunkt nicht mehr benötigt.

Nun wurden Sammelstellen für die fahrbaren gekühlten Milchbehälter eingerichtet. Der Fahrer des Tankwagens von der Milchversorgung Schwaben in Neu-Ulm zieht seither täglich die Milch aus diesen Behältern und stellt die Menge fest. Monatlich werden fünf Proben genommen und Fett-, Eiweißgehalt und andere Werte festgestellt. Milch ist somit eines der meist kontrollierten Nahrungsmittel. Folgende Zahlen vom Milchwerk Neu-Ulm zeigen die gewaltige Veränderung in unserem Raum auf. 1971 lieferten 7.000 Betriebe im Schnitt pro Jahr 26.000 Liter Milch an. Im Jahre 2000 ging die Zahl auf 2.000 Lieferanten zurück, die aber im Durchschnitt 160.000 Liter je Jahr produzierten. Weniger Landwirte liefern jetzt mehr Milch an, als früher die vielen zum Teil kleinen Höfe.

In Oberdischingen haben wir heute noch zwei Milcherzeuger (1957 = 46), insgesamt 8 hauptberufliche und ca. 20 nebenberufliche Landwirte. Die jährliche Abnahmerate der landwirtschaftlichen Betriebe beträgt im Bundesgebiet in den letzten zehn Jahren 3%. Diese seit Jahrzehnten gewaltige Schrumpfung kann so nicht weitergehen. Ein paar Zahlen zum Nachdenken: 1960 waren noch 3.581.000 Erwerbstätige in der Landwirtschaft, jeder einzelne ernährte 17 Menschen. 1998 waren es noch 972.000 oder 2,9% aller Erwerbstätigen, jeder ernährte jetzt 114 Menschen. 1950 gab der Bundesbürger noch 43% seines Einkommens für Nahrungsmittel aus, 1998 noch 12%. Ich habe schon immer jedem jungen Landwirt, der in den Nebenerwerb ging, empfohlen, seinen Grund und Boden zu behalten. In der Schule lernten wir: Der Boden ist unvermehrbar und unzerstörbar. Die erste These stimmt, die zweite nicht mehr. Natürlich braucht die Kommune und der Staat Flächen für die Weiterentwicklung, doch sie sollten mit ihnen ganz sparsam umgehen. In Baden-Württemberg werden *täglich* 11 ha Wald, Wiesen oder Äcker verbaut oder versiegelt. Für neue Wohnhäuser

Straßen, Gewerbegebiete und Freizeitanlagen verschwinden im gesamten Bundesgebiet *täglich* 129 ha für obige Nutzung.

Die Weltbevölkerung beträgt 6 Milliarden Menschen und sie nimmt jährlich um ca. 80 Millionen zu. Da alle satt werden wollen, überschreiten viele die Grenzen ihrer Heimatländer und ziehen, oft illegal, in andere Staaten, in der Hoffnung, dort zu überleben. Ich glaube fest daran, daß unsere Landwirtschaft in der ferneren Zukunft eine bessere Bewertung erfahren wird als heute.

Mit der Technisierung und dem Fortschritt in der Landwirtschaft verloren mehrere Handwerker ihre Aufgaben, die sie jahrhundertelang ausgeübt hatten. Der letzte Sattler, Georg Frey, in der Herrengasse 15 fertigte noch Zuggeschirre für Pferde, Ochsen und Kuhgespanne an, natürlich auch Polstermöbel und führte Reparaturen durch. Als die Aufträge zurückgingen, fand er in Ulm bei der Bundeswehr eine neue Arbeitsstelle.

Bei unserem Schmied und Nachbarn Karl Hospach in der Wolfengasse hörte ich das Hämmern auf dem Amboß immer seltener. Gerne sah ich ihm zu, wenn er ein Stück Eisen funkensprühend auf seinem Amboß zurecht bog, Pflugschare ausschmiedete und Hufeisen anpaßte. Die Landwirte, die Pferde wurden weniger, die Wagen, die Maschinen und Geräte veränderten sich. Er und sein Sohn stellten sich langsam auf Sanitärinstallation und Heizungsbau um. Der Bruder Josef Hospach hatte seine Wagnerwerkstätte direkt neben der Schmiede. Ich staunte, wenn er ein Rad, eine Holzleiter oder einen handlichen glatten Gabelstiel anfertigte. Er verstand sein Handwerk bestens. Doch wir Landwirte benötigten keine eisenbereiften Ackerwagen, keine Ersatzräder und keine Aufbauten mehr. Auch der Bedarf an Geräten aus Holz ging zurück. Unser letzter Wagner fand eine neue Arbeit im Kraftwerk an der Donau.

Über unseren Landmaschinenmechaniker Josef Braun habe ich schon mehrmals berichtet. Er konnte seine Arbeit bis ins Rentenalter weiterführen, sein Sohn betreibt in diesen Gebäuden jetzt eine Kfz-Werkstatt.

*Abb. Seite 318–320: Handwerker, mit denen wir zusammenarbeiteten.*

*Josef Hospach*, **Wagnermeister,**

Bankkonto: Spar- und Darlehenskasse Oberdischingen     *Oberdischingen* Kreis Ehingen

Fol. ..................................................... ⑩ Oberdischingen, den 2. August 19 59

**RECHNUNG** für *Herrn Josef Huber Bauer*

*hier*

010163 9 58. 103

M. 23. 1. 69

---

*Gerhard Dura* · **BAUGESCHÄFT** · **OBERDISCHINGEN**

Herrn
Josef Huber

     H i e r

**RECHNUNG**

Bankkonten:
Darlehenskasse Oberdischingen 569
Kreissparkasse Ehingen (Donau) 2044
Fernsprecher Erbach (07305) 336

**7931 OBERDISCHINGEN**

Den 31.12.68.

---

*Georg Hess* - **ELEKTROMEISTER**

**ELEKTRO-HERDE · MOTOREN · GERÄTE · NEUANFERTIGUNG UND REPARATUR ELEKTRISCHER ANLAGEN**

Herrn
Josef Huber
Oberdischingen

**RECHNUNG** Fol. · Schmotte

Bankkonto:
Darlehenskasse Oberdischingen
Telefon Erbach Nr. 211

**OBERDISCHINGEN**
Kreis Ehingen-Donau

den 22.11.60.

---

Ber. u. Überw. 2. 3. 60

**ANTON VOLZ,** MAURERMEISTER

64

**OBERDISCHINGEN** Kreis Ehingen

Fol.

**Rechnung** für *Herrn*

*Josef Huber Bauer*

*hier*

Bankkonto: Spar- und Darlehenskasse Oberdischingen

Den 7. Juli 1960

| 1959 | | | | | | |
|---|---|---|---|---|---|---|
| Jun. 5-11 | | Maurer Nr. 9. ¾ ½ - | 1½ | 369 | 64 | 57 |
| | 7 | 3 Sack Zement | | 440 | 13 | 20 |
| | | 212 Splittbetonplatten (artl. 15 × 19½ 7,90 ) | 15,70 | | 124 | 03 |
| | 8. | 2 Sack Zement | | | 8 | 80 |
| | | 10 lb. Gyps | | | 2 | - |
| | | 1 Sack Sand | | | 1 | 70 |
| | | 1 Hdschg. 65 + 1 ... Schutzblech | 45 | | 1 | 10 |
| | | 1 ... Schutzblech | | | - | 45 |

# Stefan Merkle

SCHREINERMEISTER · BAU- UND MÖBELSCHREINEREI

**OBERDISCHINGEN**

Herrn

Josef Huber

Genossenschaftsbank Oberdischingen
Nr. 364

Den **16.12.62**

RECHNUNG

---

**M. Held-Stüber** GETREIDEMÜHLE *Oberdischingen/Ehi.*

Fernsprecher Erbach Nr. 811

Herrn

Huber o, Müsch.

**Eingangs-Lieferschein**

| | á | DM | Pfg. |
|---|---|---|---|
| | | 318 | — |
| | | 59 | 40 |
| | | 9 | 60 |
| | | 39 | 60 |
| | | 25 | 40 |
| | | 26 | 30 |
| | | 3 | 20 |
| | | 191 | 50 |

---

**Alfred Eh. Malermeister Oberdischingen**

Ausführung sämtlicher Malerarbeiten

Herrn

Josef Huber

Oberdischingen

Bankkonto:
Darlehenskasse Oberdischingen
Kreissparkasse Ehingen 655

Oberdischingen, den
Kreis Ehingen-Do.

**Rechnung**

---

**PETER BRAIG** SCHUHMACHERMEISTER **Oberdischingen**

Bankkonto: Spar- und Darlehenskasse Oberdischingen
Fol **28** Oberdischingen, den **31·7·1960**
Kreis Ehingen (Donau)

**RECHNUNG** für Herrn Josef Huber hier

| 1960 | | | DM | Pfg. |
|---|---|---|---|---|
| März 5. | Stiefel Sohlen bes. Gelenk gen. interl. u.gen. | | 1 | 50 |
| April 14. | 2 Paar Schuh gen. | | | 80 |
| Mai 19. | Hausschuh Abs. ger. u. Sohlen bes. | | 1 | 80 |
| " 19. | 1 Stiefel gefl. | | | 70 |
| Juli 9. | Schuh gefl. Rahmen Stück Stossl. u. gen. | | 2 | 80 |
| " 21. | " gesohlt Stoss neue Abs. u. Futter | | 10 | 50 |
| " 21. | " viel genäht 1 Haken | | 1 | 20 |
| | | DM | 19 | 30 |

Dankend erhalten den 8.8.60.
Peter Braig

# KARL HOSPACH
### SCHMIEDMEISTER

Herrn

Josef Huber   Bauer

hier

Bankkonto:
Spar- und Darlehenskasse Oberdischingen

**Oberdischingen**

---

# JOSEF BRAUN, Landmaschinen · Schlepper · Reparaturen

Bankkonto: Spar- und Darlehenskasse Oberdischingen
Kreis-Sparkasse Ehingen a. D.

**Oberdischingen** Kreis Ehingen

Fol.

Oberdischingen, den 31. Dezember 1955
31.12.61

**RECHNUNG** für Herrn Josef Huber Bauer

Übro. am 6.8.63

---

# Alois Faßnacht Flaschnerei und Wasserleitungs-Geschäft

Bank: Spar- u. Darlehenskasse Oberdischingen

**Oberdischingen** Kreis Ehingen/Donau

Fol.

(14b) Oberdischingen, den 4. Aug. 1963

**RECHNUNG** für Herren Josef Huber

hier

---

# Karl Gapp, Zimmermeister,

Bankkonto: Spar- und Darlehenskasse Oberdischingen

**Oberdischingen** Kr. Ehingen

Fol.

(14) Oberdischingen, den 16. Aug. 1958

**RECHNUNG** für Herrn Josef Huber

hier

| | | | | | DM | Pfg. |
|---|---|---|---|---|---|---|
| Jan. | 3. | Hütte abgepreist u. und sägen 2 Bein sägen gf. | | à | 5 | 65 |
| " | 26. | Bandzangen eingesetzt zu. 11 Zoll | | 365. | 41 | 92 |
| | | 18 nagel 2.30 u. 8 Stk. 2.10 u. | | | 2 | 50 |
| | 28. | Band fertig gemacht u. o.w. 6 Zoll | | | 23 | 22 |
| | | 8 nagel 2.00 u. | | | | 65 |
| | | 4 zangen geliefert 0.26 cbm. | | 200 | 152 | - |
| | | f. Nacht-zeit | | | 3 | - |
| " | 31. | Schließrien Deichl gemacht | | | 3 | 70 |
| | | 12. 450 g 13 u. 40 % d. | | | 6 | 90 |
| Feb. | 4. | Stuhen diele zugeschnitten f. Lohnrau stall. | | | 1 | 20 |

Wenn Landwirte Weizen in der hiesigen Mühle in der Allee ablieferten, bekamen sie vom Müllermeister Matthias Held Brotmarken, die sie in den beiden hiesigen Bäckereien einlösen konnten. Großmühlen und die Aufgabe von vielen Bauernhöfen waren die Ursache für das Mühlensterben. Auch die Mahlsteine unserer Mühle waren immer seltener in Betrieb und kamen in den neunziger Jahren endgültig zum Stillstand. Unser letzter Müllermeister kannte sich als Mühlenbauer gut aus. Es war ein Nebenverdienst für ihn, wenn er Inventar von stillgelegten Mühlen an Landwirte vermittelte. Bis ins hohe Alter verkaufte er gutes Mehl an seine Kundschaft und tauschte mit ihr Neuigkeiten aus.

Nicht nur in der Landwirtschaft gab es in den letzten Jahrzehnten große Veränderungen, sondern auch in vielen anderen Bereichen. Drei Lebensmittelläden gaben auf, sie waren in der Herrengasse 12 (Schrode-Plötz) und 26 (Emma Ott). Der dritte befand sich in der Hauptstraße 12 (Maria Amann). Ein vierter Laden dieser Branche eröffnete neu und schloß wieder die Türen. Den kleinen Laden für Haushaltswaren in der Herrengasse 14 (Faßnacht) gibt es auch nicht mehr. Gegen die Billigangebote der vielen Supermärkte konnten sie nicht mehr bestehen.

Seit ich hier bin, wurden zwei von fünf Gaststätten geschlossen. Am Ortsausgang gegenüber vom Käppele machte die »Krone« zu, ein Lokal, das wegen seiner guten Küche geschätzt wurde. Am Dreifaltigkeitsfest saß man bei gutem Wetter im schönen Kronengarten. Einen guten Ruf hatte auch der »Löwen« in der Herrengasse. Mein Schwiegervater und Margarete Leba, Tochter des Löwenwirts, erzählten, daß dort vor dem Zweiten Weltkrieg jeden Dienstag der Herrenabend stattfand. Lehrer, Apotheker, Pfarrer, Bürgermeister, Dorfarzt Dr. Munding, die Landärzte der Umgebung, Baron Raßler von Gamerschwang u.a. sowie die Ulmer Ärzte Dr. Mendler und Dr. Renz trafen sich beim Löwenwirt. Die Ulmer brachten Gäste mit, wie den berühmten Luftschiffer, Dr. Hugo Eckener, der den »Zeppelin« über den Atlantik und in die Arktis steuerte, auch der Schauspieler Paul Wegener war in der Runde. Dr. Mendler war ein guter Chirurg in Ulm, dem sich manche Oberdischinger anvertrauten. Seinem hiesigen Arztkollegen Adolf Munding widmete er folgende Verse: »»Manchmal glückt was, manchmal verreckt was‹. Das bringt das Handwerk mit sich. Chirurg: ›Trink aus Freud‹ Chirurg: ›Versauf Dein Leid‹ und danke allen im Stillen, die Dir das Glas und den Becher füllen.«

Es ging oft feucht-fröhlich zu bis spät in die Nacht. Der »Löwen« hatte einen großen Saal, in dem bis zur Eröffnung der Festhalle viele Veranstaltungen, Feste und Hochzeiten (auch unsere) stattfanden. Schade, daß auch er seine Pforten schloß. Wir hoffen schon seit Jahren auf neues Leben in diesem historischen Gebäude.

Als ich nach Oberdischingen kam, war die Poststelle im »Löwen«. 1970 wurde sie größer und schöner im Untergeschoß eines Wohnhauses auf der Schießmauer 3 eingerichtet. Neben dem »Löwen« wohnt Emma Schmid. Sie war 23 Jahre lang pflichtbewußte Postbotin in unserem Dorf. Man nennt sie bis heute kurz die Post-Emma. Sie war bei Hitze und Kälte, bei Regen und Wind allein unterwegs, (ohne Auto) und brachte freudige und andere Nachrichten ins Haus. Erst als sich unser Ort immer mehr ausdehnte, half ihr Johanna Volz. Jetzt im Alter dürfen sich beide Briefträgerinnen einer guten Gesundheit erfreuen. Vielleicht haben die vielen Postkilometer bis heute positive Auswirkungen.

Der Vater von Emma Schmid war der Schreinermeister Josef Schmid. Auch er war ab und zu Gast in der Herrenrunde nebenan im »Löwen«. Ich erzählte bereits von dem bekannten Arzt Dr. Mendler. Er war auch ein begabter Maler. So sagte er zum Schreinermeister: »Deinen Charakterkopf muß ich auch noch malen«. Das Bildnis hängt bei der Post-Emma in der guten Stube. Es war vor Jahren bei einer Gemäldeausstellung des Malers in Ulm.

Im Zuge der Postreform wurde 1998 die Agentur auf der Schießmauer geschlossen. Eine kleine Filiale wurde in den Bäckereiladen in der Hauptstraße 21 eingebaut. Die Postbotin kommt heute mit dem Auto. Alles muß schneller erledigt werden. Für ein Gespräch bleibt wenig Zeit, draußen läuft der Motor des Pkw.

Unsere Friseurmeister Otto Braig, ein Jahrgangskollege, weiß noch 14 Handwerker, die in seiner Jugendzeit in der Herrengasse tätig waren. Heute sind es noch vier, im Dorf insgesamt sind wir mit 14 noch gut versorgt. Graf Schenk von Castell beschäftigte damals 48 Handwerker. Oberdischingen hatte durch den Herrschaftssitz eine Sonderstellung. In den umliegenden Dörfern brauchte man z.B. keinen Hutmacher und Goldschmied wie hier.

Unser letzter Uhrmacher war Max Klein in der Herrengasse, dessen Vater schon diesen Beruf ausübte. Max, wie er allgemein genannte wurde, war auch noch Mesner, eine Tätigkeit, die er gerne nebenbei ausübte. Er hatte keinen Nachfolger, die Uhren wurden immer billiger, Reparaturen lohnten sich oft nicht.

Überall gab es Reformen, so auch bei der Polizei. Polizeihauptmeister Stefan Maier sorgte in Oberdischingen und in den umliegenden Orten für Ruhe und Ordnung. Schon 1947 übernahm er den hiesigen Polizeiposten, dem er bis zu seiner Pensionierung 1976 treu blieb. Er kannte viele seiner Schäfchen persönlich, wir konnten mit ihm gut leben. Kaum war ich 1957 hier eingezogen, hielt er mich an, mein Autokennzeichen war noch RV statt EHI. Schade, daß es keinen Nachfolger mehr gab, heute könnten wir ihn dringend brauchen.

Unser Amtsbote und letzter Dorfpolizist Heinrich Bareiss wohnte im Erdgeschoß des alten Schul- und Rathauses. Er schwang seine Schelle an bestimmten Standorten im Dorf. Die angrenzenden Nachbarn erfuhren so die neuesten Nachrichten vom Rathaus, dem Lagerhaus oder sonstigen Auftraggebern. Ende der sechziger Jahre verstummte der vertraute Klang. Das Gemeindeblatt, das 1960 eingeführt wurde, informiert die Dorfbewohner bis heute ausführlich über das aktuelle Geschehen in unserer Gemeinde.

Der Ortskern hat sich in den letzten 45 Jahren enorm verbessert. Nach der ersten Kanalisation anfangs 1960 wurden nach und nach alle Straßen geteert. Auch bei schlechtem Wetter blieben nun die Schuhe beim Einkauf oder Kirchgang sauber, heute ist dies kein Thema mehr. Etliche alte Bauernhäuser wurden abgebrochen und neu aufgebaut. Natürlich sind auch viele Baulücken durch Neubauten geschlossen worden, zahlreiche Häuser wurden innen auf den neuesten Stand gebracht und die Fassaden ansprechend gestaltet.

Langsam entwickelte sich hier das produzierende Gewerbe. Heinrich Bareiss jun. begann 1954 in der ehemaligen Schmiede seines Schwiegervaters mit der Herstellung von Härteprüfgeräten. Bald wurde es dort zu eng. 1977 baute er im Breiteweg neben der Kirche eine Produktionsstätte, der 1990 eine neue Werkshalle mit Verwaltungsgebäude folgte. Neue elektronisch gesteuerte Prüfgeräte wurden eingeführt, die z.B. zur Härteermittlung an Farb- und Lackschichten oder ähnlichen Materialien verwendet werden. Auch Kunststoffe, Autoreifen, Dichtungen, Kabel und Hydraulikteile können damit getestet werden. Ja selbst in der Pharmazie und in der Lebensmittelindustrie kommen sie zum Einsatz. Um Prüfgeräte zu bauen, werden an die Betriebsangehörigen höchste Ansprüche gestellt, sie müssen sehr präzise und gewissenhaft arbeiten. Heute beschäftigt die Firma 40 Mitarbeiter/innen.

Im Keller des Wohnhauses Kapellenberg 25 begann Andreas Lewicki 1967 mit Mikroelektronik. Der Gemeinderat, dem ich damals angehörte, besichtigte dort die ungewöhnliche Produktion, die nur über das Mikroskop stattfand. A. Lewicki sagte uns damals, daß er junge Frauen mit einer ruhigen Hand und manueller Geschicklichkeit benötige, um winzige haarfeine Drähte zu löten. 1973 baute Lewicki die erste Produktionshalle in der Allee, weitere folgten. Neben Mikrochips für die Raumfahrt und Rüstung werden Herzschrittmacher hergestellt. Der technische Fortschritt war gewaltig. Anfangs wog ein Herzschrittmacher 200 Gramm, 1992 noch 25 Gramm. Bevor so ein Gerät das Haus verläßt, wird es auf »Herz und Nieren« geprüft. Der Prüfaufwand nimmt doppelt soviel Zeit in Anspruch wie die eigentliche Fertigung. Heute baut die Firma hauptsächlich spezielle Schaltungen für Luft- und Raumfahrt, Militärsicherheits- und Medizintechnik. Es ist dies eine Nischenproduktion, ganz nach den Wünschen der Kunden gefertigt. Lewicki ist mit 60 Arbeitsplätzen der größte Arbeitgeber in unserer Gemeinde.

Wolfgang Jakobs übernahm nach der Schließung das hiesige Molkereigebäude. Aus Kunststoffen produziert er Verpackungen, Sitzpolster und andere Artikel. Er beschäftigte fünf bis zehn Frauen – je nach Auftragslage. Heute

324

ist der Betrieb in Ersingen und in Ungarn tätig. Hier wird nur noch selten gearbeitet.

Auch kleine Betriebe, wie ein Getränkemarkt, ein Bauzentrum mit Naturmöbeln, Chemievertrieb mit Zwischenlager, Schuhgeschäft, Friseursalons, Blumenladen, Maler- und Lackierbetrieb, Baumschule u. a. sind neu entstanden. Oberdischingen hat sich durch mehrere große Neubaugebiete besonders im Nordosten stark vergrößert.

In Stichworten möchte ich schildern, wann die einzelnen größeren Baugebiete in den letzten 45 Jahren erschlossen wurden. Es sind dies Jahreszahlen, die stark schwanken, es dauert doch viele Jahre bis alle Baulücken geschlossen sind.

Als ich 1957 hierher kam, wurde am Kanalweg gebaut. In den 60er Jahren ging es weiter in der Hensinger- und in der Alemannenstraße. Auf der Schießmauer, am Hopfengarten und am Mühlbachweg wurde Stein auf Stein gesetzt. Es folgte in den 70er Jahren, z.T. schon früher, die Bebauung am Kapellenberg. Die Häuslesbauer waren in der Schenk-Castell-, Stauffenberg- und Uhlandstraße eifrig zu Gange, ebenso am Neuen- und Lerchenweg. Im Eschle entstand ein kleines Baugebiet. Auch auf dem Galgenberg wurde geschafft und geschwitzt und zwar in der Schwabenstraße, im Mörike-, Hölderlin- und Silcherweg. In die Goethe- und Beethovenstraße kamen die Bagger und Krane, überall wurde vermessen, ausgebaggert, geschalt, gehämmert und betoniert. Weiter ging die Bauerei in den 80er Jahren und vorher schon am Hägele, in der Schiller- und Hauffstraße. In der Gartenstraße wurde gewerkelt und geschuftet, ebenso in der Riedstraße und am Eiskeller. Viele Häuser entstanden in den 90er Jahren und früher in dem großen Baugebiet Kelten-, Franken-, Goten- und Normannenstraße. Die Schwabenstraße wurde verlängert und bebaut. Auch in der Allee wurde Neues geplant und errichtet. Im Jahr 2000/2001 wurde das Wohngebiet Erlenbach an der Ringinger Straße erschlossen. Zahlreiche Rohbauten wurden bereits hochgezogen und Richtfeste gefeiert.

Es wurden 28 Straßen z.T. frühere Verbindungs- und Feldwege ausgebaut und mit Wasser-, Kanal-, Strom- und Telefonanschluß versehen. An diesen 28 Straßen wurden

282 Wohnhäuser erstellt. Wenn ich die Häuser, die in den Baulücken der alten Ortsstraßen (Allee, Parkweg, Galgen- und Kapellenberg) neu errichtet wurden, dazu zähle komme ich auf über 300 Neubauten. Im Vergleich folgen- de Zahl: 1957 hatten wir nach Prof. Ott rund 200 Haupt- gebäude in unserem Dorf. Kaum zu glauben, wie sich Oberdischingen in 45 Jahren weiterentwickelt hat.

Da die Zahl der Bewohner in den neuen Häusern viel niedriger ist als früher in den Großfamilien, nahm die Zahl der Einwohner nur langsam aber stetig zu. Es war bisher ein gesundes Wachstum, so daß die allgemeinen Einrichtungen wie Kindergarten und Schule nicht über- fordert wurden, selbst die Kirche nicht. Obwohl die Zahl der Arbeitsplätze im Gewerbe und in den Dienstleistun- gen zugenommen hat, müssen viele Bewohner zur Arbeitsstätte nach Ehingen, Erbach, Einsingen, Ulm und noch weiter pendeln.

| Jahr | Auspendler | Einpendler | Einwohner |
|------|-----------|-----------|-----------|
| 1970 | 367 | 14 | 1340 |
| 1999 | 542 | 141 | 1955 |

Der Schwerpunkt der Bevölkerung liegt schon viele Jahre bei der Arbeitnehmerschaft, aus dem Bauerndorf ist eine Arbeiterwohngemeinde geworden.

Oberdischingen ist mit seinen Südhanglagen und seiner günstigen Verkehrslage zwischen Ehingen und Ulm ein begehrter Wohnort geworden. Es ist ein Ort, der für junge und ältere Bewohner viel anzubieten hat. Für junge Fami- lien sind der Kindergarten, die Grund- und Hauptschule wichtig, weiterführende Schulen befinden sich in zumut- barer Entfernung. Ich schilderte bereits das rege Vereins- leben. Das Freizeitangebot ist breit gefächert für Kinder und Erwachsene im sportlichen und im kulturellen Bereich. Für ältere Mitbürger, oft ohne Auto, sind Dienst- leistungen am Platz besonders wichtig. In Oberdischingen sind Arzt, Zahnarzt, Apotheke, Altenheim, Banken, Gast- stätten, Kirche, Post u.a. vertreten. Auch zwei Bäckereien mit Lebensmittelabteilung und einem breiten Sortiment für den täglichen Bedarf, sowie eine Metzgerei, machen den Einkauf im Dorf noch möglich. Oberdischingen hat sich in den letzten 45 Jahren als kleine selbständige Gemeinde mit fast 2.000 Einwohnern zu einem lebenswerten Ort entwickelt. Junge Leute bleiben hier, soweit sie nicht die Liebe oder der Beruf in die Fremde lockt. Zum Ausgleich kommen Auswärtige, die unser Gemeindeleben bereichern.

Wie hat sich das Leben, die Gesellschaft in unserem Land seit meiner Jugendzeit verändert? In Stichworten habe ich manches erwähnt. Viele Bücher sind schon über das vergangene 20. Jahrhundert geschrieben worden. Ich will hauptsächlich über die Zeit nach dem Zweiten Weltkrieg berichten; eine stürmische Entwicklung erlebte ich. Wie in der Landwirtschaft gab es in vielen anderen Lebensbereichen gewaltige Veränderungen. Nach der Währungsreform ging es steil aufwärts. Die Menschen fanden wieder Arbeit und Brot. Schon nach einigen Jahren kam etwas Wohlstand auf. Die Nahrungswelle (im Volksmund Freßwelle) begann, der bald die Reisewelle folgte. Besonders Italien und Spanien lockten in den 50er Jahren. Anfangs erfolgte das Reisen meistens mit dem Bus. 1955 nahm bereits das Bruttosozialprodukt abzüglich der Preissteigerung um 10,7% zu. Die Wohnungs- und Einrichtungswelle folgte. Es gab Arbeit in Hülle und Fülle. Nach und nach setzte die Autowelle ein.

In der Politik vollzogen sich ebenfalls positive Veränderungen. Konrad Adenauer und Charles de Gaulle bereiteten den Boden für einen Freundschaftsvertrag. In Rom unterzeichneten 1957 die ersten sechs Länder der heutigen EU, Frankreich, Italien, Niederlande, Luxemburg, Belgien und die Bundesrepublik Deutschland den EWG Vertrag (Europäische Wirtschaftsgemeinschaft). Westdeutschland als besiegtes und wirklich am Boden zerstörtes Land war dabei. Nach erbitterten Auseinandersetzungen quer durch die Parteien, an die ich mich noch gut erinnern kann, wurde die Wehrpflicht eingeführt. Einen herben Rückschlag für die Beziehungen zu Ostdeutschland, der DDR, bedeutete 1961 der Mauerbau. 1963 wurden zwischen den Atommächten Rußland, den Vereinigten Staaten und England ein Atomtest-Stop-Vertrag unterzeichnet. 18 Jahre nach dem Abwurf der ersten Atombombe auf Hiroshima konnte die Welt aufatmen.

1965 gab es in Westdeutschland 23 Millionen Werktätige, dazu 1,2 Millionen Gastarbeiter und trotzdem 600.000 offene Stellen. Die Arbeitslosenquote betrug 0,4%. Im Welthandel belegten wir 20 Jahre nach Kriegsende nach den Vereinigten Staaten und Rußland den 3. Platz. Wir besaßen die zweitgrößte Automobilproduktion der Welt. Amerikanische Wirtschaftshilfe zu Beginn und der ungebrochene Arbeitswille eines besiegten Volkes vollbrachten das Wirtschaftswunder. Die Wohlstandsgesellschaft wurde geboren. Die Arbeitszeit wurde immer kürzer, die Zahl der Urlaubstage wurde erhöht. Die Gesundheitswelle mit Kururlaub setzte ein. Jeder wollte lange leben, aber keiner alt werden, wie auch heute noch. Die Sitten änderten sich. Die Mädchen trugen hautenge Hosen, die Jungens schulterlange Haare.

Die Stellung der Frau wurde stark verbessert. 1972 wird erstmals mit Annemarie Renger eine Frau Bundestagspräsidentin. Das Mutterschutzgesetz tritt 1979 in Kraft. Es bringt für berufstätige Mütter eine große Verbesserung, 6 Monate Mutterschaftsurlaub und -geld. Dreiviertel der Frauen sind vor der Ehe berufstätig, viele nach der Kinderphase auch wieder. Die Frau steht ihren Mann.

Um infolge der Überbeschäftigung Personal zu sparen und den Einkauf schnell und oft preiswert zu erledigen, entstanden in den 60er Jahren die Selbstbedienungsläden. Ich weiß noch gut, wie Anton Schlecker sen., der Begründer der heutigen Ladenkette, mit seinem DKW zu seinem ersten Bauplatz in Ehingen fuhr. Heute hat die Firma 11.000 Filialen. Später, als er schon im Ruhestand war, kam ich öfters in der Sauna Trojan mit ihm ins Gespräch.

Um das Jahr 1955 kam die erste Computergeneration auf den Markt. Durch die Chipsplättchen, die auch 1969 die Firma Lewicki herstellte, wurden die Datenverarbeiter immer kleiner und trotzdem leistungsfähiger. Überall fand der Computer Verwendung in Maschinen und Geräten, der Bildschirm kam ins Büro, selbst in die Wohnung. Ab 1967 holte ich alle fünf Jahre nach der steuerlichen Abschreibung in Sindelfingen einen neuen Pkw. Jedes Mal staunte ich bei den Werksbesichtigungen über den technischen Fortschritt. Der Mensch wurde immer mehr am Fließband durch den Roboter ersetzt. Die computerge-

86  Ulrike und Thomas Huber, mit den Kindern Stefanie und Manuel
    im Urlaub
87  Cäcilia Huber und Christian Kübler in ihrem Restaurant »Zillhalde
    Stuben« in Nesselwang im Allgäu

88
Ines Graß und Bernhard
Huber bei der »Fußpflege«.
500 Schafe je vier Füße,
je Fuß zwei Klauen ergibt
4000 Klauen, eine große
Aufgabe für die beiden

89
Joachim Huber
mit Manuel Huber

90
Undine Gerx und Markus
Breitenmoser bei Kerzenschein

91
Heike und Reinhold
Breitenmoser mit Anna

92 *Die Enkelkinder Stefanie, Manuel und Anna am neuen Herrengaßbrunnen*

93 *Der Großvater im Jahre 2001 bei der »Tour de Ländle« vor seiner Herberge in Wolfach*

steuerten Maschinen machten es möglich, daß die Fertigungsstraßen verbunden wurden. Zukunftsvision ist z. B., daß in der Verpackungsfolie von Lebensmitteln und anderen Gebrauchsartikeln die Preise enthalten sind. Der Kunde begibt sich im Supermarkt mit vollem Einkaufwagen zur Kasse, der Computer übernimmt vom Wagen blitzschnell die Preise und druckt den Beleg aus. Der Kunde bezahlt mit der Kreditkarte. Die Person an der Kasse wird eingespart. Ob dies sinnvoll ist, steht auf einem anderen Blatt.

Als Kinder zählten wir bei Flugzeugen die Motoren. Die ersten Düsenjäger wurden am Ende des Zweiten Weltkrieges eingesetzt, ebenso Hubschrauber. Ab 1960 waren die ersten Düsenverkehrsflugzeuge im Einsatz, erst mit zwei, dann auch mit vier Triebwerken. 1970 flogen bereits Jumbo-Jets mit 490 Passagieren an Bord. Auch die Hubschrauber sind heute vielseitig verwendbar, im Rettungswesen unersetzbar.

Gleicherweise gab es bei der Eisenbahn große Fortschritte. Die Holzsitze der zweiten Wagenklasse, die ich lange gedrückt habe, wurden durch Polstersitze ersetzt. In meiner Jugendzeit fuhren alle Züge, auch der Orientexpreß mit rauchenden Dampflokomotiven vorbei. Sie wurden nach und nach durch Diesel- und Elektroloks ersetzt. 1985 kam der ICE auf die Schiene, der eine Reisegeschwindigkeit von 250 km/Std. erreichte. Der Spitzenwert lag bei 406 km/Std. Das Bahnreisen hatte eine neue Qualität erreicht.

Aber immer noch ist das Auto das meistbenutzte Verkehrsmittel, der Lkw die Nummer eins im Gütertransport. Zahlreiche Straßen, Autobahnen mit waghalsigen Brücken und lange Tunnels wurden gebaut, um den jährlich zunehmenden Verkehr aufzunehmen. Die Autos wurden immer größer, die Motoren stärker. Mein erster Pkw hatte 1955 nur 16 PS, mein heutiger, der allerdings schon 15 Jahre alt ist, 90 PS. Doch wieviel Autos hält unser Planet aus? Wenn China und andere bevölkerungsreiche Staaten dieselbe Autodichte anstreben wie wir, sind erneuerbare Energien gefragt.

Wenn wir in unserer Jugendzeit telefonieren mußten, um den Arzt oder Tierarzt zu rufen, gingen wir zur Poststelle.

Es gab keine andere Möglichkeit im Ort. Als wir in den 60er Jahren Telefonanschluß erhielten, mußte das Fräulein vom Amt bei Ferngesprächen vermitteln. Nach und nach wurde der Selbstwählverkehr eingeführt. Heute ist der direkte Anruf auch vom Ausland mit der Telefonkarte an der Telefonzelle möglich.

Vor etwa 10 Jahren begann das schnurlose Telefon, das Handy, seinen Siegeszug. Heute sind über 60 Millionen Handys in Deutschland im Gebrauch, die Zahl der festen Hausanschlüsse wurde übertroffen. Ich sehe bei meinen Kindern, wie über das Telefonnetz im Internet gesurft wird und über E-Mail in kürzester Zeit Nachrichten und Bilder ohne Papier übermittelt werden können.

Musik ertönte in meiner Kindheit vom Grammophon, später vom Radio. Nach dem Krieg kam das Tonbandgerät auf, im Jahre 1963 der Kassettenrecorder. Die kleinen CD-Player lösten die großen Schallplatten der Musikschränke ab. Fernsehen und Internet übertragen ebenfalls Musik.

Gerade die Nachrichten- und Medienwelt hat in den letzten 50 Jahren eine unglaublich stürmische Entwicklung erlebt.

Die Genforschung brachte viel Zündstoff in die Diskussion, es gibt Befürworter und starke Gegner für deren Nutzung. Obwohl ich als Laie die Vorteile der Gentechnik nicht widerlegen kann, bin ich der Meinung, daß das Erbgut der Schöpfung nicht verändert werden sollte. Darf der Mensch alles machen was er kann? Wo sind ihm Grenzen gesetzt, das ist die große Frage.

Auf kulturellem Gebiet wurde Großes geleistet. Viele Menschen suchten nach dem Krieg Trost und Hilfe in den Kirchen. Als die Wirtschaft anlief, der Staat und die Gläubigen wieder Geld hatten, wurden nach und nach viele zerstörte und beschädigte Kirchen aufgebaut und bestehende Gotteshäuser gründlich renoviert. Kirchenschätze und wertvolle Kirchenfenster, die während des Krieges in Sicherheit gebracht worden waren, kehrten zurück. Millionen Flüchtlinge und Vertriebene aus den Ostgebieten benötigten neue Kirchen. Während meiner Studienzeit in Nürtingen feierten wir die heilige Messe in einer evangelischen Kirche. Die dortigen Heimatvertriebenen, meist aus Osteuropa, bedankten sich nach der Predigt des Pfarrers gemeinsam mit den Worten »Vergelt's Gott«. Erst viele Jahre später ist für sie eine eigene Kirche gebaut worden.

Auf dem Bildungssektor gab es große Veränderungen. An die Stelle der Volksschule trat die Grund- und Hauptschule. Viele Fachhochschulen entstanden in unserem Land. An der heutigen Nürtinger Fachhochschule mit der Außenstelle Geislingen studieren heute über 3.000 junge Menschen. Zu meiner Zeit waren wir eine Studentin und 80 Studenten. Heute beträgt der Anteil der Frauen 40%. Überall entstanden Volkshochschulen, der Wissensdurst war groß, Bildung war gefragt. Hochschulen und Universitäten waren viele Jahre überfüllt, zahlreiche Neubauten erforderlich.

Unser Bildungssystem ist breit gefächert. Jeder kann sich weiterbilden, auch der sozial Schwache, der Spätberufene und solche Menschen, die ihren Beruf wechseln wollen oder müssen. Dies ist eine erfreuliche, aber auch notwendige Verbesserung gegenüber meiner Jugendzeit.

Forschungsergebnisse auf allen Gebieten der Wissenschaften brachten immer neue Erkenntnisse über den Menschen, die ihn umgebende Natur, das Weltall, über die Kulturen in der Vergangenheit und viele andere Gebiete. Ich habe nur wenige Bereiche gestreift. Wieviel Wissen wurde in den letzten 50 Jahren erarbeitet, verwertet, gesammelt und gespeichert? Die zahlreichen Entdeckungen und Erfindungen haben unser Leben und unsere Arbeitswelt stark verändert.

Doch nun komme ich zur Kehrseite dieser glanzvollen Entwicklung.

Das starke Wirtschaftswachstum wirkt sich für unsere Umwelt negativ aus. Boden, Pflanzen, Tiere, Wasser und Luft werden belastet. Nur langsam wurde erkannt, daß wir Gesetze brauchen, um die Schäden zu verringern. Bei uns wurden schon große Verbesserungen erreicht, weltweit jedoch nicht. Die Vereinigten Staaten als starke Verursacher ziehen noch nicht mit. Jeder von uns kann seinen Teil dazu beitragen, unseren Nachkommen eine Welt zu hinterlassen, in der es sich zu leben lohnt. Aus Afrika kommt folgender Spruch: »Viele kleine Leute in vielen kleinen Orten, die viele kleine Dinge tun, können das Gesicht der Welt verändern.« Der Dalai Lama sagt: »Religiös darf sich nur nennen, wer mitarbeitet an der Bewahrung der Schöpfung.«

Die Gesellschaft, als solche besonders die Familie, hat sich durch den steigenden Wohlstand sehr verändert. Die Großfamilie, die uns früher Halt gab, existiert nur noch selten. Der Einpersonenhaushalt wird immer mehr angetroffen. Die Werteskala verschiebt sich, der Egoismus nimmt zu. Auch die Kirche verliert bei vielen an Bedeutung. Sonntage und christliche Feiertage werden oft ganz für die Freizeit verplant. Das Angebot ist riesengroß. Häufig wird das Familienleben durch äußere Einflüsse und auch durch die Medien stark belastet. Viele Ehen gehen in die Brüche, Kinder verlieren die Nestwärme, neue Probleme tauchen auf. Schlimm finde ich es, wenn in unserem reichen Land Kinder aus materiellen Gründen abgetrieben werden, Kinder ihre Mutter oder den Vater vorzeitig ins Altenheim bringen, oder wenn Tote erst nach Tagen oder Wochen in ihren Wohnungen entdeckt werden. Menschen sondern sich ab, leben allein, Bindungen fehlen.

Eine große Sorge für unsere Gesellschaft bedeutet die zunehmende Gewaltbereitschaft. Es ist beängstigend, wenn zum Beispiel infolge Geldmangels Mitmenschen nicht nur beraubt, sondern oft brutal zusammengeschlagen werden. Im Raum Ulm ist jeder dritte Straftäter jünger als 21 Jahre. Wir haben uns auch mit den Jungens aus den Nachbardörfern geschlagen. Doch wenn einer am Boden lag, ließen wir von ihm ab. In der Regel ging so eine Streiterei ohne Polizei und Krankenwagen zu Ende. Viel wird heute über die Ursachen der zunehmenden Gewalt diskutiert. Sind die Familienverhältnisse, das persönliche Umfeld oder die Gewalt verherrlichende Filme, Computerspiele oder Fernsehsendungen mitschuldig? Oder fühlen sich manche Menschen von unserer Leistungsgesellschaft ausgeschlossen und allein gelassen? Zu den angeführten Problemen Umwelt, Familie, Gewalt kommen noch Arbeitslosigkeit, Leistungsdruck, Drogen, Ausländerfeindlichkeit und vieles andere.

Wenn das miteinander Reden wieder an Bedeutung gewinnen würde, wäre manch Einsamen geholfen. Wir alle sind aufgerufen, uns für das Gemeinwohl unserer Gesellschaft einzusetzen. Der Staat, die Schulen, Kirchen, Medien und andere Gruppen sollten dieses Bestreben unterstützen. Zahlreiche Menschen ermuntern uns mitzumachen.

Es gibt Mütter und Väter, die ihren Kindern ein gutes Beispiel geben.

Es gibt Kinder und Jugendliche, die ihre Eltern achten und ehren.

Es gibt viele Teenager, die in ihrer Freizeit soziale Dienste in Krankenhäusern und Altenheimen übernehmen oder ein Jahr, oft auch länger in Entwicklungsländern arbeiten.

Es gibt zahlreiche Menschen in Betrieben und Büros, die die Sorgen der Mitarbeitenden anhören und mittragen.

Es gibt Frauen und Männer, die durch ihre Hilfsbereitschaft ansteckend wirken.

Es gibt Land- und Forstwirte, Berufs- und Freizeitgärtner, die mit der ihnen anvertrauten Schöpfung sorgsam umgehen.

Es gibt Politiker, die für eine gute Sache gegen den Strom schwimmen, ohne Rücksicht auf eine etwaige Wiederwahl!

Es gibt Lehrkräfte, die sich eifrig bemühen, die junge Generation zu bilden und auf den rechten Lebensweg zu führen.

Es gibt Geistliche und Ordensleute, die nicht müde werden, im Weinberg des Herrn zu arbeiten, auch wenn die Ernte scheinbar gering ausfällt.

Es gibt Personen, die nicht wegschauen, sondern beherzt Mitmenschen vor der Gewalt anderer schützen.

Diese Reihe könnte man beliebig fortsetzen. Ja, es gibt noch viel gute Substanz in unserer Gesellschaft. Ich bewundere Menschen, oft Laien, die mit viel Liebe jahrelang Angehörige pflegen und dabei Glück ausstrahlen. Oder Eltern, die ein Leben lang ein behindertes Kind betreuen, ihm Zuneigung schenken und als Dank ein Lächeln oder eine sonstige Zuwendung erhalten. Es gibt viele unter uns und im Bekanntenkreis, die wie Mutter Theresa selbstlos handeln.

Der ZDF-Moderator und evangelische Theologe Peter Hahne sagt, aus welchen Quellen der Mensch leben soll. Es sind dies die traditionellen Werte Glaube, Hoffnung, Liebe, Tapferkeit und Ehrlichkeit. »Wenn wir Gott aufgeben, gerät alles auf die schiefe Bahn«, mahnt der Moderator. Nach den Anschlägen am 11. September 2001 füllten sich kurzfristig die Kirchen. »Not lehrt beten« zeigt die Lebenserfahrung. Schlimme und traurige Ereignisse wird es in der Familie, im Land und in der großen weiten Welt immer wieder geben. Mal versagt die Technik, mal führt menschliches Versagen zur Katastrophe. Manchmal schlagen fanatische Terroristen zu, mal Einzelgänger, die aus persönlichen Gründen durchdrehen und Unheil anrichten. Auch Naturgewalten bringen oft Tod und Verderben. In all diesen Fällen brauchen die Betroffenen oder Angehörigen Menschen, die mit ihnen das Leid tragen. Die Kirchen, also wir Christen, sind besonders angesprochen, dort zu stützen, wo sich Hilflosigkeit breit macht und auf Fragen keine Antwort gegeben werden kann.

Nach Umfrageergebnissen wenden sich wieder mehr, besonders junge Menschen, als Glaubende oder Suchende den Kirchen zu. Wir Eltern haben versucht, die Glaubensfreude an die Kinder weiterzugeben. Nun hoffen wir, daß die Glut des Glaubens bei ihnen nicht erlischt sondern weiterbrennt. Er möge ihnen und ihren Familien Hoffnung und Kraft schenken und ihnen ein treuer Wegbegleiter sein.

Unsere Generation hat nach dem Krieg den Wiederaufbau geschafft, demokratische Rechte und Pflichten eingeführt und Grundlagen für einen soziale Gerechtigkeit geschaffen. Sie hat ein Bündnis mit europäischen Nachbarstaaten geschlossen und Freundschaften mit vielen Völkern dieser Welt aufgebaut. Der Friede konnte bis heute erhalten werden.

Die jetzige Generation muß den Fehlentwicklungen, die sich schon zu unserer Zeit gezeigt haben, weiter entgegensteuern. Das Gute aus dem übernommenen Erbe sollten sie erhalten, pflegen, ausbauen und unseren Enkeln weitergeben, ebenso die hohen Werte, zu denen sich Peter Hahne bekennt. Als Landwirt war ich von der Saat bis zur

Ernte Optimist. Ich hatte trotz Trockenheit, Nässe und anderer schädlicher Einflüsse auf eine gute Ernte gehofft. Genau so fest vertraue ich darauf, daß unsere Nachfolgegeneration sich wie wir um die Kinder sorgt und versucht, ihre Verpflichtungen gegenüber der Familie, der Gesellschaft und der Umwelt zu erfüllen.

# SCHLUSSWORT

Seit ich an Weihnachten 2000 den Entschluß faßte, meinen Lebensweg aufzuzeichnen, sind fast zwei Jahre vergangen. Ich bin sehr dankbar, daß ich diese Zeit gesund erleben durfte und mein Vorhaben vollenden konnte. Aus meinem geplanten Büchlein ist mit den Bildern und Dokumenten nun ein Buch entstanden.
Meine alamannische Herkunft läßt sich bei meiner Wortwahl nicht verbergen. Bei uns schellt eben das Telefon, es klingelt nicht. Kritiker mögen mir als Anfänger und Laien manche Ausdrucksweise nachsehen, ebenso Fehler, die sich ins Buch eingeschlichen haben.

Wenn der Großvater auf 75 erfüllte Jahre zurückschaut, gehen die Gedanken nochmals zu den Wurzeln in die Heimat. Die Jahre der Kindheit und der Schulzeit zogen mit den Aufzeichnungen im Geiste noch einmal vorbei.
Die Gutmadinger grüße ich recht herzlich, besonders die Menschen, die mich ein Stück meines Lebens begleitet haben. Ich danke Euch für alle Freude und Liebe, die ich bis heute mit Euch teilen durfte. Meinem geliebten Heimatdorf wünsche ich weiterhin alles Gute, den Bewohnern eine glückliche Zukunft.
Danken möchte ich auch den Menschen, die mir Weggefährten waren, als ich etwa zehn Jahre lang Erfahrungen aller Art in der Fremde sammelte.

Mit 30 Jahren führte mich mein Weg nach Oberdischingen. Neben meiner Frau und ihren Eltern fand ich hier liebenswürdige Menschen, gute Nachbarn und fortschrittliche Berufskollegen. Ich wurde von den Dischingern als »Reigschmeckter« und »Gelbfüßler« angenommen und durfte bald Verantwortung in der Gemeinde übernehmen. Ich danke allen, die mir bisher Vertrauen, Freundschaft und Hilfe geschenkt haben. In 45 Jahren ist Oberdischingen meine zweite Heimat geworden. Hier durfte ich ein Erbe annehmen und weitergeben, hier konnte ich wirken und mich entfalten.
Ein Vergelt's Gott meinen Kindern mit ihren Partnern für

ihre Treue, ihr Verständnis und ihren Beistand, den lieben Enkeln für die Freude, die sie mir bereiten.

Ich bin glücklich, daß Margret meinen Lebensabend sehr bereichert.

An Verwandte und Bekannte im Umkreis und in der Ferne sende ich herzliche Grüße. Es ist ein Geschenk, mit vielen Menschen frohe, aber auch traurige Stunden teilen zu dürfen.

Ein stilles Gedenken gilt meinen geliebten Ehefrauen Martha und Rita, meinen Eltern, den fünf gefallenen Brüdern, den Schwiegereltern und der Tante.

Die letzten Zeilen meiner bisherigen Lebensbetrachtung möchte ich unserem Herrgott widmen:

> *Dem Herrn, der Tag und Nacht geschenkt,*
> *der unser Leben trägt und lenkt,*
> *sei Dank und Lob gesungen.*
>
> (Gotteslob)

# REGISTER

*Literaturverzeichnis*
*Arnold Ernst:* Oberdischingen – der Malefizschenk und seine Jauner. Neu-
    druck der Ausgabe von 1911, erweitert um die Oberdischinger Diebsliste
    von 1799. Hrsg. von der Gemeinde Oberdischingen.
    Bearbeitet von Werner Kreitmeier. Oberdischingen 1993
*Bader Karl Friedrich:* Die Flurnamen von Gutmadingen. Badische
    Flurnamen. Im Auftrag des Badischen Flurnamenausschusses
    hrsg. von Eugen Fehrle. Bd. 1, H. 1, Heidelberg 1931
*Dold Friedrich:* Das Baardorf Gutmadingen. Masch.-schriftl. 1953
*Ott Stefan:* Oberdischingen. Heimatbuch einer Gemeinde an der oberen
    Donau. Hrsg. von der Gemeinde Oberdischingen. Weißenhorn 1977